住房和城乡建设部"十四五"
高等学校物业管理专业系

客户服务和
公共事务关系管理

孙丽璐　主　编
刘佳佳　卓丽霞　副主编

中国建筑工业出版社

图书在版编目（CIP）数据

客户服务和公共事务关系管理/孙丽璐主编；刘佳佳，卓丽霞副主编. —北京：中国建筑工业出版社，2021.12（2023.6重印）

住房和城乡建设部"十四五"规划教材　高等学校物业管理专业系列教材

ISBN 978-7-112-26905-1

Ⅰ.① 客…　Ⅱ.① 孙…② 刘…③ 卓…　Ⅲ.① 物业管理—商业服务—高等学校—教材　Ⅳ.① F293.33

中国版本图书馆CIP数据核字（2021）第249968号

本书从实践与理论两个方面系统地介绍客户服务和公共事务关系管理的基本理论框架、实践体系、研究方法以及该领域的发展趋势，具体包括客户服务概述、客服人员管理、客户服务管理、客户服务中心、公共事务关系管理概述、公共事务关系的沟通管理、公关形象管理与公共舆论、公关危机和媒介管理八个方面的理论知识和实践应用，致力于解决物业管理市场化、专业化程度低，市场竞争能力弱，经济效益差等行业问题。

本书的一个重要特点在于理论和实践的结合，特别是与中国物业管理实践的结合，关注物业管理方法在真实组织和情境下的运用。书中具有丰富的实操技巧和案例分析、练习和讨论题，具有很强的可读性和现实操作性。

本书主要面向物业管理类学生，可作为高等学校物业管理专业的教材和参考用书，也可作为其他相关专业的教材和社会读者的参考用书。

为更好地支持相应课程的教学，我们向采用本书作为教材的教师提供教学课件，有需要者可与出版社联系，邮箱：jckj@cabp.com.cn，电话：（010）58337285，建工书院https://edu.cabplink.com（PC端）。

责任编辑：张　晶　冯之倩
责任校对：张惠雯

住房和城乡建设部"十四五"规划教材
高等学校物业管理专业系列教材
客户服务和公共事务关系管理
孙丽璐　主　编
刘佳佳　卓丽霞　副主编
*
中国建筑工业出版社出版、发行（北京海淀三里河路9号）
各地新华书店、建筑书店经销
北京建筑工业印刷厂制版
建工社（河北）印刷有限公司印刷
*
开本：787毫米×1092毫米　1/16　印张：20¾　字数：440千字
2021年12月第一版　2023年6月第二次印刷
定价：**52.00元**（赠教师课件）
ISBN 978 – 7 – 112 – 26905 –1
（38745）

出版说明

党和国家高度重视教材建设。2016年，中办国办印发了《关于加强和改进新形势下大中小学教材建设的意见》，提出要健全国家教材制度。2019年12月，教育部牵头制定了《普通高等学校教材管理办法》和《职业院校教材管理办法》，旨在全面加强党的领导，切实提高教材建设的科学化水平，打造精品教材。住房和城乡建设部历来重视土建类学科专业教材建设，从"九五"开始组织部级规划教材立项工作，经过近30年的不断建设，规划教材提升了住房和城乡建设行业教材质量和认可度，出版了一系列精品教材，有效促进了行业部门引导专业教育，推动了行业高质量发展。

为进一步加强高等教育、职业教育住房和城乡建设领域学科专业教材建设工作，提高住房和城乡建设行业人才培养质量，2020年12月，住房和城乡建设部办公厅印发《关于申报高等教育职业教育住房和城乡建设领域学科专业"十四五"规划教材的通知》（建办人函〔2020〕656号），开展了住房和城乡建设部"十四五"规划教材选题的申报工作。经过专家评审和部人事司审核，512项选题列入住房和城乡建设领域学科专业"十四五"规划教材（简称规划教材）。2021年9月，住房和城乡建设部印发了《高等教育职业教育住房和城乡建设领域学科专业"十四五"规划教材选题的通知》（建人函〔2021〕36号）。为做好"十四五"规划教材的编写、审核、出版等工作，《通知》要求：（1）规划教材的编著者应依据《住房和城乡建设领域学科专业"十四五"规划教材申请书》（简称《申请书》）中的立项目标、申报依据、工作安排及进度，按时编写出高质量的教材；（2）规划教材编著者所在单位应履行《申请书》中的学校保证计划实施的主要条件，支持编著者按计划完成书稿编写工作；（3）高等学校土建类专业课程教材与教学资源专家委员会、全国住房和城乡建设职业教育教学指导委员会、住房和城乡建设部中等职业教育专业指导委员会应做好规划教材的指导、协调和审稿等工作，保证编写质量；（4）规划教材出版单位应积极配合，做好编辑、出版、发行等工作；（5）规划教材封面和书脊应标注"住房和城乡建设部'十四五'规划教材"字样和统一标识；（6）规划教材应在"十四五"期间完成出版，逾期不能完成的，不再作为《住房和城乡建设领域学科专业"十四五"规划教材》。

住房和城乡建设领域学科专业"十四五"规划教材的特点，一是重点以修订教育部、住房和城乡建设部"十二五""十三五"规划教材为主；二是严格按照专业标准规范要求编写，体现新发展理念；三是系列教材具有明显特点，满足不同层次和类型的学校专业教学要求；四是配备了数字资源，适应现代化教学的要求。规划教材的出版凝聚了作者、主审及编辑的心血，得到了有关院校、出版单位的大力支持，教材建设管理过程有严格保障。希望广大院校及各专业师生在选用、使用过程中，对规划教材的编写、出版质量进行反馈，以促进规划教材建设质量不断提高。

住房和城乡建设部"十四五"规划教材办公室

2021年11月

伴随着我国城镇化率的提升速度放缓，人口老龄化程度加深、居民消费升级、服务消费意识觉醒，物业管理行业在中国住房市场化、专业化、社会化进程中得到快速发展。作为劳动密集型和服务消费型行业，新型物业管理模式正在逐步取代传统物业管理模式，并不断完善和发展，在城乡人居环境建设和整治中发挥了重要作用。我国每年都会评选文明卫生城市，物业管理已被纳入其管理范围中，很多政策的落地，比如社区管控、安全、消防等都依靠物业管理，物业管理行业的重要性不言而喻。

西方国家更早开展物业管理服务和法规建设，《住户书册》《住房公约》等实践操作类手册对开发商、管理公司、住户的各种权利、义务和责任、违章处罚进行了系统而全面的介绍，但缺乏如何在物业工作中处理客户关系和公共事务关系的指导教材。国内相关教材多侧重讲解物业管理中的实际问题，如物业的使用与维护、物业服务收费、装饰装修管理、停车管理问题、物业公司法律责任等，但在解决物业管理市场化、专业化程度低，市场竞争能力弱，经济效益差等问题上缺少理论指导，特别是在判别物业公司服务品质的基本标准方面缺乏相关的教材支撑。因此，本书的编写非常有必要。

本书运用社会学、心理学、经济学和管理学等多学科知识，关注学科发展及国家物业管理制度改革，从理论和实践两个角度系统地介绍客户服务和公共事务关系管理的理论框架、实践体系、研究方法以及该领域的发展趋势，具体包括客户服务概述、客服人员管理、客户服务管理、客户服务中心、公共事务关系管理概述、公共事务关系的沟通管理、公关形象管理与公关舆论、公关危机和媒介管理等方面的理论知识和实践应用。

第一，坚持简明性与系统性相统一、理论性与实践性相结合的原则，整合客户服务管理和公共事务关系管理两大内容体系。在编写过程中，参阅和引用了社会学、管理学、大众传播学、人力资源等方面的学术成果，关注学科发展及国家物业管理制度的改革，同时力使本书具有系统性、实用性、新颖性，以方便读者学习客户服务和公共事务关系管理的基本原理、实践方法和技巧，明确重点，提高效率，让科学的教学理念、实用的专业知识在广大受众中得以传播。

第二，在案例设计上，以取自企业客户服务实践的阅读材料和案例为补充，做到理论与实践、知识与技术、现代与未来的有机结合，便于读者学习与借鉴。让读者能够"在学中做，在做中学"，通过循序渐进的总结和分享提升服务素质、改善沟通技巧、创新客户价值，实现客户服务岗位职业角色的转换。

第三，适用范围较大，具备社会学、心理学、经济学和管理学基础理论知识，作为物业管理专业的指导课程和核心课程，也是其他专业课程的基础。本书可用作物业管理、房地产管理等行业的培训教材，也适用于各行业中从事客户服务管理工作或有志于从事客户服务管理工作的工作者。

非常感谢国家开放大学现代物业服务与不动产管理学院周心怡院长对本书的大力支持，感谢王思源老师在编写过程中给予的帮助。本书在编写过程中参考了许多国内外有关文献和资料，在此谨向这些文献和资料的作者表示诚挚的谢意，同时很多专家也给我们提出了宝贵意见和建议，对此我们心存感激。在这里特别要感谢我的助教团队，他们付出大量努力进行资料收集，分别是：第1章杜佳丽、刘黎和陈煜，第2章罗俊、仲婉宁和张昭，第3章、第5章刘黎、吴红飞、陈也和颜文佳，第4章、第6章、第7章张欣誉、陈煜、李雪平和李秋韵，第8章杜佳丽。由张袁籽妍负责全书的统稿工作。最后，由于能力所限，书中内容不免有欠妥之处，恳请读者批评指正，并将意见和建议反馈给我们，帮助我们改进此书。

孙丽璐

2021年11月9日于重庆理工大学

目　录

1

客户服务概述

学习目标

知识目标：

1.了解客户服务管理的起源与发展，初步形成客户服务管理的概念。

2.了解客户服务管理体系、客户服务组织结构。

3.了解现代物业管理的起源、类型、主体。

能力目标：

1.描述并说明客户服务等级管理流程和客户价值评价体系。

2.制定客户服务管理行为标准。

思政目标：

1.阐明客户服务管理行为标准。

2.熟悉客户服务的内涵和客户价值评价体系。

在产品与服务同质化日趋明显的今天，客户服务越来越成为市场竞争的焦点及展现企业形象的窗口，也越来越成为企业争取和维系客户的重要手段。本章主要从客户服务出发，阐述了客户服务的基本内容、组织构架以及客户管理目标，并阐述它们对企业的重要性。物业管理只有建立良好的客户服务架构、明确客户服务目标，才能通过客户服务管理规划，在合适的时间、合适的场合，以合适的价格、合适的方式向合适的客户提供合适的产品和服务，使客户合适的需求得到满足，价值得到提升。

1.1 客户服务概述

1.1.1 客户服务基础

1. 服务与客户服务

（1）服务

《辞海》对服务的解释为：一是指为集体或为别人工作；二是指"劳务"，即不以实物形式而以提供活动的形式满足他人的某种特殊需要。ISO9000系列标准中对服务的定义是："服务是为满足客户的需要，在同客户的接触中，供方的活动和供方活动的结果。"

广义地说，服务是指一切人类活动。人类的每一次活动都是在提供或接受某种性质的服务，都是具有服务性质的活动。狭义地说，服务是企业或人员为满足客户需求而提供的社会活动。市场上的服务有两种表现形式：一是制造业中作为产品配角的服务；二是服务业中作为主角的服务。

（2）客户服务

对于客户服务（Customer Service）的定义，至今有三种较为典型的解释：

菲利普·科特勒（Philip Kotler）认为，"服务是一方能够向另一方提供的基本上是无形的任何行为或绩效，并且不导致任何所有权的产生。它的生产可能与某种物质产品相联系，也可能毫无联系。"也就是说，服务可能以实体产品为依托，也可能与实体产品没有任何关系，只是一种技术或者智力付出；服务是一方向另一方的付出，这种付出可以使接受者获得满意；服务不会产生物权，但会产生债权，如服务是有价的。

与菲利普·科特勒同时代的莱维特（Levitt）却给客户服务下了另一个定义，他认为，客户服务是"能够使客户更加了解核心产品或服务的潜在价值的各种特色、行为和信息"，因此客户服务是以客户为对象，以产品或服务为依托的行为；客户服务的目标是挖掘和开发客户的潜在价值；客户服务的方式可以是具体行为，还可以是信息支持或是价值导向。

著名管理专家伯纳德（Bernard J. La Londe）和保罗（Paul Zinszer）是从流程的角度来定义客户服务的："客户服务是一个以成本有效性的方式为供应链

提供显著的增值利益的过程。"他们认为，客户服务是一种活动、绩效水平和管理理念。把客户服务看作是一种活动，意味着客户服务是企业与客户之间的一种互动，在这种互动中，企业要有管理控制能力；把客户服务看作是绩效水平，是指客户服务可以精确衡量，并且可以作为评价企业的一个标准；把客户服务看作是管理理念，则是强调市场营销以客户为核心的重要性和客户服务的战略性。

客户服务的目标是挖掘和开发客户的潜在价值。客户服务的方式可以是具体行为，可以是信息支持，还可以是价值导向。因此，客户服务是指企业通过员工以合适的方式为合适的客户提供合适的产品和服务，实现客户合适的需求。

2．客户服务的特征

客户服务贯穿于产品或服务售前、售中、售后整个过程，是向客户提供与产品或技术相关的服务和信息的各种专业化活动。它具有如下几个特征。

（1）无形性

服务是无形的，在购买之前、消费之中和享受之后，它都不会像实物一样呈现在你面前。但服务可以被感觉，并且服务接受者可以根据感觉来评价服务质量的优劣，因此，在提供服务时应当"化无形为有形"，增强客户的体验或感受性。

（2）不可分割性

产品和服务融为一体，服务的提供和接受是同时进行的、不可分割的，服务的质量和服务提供者素质的高低呈正相关，服务提供者的素质越高，服务的质量越高；服务提供者的素质越低，服务的质量越低。

（3）不确定性

服务具有高度不确定性，因为它依赖于谁提供服务以及何时、何地提供什么样的服务、服务达到何种程度等，这些都是根据具体情况来决定的。因此，为了提高服务质量，企业应当挑选合适的人，经过严格规范的培训后才能为客户服务，减少服务的不确定性。同时通过客户建议和投诉系统、客户调研、客户追踪来及时掌握客户感受，适时调整服务方式，减小服务的不确定性。服务的不确定性会使客户产生不安全感，因此，服务应当是可靠的，要让客户感到服务是没有危险和风险的，这样客户才能从提供的服务中获得最大的满意。

（4）即时性

描述即时性的基本指标为响应时间，即时性不仅仅是表现在"快"上，更主要的是要求必须对外来事件在限定时间内做出反应，这个限定时间的范围是根据实际需要决定的。服务不可储存、不可长期拥有、难以复制、容易消失，因此服务具有即时性属性。

（5）有偿性

有偿性是指从购买方、被服务方取得货币、货物或其他经济利益。服务是有价值的，当它作为企业对客户的行为时，它是有偿和等价的。

（6）获得性

客户应在合适的时间、合适的地点，在合适的情景中便利地获得所需要的服务。良好的服务不仅在于是否得到了服务，更在于是否使客户便利地得到服务。让客户等待时间过长，或者距离过长，或者方式不恰当，都会使服务质量大打折扣。

（7）互动性

客户服务是企业与客户的响应性、互动性过程，"有求必应"是一种被动的反应，在客户提出要求以前就服务到位则是企业服务质量的表现。

（8）独特性

客户服务是专业性的具体活动过程，它与特定企业、客户、产品、环境等具体因素相联系，它既不可以储存，以备在需要时提取；也不可以预支，只能与其载体（如产品、技术等）同时存在。客户服务可以有基本准则和一些成功经验供他人借鉴，但对于特定的客户来说，服务的策略和措施却是各不相同的。独特性的另一层含义是服务必须有创新性。

（9）广泛性

没有人不与服务打交道，也没有人可以脱离服务而生存，服务存在于一切时间、空间和关系之中，无时无刻不需要。

3. 客户服务的重要性

（1）客户对企业的重要性

客户的重要性体现在客户对企业的价值上，不仅指客户的购买为企业获得利润作出的贡献，还指客户为企业创造的所有价值的总和。具体表现在以下几个方面：

1）利润源泉

客户可以给企业带来利润，使企业兴旺发达；同时也可以给企业带来亏损，使企业破产倒闭。只有客户购买了企业的产品或者服务，才能使企业真正获得利润，因此客户是企业利润、效益的源泉。

企业利润的源泉不是品牌，品牌只是用来吸引客户的有效工具。再好的品牌，如果没有客户的追捧同样无法立足。这就是有些知名品牌在异地发展遭遇挫折的原因——不是品牌本身出了问题，而是品牌没有被异地的客户所接受。

正因如此，通用电气变革的带头人韦尔奇说："公司无法提供职业保障，只有客户才行。"著名的管理学大师彼德·德鲁克说："企业的首要任务就是'创造客户'。"沃尔玛的创始人萨姆·沃尔顿说："实际上只有一个真正的老板，那就是客户。他只要用把钱花在别处的方式，就能将公司的董事长和雇员全部'炒鱿鱼'。"

2）聚客效应

自古以来，人气一直都是商家发达的生意经。人们的从众心理往往很强，总是喜欢追捧那些"热门"企业。如果一个企业拥有庞大且忠诚的客户群，其本身就是一个很好的广告、很有力的宣传、很有效的招牌，从而能够吸引更多受"从众心理"驱使的新客户。所以形象地说，满意和忠诚的客户是"播种机"，因为他们能带来其他新客户。也就是说，本身已经拥有较多客户的企业更容易吸引新客户，从而使自己的客户队伍不断壮大。

3）信息价值

客户的信息价值是指客户为企业提供信息，从而使企业更有效、更有的放矢地开展经营活动所产生的价值。这些信息的主要来源是：企业在建立客户档案时，客户无偿向企业提供的信息；企业在与客户沟通的过程中，客户以各种方式（如抱怨、建议、要求等）向企业提供的各类信息。这些信息包括客户需求信息、竞争对手信息、客户满意程度信息等。

企业的宗旨是为客户服务，因而检验服务优劣的唯一标准就是客户评价。所以形象地说，客户是"整容镜"，因为他们的意见、建议能为企业的正确经营指明方向，能为企业制定营销策略提供真实、准确的一手资料。

4）口碑价值

客户的口碑价值是指满意或忠诚的客户向他人宣传本企业的产品或者服务，吸引更多的新客户，从而使企业销售增长、收益增加所创造的价值。所以形象地说，客户是"宣传队"，因为他们会向他人诉说对企业的正面或者负面评价，从而影响他人对企业的印象。

研究表明，在客户购买决策的影响因素中，口碑传播的影响力要远远大于商业广告和公共宣传。因此，客户的主动推荐和口碑传播会大大提高企业的知名度和美誉度，同时也会降低企业的广告和宣传费用。

5）对付竞争的利器

在产品与服务供过于求、买方市场日渐形成的今天，客户选择的自由度越来越大。尽管当前企业间的竞争更多地表现为品牌竞争、价格竞争、广告竞争等，但归根结底都是客户竞争，即争夺有限的客户资源。

另外，企业拥有的技术、资金、管理、土地、人力、信息等都很容易被竞争对手通过模仿或者购买的方式获得，而客户却属于独有的。客户忠诚度一旦形成，竞争对手往往要付出数倍的代价才能挖到客户。因此从根本上来说，要判断一个企业的竞争力，不仅要看其技术、资金、管理如何，更为关键的是要看它到底拥有多少忠诚的客户，特别是拥有多少忠诚的优质客户。

企业拥有的客户越多，就越有可能产生规模效应，帮助企业降低成本，从而为客户提供价值更高的产品或服务。这样一来，企业还会给其他企业带来较高的进入壁垒——市场份额就那么大，企业拥有的客户多，就意味着其他企业拥有的客户少，这可使企业能够在激烈的竞争中处于优势地位。所以，忠诚、庞大的客户队伍是企业从容应对市场风云变幻的基石。

总之，客户是企业的衣食父母，是企业的经济命脉，是企业的永恒宝藏，是企业生存和发展的基础。一个企业，不管它有多好的设备、多好的技术、多好的品牌、多好的机制、多好的团队，没有客户一切都将为零。企业好比舟，客户好比水，水能载舟，亦能覆舟。企业只有依赖客户才能盈利，没有客户企业就无法生存。

（2）客户服务对企业的重要性

在产品与服务同质化日趋明显的今天，客户服务越来越成为市场竞争的焦点及展现企业形象的窗口，也越来越成为企业争取和维系客户的重要手段。

1）客户服务已经成为市场竞争的焦点

随着科学技术的进步，各企业生产的产品之间的差异越来越小，因而优质的客户服务便成为市场竞争的重要手段和焦点。美国某咨询公司的调查报告显示，客户从购买某一企业的产品转而购买另一同类企业的产品，其原因有70%是服务问题，而不是产品的质量或价格问题。例如，一个人购买汽油的主要动机是开动汽车，但几乎所有品牌的汽油都能够起到相同的作用，且价格相差无几，这时他就会考虑服务质量的差异，如加油站的工作人员是否态度友好、是否赠送礼物、厕所是否干净卫生等。

2）客户服务已经成为展现企业形象的窗口

客户服务质量的优劣代表着一个企业的整体形象、综合素质和经营理念。例如，如果客户没有购买商品，商店店主便不给他们好脸色，这样就会把客户拒之门外，使他们永远也不会光顾。而且，他们很有可能将这种不满意诉说给家人、邻居、朋友，直接损害商店的形象。相反，如果客户没有购买商品，商店店主依然笑脸相送，客客气气说再见，那么客户的消费情感就会被带动起来，以后买东西就会首选你的商店。

美国一家著名的大型折扣连锁店，它的卖场很大，为了节约人工成本，雇用的店员很少。虽然店里陈列着品种繁多、价格便宜的产品，但客户如想找店员询问有关商品的问题却不是件容易的事。在这里，客户购买便宜产品的欲望虽然得到了满足，但是没有感觉到店员对他们的关心，于是客户心中就产生了遗憾。由此可见，企业要想在客户心中树立品牌形象，仅仅靠质优价廉的产品是不够的，因为客户希望在购物的同时还能享受到细致盛情的服务。

不少企业都是通过广告来塑造自己的形象，但是由于目前虚假广告较多，客户普遍存在对广告不信任的心理，所以用广告来塑造企业形象的效果往往不理想，企业花再多的钱也很难买到好口碑。相比之下，客户相互传播自己购买后的体验信息，则更容易引起其他客户的共鸣。商家优质服务的事例常常被客户传为佳话，而劣质服务容易引起客户的不满，且这些不满会"一传十、十传百"，快速地在客户群体中传播。

由此可见，优质的客户服务有利于企业塑造良好的形象，提高知名度和美誉度。因此，许多以优质服务著称的企业都非常重视为客户提供高技能、高质量、高效率、高安全性和舒适度的服务，以提升自身的口碑。

3）客户服务是企业争取和保持客户的重要手段

服务价值是构成客户感知价值的重要因素之一，服务价值越高，客户的感知价值就越高；服务价值越低，客户的感知价值就越低。随着生活水平的普遍提高，客户的支付能力增强，客户为获得高档、优质的服务越来越心甘情愿地多付钱。因此，通过提供优质的客户服务，企业自然可以提高产品售价，获得更多的利润。

例如，购物环境舒适整洁，营业现场秩序井然，会使客户产生积极的情绪；反之，则会使客户产生厌恶的消极情绪。如果营业人员服务周到、热情、耐心，积极为客户提供服务，客户就会有一种宾至如归的感觉，消费情感自然会被带动起来；相反，如果营业人员态度不好，没有耐心，对客户不理不睬，那么对这位客户来说，下次来光顾的概率几乎为零。

1.1.2 客户服务内容

1. 售前服务

售前服务是指企业在销售产品或服务之前为客户提供的一系列活动，如为客户提供信息服务、咨询服务、承诺服务等，其目的是吸引客户的注意和引起客户的兴趣，从而激发客户的消费欲望。

（1）信息服务

信息服务是指企业通过广告宣传、标志与指示、目录、票据、宣传品、图片、照片、题词、橱窗、手机App、录像、影视、证明、荣誉、表扬等帮助客户了解产品或服务的信息。

1）广告宣传

广告宣传是通过向客户传送有关产品的功能、质量、价格、用途、使用方法和效果的信息，使客户了解产品并能诱发客户的购买欲望。企业还可以宣传自己的服务理念、服务宗旨，使客户认识到企业的真诚，从而增强客户对企业的信心。

此外，企业还可以通过书面或口头的形式发布信息，与客户沟通、预先提醒客户高峰和低谷时间以及可能需要等待的时间，这样可以使客户避开高峰期，而选择非高峰期来接受服务，以避免拥挤和等待。例如，旅游景区、酒店、城市交通管理单位发布高峰信息，有利于"削峰填谷"，而不是"雪上加霜"。就营业厅来说，每个月都会有几天缴费的客户比较多，这会在一定程度上造成营业厅相对比较拥挤。为此，客服人员可以提前告知客户什么时间到营业厅办理业务可能遇到繁忙的情形，这样有利于使客服需求量与企业的接待能力相匹配。

2）标志与指示

企业的标志与指示可以传达服务信息。例如，中国银行的标志采用了中国古钱与"中"字为基本形状，古钱图形是圆形与方孔的设计，中间方孔，上下加垂直线，成为"中"字形状，寓意天方地圆，以经济为本，给人的感觉是简洁、稳重、易识别，颇具中国风。标志从总体上看，古钱形状代表银行，"中"字代表中国，外圆表明中国银行是面向全球的国际性大银行。

3）目录、票据

在新的年度开始时，某家居商城都要向广大客户免费派送制作精美的目录。这些目录中不仅列出了产品的照片和价格，而且经过设计师的精心设计，从功能性、美观性等方面综合表现了其产品的特点，客户可以从中发现家居布置的灵感和实用的解决方案，现在很多人都把该目录当作装修指南来使用。

票据也发挥着传达服务信息的作用，如我国香港地铁票分为旅游纪念票和生肖纪念票两款，旅游纪念票为游客设计，以当地风光、名胜为主题，具有纪念价值，票值20港元，售价25港元；生肖纪念票票值20港元，售价30港元，可作纪念且会升值。我国香港地铁不亏损且有赢利，票据的设计立下了汗马功劳。

4）宣传品、图片、照片、题词

企业通过宣传品、图片、照片、题词可以展示服务设备的数目和先进程度、分店或连锁店的数量、员工人数和素质结构等，展示其服务能力。此外，还可展示领导人、名人视察或接受服务时的照片、题词等，从而加强客户对企业的信心。另外，企业还可以提供客户指南、客户手册等资料，帮助客户对服务产生合理的期望，同时，指导客户如何参与服务过程与如何享用服务。

例如，管理咨询公司、广告策划公司宣传自己服务过的知名客户清单；美发店通过图片、照片上的模特头发造型，让客户有个预期，也使客户可以根据模特的造型来选择服务项目；医院通过文字、数字和图片可以介绍专家履历、治愈率，展示成功的医疗项目案例、先进的医疗设备等，还可以运用某些辅助事物，如利用石膏或挂图，展示手术前后的变化，帮助患者了解医疗服务的效果。

5）橱窗、手机App

橱窗是连接服务内外环境的重要部分，可将内部过程透明化，使客户对服务过程有大概的了解。企业还可将一部分后台操作工作改变为前台服务工作，通过橱窗向客户展示服务工作情况，提高服务的透明度，从而提高客户对服务的信任度。

例如，面包店把面包的烤制现场搬到前台，通过玻璃橱窗加以隔离，这样购买者可以观察到生产过程、现场的卫生情况。麦当劳通过透明厨房向客户展示汉堡的加工过程，通过大面积的玻璃充分地让外面的人看到餐厅里面温馨快乐的环境。

在移动互联网快速发展的背景下，以互动性、多元化、个性化为特点的社交媒体大行其道，如某速递开发的手机App，具有手机下单、查件、查询服务以及管理个人资料的一站式功能。客户可以通过移动互联网在线下单、修改或取消订单、进行快件追踪，实时掌握快件动向，如快件从寄出开始经过了哪些城市，中转到达了哪个城市，客户都会及时得到通知。

6）录像、影视

企业还可以通过录像、影视等来展现服务特色与服务水平。例如，人们通常看不到外科手术的治疗过程，而医院通过放映录像、影视资料等可展示手术全过程，这样就能使人们对外科手术有基本的了解。

旅游景区借助优秀的影视剧可以对景区进行宣传与推广，如一部《大红灯笼高高挂》复苏了沉睡百年的乔家大院；一部《刘三姐》不仅演绎了动人的爱情故事，更展现了美轮美奂的桂林山水和民俗风情，这就是影视的力量。

7）证明、荣誉、表扬

企业可以通过已证实的成功的历史事迹，或行业协会等权威机构认证，或第三方评审的结果，如行业排名、获奖证明、荣誉、被确定的等级，以及客户、领导或政府的表扬、奖励和重视等方面的信息来宣传服务规模、质量和水平。此外，员工的学历、技术等级证书、服务能手称号也是企业综合实力的体现，也能够打消客户的疑虑。

企业还可以用客户的消费经历或口碑来证实服务质量，通过宣传客户对服务体验的正面反馈（如客户赠送的锦旗、表扬信、感谢信等）来展示服务水平。当然，企业还可以通过实验证明自己的服务实力。例如，在某家居商城厨房用品区，厨柜的柜门和抽屉在不停地开、关，数码计数器显示了门及抽屉开关的次数，至今已有209440次，这证明了橱柜的结实、耐用和可靠。

（2）咨询服务

客户在购买产品之前一般都会收集尽可能多的产品信息和资料，在此基础上权衡利弊，从而作出购买决策。因此，向客户介绍产品的性能、质量、用途，回答客户提出的疑难问题就显得尤为重要。为此，企业应派遣有专业知识的人员为客户提供各种咨询服务，以加深客户对产品的了解。相应的，客服人员必须全面而熟练地掌握相关的行业知识及服务知识，通过专业的服务技能和素养，充分了解客户的心理，关心其需求，热情地为客户提供服务。

（3）承诺服务

承诺是由企业提供的一种契约，对服务过程的各个环节、各个方面作出全面的承诺，目的是降低客户的风险、获得客户的好感并引起客户的兴趣，促进客户消费。购买或者消费的安全性、可靠性越重要，企业承诺就越重要。例如，航空公司承诺保证航班准点，承诺当航班因非不可抗拒因素延误、延期、取消、提前时保证补偿乘客的损失，这样便可降低乘客的心理压力，增强客户对航空服务可靠性、安全感的信心。

2. 售中服务

售中服务是指在销售产品或服务过程中为客户提供的相关服务，主要包括接待服务、顾问服务、知识服务、便利服务、配套服务等。

（1）接待服务

接待服务是指在销售过程中企业接待客户的一系列活动。例如，某银行在每个支行均设置两名以上大堂经理，为的是第一时间了解客户需求，分流客户到最合理的处理区域，同时引导、帮助客户以最合理的方式办完业务。大堂经理会在营业厅不断巡视，主动、热情地解答客户的咨询，帮助客户处理业务，提高业务处理的效率。

1）接待不同类型客户的方法

接待熟悉的老客户要热情，要有如遇故友的感觉；接待新客户要有礼貌，给其留下良好的第一印象；接待精明的客户要有耐心，不要显示厌烦的情绪；接待性子急或有急事的客户要注意快捷，提高效率；接待需要参谋的客户要当好他们的参谋，不要推诿；接待自有主张的客户要让其自由挑选，不要去干扰；接待女性客户要注重新颖和时尚，满足她们爱美和求新的愿望；接待老年客户要注意方便和实用，要让他们感受到公道和实在。

2）立即获得客户好感的方法

① 问候

面带微笑，有礼貌地与客户打招呼，适当地尊称对方，热情称呼他们的名字，向他们问好，表达自己的喜悦与兴奋。要记住客户的名字，并且不时亲切地、动听地称呼他。频频称呼客户的名字会使客户产生被尊重的感觉，从而加深与客户之间的感情。

② 感谢、称赞与微笑

首先感谢对方的接见，语气要热忱有力，接着要对客户做出具体、真诚的称赞，而不要随意奉承——如果做不到，宁可省略也不要勉强，否则会产生相反的效果。服务、环境可以令客户"宾至如归"，热情、微笑会使客户"流连忘返"。客服人员的微笑应当是发自内心的，微笑要真诚、得体，不能哈哈大笑，也不能强作欢颜。

③ 善于倾听

客服人员要想更多地鼓励客户参与、了解更多的信息，在善于提问的同时，还要善于倾听。倾听不仅有助客服人员了解客户，而且也显示了对客户的尊重。良好的倾听表现如下：第一，身体稍微前倾，眼睛保持与客户的视线接触（不时对视，但不是目不转睛），经常点头，表示在听。第二，认真听客户讲话，把客户所说的每一句话、每一个字都当作打开成功之门不可或缺的密码，绝不放过。第三，适当地做笔记，适时地提问，确保理解客户的意思，并且思考客户为什么这么说，或者为什么不这么说。如果客服人员能够有意识地从这些方面提高技巧，那么大多数客户会乐意讲话。

3）接待不同类型客户的策略

客户由于学识、修养、个性、习惯、兴趣及信仰等不同，自然对各种人、事、物的反应及感受有相当大的差异，因此客服人员必须区别接待不同类型的客户，这样才能事半功倍。以下介绍针对10种不同类型客户的接待策略。

① 理智型客户

这类客户是最成熟的客户，较理性，不冲动，客观明智，考虑周详，决策谨慎。接待这类客户要按部就班，按照正常的方式规规矩矩、不卑不亢、坦诚细心地向他们介绍产品的有关情况，耐心解答疑点，并尽可能地提供有关证据，切不可投机取巧。

② 冲动型客户

这类客户个性冲动，情绪不稳定，易激动且反复无常，对自己所作的决策容易反悔。接待这类客户一开始就应该大力强调所推销产品的特色和优惠，促使其尽快购买，但是要注意把握对方的情绪变动，要有足够的耐心，不能急躁，要顺其自然。

③ 顽固型客户

这类客户多为老年客户，他们在消费上具有特别的偏好，对新产品往往不乐意接受，不愿轻易改变原有的消费模式与结构。对这类客户不要试图在短时间内改变他，否则容易引起对方强烈的反感以及抵触情绪和逆反心理，要善于利用权威的资料和数据来说服对方。

④ 好斗型客户

这类客户争强好胜，征服欲强，喜欢将自己的想法强加于别人，尤其喜欢在细节上与人争个明白。接待这类客户要做好被他步步紧逼的心理准备，切不可意气用事，贪图一时痛快与之争斗；相反，要以柔克刚，必要时丢点面子，适当做些让步，也许会把事情办好。

⑤ 优柔寡断型客户

这类客户缺乏决策能力，没主见，不敢下决心，胆小怯懦，畏首畏尾。接待这类客户应以忠实、诚恳的态度，主动、热情、耐心地做介绍并解答其提出的问题，要让其觉得你是可信赖的人，然后帮助他们作出合适的购买决策。

⑥ 孤芳自赏型客户

这类客户喜欢表现自己、突出自己，不喜欢听别人劝说，任性且嫉妒心较重。接待这类客户，首先，在维护其自尊的前提下向其客观地介绍情况；其次，要讲他熟悉并且感兴趣的话题，为他提供发表高见的机会，不轻易反驳或打断其谈话；最后，客服人员不能表现太突出，不要给对方留下对他极力进行劝说的印象，要点到为止。

⑦ 盛气凌人型客户

这类客户常摆出一副趾高气扬的样子，不通情达理，高傲顽固，自以为是。接待这类客户应该不卑不亢，先有礼貌地用低姿态充当他的忠实听众，给予喝彩、附和，表现出诚恳、羡慕及钦佩，并提出一些问题向对方请教，让其尽情畅谈，以满足其发表欲，博取对方的好感。如果仍遭受对方刻薄、恶劣的拒绝，可用激将法，寻找突破口。但也不能言辞太过激烈，以免刺激对方，引起冲突。

⑧ 生性多疑型客户

这类客户生性多疑，不相信别人，无论是对产品还是对客服人员都会疑心重重。接待这类客户要充满信心，并以端庄、严肃的姿态与谨慎的态度说明产品的特点和客户将获得的优惠。某些专业数据、专家评论对建立这类客户的信任会有帮助，但切记不要在价格上轻易让步，否则会使对方对产品或服务产生疑虑，从而使交易失败。

⑨ 沉默寡言型客户

这类客户生活比较封闭，性格内向，平时极少言语，对外界事物表现冷淡，与陌生人保持距离。接待这类客户应主动向其介绍情况，态度要热情、亲切，要设法了解其对产品的真正需要，注意投其所好，耐心引导。

⑩ 斤斤计较型客户

这类客户爱贪小便宜，爱讨价还价，精打细算且不知足，但精明能干。接待这类客户应避免与其计较，一方面可强调产品的优惠和好处，且可事先提高一些价格，让客户有讨价还价的余地；另一方面可先赠予小礼物，让他觉得占了便宜，一旦他有了兴趣，就会促使交易成功。

（2）顾问服务

顾问服务即客服人员以顾问的形式帮助客户解决相关问题，其核心是摒弃传统的、以产品推介为中心的"说服式"销售，以最大限度地满足客户消费的理性需求和特殊需求。在销售过程中，客服人员如果能根据客户的需求进行介绍，当好客户的参谋，就能够提高客户的满意度，增强客户对客服人员的信任感，提高客户的重复购买率，并帮助企业树立声誉。

客服人员在帮助客户选购产品时，一定要设身处地地为客户着想，放弃自身的习惯和爱好，依据客户的特点和想法，综合分析客户的社会地位、经济实力、工作性质等多方面因素后，向他（她）提出合理化建议。

例如，"为客户创造最大的营运价值"是某卡车公司始终追求的目标，每做一笔交易，其工作人员都要为客户量身定做一套"全面物流解决方案"，算运费、算路线、算效率，甚至算到油价起伏对赢利的影响。精诚所至，金石为开，客户当然会将信任的眼光投向其产品，并成为其忠诚的客户，该卡车公司得到的回报是节节攀升的盈利。

（3）知识服务

随着新技术在产品中的广泛运用，许多技术含量高的新产品开始出现，这些产品结构复杂，操作方法相对较难掌握，对客户知识水平等方面的要求较高。客户拿着产品说明书和操作手册未必能够学会，即便能够学会，也未必有足够的时间和耐心去学习，从而丧失购买信心或兴趣。因此，企业应为客户开展各种培训，向客户介绍有关产品的性能、质量、用途、造型、品种、规格等方面的知识，提供技术咨询和指导。此外，操作示范能真实地体现产品在质量、性能、用途等方面的特点，从而提高客户的信任度。当然，企业还可以提供客户指南、客户手册等资料，指导客户如何参与服务过程及如何享用服务。

例如，某咖啡公司对员工进行深度的专业培训，使每位员工都成为咖啡方面的专家，他们被授权可以和客户一起探讨有关咖啡的种植、挑选和品尝等内容，还可以讨论有关咖啡的文化甚至奇闻、轶事，以及回答客户的各种问题。

（4）便利服务

便利服务是指在销售过程中，企业为客户提供便利的服务。没有一个客户不对便利产生好感。便利服务能为客户创造良好的服务体验，不仅可以使服务易于消费，而且增加了服务的价值和吸引力。为此，企业应该在销售过程中尽最大努力去优化服务流程，增加更多的便利服务。例如，增加服务网点、提高服务效率、节约客户的时间和精力等能够给客户带来更多的便利。

（5）配套服务

配套服务是指在销售过程中企业为客户提供相关配套服务，从而使客户能够得到尽可能多的价值。例如，婚礼服务公司将婚纱摄影、定制婚宴、蜜月旅行等相关服务配套提供，给新人们提供了方便。

3. 售后服务

售后服务是指企业在产品出售以后所提供的服务，主要包括送货、回收、安装、维修、检修、回访、建立客户档案与组织、处理客户投诉等。

（1）送货与回收服务

对购买较笨重、体积庞大、不易搬运的产品或一次性购买量过多、自行携带不便或有特殊困难的客户，有必要提供送货上门服务。在产品自然寿命终结时，为客户提供处理、搬运、回收、以旧换新等服务可以消除客户处理废旧产品的烦恼，还可减轻废旧产品对环境的污染，提高物资的综合利用率。

（2）安装服务

随着科学技术的发展，产品中的技术含量越来越高，一些产品的使用和安装也极其复杂，客户依靠自己的力量很难完成。因此，企业就要提供上门安装、调试服务，保证出售产品的质量，使客户一旦购买就可以安心使用。这种方式解决了客户的后顾之忧，大大方便了客户。

（3）维修和检修服务

企业若能为客户提供良好的售后维修和检修服务，就可以使客户安心地购买、使用产品，从而减轻客户的购买压力。有能力的企业应通过在各地设立维修网点或采取随叫随到的上门维修方式为客户提供维修服务。企业也可抽样巡回检修，及时发现隐患，并予以排除，让客户放心、满意。

（4）回访服务

客户购买产品以后，企业应按一定频率以打电话或派专人上门服务的形式进行回访服务，及时了解客户使用产品的情况，解答客户提出的问题。

（5）建立客户档案与组织

建立客户档案的目的是与客户保持长期的联系。通过这种方式，企业一方面可以跟踪客户所购买产品的使用和维修状况，及时主动地给予相应的指导，以确保产品的使用寿命；另一方面还可以了解客户的喜好，在生产出新产品后及时向可能感兴趣的客户推荐。客服人员还可以利用客户档案，以上门拜访、打电话、寄贺年卡等形式，与客户保持长期联络，提高客户的重复购买率。

（6）处理客户投诉

客服人员应尽可能减少客户的投诉，但无论客服人员的售后服务做得如何尽善尽美，难免会招致一些客户投诉。在遇到投诉时，要运用技巧妥善处理，使客户由不满意转变为满意。

1）让客户发泄

客户是给企业带来利润的人，是企业的衣食父母，也是能够导致企业失败的人。因此，客户不应是客服人员争辩或斗智的对象。为此，当客户来投诉时，客服人员应该热情地招呼对方，真诚地对待每一位前来投诉的客户，并且体谅对方——客户投诉时态度难免会过于激动。心理专家说，人在愤怒时最需要的是情绪的宣泄，只要将心中怨气宣泄出来，情绪便会平静下来，所以客服人员要让投诉的客户充分发泄心中的不满乃至愤怒。

在客户发泄时，客服人员要注意聆听和认同两个环节。

① 聆听

客服人员要做一个好的聆听者，认真聆听，不无礼、不轻易打断客户说话，不伤害客户的自尊心和价值观。聆听时要注意关注客户，使他感觉到自己、自己的话、自己的意见被重视，从而鼓励他说出心里话，同时还要协助客户表达清楚。

另外，可以在客户讲述的过程中，不时点头，不时用"是的""我明白""我理解"表示对投诉问题的理解，让客户知道你明白他的想法。此外，还可以复述客户说过的话，以澄清一些复杂的细节，更准确地理解客户所说的话，当客户长篇大论时，复述也是一种总结谈话的技巧。

② 认同

客户在投诉时，最希望自己能得到同情、尊重和理解，因此这时候要积极地回应客户，否则客户就会觉得自己不被重视，从而可能会被激怒。认同的常用语有"您的心情我可以理解""您说的话有道理""是的，我也这么认为""碰到这种状况我也会和您一样"等。

客户投诉的问题有时不一定能解决，即使因为政策或其他方面的原因根本无法解决，但只要我们在与客户沟通的过程中始终抱着积极、诚恳的态度，也会使客户的不满情绪减少很多。

2）记录投诉要点、判断投诉是否成立

要记录的内容有：投诉人、投诉对象、投诉内容、何时投诉、客户购买产品的时间、客户的使用方法、投诉要求、客户希望以何种方式解决问题、客户的联系方式等。在记录的同时要判断投诉是否成立，投诉的理由是否充分，投诉的要求是否合理。如果投诉不成立，也要用委婉的方式耐心解释，使客户认清是非曲直，最终消除误会。

如果投诉成立，企业的确有责任，就应当首先感谢客户，可以说"谢谢您对我说这件事……""非常感谢，您使我有机会给您弥补损失……"要让客户感到他和他的投诉是受欢迎的，他的意见很宝贵。一旦客户受到鼓励，往往还会提出其他意见和建议，从而给企业带来更多有益的信息。感谢之后要道歉，道歉时要注意称谓，尽量用"我"，而不用"我们"，因为"我们很抱歉"听起来毫无诚意，好像在敷衍塞责。

3）提出并实施客户可以接受的方案

道歉之后，就要着手为客户解决问题，要站在客户的立场来寻找解决问题的方案并迅速采取行动，否则就是虚情假意。首先，要马上纠正引起客户投诉的错误。反应快表示你在严肃、认真地处理这件事，客户对此一定会很欣赏，拖延时间只会使客户感到自己没有被足够重视，会使客户的投诉变得越来越强烈。其次，根据实际情况，参照客户的处理要求，提出解决投诉的具体方案，如退货、换货、维修、赔偿等。提出解决方案时，要注意用建议的口吻，然后向客户说明它的好处。如果客户对方案不满意，可以问问他的意见——从根本上说，投诉的客户不仅是要你处理问题，更是要你解决问题。所以，如果客户觉得处理方案不是最好的解决办法，一定要向客户讨教如何解决。最后，抓紧实施客户认可的解决方案。

4）跟踪服务

跟踪服务即对投诉处理后的情况进行追踪，可以通过电话或微信，甚至登门拜访的方式了解事情的进展是否如客户所愿，调查客户对投诉处理方案实施后的意见，如果客户仍然不满意，就要对处理方案进行修正，重新提出客户可以接受的方案。

跟踪服务体现了企业对客户的诚意，会给客户留下很深、很好的印象，客户会觉得企业很重视他提出的问题，是真心实意地帮他解决问题，这样就可以打动客户。此外，通过跟踪服务对投诉者进行回访，并告诉他基于他的意见企业已经对有关工作进行了整改，以避免类似的投诉再次发生，这样不仅有助于提升企业形象，而且可以把客户与企业的发展紧密地联系在一起，从而提高其忠诚度。

1.1.3 客户服务核心与准则

1. 客户服务的核心要点

（1）具有服务热忱的员工

热爱本职工作，是任何职业对从业人员的基本要求，要做一名合格的客服人员，只有热爱这门事业，才能全身心地投入到服务工作中。提升工作责任意识，提高服务质量，这是成为一个合格的客服人员的先决条件。

（2）进行全面的教育培训

1）课堂教学法

课堂教学法是指通过课堂方式来系统的对服务相关知识及技能进行教学，是一种高效地提升服务人员职业素养及服务质量的方法。培训老师可以在课前精心设计与服务工作类似的教学案例，或者直接将真实服务案例拿到课堂教学中来，组织员工分组讨论分析，培训老师给予适时、适当的指导，最后引导员工针对案例中遇到的问题提出自己的解决方案。在此过程中，员工不仅对真实的服务情境有了一定的了解，其对于锻炼员工的服务应变能力及问题处理能力也有重要作用。同时培训老师还可以采用角色扮演的教学方法，轮流让员工扮演消费者、服务员等，让员工体验真实的服务工作情境，从而有效提升其服务专业素养，提高服务质量。

2）操作示范法

要想提高服务人员的自身素养，提升其服务质量，还可以采用操作示范的方法。资深员工可以亲自向新员工现场示范相关的服务技能动作与技巧，并让新员工模仿，资深员工再对其动作模仿情况进行科学合理的评价反馈，从而有效提升服务人员的服务技能，提高服务质量。

3）视频教学法

如今手机视频已经非常普及。对于新入职或入行的员工，可以通过发放服务教学视频或者实际工作情境的视频，让新员工可以在正式上岗之前对本工作有一定的了解与认识。同时使用手机视频的方式也能激起新员工对学习的兴趣。

4）一对一带教法

对于新入职的员工，可采取资深员工带教的方式来对新员工进行培训。这种培训首先要实现一对一，以保证培训的质量；同时要给予带教者一定的激励，以保证培训的主动性。其次这种培训要定期对新员工的培训情况进行检查与考核。再者，对负责带教的资深员工须进行一定的选拔，让这种带教形成一种"我要带"的氛围，而不是"要我带"。

（3）品质与时效并重

产品质量要有新的提高，一方面要从产品的内在质量问题上进行分析、评价和总结，另一方面要从生产角度对整个工艺系统进行细化、优化和标准化。质量检验部门需严把质量关，不合格的原材料不入厂，不符合标准的产品应严格按文件规定判定，减少人为因素造成的不合格出厂，让用户放心使用，避免降低产品市场信誉。因为只有这样，产品才能满足市场的需求，才能赢得广大消费者的信任并牢固地占领市场。

（4）处处为客户考虑

处处为客户考虑要求我们能感同身受、设身处地地理解对方，考虑不同客户心理，让他们感受到自己被理解，把这种情感表达出来能迅速拉近与客户之间的距离，为以后的沟通打下一个好的基础。

（5）服务流程的标准化与弹性

服务人员应熟知自己的业务范围和工作制度，掌握服务的技能技巧、服务规格、服务程序和要求，做到微笑服务、站立服务、主动服务、耐心服务、灵活服务。对客人坚持使用礼貌服务用语，即将问候声、称呼声、致谢声、道歉声、告别声等有机地结合应用到服务全过程。客人下榻饭店，从为客人开车门、提行李、入房间、楼层服务、餐饮服务、购物、娱乐等，都严格按服务规程自觉操作，同时还要善于观察客人的习惯，研究客人的心理，做到针对性服务。

（6）对客户的解说与培训

客户培训的具体实施与管理，其一要注重统一规划、多方合作，建立客户培训组织机构，由企业营销部门牵头，整合企业培训机构、营销客户服务中心和科研机构等相关力量，统一规划建设客户培训体系，进行系统的知识管理，培训客户，提升企业核心竞争力；其二，坚持按照"整体规划，分步实施，不断调整，逐步完善"的原则去规划和建设客户培训系统；其三，要专兼结合，建设师资队伍，重要客户的培训师由企业具有丰富业务及管理经验的中高层领导、各级领军人才兼任，或由客服专业人员和企业培训机构专职培训师担任，网络培训平台的后台培训师可由培训机构专兼培训师担任；其四，要开发培训，设计课程及服务项目，由企业统一组织进行，针对企业或受众的实际情况和特色开发，应具有极强的针对性和可操作性，做到系统化、持续性的培训；最后，要科研立项，保证投入，可采用企业专门科研立项，从企业发展高度保证投入、确保成效，并将客户培训费用列入营销费用，直接计入成本。

（7）做好绩效评估，提高公司和人员素质

公司和人员素质的提高是企业长期稳定发展的基础，也是企业在长期竞争中的核心竞争优势。公司和人员的素质包括公司的向心力水平、公司管理的成熟和规范程度、员工的技术素质、员工学习和持续发展的机会与能力等。为了监控公司整体素质的提高和人员素质的进步，可以制定有针对性的关键绩效评估指标，如员工的满意度、管理和运作的规范性、员工的素质等。

为了使绩效评估体系有效地发挥作用，企业需要明确专门的绩效评估部门和制定规范化的绩效评估流程。企业应根据内部组织架构情况，明确绩效评估体系的责任部门，并制定绩效评估流程，只有这样才能建立起高效的绩效评估体系。

（8）营造和谐的服务气氛

从员工主观感知视角，分为员工感知的服务气氛和顾客感知的服务气氛。基于员工感知的服务气氛的角度，学者们认为服务气氛是员工对组织为提供优质服务而制定的要求、理念、政策、奖励的共同体验和感受，是组织全体成员对与服务工作相关的组织政策和环境的一种共同感知。基于顾客感知的服务气氛的角度，学者们认为服务气氛是组织通过采取改善产品质量、优化服务过程与售后支持等措施，使顾客产生的满意感，及被满足的价值需求与情感需要；是顾客在与员工接触的过程中，由于不同的企业服务导向、管理措施和程序，使顾客产生的对员工服务质量等方面的看法和评价。

（9）进行持续不断的改善

对产品质量进行跟踪调查、征求意见，建立用户技术档案卡，根据用户的特殊标准、特殊技能、特殊用途提供个性化服务，以更好地满足用户的要求，并通过帮助用户占领市场来拓展本企业市场。同时，正面宣传本企业品牌，提高用户对本企业产品的认知度、忠诚度，增强产品竞争力，为产品的开发、预防措施的实施及质量考核方法的选用提供准确可靠的依据。

2. 客户服务的精髓

（1）企业成功最重要的因素在于员工和客户。让员工满意，企业就会拥有满意而归的客户，满意的客户又会为企业带来更多的客户。提供让客户感到满意的服务是每一位员工的责任，奖励让客户满意的员工则是管理层的责任。

（2）希望赢得客户和长期留住客户，就需要让客户感到满意。客户是否愿意下次光临，取决于员工能不能让他这一次满意而归。客户只愿意购买两种产品，一种是使他感到满意的产品；另一种是为他解决实际问题的产品。我们要帮助客户购买他们需要的东西，而不仅是将产品卖给他们。不要忘记客户购买的动机在于拥有产品后的满足感，而不只是产品本身有多好。

（3）给客户"可靠的关怀"和"贴心的服务"。帮助客户做好选择，为客户解决问题，帮助客户解决问题就等于是为自己解决问题，长期维持与客户的关系，培养忠实客户。要获得客户的满意和忠心，就要先找出他们的需要，然后找出他们期望的满足方式，尽最大可能去满足其需要。

1.2 客户服务的组织架构

要做好客服管理工作首先必须建立与完善客服机构。

1.2.1 客户服务涵盖的部门

客户服务是所有与客户接触或相互作用的活动，其接触方式可能是面对面，也可能是电话、信函或网上沟通，其活动则包括向客户介绍及说明商品或服务、提供企业相关的信息、接受客户的询问、接受订单或预订、运送商品给客户、商品的安装及使用说明、接受并处理客户投诉、商品的退货或修理、服务的补救、客户资料的建档及追踪服务、客户的满意度调查及分析等。

由于客户服务的日益重要，所以许多企业设立了客户服务部门。但全方位的客户服务并非客户服务部一个部门所能满足的，它还涉及生产部门、营销部门等。

1. 客户服务部

（1）提供有关产品、服务的信息。

（2）接受客户咨询。

（3）提供有关产品或服务的各项售前与售后服务。

（4）接受有关商品的修改、修理、更换及退货。

（5）处理有关商品或服务的赔偿等纠纷。

（6）接受客户的意见、投诉（抱怨），并做好相关问题的处理。

（7）了解客户的需求及变动趋势。

（8）建立客户档案并追踪服务。

（9）主动与客户联系，关心客户。

（10）对客户提出的建议、抱怨及问卷调查进行统计分析，将所得结果报送有关部门。

（11）接受订单并充分了解客户需求。

2．生产部门

（1）提供有关基本作业程序的信息给客户服务部门。

（2）提供有关生产、作业状况或服务状况给客户服务部及营销部。

（3）接受营销部转来的订单，并安排生产。

（4）制订生产计划或服务提供计划，并予以实施。

（5）进行产能规划并提供给营销部。

（6）在交货期内生产出符合客户需求的产品或服务。

（7）解决有关生产或服务方面的问题。

3．营销部门

（1）接受客户订单或客户服务部转来的订单。

（2）对订单进行管理。

（3）了解生产部门的产能状况并下订单给生产部门，跟踪了解订单的生产进度。

（4）处理客户需求的改变。

（5）给客户提供生产（作业）状况或服务状况信息。

（6）控制产品或服务的交货日期及品质。

（7）提供有关产品或服务的信息给客户服务部。

（8）解决有关营销的一切问题。

从以上分析可以看出，客户服务至少与三个部门密切相关、不可分割。许多企业设立独立的客户服务部，以便尽可能地由一个独立的部门来处理客户服务问题。不同的企业客服部门的称呼不太一样，有的叫"客户服务部"，有的叫"客户服务中心"，有的叫"售后服务中心"，近几年叫"客户服务中心"的居多。

客户服务中心首先是从金融服务行业开始建立的。现在在生产企业、零售业、通信业、娱乐业、公用事业和旅游业中广泛使用，并且正在迅速地扩展到公共部门中。接触方便和服务迅速是客户服务中心的主要优势。

1.2.2 客户服务目标和部门职能

1. 目标

客户服务部通过制定客户服务原则与客户服务标准，拟定标准的服务工作流程，协调企业各部门之间的工作，发挥着良好的窗口和辐射作用，为企业客户提供优质服务，维护企业良好的形象和信誉。

（1）巩固企业与客户的关系，尤其是与大客户的关系，不断提高企业的服务水平。

（2）不断为企业收集最新、最全的客户信息并对之进行详细分析和加工，增强企业对信息的管理能力。

（3）运用巧妙的客户投诉处理技巧，消除企业与客户之间的误会，为企业营造最佳的经营环境。

（4）做好服务质量管理工作，提升客户忠诚度，赢得客户的信赖和支持，为销售活动打下良好的基础。

（5）通过建立先进的呼叫中心系统，有效地为客户提供高质量、高效率、全方位的服务，同时也进一步协调企业的内部管理，提高服务工作效率。

（6）积极配合企业的销售和售后服务管理，为提高客户的满意度和企业的利润水平起到良好的支持和辅助作用。

2. 客户服务部职能

（1）对内职能

客户服务工作的核心价值，就是通过提供完善、良好的服务，帮助客户发现和解决出现的问题，保持和不断提升客户对企业的满意度，提升企业品牌知名度和美誉度，提高重复购买率，从而为企业创造源源不断的商机。

1）客户服务部负责制定客户服务原则与客户服务标准，协调沟通企业各部门之间的工作等，为客户提供优质服务。

2）客户服务部负责新客户服务人员的岗位业务培训以及客户服务人员的服务业绩考核等工作。

3）客户服务部负责制定各种标准的业务工作流程，并对客户服务人员进行流程培训，使之熟悉并掌握各种工作流程，提高客户服务人员的工作效率。

4）客户服务部负责详细记录客户的基本情况和需求情况以及所提意见、建议的次数及内容，并进行分类分项统计。

5）客户服务部负责归集业务系统信息，把握业务系统总体情况，不断提高业务的管理水平和工作效率，提高客户满意度。

6）客户服务部负责收集其他企业的客户服务部资料进行分析、整理和学习。

7）客户服务部负责为企业的产品设备提供强有力的售后服务保障。

8）客户服务部负责定期向企业的有关领导和相关部门通报客户意见、建议，并提出合理的解决方案供领导参考。

（2）对外职能

在产品同质化日趋明显的今天，企业之间的竞争已经从产品的竞争转向服务的竞争。企业只有在客户服务上深入研究、加大投入，不断为客户提供超值服务，努力提高客户满意度，才能建立和保持自己的竞争优势。

1）客户服务部负责收集和整理企业的产品或服务使用后的客户反馈信息，为企业相关部门改进产品或服务质量提供可靠的依据。

2）客户服务部负责进行客户信息调查和管理，尤其是客户的信用状况调查和管理，并对收集的客户信息进行整理和归档，建立有用的客户信息库。

3）客户服务部负责受理和处理客户投诉，解决企业与客户的纠纷，提高客户满意度，维护企业的信誉和形象。

4）客户服务部负责收集客户的提案和建议，并对客户的提案进行审核、评估和实施，为企业未来的发展提供各种宝贵建议。

5）客户服务部负责提出并执行企业的售后服务措施，制定、修改和实施相关售后服务标准、计划与政策，是企业售后服务工作的具体指导和监督部门。

6）客户服务部负责设立服务咨询窗口，为客户提供咨询服务，帮助客户发现和解决有关产品使用过程中的各种问题，促进企业与客户的有效沟通。

7）客户服务部负责企业网站信息的更新和维护工作，保证企业网站信息流动的及时性、有用性和准确性。

8）客户服务部负责开通服务热线，向客户提供全天候服务，定时电话访问、定时配送、定时回访客户。

1.2.3 客户服务的组织结构与设置

客户服务部门的运作，如果没有一个出色的服务职能部门作支撑，没有一支高效运作的团队作为支持，就不可能取得好的效果，因而必须建立相应的组织，组建客服团队。

1. 客户服务部组织结构的设计模式

（1）大型企业客户服务部组织结构模式

大型企业客户服务部组织结构如图1-1所示。

1）适合各种类型的现代企业客户服务管理的需要。

2）这种组织结构主要体现在不同岗位的职能，每个岗位都有主管。

3）客户服务部总经理、副总经理以及经理助理主要负责企业客户服务的总体管理及服务战略制定、服务设计等工作。

4）这种组织结构具有灵活性和职能管理性的双重特点。

（2）中小型企业客户服务部组织结构

中小型企业客户服务部组织结构如图1-2所示。

1）适合服务人员较少的现代中小型企业管理的需要。

2）客户服务部管理事务有专门的人员负责，有利于加强客户服务管理，提高服务工作效率。

3）客户服务部经理和经理助理主要负责客户服务事务的总体管理工作。

4）服务范围较广，但服务人员数量较少，往往一人身兼数职。

5）这样的组织结构具有灵活性和职能管理性的双重特点。

6）功能及职能较为综合。

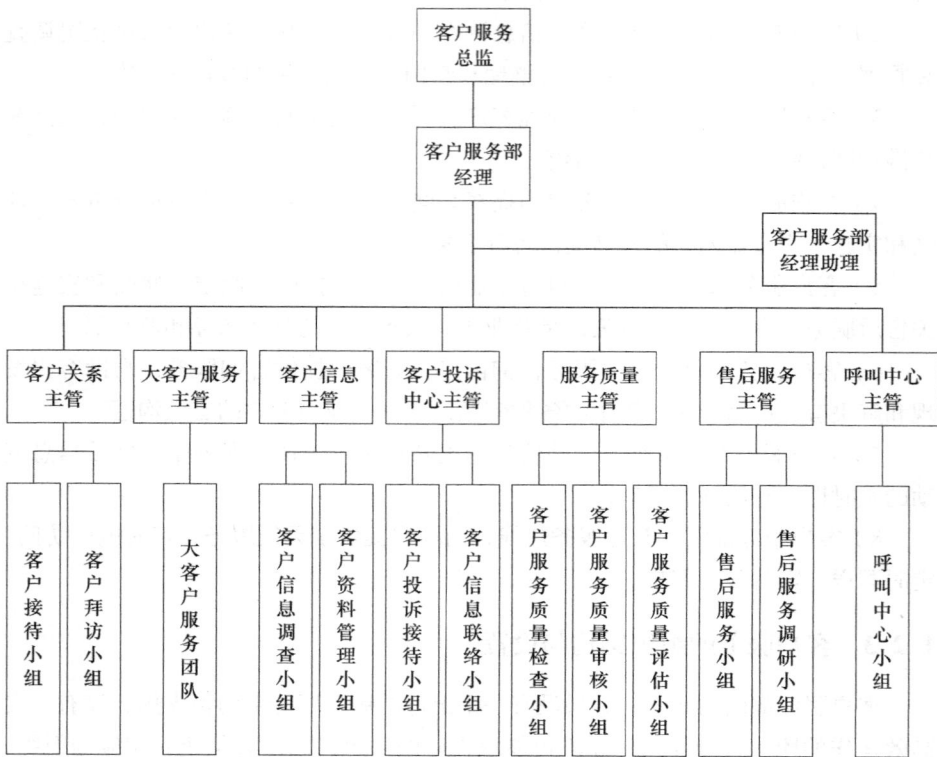

图1-1 大型企业客户服务部组织结构图

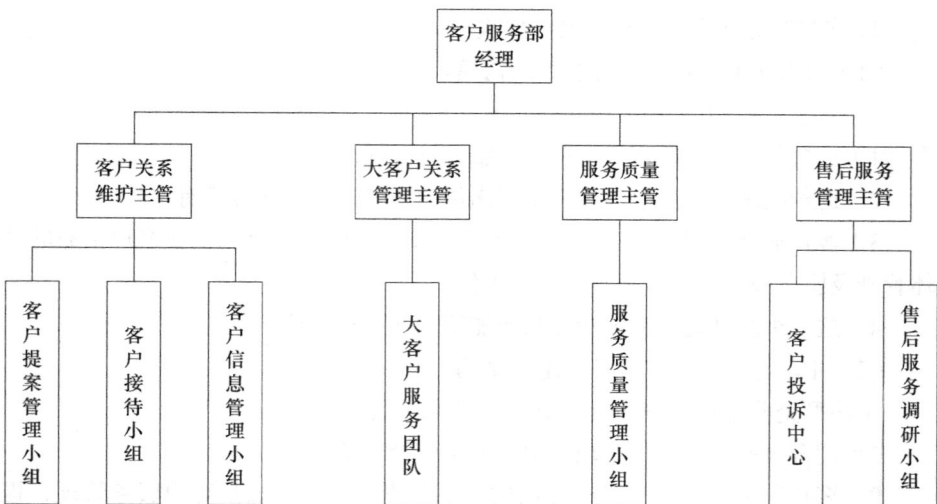

图1-2 中小型企业客户服务部组织结构图

2. 客户服务部组织结构的设计原则

（1）分工协作原则

客户服务部各岗位之间应该是分工协作的，各岗位应以客户为中心，分工要明确。如客户关系维护专员、大客户管理专员、客户信息管理专员等。

（2）统一指挥原则

客户服务部要遵循统一指挥原则，要在本部门总体发展战略的指导下工作。各岗位人员要按照企业的既定方针，在客户服务部经理的统一指挥下工作。

（3）合理管理幅度原则

客户服务部的每一个职位、每一个专员都要有一个合理的管理幅度。管理幅度太大，管不过来；管理幅度太小，不能完全发挥出作用。所以在部门组织结构设计的时候，要制定合理恰当的管理幅度。

（4）责权对等原则

客户服务部设置职位时还应授予对等的权力。如果没有对等的权力，就无法完成这些职责。所以责权应该是对等的。

（5）集权和分权原则

在进行整个部门组织结构设计的时候，应确定客户服务部集权和分权的范围。将集权和分权控制在合适的水平上，既不影响服务工作效率，又不影响服务人员的积极性。

（6）执行职位与监督职位分设原则

客户服务部的执行职位和服务质量的监督职位应分设，也就是通常所说的"不能既当裁判员又当运动员"。执行和监督不能放在一起。

（7）协调有效原则

在客户服务部组织方案设计完成后，各服务岗位内部应该协调有效。应避免在岗位设置后出现运营机制效率低下的现象。

3. 客户服务部组织结构的设计步骤

（1）客户服务部工作岗位设计

客户服务部工作岗位应根据专业化分工原则，按服务工作职能进行划分。

（2）客户服务部管理层次及管理幅度设计

1）管理层次和管理幅度是决定组织结构的两个重要参数，而且管理层次与管理幅度是密切相关的。

2）客户服务部的组织结构应是一种梯形结构，即由客户服务部经理负责指挥。

3）根据管理的需要，客户服务部从上到下设有若干指挥和管理层次。这些层次之间是一种隶属关系，从而形成职权上的等级链。

4）在客户服务部组织规模一定的情况下，如果不考虑其他因素，则客户服务部的管理幅度越大，管理层次就越少，反之管理层次就越多。

（3）客户服务部领导职位确定

客户服务部领导职位，在部门和层次结构设计出来以后方能确定。确定领导职位就是明确各岗位在客户服务部的等级地位，一般来说，客户服务部经理就是这个组织的一把手。

（4）规章制度的制定与关系协调

客户服务部的最后一项工作，就是解决组织中各个服务岗位、各个服务环节和各项服务活动之间的协调问题。客户服务部在运行时，各个岗位之间存在着大量的、复杂的相互关系。这些关系中有相互制约的，也有相互依存的。由于主客观原因，在客户服务部运行过程中发生这样或那样的矛盾是不可避免的。这些矛盾归根结底是责任和权利的矛盾。解决矛盾的有效办法是通过制定各种规章制度来进行协调。

规章制度包括两个方面的内容：

1）服务过程中必须遵循的原则和法则；

2）服务过程中应遵守的服务准则和达到的标准。

1.3 客户服务管理规划

1.3.1 客户服务管理含义

客户服务管理是指企业为了建立、维护并发展顾客关系而进行的各项服务工作的总称，其目标是建立并提高客户满意度和忠诚度，最大限度地开发利用客户。客户服务主要是针对企业单位开发新客户及维护老客户形成的一个对客户的联系、服务及售后，并形成定期的管理记录档案。

客户服务管理也是了解与创造客户需求，以实现客户满意为目的，企业全员、全过程参与的一种经营行为和管理方式。它包括营销服务、部门服务、产品服务等几乎所有的服务内容。客户服务是一个过程，是在合适的时间、合适的场合，以合适的价格、合适的方式向合适的客户提供合适的产品和服务，使客户合适的需求得到满足，价值得到提升的活动过程。

1.3.2 客户服务管理的理念

客户服务管理的核心理念是企业全部经营活动都要从满足客户的需要出发，以提供满足客户需要的产品或服务作为企业的义务，以客户满意作为企业经营的目的。

客户服务质量取决于企业创造客户价值的能力，即认识市场、了解客户现有与潜在需求的能力，并将此体现在企业的经营理念和经营过程中。优质的客户服务管理能最大限度地让客户满意，使企业在市场竞争中赢得优势，获得利益。

竞争激烈的市场，客户有更多的机会去选择不同的公司来满足他的需求。公司若要更好地运作就需要完善管理制度，而客户管理在公司的业务板块中占据着重要地位，所以要不断提高客户服务管理能力。

1.3.3　实现客户服务结构化

1. SERVICE（服务）的扩展定义

S：Smile for everyone　向每个人微笑；

E：Excellent in everything you do　让自己成为本领域的专家；

R：Reaching out to every customer with hospitality　态度亲切友善；

V：Viewing every customer as special　每个顾客都是特殊的；

I：Inviting your customer to return　争取回头客；

C：Creating a warm atmosphere　创造温馨的环境；

E：Eye contact that shows we care　用眼神传达关心。

高效的SERVICE意味着我们能够用更低的成本、更高的效率为客户提供更多的价值，获得更高的客户满意度，甚至与客户建立长期合作、互惠共赢的战略合作伙伴关系。对于组织而言，一方面需要将权力和权威授予那些与顾客接触的层面；另一方面，为了保证每个关键点的接触真正达到"互感互动"的目的，组织应该建立一套完整的客户服务管理体系。

2. 高效客户服务系统五大流程

（1）理解客户，理解自己

除非完全理解所提供的商品/服务的特征，完全明白客户需要得到什么，完全清楚从一开始他们就怎样看待提供的商品或服务，否则，可能无法管理好高效客户服务系统的运行。

（2）建立高效客户服务标准

只有贯彻清晰、简洁、可观测和现实可行的服务标准，客户服务的质量才是可靠的。高效服务包括互为一体的两个方面：一是程序面，涉及服务的递送系统，包括工作该如何做的所有程序，提供满足客户需求的各种机制和途径。二是个人面，客户服务中人性的一面，涉及人与人之间的接触和交往，包括服务时每一次人员接触中所表现出来的态度、行为和语言技巧。在客户服务的管理过程中，如果要将通向成功的各种因素加以总结，那就是细节。

（3）组建高效客户服务团队，贯彻服务标准

完成这项工作，一是设计高效的客户服务岗位，将质量融入客户服务岗位设计中去；二是做好高效服务团队岗位的描述；三是根据高效客户服务选拔应聘者；四是高效客户服务技能培训；五是实施高效客户服务领导技能。高效客户服务的领导应该是个优秀的沟通者、成功的决策者，能为服务团队提供恰当的回报。

（4）检查、监督、反馈与改善

评定客户服务团队的服务质量主要通过三个评价系统：一是服务审核系统，即根据前面列出的服务标准，对其执行状况进行审核；二是客户反馈系统，大多数客户不喜欢提出抱怨，更不用说提出建议；绝大多数客户不愿意花时间和精力

来提出积极的反馈，所以打通客户与组织之间的信息沟通渠道极为重要；三是员工反馈系统，对客户服务质量有利的员工反馈系统强调客户服务行为、信息共享、思想交流。员工是公司的根本，收集员工的反馈能发现客户服务管理中存在的问题，并提出解决的方法。

（5）增值服务

增值服务即积极提供解决问题的办法。首先为客户服务问题的解决创造一种支持性的气氛，然后利用客户服务团队来了解客户到底遇到了什么问题，需要什么样的帮助，并使客户服务团队成为改善服务的源泉，把客户服务中遇到的问题和客户的抱怨当成与客户改善关系的契机，最后真正为客户提供增值服务。

1.3.4 客户服务等级管理

通过服务等级管理可对客户进行优先排序管理，解决客户服务过程中的项目管理和资源调配问题，同时可以帮助我们深入分析如何有效进行服务项目的评估，以确定服务策略及资源投入，定量、定性地掌握项目进展及对客户服务人员的绩效进行具体评估，分析并制定最有效的竞争策略。

通过有效分级，对不同级别的客户分别制定不同的服务策略和市场策略，以更加科学有效地进行服务项目管理和资源调配。同时，对不同级别的客户，实施不同的服务过程管理，辅以不同的跟进策略，增强控制服务订单和再次签约的能力。

1. 服务等级管理的内容

服务等级管理往往是指标性的，它主要是用一些程度、指标、总量，来说明对某类客户群想要达到的目标、要做的工作和所需的资源。

服务等级协议的内容一般包括服务时间、可用性、可靠性、服务支持、处理量、事务处理响应时间、应急处理时间、变更、服务持续性和安全性、计费、服务报告和评估、可维护性和可服务性。针对每一项内容，都有一些具体指标来衡量。

服务等级管理还涉及服务成本和费用问题，具体内容包括人力成本（包括初始成本和后续成本）、办公场地费、软件支持工具成本（如监控和报告以及服务管理集成方面的软件等）、运行这些软件的硬件设施、营销成本（如制作服务目录的费用）等。这些内容在服务等级协议里都要详细列出来。

2. 服务等级管理的流程

服务等级管理是一个不断循环的过程，包括怎样建立服务等级，怎样实施管理，怎样运作、改善和评估等。

（1）识别服务需求，就是能够把客户的需求表达出来。清楚了解客户的需求以后，才能制订客户服务计划，满足客户需求，得到客户的认可。

（2）按照服务管理的要求，定义客户的服务需求、服务说明书和服务质量计划。服务说明书和服务质量计划的编制要在了解客户需求的基础上进行，得到客户认可后才可实行。

（3）商务谈判就是商谈怎么签署服务等级协议。谈判之前，关键是建立一个服务目录，就是需要编制一些服务规划方面的文件，包括服务等级的划分、优先级的安排等。

（4）评估与改善。不断地审计需要达到的服务等级要求，定期报告，给报告下结论，并对结论进行评估，以改善服务。

3. 服务等级管理的作用

（1）集中精力解决关键问题，使客户少受或不受服务故障的负面影响。当客户面临问题时，第一需求通常是寻求解决问题的方法。进行服务等级管理便可以在第一时间发现客户的关键问题并提出解决办法，确保资源用于业务方认为最关键的领域，让客户少受损失。

（2）提高客户满意度，改善客户关系。建立服务等级管理制度可以帮助客户进行合理的资源调配，在项目上实现收益，得到客户的认可，建立良好的客户关系。

（3）服务提供者和客户对服务等级管理的职能有共同认识，对所需的服务等级有一致的预期，避免可能产生的误解和遗漏。识别客户需求后，便可以有针对性地提出解决办法，达到客户的预期效果，实现服务等级管理的职能。

（4）发现薄弱环节，揭示故障原因，从而表明哪些地方需要改进工作效率或加强培训。

4. 服务等级管理的风险

（1）没有验证服务目标是否可实现，在签约前没有对这些服务目标进行核实。

（2）对服务等级管理不够重视，投入的资源和时间太少。

（3）服务协议没有得到足够的合同支持。

（4）各方的责任定义不明确，从而可能导致各方都相互推卸责任。

（5）服务等级协议往往不是结合业务需求来签署，尤其在业务方不清楚其业务需求时更是如此。

（6）服务等级协议太长，不够简洁，对关键业务或流程关注不够。

（7）拟提供的服务等级未能很好地传递给客户，或客户有抵触情绪。

（8）服务等级管理未能与完整的服务周期结合。有的服务等级管理只适合短期，长期运行未必有效。

自　测　题

一、单选题

1. 以下不属于售前服务的是（　　　）。

    A. 信息服务　　　　　　　　B. 咨询服务

    C. 接待服务　　　　　　　　D. 承诺服务

2. 跟踪服务属于（　　　　）。

  A. 回访服务   B. 处理客户的投诉

  C. 维修和检修服务   D. 安装服务

3. 橱窗、手机App属于（　　　　）。

  A. 信息服务   B. 知识服务

  C. 便利服务   D. 配套服务

4. 以下不属于客户服务涵盖的部门是（　　　　）。

  A. 客户服务部   B. 生产部门

  C. 销售部门   D. 采购部门

5. 客户服务工作的核心价值是（　　　　）。

  A. 为客户提供优质服务

  B. 提高客户满意度

  C. 提高客户服务人员的工作效率

  D. 提高业务管理水平

6. 建立客户档案的目的是（　　　　）。

  A. 与客户保持长期的联系   B. 减少客户投诉

  C. 解决客户问题   D. 提高客服质量

7. 评定客户服务团队服务质量的三个评价系统不包括（　　　　）。

  A. 服务审核系统   B. 客户反馈系统

  C. 服务测评系统   D. 员工反馈系统

8. 服务等级管理往往是指标性的，它主要是用一些程度、指标、（　　　　），来说明对某类客户群想要达到的目标、要做的工作和所需的资源。

  A. 总量   B. 份额

  C. 标准   D. 规格

9. 下列关于客户服务管理描述不正确的是（　　　　）。

  A. 客户服务管理是指企业为了建立、维护并发展顾客关系而进行的各项服务工作的总称

  B. 客户服务的目标是建立并提高顾客的满意度和忠诚度，最大限度地开发利用顾客

  C. 客户服务管理包括营销服务、部门服务和产品服务等

  D. 客户服务是一个过程，是在任何时间、任何场合，以合适的价格、合适的方式向合适的客户提供合适的产品和服务，使客户合适的需求得到满足、价值得到提升的活动过程

10. 以下关于服务，描述不正确的是（　　　　）。

  A. 服务是有价值的，当它作为企业对客户的行为时，它是有偿和等价的

  B. 服务存在于一切时间、空间和关系之中，无时无刻不需要

  C. 客户服务可以储存，以备在需要时提取；但不可以预支，它只能与其

载体（如产品、技术等）同时存在

　D. 良好的服务不在于是否得到了服务，更在于使客户便利地得到服务

二、多选题

1. 客户服务的内容有（　　　）。

　A. 售前服务　　　　　　　　　　B. 售中服务

　C. 便利服务　　　　　　　　　　D. 延续服务

　E. 知识服务

2. 售中服务包括（　　　）。

　A. 顾问服务　　　　　　　　　　B. 信息服务

　C. 回访服务　　　　　　　　　　D. 知识服务

　E. 接待服务

3. 客户服务部组织结构的设计原则有（　　　）。

　A. 分工协作原则　　　　　　　　B. 统一指挥原则

　C. 合理管理幅度原则　　　　　　D. 责权对等原则

　E. 协调有效原则

4. 以下属于客户服务特征的是（　　　）。

　A. 无形性　　　　　　　　　　　B. 不可分性

　C. 不确定性　　　　　　　　　　D. 及时性

　E. 互动性

5. 建立服务等级管理的作用有（　　　）。

　A. 集中精力解决关键问题，使客户少受或不受服务故障的负面影响

　B. 提高客户满意度，改善客户关系

　C. 有针对性地提出解决措施，得到客户的预期效果，实现服务等级管理
　　的职能

　D. 发现薄弱环节，揭示故障的原因

　E. 表明哪些地方需要改进工作效率或加强培训

三、名词解释题

1. 客户服务

2. 配套服务

3. 信息服务

4. 增值服务

5. SERVICE（服务）的扩展定义。

四、简答题

1. 客户服务的目标是什么？

2. 大型企业客户服务部组织结构模式建设有哪些要求？

3. 简述接待不同类型客户的方法。

4. 简述在客户服务系统五大流程中，如何组建高效客户服务团队，贯彻服务

标准。

5. 简述服务等级管理的流程。

五、论述题

1. 论述客户服务的重要性。

2. 论述客户服务的精髓。

2

客服人员管理

客户服务（简称"客服"）从某种程度上可以看成是一个企业的成本中心，是一个持续过程较长的工作，短时间内产生的利益回报较低，维持良好的客服需要投入较大的成本，提供优质的客服更需要企业持续投入大量精力和财力。但是，之所以称其为"客户服务"，是因为它是为"客户"提供服务的。客户是公司的资源，是根基，是命脉，是口碑，是核心竞争力。本章讲述了如何对客户服务团队和人员进行管理，包括客服团队建立、客服人员招聘、培训、绩效薪酬和考核、员工关系管理、激励等内容。通过提供优质的服务，可以赢得客户的信赖和支持，确保留住每一个现有的客户，并在其协助下不断开拓潜在客户，为企业带来源源不断的效益，这也正是客户服务的价值所在。

2.1 客服团队与人员管理

2.1.1 客服团队的组织设计

1. 组织设计原则

客服团队的组织设计应紧扣团队的发展战略，充分考虑内外部环境，将组织内各要素进行合理组合，以谋求团队内外部资源的优化配置。

2. 部门与岗位设计

（1）设计基础

岗位职责的设计离不开部门职能的设计，部门职能是依据组织设计，经过运营流程和组织框架的分析而设置的。在此基础上进行工作分析，通过进一步的资料收集和分析评估，对岗位职责进行划分。确定岗位职责，并制定岗位职责说明书。

（2）工作分析

在进行岗位职责设计前首先要对相应职务的工作内容和职务规范进行描述和研究，弄清楚部门中每个岗位的工作内容。

工作分析的目的是提升工作效率，可以有效解决客户服务部中岗位职责不清晰、重叠、遗漏等问题。客户服务部工作分析要建立在公司组织结构及运营流程明确、部门职能和目标确定的基础上。

（3）设计方法

客服管理人员在设计岗位职责时，要将每个岗位的职责划分清楚，各个岗位间的职责既不能重叠，也不能留有空白。一个部门经理通常要对本部门的全部职能负责，而下属的一个职员可能只对本部门的某几项职能负责。

1）部门或单位负责人的职责原则上和本部或单位职能分解表中的二级职能一样。

2）部门或单位里的某个业务主管的职责原则上是本部门或单位职能分解表中二级职能中的几项。部门或单位里的几个业务主管的职责原则上是本部门或单位职能分解表中二级职能中的全部。

3）部门或单位里的一般职员的职责原则上是本部门或单位职能分解表中三级职能中的几项。

4）描述工作内容时，应注意按照从工作概要到核心工作内容再到辅助性工作内容的顺序。

（4）客户调研部

1）工作目标

① 部门内权责分工明确，编制部门计划并实施。

② 完成目标调研计划达成率。

③ 客户调研报告可用性达到既定目标。

④ 将成本控制在预算内。

⑤ 部门内实现良好协作。

2）职能分解

① 客户调研计划管理

A. 根据企业运营计划，做好客户调研的总体规划工作，制订客户调研计划。

B. 监督各部门执行客户调研计划的情况。

② 客户调研

A. 根据企业营销策略或发展方向，确定客户调研主题，选择调研目标，制订调研计划。

B. 设计客户调研方案，确定调研方法（如探索性调研、描述性调研、因果性调研），确保客户调研计划顺利实施。

C. 利用观察法、询问法、实验法等多种方法收集客户资料，确保客户资料的准确性和有效性。

③ 客户调研分析

A. 遵循由浅入深、由少到多、由一般性资料到专题性资料的原则，收集、整理客户调研资料。

B. 将有效的资料整理成统一的格式，供进一步分析。

C. 通过分析调研资料，初步筛选符合企业要求的客户，编制客户调研报告，并提交上级领导审批。

④ 客户调研规划决策管理工作

A. 制定科学的企业客户调研管理工作规划。

B. 在客户调研管理过程中，应作出正确合理的客户调研管理决策。

⑤ 客户调研成本管理

A. 做好成本效益的分析核算工作，真实地反映客户调研成本，并找出成本超标的原因，为成本控制提供依据。

B. 制定客户调研成本控制措施并实施，以达到成本控制目标。

⑥ 其他职责

A. 负责客户调研文件、工具表格及单据资料的管理工作。

B.配合其他职能部门，完成项目的各项调研工作。

（5）客户调研岗位职责

1）客户调研主管

在客服经理的领导下，全面负责客户需求调研工作，对调研资料进行分析汇总，为企业领导及相关部门的决策提供依据。

①起草客户需求调研计划、细则及规范

A.根据客户调研的总体计划，制订客户需求调研总体规划、年度计划和费用预算，获得客服经理及上级领导批准后组织实施。

B.负责起草企业客户需求调研的详细工作规程和细则，调研计划经批准后，监督部门人员按程序作业，保证调研计划的顺利开展。

②客户需求调研前期准备

A.依据产品定位和营销目标，确定客户需求调研范围，组建调研团队。

B.负责了解调研双方的基本情况，根据调研对象的工作习惯、业务能力及调研人员能力、调研进度要求等因素选择调研方式。

C.负责编制客户需求调研计划、文档模板、调研提纲，并对调研对象进行背景调查。

③客户需求调研实施

A.设计并控制客户需求调研的内容与进度，确定调研质量控制点，确保调研结果的质量和可信度。

B.根据客户需求调研情况，有针对性地设计引导客户需求方案并负责实施。

C.将客户需求调研费用控制在预算之内。

④对客户需求调研的评估

A.根据调研对象所处环境及个人因素等，评估客户需求的合理性和可实现性。

B.客户需求调研完成后，根据企业营销策略的需要，对客户进行分级。

C.组织编制客户需求调研报告，报客服经理及上级领导审批。

⑤沟通协调管理

A.接受企业各部门的市场信息咨询，主动提供定期的客户需求信息服务。

B.定期向总经理报告客户需求调研工作情况，并定期召开客户需求调研管理工作例会，将企业的政策信息快速、清晰、准确地传达给下级人员。

⑥人员管理

A.督导员工做好日程安排，监督员工的工作情况。

B.对所属人员进行心态、形象等方面的培训。

2）客户体验主管

在客服经理的领导下，负责客户体验及客户体验需求调研工作，并对调研资料进行分析汇总，明确客户体验要求，为企业领导及相关部门的决策提供参考。

① 客户体验计划管理

A. 根据客户服务部的总体规划和要求，制订客户体验服务及客户满意度调研总体规划、年度计划和费用预算，获得客服经理及上级领导批准后组织实施。

B. 制定客户体验调研的详细工作规程和细则，获得客服经理批准后，监督部门人员按程序作业，保证调研计划的实施。

② 客户体验调研管理

A. 主持处理客户关系工作，负责企业与客户的沟通协调工作，提高客户满意度。

B. 监督并组织实施客户体验调研计划，根据部门运营情况调整相应的客户服务政策和规范。

C. 在客户体验调研过程中，了解客户体验的现状和客户期望，并分析差距。

③ 客户体验信息处理

A. 制定客户体验信息收集方案及处理反馈信息的规范和流程，监督并指导实施。

B. 负责客户体验日常反馈信息的管理和维护工作，与各相关部门进行沟通，跟进解决客户提出的问题。

C. 汇总、整理、回收客户反馈信息，提出改善性意见及建议。

D. 将客户体验反馈信息发送到相关部门，并了解各部门的处理改进情况。

④ 沟通协调管理

A. 接受企业各部门的市场信息咨询，或主动提供定期的信息服务。

B. 定期向总经理报告客户体验工作情况，定期召开客户体验工作例会，将企业的政策、策略等信息快速、清晰、准确地传达给下级人员。

⑤ 部门管理

A. 将客户体验调研费用控制在预算之内。

B. 负责本部门日常运营、管理以及部门团队培养和建设工作。

C. 督导员工做好日程安排，对员工的工作情况进行监督和考核。

3）客户调研专员

在客户调研主管的领导下，具体实施客户调研计划，并统计分析信息资料，撰写调研报告等。

① 起草计划及方案

A. 协助客户调研主管制订年度客户调研计划，为其提供意见和建议。

B. 负责编制考核调研方案及设计调研问卷。

② 客户调研

A. 根据审批后的客户调研计划及方案，进行客户需求、信用、体验等方面的调研工作。

B. 及时对调研资料进行整理、汇总、分析并上交。

③ 资料收集归档

A. 分析客户市场调研资料，并提出意见和建议。

B. 协助客户调研主管撰写客户调研报告，为其提供数据支持。

C. 做好调研资料及客户调研报告的建档、管理工作。

④ 其他职责

A. 需要兼职调研员时，协助市场调研主管筛选合格的兼职调研员，并对其进行培训、指导。

B. 完成领导交办的其他工作。

（6）客户信息管理部

1）工作目标

① 保证客户信息录入准确率。

② 保证客户信息分析及时率。

③ 防止客户信息泄密。

④ 防止客户档案误毁。

⑤ 保证客户档案借阅、归还手续办理的及时率与正确率。

2）职能分解

① 建立信息管理规范体系

A. 根据公司信息管理工作的实际需要，制定客户信息管理制度。

B. 制定作业规范，明确信息管理部门各岗位职能与权限。

C. 执行信息管理制度及规范，并监督其实施情况。

② 客户信息收集

A. 从企业实际情况出发，建立客户信息数据库。

B. 从各个渠道收集客户信息，构建客户数据模型，完善客户信息数据库。

C. 对客户信息进行筛选、整理、分类。

③ 客户信息分析

A. 分析、判断客户信息的真实性与准确性。

B. 分析客户信息、信用状况及其对公司的价值，并进行评级。

C. 分析客户群体的差异，制定相应的客户服务策略，将分析结论上报客服总监审核。

④ 客户档案管理

A. 为每个客户制作档案，并且按照保管要求的不同分别归档。

B. 制定客户档案借阅、归还、增补、销毁等程序。

3）岗位职责

① 客户信息主管

建立信息管理体系，对客户各方面的信息进行收集、汇总、分类，并对意向客户进行分析、评定，管理客户信用，为完善营销策略与客户服务策略提供依据。

A. 完善客户信息管理制度

a. 协助客户信息部经理建立客户信息管理制度。

b. 制定客户信息管理工作规范与标准。

c. 严格执行客户信息部管理制度，保证部门工作正常有序进行。

B. 制订客户信息部工作计划

a. 制订客户信息部工作计划，报上级领导审核。

b. 将年度工作计划分解到各月或各工作周期，同时明确部门内各岗位的工作目标、工作计划。

c. 监督工作计划的执行情况。

C. 客户信息数据库管理

a. 建立客户信息数据库。

b. 进行数据采集，录入采集的客户信息资料，并且对相关信息进行筛选、整理和分类管理。

c. 建立客户数据库模型。

D. 客户信息管理

a. 分析客户信息的准确性，确保客户资料的完整性，为每个客户建立相应的档案。

b. 负责组织客户信用状况的分析、评级工作以及客户信用限度管理工作。

c. 检查客户档案的管理工作，防止出现档案丢失、遗漏、损毁情况。

② 客户分析师

负责构建客户信息数据库，对客户资料、信用情况进行辨别、分析和整理，挖掘客户资料背后的隐藏信息，提出相应的建议、对策，做好员工培训以及领导交办的其他工作。

A. 客户信息数据库

a. 构建客户信息数据库，并不断进行维护、完善和改进。

b. 针对已采集的客户数据构建各相关客户分析项目模型，建立统一、全面的客户管理视角。

B. 客户信息管理

a. 负责对客户资料进行整理、统计与分析。

b. 判断客户资料及信用信息的真伪，发现客户需求，定义客户价值，定位目标客户。

c. 针对目标客户群体给出的客户服务建议，完成客户信息分析报告。

C. 员工培训

负责新员工和初级员工的培训工作。

③ 客户档案管理员

遵守并执行客户档案管理的各项规章制度，落实上级交办的各项档案管理工作。

A. 客户档案的收集

a. 接收、汇总企业从各渠道收集来的客户资料。

b. 整理、分类客户资料并录入客户信息数据库。

B. 客户档案的整理

a. 认真执行客户档案移交签字登记手续。

b. 对已接收的客户档案及时进行分类、编号、登记，并编制目录和检索工具。

C. 客户档案的保管

a. 严格执行"六防"措施，不断改进保管条件，延长档案寿命。

b. 妥善保管客户档案，严格执行保密制度。

c. 报批过期、作废的客户档案，并于获批后执行档案销毁作业。

D. 客户档案的借阅

a. 按规定办理客户档案借阅手续。

b. 督促档案借阅人及时归还客户档案。

c. 做好客户档案借出、归还登记工作。

E. 其他工作

a. 积极学习档案管理的相关知识，按要求完成培训。

b. 完成上级领导交办的其他与客户档案管理相关的工作。

（7）客户信用管理部

1）工作目标

① 部门内权责分工明确，编制部门计划并实施。

② 保证客户信用调研报告的可用性。

③ 控制客户信用风险损失额。

④ 控制客户信用调研成本。

⑤ 部门协作满意率为100%。

2）职能分解

对客户信用管理的职能进行分解，细化客户信用管理的各项职能。

① 客户信用计划管理

A. 根据企业运营计划做好客户信用管理的总体规划工作，制订客户信用管理计划。

B. 监督客户信用管理计划的执行情况。

② 客户信用调研

A. 根据企业营销策略或发展方向，确定客户信用调研主题，制订信用调研计划。

B. 设计客户信用调研方案，确定调研方法（如探索性调研、描述性调研、因果性调研等），确保客户信用调研计划顺利实施。

C. 利用观察法、询问法、实验法等多种方法收集客户资料，确保客户信用资料的准确性和有效性。

③ 客户信用分析

A. 遵循由浅入深、由少到多、由一般性资料到专题性资料的原则，收集、整理客户信用资料，将有效的资料整理成统一的格式，供进一步分析之用。

B. 通过分析客户信用资料，初步筛选符合企业要求的客户，编制客户信用分析报告，提交上级领导审批。

④ 客户分级管理

A. 制订科学的客户信用分级管理工作规划。

B. 在客户分级管理过程中，应作出正确合理的客户分级管理决策，并适时调整客户的级别。

⑤ 客户信用成本管理

A. 做好成本效益的分析核算工作，真实地反映客户信用管理成本，并找出成本浪费的原因，为成本控制提供依据。

B. 制定客户信用管理成本控制措施，并具体实施，以达到成本控制目标。

⑥ 其他职责

A. 负责客户信用文件、工具表格及单据资料的管理工作。

B. 配合其他职能部门，完成项目的客户信用管理工作。

3）岗位职责

① 客户信用主管

全面负责客户信用调研工作，并对调研资料进行分析汇总，确认客户信用等级，为企业领导及相关部门的决策提供参考。

A. 起草客户信用调研计划、细则及规范

a. 根据客户调研的总体计划，制订客户信用调研总体规划、年度计划和费用预算，获得客服经理及上级领导批准后组织实施。

b. 制定客户信用调研的详细工作规程和细则，经客服经理批准后，监督部门人员按程序作业，保证调研计划顺利开展。

B. 客户信用调研准备

a. 配合客服经理选择信用调研机构，即聘请外部专业机构或由内部人员完成信用调研工作。

b. 根据信用调研计划及目标，确定调研内容，选择信用调研方法，审定调研问卷。

C. 客户信用调研实施

a. 组织、监督并指导客户信用调研计划的实施。

b. 制定调研质量控制点，确保调研结果的质量和可信度。

c. 收集、整理、分析相关客户的资料，确定客户资料密级，并妥善保管。

d. 将客户信用调研费用控制在预算之内。

D. 客户信用评估

a. 根据客户信用调研资料及数据，组织相关人员对客户信用进行分析和评估。

b. 制定各信用等级客户的评定条件、标准及认定程序，对调研客户进行信用分级。

E. 沟通协调管理

a. 接受企业各部门的信用信息咨询，或主动提供定期的信息服务。

b. 定期向总经理报告信用管理工作情况，并定期召开信用管理工作例会，将企业的政策、策略等信息，快速、清晰、准确地传达给下级人员。

F. 人员管理

a. 督导员工做好日程安排，对员工的工作情况进行监督。

b. 对所属人员进行心态、形象等方面的培训。

② 客户信用专员

负责客户信用调研工作，并对调研资料进行分析汇总，确认客户信用等级，为企业领导及相关部门的决策提供参考。

A. 客户信用调研准备

a. 配合客服经理选择信用调研机构，即聘请外部专业机构或由内部人员完成信用调研工作。

b. 根据信用调研计划及目标，确定调研内容，选择信用调研方法，审定调研问卷。

B. 客户信用调研实施

a. 组织、监督并指导客户信用调研计划的实施。

b. 制定调研质量控制点，确保调研结果的质量和可信度。

c. 收集、整理、分析相关客户的资料，确定客户资料密级，并妥善保管。

d. 将客户信用调研费用控制在预算之内。

C. 客户信用评估

a. 根据客户信用调研资料及数据，组织相关人员对客户信用进行分析和评估。

b. 制定各信用等级客户的评定条件、标准及认定程序，对被调研客户进行信用分级。

D. 其他工作

a. 配合完成与客户信用调研工作相关的信息提供、客户信用调整等工作。

b. 领导安排的其他临时性工作。

（8）客户关系管理部

1）工作目标

① 部门内权责分工明确，人员各司其职。

② 部门费用控制在预算范围内。

③ 保持良好的客户关系。

④ 及时编制部门工作目标。

⑤ 开发新客户。

⑥ 保证客户回访率。

⑦ 制订客户关系维护计划。

2）职能分解

① 客户关系规划管理

制定客户关系维护、改进、客户拜访与回访管理制度等。

② 客户关系计划与协调管理

A.根据企业经营发展战略制订维护客户关系的各项计划。

B.执行各项计划，保证各类资源的有效整合。

C.以客户关系维护与促进为中心，与各部门保持良好的协作关系。

③ 客户接待管理

A.做好客户接待准备工作，制定客户接待标准和接待流程。

B.制定客户接待方案，做好客户接待工作。

C.根据客户的来访要求，作出相应的安排和部署。

④ 客户拜访、回访管理

A.根据客户的销售能力和开发潜力等，充分了解客户需求。

B.制定客户拜访和回访标准，确保客户拜访和回访工作的顺利开展。

C.通过回访，收集客户对企业产品及服务的各类意见和建议。

D.对客户意见或建议进行整理和分析，制定相应的改进方案，提高客户满意度。

⑤ 客户关系维护、促进管理

A.评估现有的客户关系，根据评估结果制定相应的客户关系管理方案和改进措施。

B.执行客户关系管理方案和改进措施，对方案和措施的执行过程进行控制监督，保证客户管理方案和改进措施的积极效果。

⑥ 成本费用管理

A.做好客户关系管理的成本费用预算与核算工作，为成本控制提供依据。

B.制定成本控制改进措施或改进方案并实施，以便有效控制成本。

3）管理职责

① 客户维护主管

协助客服经理做好部门内部的各项日常工作，制定本部门各项客户关系维护规章制度，制定客户维护方案等。

A.规章制度建设和规划建设

a.编制本部门的各项客户维护管理规章制度和规范，并组织实施。

b.监督各项客户维护规章制度和规范的落实情况。

c.制定客户维护标准及流程，划分各类服务等级。

B.客户关系管理

a.做好客户的拜访和回访工作。

b. 制订客户拜访和回访工作计划，做好各项准备工作、人员安排工作等。

c. 记录客户拜访和回访。

d. 做好客户关系维护与促进的提案管理。

C. 管理成本控制

a. 编制客户拜访、回访的成本费用预算，审核通过后，对下属人员执行预算方案的情况进行监督。

b. 对客户拜访、回访的成本费用进行定期核算，将核算结果与预算进行对比分析，编制成本控制方案，并监督执行。

c. 监督并控制下级的接待费用支出情况，定期向上级领导提交费用报表。

D. 沟通协调管理

a. 为维护客户关系，与企业相关部门做好沟通协调工作。

b. 定期向上级领导报告部门客户拜访和回访工作进展，听取上级领导的意见和建议。

E. 下属人员管理

a. 指导、监督、检查下级人员的各项工作，掌握其工作情况，并对其进行培训与指导。

b. 对下属人员的工作业绩进行考核。

② 客户关系专员

协助客户维护主管做好各项客户关系维护工作。

A. 规章制度建设

a. 执行本部门各项客户关系管理规章制度和规范。

b. 收集制度和规范存在的不合理之处，为完善制度合理性提供依据。

B. 客户关系管理

a. 协助上级主管处理客户提出的一般性问题和要求。

b. 收集客户关系信息并录入客户关系资料，完善客户关系系统。

c. 对客户进行拜访和回访，对客户进行满意度调查。

d. 完善客户提案工作机制，对客户提案进行分析和整理。

C. 客户关系维护成本控制

a. 编制"接待费用申请表"，交客户维护主管审查。

b. 定期汇总各项接待费用，将汇总结果与预算成本进行对比分析，查找偏差原因。

D. 沟通协调管理

a. 为了维护客户关系，与企业相关部门做好沟通协调工作。

b. 定期向上级领导报告客户接待工作情况，听取上级领导的指导意见。

（9）客户抱怨与投诉处理部

1）工作目标

① 部门内权责分工明确，人员各司其职。

② 做好抱怨与投诉处理，与客户保持良好关系。

③ 将客户投诉处理成本费用控制在预算范围内。

④ 将客户满意度保持在目标范围内。

⑤ 将核心人员流失率控制在合理范围内。

2）职能分解

① 客户抱怨与投诉规划管理

A. 制订部门工作计划，分配客户抱怨与投诉处理业务的各项资源。

B. 以客户抱怨与投诉处理为中心，协调做好客户抱怨与投诉处理业务的规划工作。

C. 建立健全各项管理制度和规章，不断完善客户管理体系和抱怨与投诉处理程序。

② 客户抱怨与投诉处理

A. 做好客户抱怨与投诉问题定位工作，对客户抱怨与投诉问题进行调研，界定问题性质。

B. 分析客户抱怨与投诉的主要原因和主要问题，制定客户抱怨与投诉处理方案，保证处理方案既能满足客户的基本需要，又符合企业发展战略需要。

C. 对客户投诉的不同处理方案进行效果测定，选择适合企业发展方向的最优方案，及时准确有效地解决客户投诉，维护与客户的良好合作关系。

D. 建立健全相关的客户抱怨与投诉机制，提高客户抱怨与投诉处理的速度和水平，提高客户满意度。

③ 客户抱怨与投诉处理效果评估

A. 对客户抱怨与投诉处理效果进行预评估，分析客户抱怨与投诉处理效果的影响力度以及宣传效应，便于完善客户抱怨与投诉处理机制。

B. 做好客户抱怨与投诉处理跟踪工作，及时发现各项投诉处理措施在执行中的不合理之处，并加以改进。

C. 针对客户抱怨与投诉处理过程中出现的相关问题制定相应的整改措施，并跟踪整改结果，保证良好的社会效益。

④ 协调沟通管理

A. 与企业其他职能部门协调处理客户抱怨与投诉的各类问题，不断提高企业的客户服务水平和客户服务质量。

B. 与信息部协调做好网络信息、客户信息、渠道信息和市场信息的沟通工作。

⑤ 成本费用控制

A. 做好客户抱怨与投诉处理的费用预算、核算工作，对预算和各阶段核算进行对比分析，找出费用浪费根源，为成本控制提供依据。

B. 改进客户抱怨与投诉处理成本控制措施，并予以实施，以求达到成本控制的目标。

⑥ 抱怨与投诉信息管理

A. 对现场、电话以及来函客户投诉进行分类汇总，建立相关档案。

B. 记录客户抱怨与投诉处理过程中的各类信息，并建立健全相关制度。

C. 对客户抱怨与投诉信息档案进行移交，保证各项资料的完整性。

3）岗位职责

① 客户抱怨与投诉主管

协助客户抱怨与投诉经理制定部门各项规章制度，组织制定各项客户抱怨与投诉处理标准，做好客户抱怨与投诉处理预算工作，控制投诉处理成本。

A. 客户抱怨与投诉规划管理

a. 制订部门工作计划，上交部门经理审核。

b. 制定部门各项管理制度，上交上级领导审批。

c. 以客户投诉处理为中心，制定客户投诉处理流程。

B. 客户抱怨与投诉处理

a. 制定客户抱怨与投诉处理方案，交由客户抱怨与投诉经理审核。

b. 对客户抱怨与投诉处理方案进行效果测定，提高客户满意度。

c. 完善客户抱怨与投诉处理机制，扩展客户关系网络。

C. 客户索赔管理

a. 根据客户投诉事项，确定索赔原因及依据，做好索赔调查工作。

b. 做好客户索赔处理的后期跟踪服务工作。

D. 协调沟通管理

a. 与其他部门做好沟通和协调工作，提高客户服务水平。

b. 定期向客户抱怨与投诉经理报告客户投诉处理工作的完成情况。

E. 客户投诉处理成本控制

a. 编制部门预算，做好部门预算与核算工作，对预算和各阶段核算进行对比分析，为成本控制提供依据。

b. 制定客户索赔成本控制措施，并且监督执行。

② 客户抱怨与投诉处理员

A. 客户抱怨与投诉处理

a. 做好抱怨与投诉客户的接待工作，安抚客户情绪。

b. 与客户协商抱怨与投诉问题的解决办法，上报客户抱怨与投诉主管审核。

c. 对客户抱怨与投诉问题的处理进行跟踪，监督解决效果。

B. 客户索赔管理

a. 根据客户提出的索赔原因及依据，做好索赔调查工作。

b. 做好客户索赔处理的后期跟踪服务工作。

C. 协调沟通管理

a. 配合其他部门做好沟通和协调工作，提高客户服务水平。

b. 定期向上级主管报告各项客户投诉处理工作的完成情况。

D. 客户投诉处理成本控制

a. 协助客户投诉主管做好部门预算与核算工作，查找费用浪费的根源。

b. 确定部门费用浪费的原因，制定费用控制措施，经审批后执行。

E. 客户投诉信息管理

a. 录入各项客户投诉信息，做好客户投诉信息的收集工作。

b. 协助客户投诉经理做好客户投诉信息的移交管理工作，保证各项资料的齐全性。

F. 客户安慰

a. 做好客户安慰工作，缓解客户的不满和失落情绪，将客户投诉带来的负面影响降到最低。

b. 根据客户的具体投诉事宜，制定客户损失弥补方案，经审核后实施。

（10）售后服务部

1）工作目标

① 保证售后服务满意率。

② 保证客户保有率。

③ 完成既定培训计划。

④ 及时解决产品问题。

2）职能分解

① 售后服务方案制定

根据售后服务过程中收集的客户服务问题及要求，制定售后服务方案。

② 客户跟踪

A. 根据客户交易信息制定客户回访方案，做好产品跟踪服务。

B. 召开部门会议，分析、处理回访过程中出现的售后问题。

C. 据售后服务水平和客户意见，分析、总结原因并提出售后服务改善方案。

③ 售后配送

根据客户的配送要求及配送规定，做好配送工作。

④ 售后维修

A. 客户可在规定时间内到维修地点进行维修。

B. 审核"报修单"，符合要求的客户方可享受维修服务。

C. 必须对售后维修质量进行回访，以提高客户对维修服务的满意度。

⑤ 售后保养

A. 产品保养期内，售后服务部根据产品性能及客户需求制订产品保养计划。

B. 通过上门或电话的方式对保养服务进行回访。

⑥ 售后人员培训

A. 根据售后服务专员的实际情况开展岗前培训，培训内容包括售后服务流程、售后服务制度、产品知识等。

B. 定期组织客服人员进行演练，提高服务人员素质。

C. 协助人力资源部制订在岗售后服务人员的培训计划。

3）岗位职责

① 售后服务主管

售后服务主管应在客服经理的监督领导下做好本部门的管理工作，并及时汇报反馈信息。

A. 制订售后服务计划

a. 根据售后服务实际情况制订详细的售后服务计划，并上报客服经理审核。

b. 负责售后服务计划的具体实施。

B. 售后服务管理

a. 汇总客户售后服务需求，依照售后服务流程制定售后服务方案，并上报客服经理审批。

b. 协助客户解决在产品使用过程中遇到的问题，安排售后服务人员提供技术支持。

c. 安排售后服务专员做好客户回访工作，保证服务质量，提升企业形象。

C. 售后设备、资料的管理

a. 分析、整理售后服务反馈资料、信息，提出相应的改进意见，向上级领导汇报。

b. 建立健全客户及设备档案信息，并及时更新档案资料。

c. 负责售后服务部的正常运转，监督售后服务设备的维护、保养、回收等。

D. 客户关系的维护

a. 负责售后服务工作的协调和管理，有效提升产品售后服务质量，维护企业形象。

b. 及时处理客户的重大投诉及索赔事宜，监督售后服务质量并确保客户满意度。

E. 培训管理

负责所属人员售后服务规范的培训工作，并将培训结果上报客服经理。

② 售后维修主管

售后维修主管主要负责产品的售后维修工作，根据产品的相关指标做好维修的指导工作，提升客户满意度，维护企业形象。

A. 售后维修制度的建立

a. 制订并执行售后维修计划，根据客户要求安排工作人员进行产品维修，并根据实际情况对计划进行适当调整，妥善解决客户提出的售后问题。

b. 参与制定维修设备管理制度，负责设备台账、备件等的管理工作，保证设备管理系统的正常运行，并督促该系统的日常维护和完善工作。

B. 售后维修

a. 客户可在规定时间内到维修地点进行维修。

b. 审核"报修单"，符合要求的客户方可享受维修服务。

c.售后服务部必须对售后维修质量进行回访，以提高客户对维修服务的满意度。

C.售后保养

a.产品保养期内，售后服务部根据产品性能及客户需求制订产品保养计划。

b.售后服务部通过上门或电话的方式对保养服务进行回访。

D.售后人员培训

a.根据售后服务专员的实际情况开展岗前培训，培训内容包括售后服务流程、售后服务制度、产品知识等。

b.定期组织客服人员进行演练，提高服务人员素质。

c.协助人力资源部制订在岗售后服务人员的培训计划。

2.1.2 建立高效客服团队和全员客服意识

1.职能管理分析与设计

（1）部门职能分析方法

1）客服管理人员在按模块归纳工作事项时，应逐一分析工作事项，将联系紧密且性质相似的工作事项列入同一类职能。

2）对于在同一职能等级内的工作事项，客服管理人员应参照流程的顺序进行分解。

（2）职能分解的原则

客服管理人员在进行职能分解的过程中，必须遵循以下原则：

1）以流程为中心，必须有清晰的工作流程和业务流程。部门职能不是对组织架构的描述，而是对流程内业务的描述，即对事不对岗。

2）分清层级，不能将二级职能、三级职能混为一谈。

3）职能的描述和人员岗位说明书的职责描述要保持一致。

4）标准化原则，三级职能的描述要尽量明确、细致。

5）文字表达要简单易懂，让管理者和新入职的人员能看明白。

2.客服部门管理风险

（1）客服部门管理风险点

风险是指在一定的环境和期限内产生并客观存在，有可能导致损失发生的不确定性因素。客服管理风险点是指企业在客服管理过程中产生和客观存在的，有可能降低客服效率、带来经济损失和导致企业危机的不确定性因素。总体来说，客服管理的风险点主要存在于客服管理工作的九个方面。

1）客户调研管理

① 客户调研问卷设计不当，导致有效问卷回收率低。

② 客户调研结果分析不全面，降低客户调研结果的利用率。

2）客户信息管理

① 客户信息分析不全面，降低客户信息的利用率。

② 相关人员将客户信息泄密给竞争对手，导致企业客户流失。

③ 客户信息档案丢失、被污损等。

3）客户信用管理

① 没有做好计划，导致客户信用调查工作实施起来毫无章法、效率低下，没有达到预期的目的。

② 客户资信评估的内容不全面，导致客户资信评估结果失去意义。

③ 未严格按照权限程序确定客户信用额度，可能导致信用额度不合理。

④ 没有遵守客户信用等级调整原则，导致客户信用等级不符合企业相关规定。

4）客户投诉处理

① 缺乏对客户投诉事件的深入调查与分析，难以找出客户投诉的根本问题，直接影响后续的客户投诉处理工作。

② 投诉处理对策考虑不全面，直接影响客户投诉问题的妥善解决。

③ 没有准确、全面地总结企业目前的客户投诉起因，使得企业不能及时发现存在的问题，导致同类投诉事件不断发生。

5）客户关系管理

① 不守信、不守时。与客户约好时间，业务人员无故缺席或迟到，导致业务达成的比例大大降低。

② 收集客户提出的问题后，忘记向客户反馈问题解决进程及结果，使其对回访工作产生抵触心理，客户回访工作难以开展。

③ 客户关系维护的激励机制不到位，维护客户能力不足，客户流失趋势没有得到有效扭转。

④ 客户关系改善不到位，无法增加客户数量并提高企业产品的市场占有率。

6）售后服务管理

① 在产品售后服务过程中，未与客户做好事前沟通，或未事先考虑好服务时间，延长了客户的等待时间。

② 企业不够重视售后服务知识培训，导致培训投入不足，员工服务意识低下，服务技能不足。

③ 因售后服务质量低下，导致客户投诉数量增多，造成企业美誉度降低。

7）大客户服务

① 未根据企业实际情况及发展需要，确定适当、科学的大客户评价指标及标准，从而难以准确识别大客户。

② 未向大客户提供多样化、个性化的服务，导致企业大客户满意度和忠诚度降低。

③ 未及时进行大客户关系管理及维护，导致大客户流失。

8）网络客服管理

① 缺乏咨询服务技巧，导致咨询服务工作事倍功半。

②过多的购买引导容易引起客户厌烦，降低对企业的好感。

③未及时处理网络投诉并向客户反馈处理结果，导致客户不满。

9）呼叫中心管理

①缺少全面的业务量调研工作，没有以过去的业务数据作为决策依据，可能导致企业业务量同呼叫中心建设规模不匹配。

②呼叫中心呼入、呼出等业务规范不完善，业务流程不科学，服务水平较低。

（2）建立风险控制体系

客服管理风险点控制是指对客服管理的各个风险点设定具体的控制目标，对客服管理工作施加影响的过程和行为。

企业在客服管理过程中，应从内部预防并控制风险，开展客服管理风险识别、分析评估、风险控制等风险管理活动，构建有效的客服管理风险点控制体系，提升客服管理效率。

客服管理风险点控制体系应由两大维度组成：第一个维度是横向的，有效地识别各类安全管理风险点；第二个维度则是纵向的，针对各类风险开展有效的控制工作。

3. 建立全员客服意识

客户服务管理涉及企业的各项工作。全体员工都应当树立全心全意为客户服务的意识，从而在所有经营活动中自觉地参与企业的服务过程。

（1）建立统一协调的企业目标

对企业员工进行客户服务培训可有效促进员工服务素质的提高。整个企业组织内部有协调一致和明确的目标是实现有效的员工培训的前提。

（2）将管理者的监督职能转变为服务职能

管理者要与一线员工建立良好的协同关系，而不仅仅是监督与被监督关系，要将企业组织制定的各项策略方针转化为具体可行的规章制度，使一线员工有章可循，同时做好各项人力物力的动员组织工作，为一线员工创造良好的工作条件。管理者要具备客户服务意识，做好职能转变工作，要成为客户服务的指导者，营造、发展、支持和培养一种健康的经营氛围。在这种氛围下，一线员工能够从中学习一些经验并能积极地创造价值。

（3）给一线员工一定的自主权

管理者应培养对一线员工的信任感，给他们独立处理问题的自主权；要学会有效授权，这样才能在企业创造一种民主、平等、宽松和谐的氛围。一线员工因经验不足产生失误应得到理解，在监督者的协同下总结经验、吸取教训，为今后的成功打下坚实的基础。

（4）培养下属以大局为重的意识

要培养员工的客户服务意识，必须想方设法培养下属以大局为重的观念，并让下属明白他们都是企业不可缺少的一部分。

（5）决策经营者要经常深入一线

作为企业组织的最高经营决策者，必须以身作则，给各层的监督管理者作榜样。要重视一线员工的作用，经常深入第一线了解情况。要关心客户的利益，亲自听取客户对商品与服务的评价和建议。对主管人员要赏罚分明，经常鼓励他们发表自己对企业经营管理的看法，并采纳其中的优秀建议，要与员工分享成功与失败的经验和教训等。

2.1.3 客服团队的目标管理

1.目标管理基本思想

目标管理是以目标为导向，以人为中心，以成果为标准，使组织和个人取得最佳业绩的现代管理方法。目标管理亦称"成果管理"，俗称责任制，是指在企业个体职工的积极参与下，自上而下地确定工作目标，并在工作中实行"自我控制"，自下而上地保证目标实现的一种管理办法。

目标管理最大的特征就是方向明确，非常有利于把整个团队的思想、行动统一到同一个目标、同一个理想上来，是企业提高工作效率、实现快速发展的有效手段之一。

2.组织目标与客服部门目标

企业内部的部门管理人员应以企业管理方针为宗旨，以部门职能为依据，对企业总体目标进行分解，进而设定部门目标。

3.部门目标的设定途径

（1）以引入控制措施来设定控制和管理目标。

（2）以提高有关部门或人员的满意度来设定客户服务类岗位目标。

（3）以满足法律法规和持续改进的要求来设定目标。

（4）以具体指定某物增加或减少一个数量值来设定目标。

（5）以在特定产品中引入方法、材料来设定目标。

（6）以提高完成任务的意识或能力来设定目标。

4.部门目标具体化的方法

（1）目标设计人员应首先整理出工作项目，然后对重点目标进行具体化和数量化处理，并标出在规定时间内应达到的程度。

（2）在遇到难以被具体化、数量化的项目时，应当用"程序＋评估标准"的形式来设定目标。

（3）目标包括可量化的、不可量化的、单项的、综合的等多种类型。

5.员工自我管理

自我管理又称为自我控制，是指利用个人内在力量改变行为的策略，普遍运用于减少不良行为和增加有益行为。

自我管理注重的是一个人的自我教导及约束的力量，亦即行为的制约是透过内控的力量，而非传统的外控力量。

员工自我管理的意义有以下几点：

（1）激发员工积极性。自我管理并非无人管理，而是全员参与的管理。真正实现企业目标与员工目标的一致化才能充分调动员工的积极性，发挥员工的主动性，提高其自治能力，实现自我管理。

（2）降低管理成本。自我管理可有效降低因雇佣管理者而产生的时间与货币成本，也能为现有管理者减轻负担，从而将精力放在其他长远问题上，更好地促进公司未来的发展。

（3）体现"以人为本"的理念。引导员工实现自我管理，为员工创设积极的工作目标就是为员工提供一个实现自身价值和尊严的工作环境。这样的环境能够有效发挥员工的潜力，促进其全面发展，体现"以人为本"的理念。

2.2　客服人员招聘

2.2.1　员工招聘标准

1. 与组织核心价值观的契合

企业的核心价值观蕴含在企业的行为模式中，员工只有将其内化为思想意识和行为习惯才能真正发挥其作用，增强员工队伍对企业的归属感、信任感及责任感。

2. 管理的欲望

一个人有了欲望才有进取、前进的动力。对于企业来说，员工的管理欲望使企业有活力、有竞争力。当员工将自己的目标定位为管理者，就会发自内心的为企业着想，为企业发展竭尽全力。

3. 良好的品德

每一位员工的状态都反映着企业的精神风貌，他们良好的品德是企业文化最好的展示。良好的品德让员工之间彼此尊重、相互理解，让企业更和谐，更富有凝聚力。

4. 勇于创新的精神

创新是企业长盛不衰的发展动力，也是适应信息化和经济全球化的客观要求，创新精神是每一位员工甚至是现代人的必备品质。

5. 决策与随机应变的能力

良好的决策及随机应变能力能让员工在变化发展中及时产生应对的创意和策略，能审时度势、随机应变，在变动中辨明方向，持之以恒。

6. 善于倾听和表达

倾听是客服从业人员的必备特质，只有善于倾听才能了解客户需求，并在必要时和客户进行确认，明确问题所在，通过收集更多的客户信息来准确定位问题。而表达则是将反馈信息传递给客户，良好的表达能力会使其传递的信息逻辑清晰、简洁易懂，更容易为客户所接受。良好的倾听与表达能力是与客户进行沟通交流的必要品质。

7. 有耐心

客服人员在面对客户时，往往会遇到很多繁琐的问题，可能还需要承受客户的情绪。许多客户在遭遇问题时会产生消极情绪，所以客服人员必须有足够的耐心来处理客户的问题，以良好的态度面对工作。

2.2.2 员工招聘来源与办法

1. 员工招聘来源

（1）外部招聘

外部招聘就是组织根据制定的标准和程序，从组织外部选拔符合空缺职位要求的员工。外部招聘也包括内部推荐，由企业内部资深员工推荐身边的朋友、以前的同事等，具有减少招聘成本和团队磨合成本、提高招聘质量等优势。

外部招聘有很多优点：首先招聘来源广泛，选择空间大，特别是在组织初创和快速发展时期，更需要从外部大量招聘各类员工；其次可以避免"近亲繁殖"，能给组织带来新鲜空气和活力，有利于组织创新和管理革新；此外，由于他们新加入组织，与其他人没有历史上的个人恩怨关系，从而在工作中可以很少顾忌复杂的人情网络；同时可以要求应聘者有一定的学历和工作经验，因而可节省在培训方面所耗费的时间和费用。外部招聘的缺点是：难以准确判断招聘员工的实际工作能力，也容易造成对内部员工的打击；同时相较于内部招聘其费用较高。

（2）内部提升

内部提升是指组织内部成员的能力和素质得到充分确认之后，被委以比原来责任更大、职位更高的职务，以填补组织中由于发展或其他原因而空缺了的管理职务。

内部提升有许多优点：选任时间较为充裕，了解全面，能做到用其所长、避其所短；老员工对组织情况较为熟悉，了解与适应工作的过程会大大缩短，他们上任后能很快进入角色；同时内部提升给每个人带来希望，有利于鼓舞士气，提高工作热情，调动员工的积极性，激发他们的上进心。内部提升也有其缺陷：容易造成"近亲繁殖"；老员工有老的思维定势，不利于创新，而创新是组织发展的动力；内部提升容易在组织内部形成错综复杂的关系网，任人唯亲，拉帮结派，从而给公平、合理、科学的管理带来困难；内部备选对象范围也较狭窄。

2. 招聘原则

（1）双赢原则

招聘管理要实现企业与员工的共同发展。通常情况下，有需求才会有招聘，企业出现岗位空缺或者业务规模扩大的情况时就需要进行人才补充。还有一种情况需要招聘人员，即现有员工能力不足，使企业无法完成业务目标。如果不考虑现有员工的提升空间，只是一味地引进人才，势必会引起现有员工的不满，升高企业的离职率。因此，在制订招聘计划时，招聘人员一定要做好招聘需求分析，在引进人才的同时关注现有员工的发展，实现企业与员工的双赢。

（2）人岗匹配原则

不同的岗位对员工的能力有不同的要求，有的岗位需要高学历人才，有的岗位需要技能型人才，有的岗位则更加注重员工认真负责的工作态度。因此，在招聘过程中，招聘人员一定要从实际出发，根据岗位的具体要求选拔人才，做到人岗匹配，让员工能够在工作岗位上发挥自己的特长，得到长足的发展。

（3）信息公开原则

信息公开是企业招聘工作顺利开展的前提，只有信息公开透明，才能够吸引到足够的应聘者。因此，企业要对招聘工作进行清晰合理的规划，将招聘岗位、招聘人数、岗位要求、应聘流程、应聘方法、地点与时间等信息选择合适的方式进行公开，这样既能够吸引合格应聘者的关注，又能够提高企业在应聘者心目中的形象。

（4）双向选择原则

招聘工作是企业与应聘者之间的双向选择过程，企业根据岗位需求选拔合适的人才，应聘者则根据自身喜好与发展要求选择合适的企业，两者都有主动选择权，双方都不能以强迫手段迫使对方进行选择。

因此，在招聘工作中招聘双方都要尊重对方。尤其是招聘人员，切不可因为自己是提供职位的一方就对应聘者趾高气扬，否则会让企业错失良才。

（5）公平竞争原则

招聘工作中还存在一种竞争关系，不仅应聘者之间存在竞争关系，企业与企业之间也存在竞争关系。企业通过层层筛选评价应聘者的优劣，录用最优人员，应聘者也会通过不同企业间的对比选择最适合自己的企业。

招聘人员在招聘过程中，不能因与胜任能力无关的因素剥夺应聘者公平竞争的权利，也不能为了争取优秀人才而对竞争企业进行诋毁，否则不仅破坏了企业形象，还会构成法律风险。

（6）效益最佳原则

招聘管理实际上是通过对企业招聘活动的科学规划与安排，提高企业招聘工作效率的过程。作为一种经济行为，招聘管理还必须追求效益最佳原则，即以最少的成本为企业招聘到最优人才。这就要求招聘人员根据企业不同的招聘需求，灵活地选择招聘渠道与招聘方式，提高招聘成本控制意识。

3．招聘程序

（1）制订招聘计划

当组织中出现需要填补的工作职位时，有必要根据职位的类型、数量、时间等要求确定招聘计划，同时成立相应的选聘工作委员会或小组。选聘工作机构可以是组织中现有的人事部门，也可以是代表所有者利益的董事会，或由各方利益代表组成的临时性机构。选聘工作机构要以相应的方式，通过适当的媒介公布待聘职务的数量、类型以及对候选人的具体要求等信息，向组织内外公开招聘，鼓励那些符合条件的候选人积极应聘。

（2）进行初次筛选

当应聘者数量很多时，选聘小组需要对每一位应聘者进行初步筛选。内部候选人的初选可以根据以往的人事考评记录来进行；对外部应聘者则需要通过简短的初步面谈，尽可能多地了解每个申请人的工作及其他情况，观察他们的兴趣、观点、见解、独创性等，及时排除那些明显不符合基本要求的人。

（3）进行能力考核

在初选的基础上，需要对余下的应聘者进行材料审查和背景调查，并在确认之后进行细致地测试与评估，其内容包括：

1）智力与知识测试。该测试是通过考试的方法测评候选人的基本素质，它包括智力测试和知识测试两种基本形式。智力测试的目的是通过候选人对某些问题的回答，测试他的思维能力、记忆能力、应变能力和观察分析复杂事物的能力等。知识测试是要了解候选人是否具备待聘职务所要求的基本技术知识和管理知识，缺乏这些基本知识，候选人将无法进行正常工作。

2）竞聘演讲与答辩。这是对知识与智力测试的一种补充。测试可能不足以完全反映一个人的素质全貌，不能完全表明一个人运用知识和智力的综合能力。发表竞聘演讲，介绍自己任职后的计划和远景，并就选聘工作人员或与会人员的提问进行答辩，这样可以为候选人提供充分展示才华、自我表现的机会。

3）案例分析与候选人实际能力考核。在竞聘演讲与答辩以后，还需要对每个候选人的实际操作能力进行分析。测试和评估候选人分析问题和解决问题的能力，可借助"情景模拟"或"案例分析"的方法。这种方法是将候选人置于一个模拟的工作情景中，运用各种评价技术来观测考察他的工作能力和应变能力，以此判断他是否符合某项工作的要求。

（4）决定录用结果

在上述各项工作完成的基础上，需要利用加权的方法，算出每个候选人知识、智力和能力的综合得分，并根据待聘职务的类型和具体要求决定取舍。对于决定录用的人员，应考虑由主管再进行一次亲自面试，并根据工作的实际与聘用者再做一次双向选择，最后决定选用与否。

（5）自我评价反馈

最后要对整个选聘工作的程序进行全面的检查和评价，并且对录用的员工进行追踪分析，通过对他们的评价检查原有招聘工作的成效，总结招聘过程中的成功与过失，及时反馈到招聘部门，以便改进和修正。

2.3　客服人员培训

本小节主要讲述关于培训的一系列基本常识：什么是培训，培训的内容以及培训的意义。本小节重点讲解了柯氏四级评估模式的四个层次。学生需要了解培训与开发的区别，从三个不同角度去理解培训的目标和意义，熟悉客服人员的培训内容及其要求和注意事项等。

2.3.1　培训的介绍

培训（Training）是指由企业和员工本人对员工进行财力和时间投入的过程。企业投入的是财力，而员工投入的是时间（有时也投入财力）。一个员工离开企业的可能性越小，那么企业在该员工身上的投入所得到的回报就越高。培训的主要目的就是提高员工综合素质来克服员工的低效率。一般来讲，有效的培训将带来的生产性收益要大于培训所花费的成本。对于那些技术迅速变化的企业来说，员工培训尤其重要。

培训也是一个学习训练的过程。在这一过程中，人们获得有助于促进实现各种目标的技术或知识。由于学习训练过程与企业的各种目标紧紧地联系在一起，因而培训既可以从狭义的角度来理解，也可以从更广义的视野来看待。从狭义上来看，培训为员工增添了他们现任职务所需要的知识和技能。广义的培训包括一般性的培训和培养两个部分。培养侧重于使员工获得既可用于当前工作，又为未来职业生涯所需的知识和技能。

培训与开发的区别如下：培训是企业向员工提供所必需的知识和技能的过程；开发（Development）则是依据员工需求与组织发展要求对员工的潜能开发以及对职业生涯发展进行系统设计与规划的过程。两者的最终目的都是要通过改善员工的工作业绩来提高企业的整体绩效。具体如表2-1所示。

培训与开发的区别　　　　　　　　　　表2-1

项目	时间	关注	意义	目标	参与	使用工作经验的程度
培训	较短	当下	较小	为当下做准备	强制	低
开发	较长	未来	较大	为未来变化准备着	自愿	高

2.3.2　培训的目的及意义

1.企业对客服人员培训的目的

（1）提高企业竞争力

企业通过对客服人员的培训，传达企业文化价值观，优秀员工分享工作经验，指导老师讲解职场干货，让员工快速提升自我工作能力和增强个人工作素质，同时也增强了企业自身的能力和提升了企业整体素质，进而增强企业的核心竞争力。

（2）增强企业凝聚力

企业通过培训能够让员工理解并认同企业文化，让员工对企业产生信赖感和服从意识，听从上级安排，团结成员协作，积极认真完成工作，使员工与企业能够融为一体，增强企业凝聚力。让整个企业不断有新鲜血液流入，各级员工互相没有隔阂，亲密合作，各自实现自我最大价值。

（3）提高企业战斗力

假如不对新员工进行培训，员工工作的低效率和业务不专业化都可能对公司形象造成很大损害。据往期报告显示，愿意在前期对员工进行培训的企业往往比不愿意的企业存活得更久，发展得更快。

（4）提高回报的投资

企业对员工的培训就是对员工的投资，员工通过培训达到了专业的技术水平，快速地适应了岗位职务，减少试错成本和试错时间所占据的机会成本，这些都属于投资收益。员工更快很好的工作后，也能给企业带来利润回报。

2. 培训对企业管理者的意义

（1）可以改善工作质量

当员工参加培训后，更能掌握正确的工作方法，纠正工作错误和不良工作习惯，而其直接结果便是促进工作质量的提升。物业管理客服人员工作质量的提升也就意味着客户满意度越高，这是管理者愿意看到的。

（2）可以减少事故发生

研究发现，企业事故80%是由于员工不懂安全知识和违规操作造成的，员工通过培训学习安全知识、掌握操作规程，事故发生的概率就会大大减少。对于管理者而言，安全事故发生率的降低具有非常重要的意义。

（3）可以降低损耗

工作损耗主要来源于员工操作器械不当、工作态度不认真和技能不高，如果通过培训员工认同企业的文化，就会更加认真的工作，同时提高了技术水平，工作损耗也就下降了。

（4）可以改进管理内容

培训后员工整体素质得到提高，他们会自觉地把自己当作企业的主人，主动参与和服从企业的管理。因为减少了监督成本和工作损耗，管理者就可以适度地改进管理制度，使企业整体工作效率大大提升。

3. 培训对员工的意义

（1）可以增强员工就业能力

现代社会职业的频繁流动现象，使员工认识到充电的重要性，换岗换工主要依赖于自身技能的高低，培训是走出校门的企业员工增长自身知识技能的一条重要途径，因此很多员工都会要求企业能够提供足够的培训机会，这也成为一些人择业当中考虑的一个方面。

（2）可以增加获得较高收入的机会

因为员工的收入与其在工作中表现出来的工作效率和工作质量直接相关，如果为了追求更高的收入，那么就会提高自己的劳动效率和工作质量，而培训则可以达到这一点。

（3）可以增强职业的稳定性

从企业的角度来讲，企业为培训员工特别是培训特殊技能的员工提供了优越的条件，所以在一定条件下，企业不会随便解雇这些员工，为了防止他们去另外的竞争对手那里造成我方的损失，企业会千方百计地留住他们。从员工的角度来看，他们把参加培训、外出学习、脱产深造、出国进修当作是企业对自己的一种奖励，而通过培训素质和能力方面都得到了提高，工作当中表现更为突出，更有可能受到上司的重用，或者得到晋升，因此也更愿意在原企业服务。

（4）可以增强员工的竞争力

培训也为员工未来的职场创造了机会，只有得到了合适的培训，提高自我能力，才能避免被淘汰的命运。总之，培训可以让员工能力更强，可以让企业的血液不断得到更新，让企业永葆青春，永远具有竞争力，这就是企业进行培训的最大意义。

2.3.3 培训的分类及内容

1. 入职培训

入职培训一般包括职前培训和试用培训两个环节。职前培训是指在新员工上岗前，为其提供基本的知识培训。培训的目的是使新员工了解公司的基本情况，熟悉公司的各项规章制度，掌握基本的服务知识。试用培训是对新员工在试用期内，在岗位进行的基本操作技能的培训，以使新员工了解和掌握所在岗位工作的具体要求。

培训内容主要可以分为三大类：一是知识类培训，又称为认识能力学习，通过培训要使员工具备完成岗位工作所必需的基本业务知识，如了解企业的基本情况、发展战略、经营方针、规章制度等；二是技能类培训，又称为肌肉性或精神性运动技能的学习，通过培训要使员工掌握完成岗位工作所必备的技术和能力，如谈判技术、操作技术、应变能力、沟通能力、分析能力等；三是态度类培训，又称为情感性学习，它与人的价值观和利益相联系。通过培训要使员工具备完成岗位工作所要求的积极态度，如合作性、积极性、自律性、服务意识等。为了便于员工学习，一般都要将培训的内容编制成相应的教材。培训的内容不同，教材的形式也不尽相同。

2. 客服人员的知识和技巧能力培训

（1）素质培训

通过培训提高客服人员的素质，也是提高公司的素质，一个高素质专业的客服会提供高水平的服务，一般素质培训包括以下内容：

第一条：仪容仪表整洁、端正、规范，精神状态饱满。

第二条：待人接物，接待应答。

第三条：上班时间着装统一，一律穿工作服、佩带工作卡。

第四条：制服保持清洁、挺括，工作卡涂污或破损应及时更换。

第五条：仪容举止文雅有礼、热情，力争给客户留下良好的第一印象，严禁不雅观、不礼貌的举止和行为。

第六条：严禁与客户发生争吵和打骂行为；处理违章，对待无理行为，要耐心、容忍，以理服人，教育为主。

第七条：办公室禁止吸烟，禁止大声喧哗；办公时间禁止哼唱歌曲、吃东西、聊天、随意串岗、打私人电话。

第八条：注意个人卫生，禁止蓄须，留长指甲；注意个人卫生，以免因异味引起客户和同事的尴尬。

第九条：严禁穿着私人服装上岗，严禁穿拖鞋上岗，严禁无卡上岗。

第十条：接听电话务必注意以下事项：

1）在第一时间接听电话；

2）首先向对方问候"你好，××客服中心，我姓×，请问有什么可以帮助您？"

3）不得用"喂、讲话、哪里、找谁"等生硬失礼的词语。

第十一条：客服中心员工应掌握以下20条文明用语，并切实在工作中运用：

1）你好！（您好！）

2）上午好/下午好/晚上好！××客服中心，我姓×，请问有什么可以帮助您？

3）谢谢！

4）对不起！

5）不客气！

6）再见！

7）请稍等！

8）是的，先生/小姐。

9）请问你找谁？

10）请问有什么可以帮助你吗？

11）请你不要着急！

12）请你与××部门××先生/小姐联系。

13）请留下您的电话号码和姓名，好吗？

14）我们会为您提供帮助！

15）请您填好投诉单！

16）谢谢您的批评指正！

17）这是我们应该做的！

18）感谢您的来电！

19）对不起，打扰了！

20）对于您反映的问题我们会马上处理，并尽快给您回复，好吗？

第十二条：客服中心员工应杜绝以下服务忌语在工作中出现：

1）喂！

2）不知道。

3）墙上贴着，没长眼睛呀！

4）急什么，烦死人了！

5）急什么，没看到我在忙吗？

6）哪个？他不在！

7）要下班了，有事明天再来！

8）不舒服，你别来了！

9）快点，说完了没有！

10）就这么说，怎么样？

11）有本事你去告！

12）喊什么，等一下！

13）讲了半天，你还没听懂？

14）出去，今天不办公！

15）你问我，我问谁？

16）我不管，该找谁找谁！

17）我说不能办就不能办！

18）你怎么这么麻烦？

19）这个事儿我处理不了！

20）我正在忙呢，你找他吧！

21）你说话清楚点！

22）你真烦，等一会吧，我在忙。

23）你找谁呀，再说一遍，我没听清。

24）都下班了，你不知道呀！

25）急什么？

26）你看清楚再问。

27）墙上有，你自己看看就行了！

28）你找谁，没这个人。

29）渴了自己倒水，那儿有杯子。

30）你自己都不知道，我怎么知道？

第十三条：认真听取客户的意见，弄清情况，做好笔录。

第十四条：及时处理，如遇非本职工作范围、非本部门工作范围的情况，应及时通知有关部门或责任人。

第十五条：重大问题实行三级负责制：接待人—客服主管—主管副总经理逐级上报，直到处理完毕。

第十六条：态度和蔼，语言谦虚，不急不躁，耐心、细致地做好解释工作；不得冷淡、刁难、取笑、训斥客户，向客户索要钱物。

第十七条：凡是在客服中心工作范围之内的，投诉处理时间不得超过当日；本部门无法处理转交相关职能部门的，处理时间不得超过三天；隐瞒投诉、漏记或漏报者除在本部门公开检讨外，情节严重的，当月只发放基本工资，造成恶劣影响的作解聘处理。

（2）岗位能力培训

客服是一个永不完善的服务行业，其服务目标是让百分之百的客户满意，为客户提供尽善尽美的服务。但是在实际工作中总会存在这样或那样不周到、不完善的地方，而且各种客户都有不同的个性化需求，因而也就总会有客户对客服工作存在不满意，所以客户的投诉处理是客服工作的基础和核心。当面对客户投诉时，处理投诉最关键的是要做好如下几个方面的工作：

1）听清楚：客服人员应耐心听取客户意见，虚心接受客户批评，用心听清楚客户所反映的问题，切忌随意打断客户讲话，更不能急于表态。

2）问清楚：对于客户所反映的问题要进一步问清楚有关情况，若因客户说话较急或带地方方言听不清楚时，也可将自己对客户反映问题的理解复述一遍给客户听，以便征询客户意见，切忌不可主观臆断客户所反映的问题，否则不仅未能解决问题，反而因拖延问题的时间使客户对客服工作意见更大。

3）记清楚：对于客户反映的问题一定要做好书面记录，养成"左手话筒右手笔"的好习惯，记录内容包括投诉人是谁、投诉时间、投诉具体事由、需要解决什么问题、联系电话等。

4）复清楚：对于客户反映的问题要认真对待，及时了解事情真相。若客户反映的问题并非管理工作之责，也应及时向客户解释清楚，若客户反映的问题属实，则要向客户回复具体解决时间和具体解决办法。

5）跟清楚：客户反映的问题解决起来需要一定的时间，或者客户反映的问题并非接听电话人的工作职责，接听电话人不可对客户说"不清楚""不关我事"等不负责任的话，应尽量把方便留给客户，把麻烦留给自己，主动受理客户的投诉，并将问题转交给有关职能部门处理，作为第一责任人，应及时向有关部门了解并跟进处理问题的进展程度，及时向客户报告问题处理过程，并征询客户对处理问题的意见。

2.3.4 培训的方法

培训工作应分为内训及外训两种。遵循以内训为主、外训为辅的基本原则。内训应针对新入职的员工以"传、帮、带"形式展开，并引入"职业引导人"制度。可以针对一个问题，将一个实际例子通过小组讨论进行分析，探讨总结，让员工广泛联想、互相启发，最大限度地将问题涉及的方方面面列出来，然后总结要点，穿插经验丰富的专业人士进行理论和实践技能授课。外训是指派一些管理骨干外出培训或到高端项目进行参观学习、取经。培训期间及结束后，一定要安排多种形式的考核，如笔试、口试、抽签答题、实际操作、模拟操作等。一般采用以下三种培训方法。

1. 课堂教学法

课堂教学法是物业管理企业常用的培训方法，具有系统性、连贯性特点，多用于知识培训。如物业管理相关法规、专业知识等培训。

课堂教学法主要是教师根据相应的教学内容找出与之紧密联系的案例，在课堂中进行展示讨论，帮助学生解决在教学过程中遇到的问题。这是一种具有创新性的教学方式，它针对某个部门的相关政策以及发生的管理问题进行案例分析，使学生能根据课堂已有的知识掌握和实际经验进行发挥创造。

2. 现场教学法

现场教学法是指，根据目标组织学员到工厂、农村和其他场所通过观察、调查或实际操作进行教学的组织形式。其是以现场为中心，以现场实物为对象，以学生活动为主体的教学方法。现场教学法是一种情景式和直观式教学，多用于能力培训。如将培训学员带至物业管理现场，指定被培训者扮演角色，借助角色的演练来使培训者理解角色的内涵，从而提高解决问题的能力。现场教学法有利于学员获得直接经验，深刻理解理论知识，现场教学通常也能够给人带来深刻印象，方便学员快速适应工作。

3. 师徒式培训法

师徒式培训是一种传统的培训方式，一般由企业选派一名"师傅"在操作技能方面对"徒弟"进行一对一或一对多的指导性培训，主要适用于操作性较强岗位的员工培训。

2.3.5 培训效果的评估

培训效果评估的主要目的是研究和分析员工在经过培训后其行为是否发生了变化，素质是否得到了提高，工作效率是否得到了改善，企业目标的实现是否得到了促进。对于物流管理的客服人员而言，培训效果评估即是对客服人员所需技能和素质进行培训，终期进行考核检验培训结果的过程。一般评估的主要内容有：

（1）评估被培训者对培训知识的掌握程度。

（2）评估被培训者工作行为的改进程度。

（3）评估企业的经营绩效是否得到了改善。

1. 评估的准备

（1）设定评估目标

没有评估目标，培训效果的评估就没有对比的标准，所以评估之前，要先设定评估目标。评估目标一般是培训的目标，就是完成一场培训后，所希望达到的目的。

（2）做好培训前评估

既然要做培训效果评估，那就要有参照标的，毕竟培训效果是相对的，而不是绝对的。培训前做好评估，了解新员工受训前知识、能力、行为、绩效水平的实际情况，方便培训结束后将培训前的评估和培训后的评估进行对比，这样才能真正了解培训的效果。

2. 培训效果评估的实施

培训效果评估并不容易做到，因为很多培训的效果评估维度是无形的，是无法真实简单量化的，比如思维。所以，培训效果评估既要有定性评估，也要有定量评估；既要有显性层面的评估，也要有隐性层面的评估。

1959年，威斯康辛大学教授唐纳德·L·柯克帕特里克提出柯氏四级评估模式[①]，他认为培训效果评估包括四个层次，具体如表2-2所示。

柯氏四级评估模式的四层次 　　　　　　表2-2

培训层次	层次名称	定义	评估内容举例	评估方法	评估时间
第一层次	反应层	在培训结束时，评估学员对培训的满意程度	对讲师培训技巧的反应 对课程内容的设计的反应 对教材挑选及内容、质量的反应 对培训组织的反应	问卷调查法 面谈法 座谈法	培训结束后
第二层次	学习层	在培训结束后，评估学员在知识、技能、态度等方面的学习获得程度	受训员工是否学到了东西 受训员工对培训内容的掌握程度	提问法 笔试法 面试法	培训进行时或培训结束后
第三层次	行为层	培训结束后，评估学员对培训知识、技能的运用程度	受训员工在工作中是否使用了他们所学到的知识、技能 受训员工在培训后，其行为是否有了好的改变	观察法 360°评估法 绩效考评	培训结束三个月或半年后
第四层次	结果层	培训结束后，从部门和组织的层面，评估因培训而带来的组织上的改变	员工的工作绩效是否有了改善 客户投诉是否有所减少 产品质量是否有所提升	组织绩效指标 成本效益分析	培训结束半年或一年后

按照柯氏四级评估的内容，接下来针对各个层次的方法，来分析该如何实施培训效果评估

（1）反应层评估

反应层评估的方法主要有三种：问卷调查法、面谈法和座谈法。

1）问卷调查法：通过发放问卷，了解学员对课程内容、讲师授课技巧及表

---

① https://www.cnrencai.com/article/44025.html

现、课程的组织及培训组织过程等要素的评价。问卷调查法往往是全员调查。一般来说，在培训结束时就可以发放调查问卷，要求学员做完之后马上上交，这样也可以保证问卷调查结果的准确性。问卷回收之后，可以马上进行统计、分析，得出调查的结果。问卷调查比较常用，但由于其局限性，效度不是很高。现在由于互联网的便利，也出现了网络问卷调查，但是其有可能出现信息失真的情况。

2）面谈法：和员工代表进行面谈，面谈的内容可以和问卷调查的内容一致。但面谈获得的信息也许更多，获得的信息的真实性更高。一般面谈无法做到全员面谈，可以抽取一定比例的代表进行面谈。

3）座谈法：通过组织学员座谈会，针对培训的全过程，收集他们对培训的看法和意见。座谈参加人员可以是全员，也可以是员工代表。座谈法比较浪费时间，而且再次组织学员进行座谈也比较困难，最好是在培训结束后立刻进行。

（2）学习层评估

学习层评估的方法主要有三种：提问法、笔试法和面试法。

1）提问法：主要是由讲师在授课过程中通过提问来了解学员对培训内容的掌握情况。提问法可以在课程当中，针对全员进行提问，也可以对部分学员进行提问，提问的问题最好具有代表性。提问法能够帮助学员加深对课程内容的理解。

2）笔试法：通常是在培训之后，对培训内容进行考试，也有某门课程结束以后就立刻测试的，笔试的目的是为了了解学员对课程内容的掌握情况。笔试法由于其具有分数效应，所以效度通常很高。但是，笔试法对试卷的制作要求很高，要求试卷制作人员非常熟悉培训内容，同时要能把握考试的目标和难度，这样才能真正利用好笔试法。

3）面试法：通过面对面的提问，让学员作答的方式来了解学员的学习情况。很多公司在做产品知识培训的时候，都会采用面试法来对培训效果进行评估。在面试之前，先要制定面试题库，然后随机挑选一定数目的面试题目，让学员回答，学员答对一定数量的试题就可以过关。

（3）行为层评估

行为层评估的方法主要有三种：观察法、360°评估法和绩效考评。

1）观察法：由学员主管对学员平时的工作行为进行观察，看其与培训目标有关的行为是否有所改变。观察法实施起来非常简单，而且最大的好处是观察法具有隐蔽性，学员不会刻意伪装，所以主管观察到的行为都是学员最真实的行为。但观察法有时候没办法量化，可能具有人为主观性。

2）360°评估法：它是通过制定考评问卷，由学员的上级、同事、下属、客户等对学员进行评估。360°评估法比较科学，但要考虑受访人员跟学员的亲疏关系，这样才能保证效果。

3）绩效考评：它是由学员的上级对学员的行为进行考评。这要求学员的上级平时要记录学员的行为和表现，这样才能作出最客观公正的考评。

（4）结果层评估

结果层评估方法主要两种：组织绩效指标和成本效益分析。

1）组织绩效指标：主要通过考核，了解学员在培训之后的组织绩效指标是否有所改善。组织绩效指标有很多，例如公司销售收入提高、产品质量得到改善、生产效率得到提高、客户的满意度提高等。

2）成本效益分析：主要从培训成本和人均效益的角度来分析了解培训投资收益率。通过对受训员工与未受训员工之间的收益差异分析来计算培训成本。培训成本一般是指培训的直接成本，其中包括讲师费用、组织费用、学员费用等。

2.4 客服人员绩效、薪酬和考核管理

本小节包括人员绩效评估和薪酬管理以及员工考核管理等方面的内容，人员绩效管理包括员工绩效考核方法选择和绩效评估存在的潜在问题；在薪酬管理方面，主要讲述了如何制定薪酬管理政策、体系、计划和结构，其中还包括计件工资和计时工资；员工管理主要由员工奖励和员工惩罚两个方面组成。

2.4.1 绩效评估目的

员工绩效评估的目的是在既定的战略目标下，运用特定的标准和指标，对员工过去的工作行为及取得的工作业绩进行评估，并运用评估结果对员工将来的工作行为和工作业绩产生正面影响的过程和方法。一个好的评估体系一般可能满足以下潜在目的：

（1）员工发展。它决定哪些员工需要更多训练，并且可以帮助评价训练项目的结果。它有助于下属和主管之间的协商关系，并且鼓励主管观察下属行为并给予帮助。

（2）员工激励。它鼓励创新，可以培养员工的责任感并激发更好的绩效。

（3）组织沟通。它可以作为主管和下属之间就工作相关事宜不断进行讨论的基础。通过这样一个互动和有效的反馈过程，团体能逐渐更好地相互理解。

（4）规划人力资源和雇用状况。它可以作为技能储备和人力资源规划的有效依据。

（5）人力资源测评。它可以作为有效测评项目的甄选手段。

（6）合法依据。它可以作为晋升、调动、奖励、解雇的合法依据。

在所有的绩效评估和其他人力资源管理活动的联系中，特别是被应用于晋升和解雇时，了解绩效评估和公平就业机会之间的联系显得非常重要。如果根据评估作出的决策没有尊重所有人意见或者评估被认为是不公平的话，那么将可能产

生严重的冲突。评估的目标价值就在于员工认为它是有意义的、有益的、公平的和坦诚的。对于另一方面，可能会因为诸如不公平、消极实践和短期目标等许多因素，这个目标很难达到。当然，对绩效评估体系的指责也提供了一些有价值的看法，所以绩效评估预先确定达到何种目的是非常重要的。

2.4.2　绩效评估步骤

为了提供能满足组织目标和符合法律的信息，绩效评估体系必须能提供精确可靠的数据。如果按照系统流程来实施，就可以增强数据的精确可靠性。下列六个步骤可以为建立这样一个系统流程打下基础：

（1）为每个职位建立绩效标准和评估准则。

（2）建立关于何时评比、评比时间间隔和谁应该参与评比的绩效评估政策。

（3）让评比人收集关于员工绩效的数据。

（4）让评比人（和体系中的一些员工）评估员工的绩效。

（5）对员工就评估结果进行讨论。

（6）作出决策，并把评估结果整理成文件。

流程中的第一步常常是在组织进行工作分析时完成。实行工作分析的重要原因之一就是对工作进行描述，并且工作描述的一个重要部分就是明确阐述在职者所期望的绩效维度和标准。另外，工作分析决定了这些维度和标准应该怎样来测量。

1.建立准则

作为员工评估基础的绩效维度被称为评估准则。具体示例有工作数量、工作质量和工作成本。许多绩效评估体系的一个主要问题就是它们要求主管做出人员评估而非绩效评估。也就是说，许多体系中的绩效准则是在职者的个人性格而非绩效水平。一个有效的准则应该具有以下四个方面的特征。

（1）信度

绩效测量应该具有信度，对于绩效测量来说最重要的信度形式就是考核者信度（Inter-rater Reliability）。如果由不同的考核者来观测同一个员工，他们应该获得关于那个员工产出质量的相似结论。

（2）效度

绩效测量必须在逻辑上尽可能地与现在的实际产量相联系。

（3）敏感性

任何标准都必须能够反映高产者和低产者之间的区别。也就是说，高产者和低产者必须获得能够准确代表他们绩效区别的标准分数。

（4）实用性

准则必须是可测量的，并且数据收集工作不能低效和太分散。绝大多数研究表明，要想完全测量绩效，多重准则是有必要的，可以对多重准则的各项数据进行统计叠加或者将之混合成单一的多面测量。准则的选择并不容易。人们必须很仔细地评估行动（例如，一个销售人员打电话的数量）和结果（例如，销售人员最后的成交量），并期望运用结果和行动的多重准则。

2. 制定评估政策

绩效评估是涉及直线管理者和人力资源专业人员相互协作的另一项人力资源管理活动。虽然直接主管负责在大量事例中进行实际评价。但是，正如图2-1所示，组织在评价员工时也应该考虑到其他可能性。

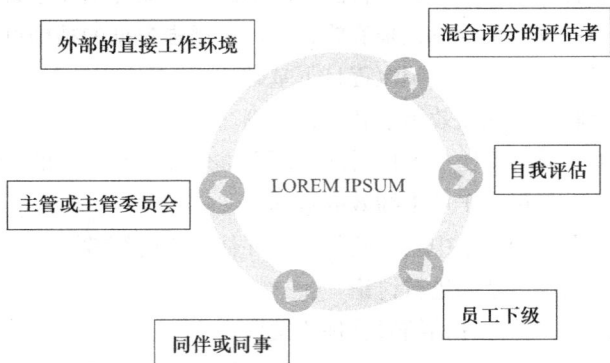

图2-1 绩效评估的评估者

（1）由主管或者几个主管组成的委员会进行评分。被选择的主管应是那些最可能与员工有接触的主管。这个方法具有抵消某个主管评价偏差和给评估增添额外信息的优势，特别是当它遵循群体会议形式时，这个优势就越发显著。

（2）由同级员工（同事）进行评分。在同级评估体系中，同事肯定了解被评估员工的绩效水平。对于这个体系而言，进行评估的同事如果能互相信任，并且在加薪和晋升上没有竞争会更好。当工作单元的任务要求同事间有频繁的工作接触时，这个方法可能会是有效的。

（3）由员工下级进行评分。这种方法比其他方法更多地考虑绩效评估的开发方面。相对信息被使用在开发方面，如果信息被使用在行政目的（如加薪和晋升）的话，管理者可能会更少地接受由下属进行评分。如果管理者相信下属而且熟悉他们的工作的话，这个评分信息来源也就更可能被接受。而且，下属的评估将可能被限制在"人员导向"问题上（比如领导力和授权），而不是组织、计划和其他管理者的绩效更难被观察到的方面。

（4）自我评估。在这种情形下，员工使用其他评估者所用技术来评估自己。这个方法似乎在绩效评估的开发方面（相对评估方面）使用频率更高，它也被用来评估在实体隔离状态下工作的员工。因为员工的自我关心可能超过目标评估，自我评估经常会受到组织的怀疑。然而，研究表明自我评估和主管评分的相关性非常好，特别是当员工拥有同事绩效的相关信息时，员工可以提供自我绩效的精确评价。

（5）由直接工作环境之外的人评分。这个方法作为领域审查技术为人所知，它利用来自工作环境之外的专业评价者，例如人力资源专家来给员工进行打分。

它通常仅仅被使用在特别重要的工作上，因为使用这个方法的花费经常会很高。如果因歧视指控被诉诸法庭的话，这种评分方法就可能被使用在全体员工身上。这个方法的一个关键问题在于外部评估者不可能拥有和前四种方法中的评估者一样多的数据。外部评估者的使用是非典型的绩效评估方法。

（6）用混合评分方法进行评分。调查和研究指出，大多数员工对绩效评估系统的一个或多个方面表现出了不满意。因此，目前组织中出现了试验替代传统"以主管为主号"的下行评价新方法。目前正在出现，并逐步得到推广的一种绩效评价体系就是360°反馈（360 feedback）绩效评价体系。顾名思义，这种方法使用多重评价者，他们包括被评价人员的主管、下属和同事。在某些情形下，它也将自我评价包括在内。评价信息被全方位收集，并用完整的360°形式来提供反馈——从上到下和从后台到顶端。

现在有许多组织运用360°评价的某种形式。英国Aerospace航空航天公司的绩效评价就是一个典型。反馈体系的上端部分涉及一个匿名体系，通过这个体系，团队成员使用问卷形式提供他们主管的相关信息。然后，对这些信息进行整理，以便向经理汇报。匿名通常被认为是重要的，特别是在需要极其高度信任的环境中。

研究表明，在评价中将上级和同事的反馈考虑在内对经理行为可能具有积极影响。另外，这些影响似乎是有跨时期持续性的。这样，我们就得到了360°绩效评价的一个概况。并且，虽然这些评价体系最初被相信在开发反馈方面是有效的，但根据最近的一次调查，90%引入360°反馈绩效评价体系的公司使用评估结果的信息来帮助做诸如奖励和晋升等人事决策。那些不正确地引入360°反馈绩效评价体系并将其大规模推广的努力（例如在低信任度或太多竞争状况下）可能会有灾难性的后果。表2-3列举了360°反馈绩效评价体系的一些正面和负面特征。这些说法需要在施行360°反馈绩效评价体系之前仔细考虑。

360°反馈绩效评价体系的正负面特征　　　　　　　　　　表2-3

正面特征	负面特征
多角度来观察一个人的绩效	来自各个源头的反馈，可能会使工作量太大
考核可以基于实际接触和观察结果来评估	考核者可能藏身于一群考核者之间来提供苛刻评估
多方向提供反馈，上级、下级和同级	矛盾的考核结果会令人迷惑和沮丧
匿名式产生上线反馈和导致全员参与	组织常常缺少经过良好训练，并能够提供反馈的考核者
了解优势和劣势，是一种激励	

2.4.3　选择绩效评估方法及技术

绩效评估的方法很多，下面对个体评估法和多人评估法进行对比讲述，讲述其对应的类型和每种方法的优缺点。

1. 个体评估法

个体评估法是指一系列由单个人作出绩效评估的方法，主要有强制选择法、图尺度评价法、评分评估法、关键事件法和行为锚定等级评价法。

（1）强制选择法

强制选择法原是由美国部队为考察军官的绩效设计的，后被引入企业界，主要着眼于尽量避免考评心理因素掺入所造成的偏差。该方法一般通过强制选择测评量表执行。强制选择测评量表是许多组根据统计特性而分组集中的描述句列表。强制选择法要求定级者必须从一对陈述关于雇员级别情况的语句中选择出一个最具描述某一雇员特性的语句。即从成对的描述中找出与被考核员工行为最接近的描述。通常一对陈述要么都是积极肯定的，要么都是消极否定的。

有时定级者必须从四个选项中作最优选择。制定表格时，人事专家经常把表格上的项目按预定分类，汇总每一种类下定级者作出的选择得出每一类的结果，了解雇员哪些方面做的好，哪些方面做得不够，有待改进。定级者大多时候是主管人员。

用强制选择法评估时，定级者对每个雇员必须像他对其他雇员一样作出选择，所以可以减少偏见。这种方法也便于管理，广泛适用于不同的工作，且容易标准化。但这种方法与具体工作联系不紧密，限制了它改进雇员表现的作用。采用此方法，考评者不知道每一组描述句哪些会最终导致较高（或较低的）测评，所以无法对某个人的测评表示偏袒或贬低。雇员在一组中只选择一项，会感到有的方面被轻视。因为提供不了许多有益的反馈，定级者和被定级者都不太喜欢这种方法。

该法要求考核者从许多陈述中选择与被考核者的特征最相近的陈述。企业要想使用这种方法，必须在绩效考核方面花大力气，严格坚持科学性，并且不要求这种方法简单易懂。

（2）图尺度评价法

如今图尺度评价法是企业中使用最好的个体评价方法，也是最古老最常用的一种方法。图尺度评价法（Graphic Rating Scale）也称为图解式考评法，是最简单和运用最普遍的工作绩效评价技术之一。它会列举出一些组织所期望的绩效构成要素（质量、数量或个人特征等）。

在进行工作绩效评价时，首先针对每一位下属员工从每一项评价要素中找出最能符合其绩效状况的分数。然后将每一位员工所得到的所有分值进行汇总，即得到其最终的工作绩效评价结果。当然，许多组织并不仅仅停留在一般性的工作绩效因素上，他们还将这些作为评价标准的工作职责进行进一步分解，形成更详细和有针对性的工作绩效评价表。

这一测评方法有很多种变形，比如通过对指标项的细化，可以用来测评具体某一职位人员的表现。指标的维度来源于被测对象所在职位的职位说明书（Job Description），从中选取与该职位最为密切相关的关键职能领域（Key Functional Area），再总结分析出关键绩效指标（Key Performance Indicator），最后为各指标项标明重要程度，即权重。它的优点在于：使用起来较为方便；能为每一位雇员提供一种定量化的绩效评价结果。其缺点为：它不能够有效地指导行为，只能给出考评结果而无法提供解决问题的方法；它不能形成一个良好的机制以提供具体的、非威胁性的反馈；准确性不高，由于评定量表上的分数未给出明确的评分标准，所以很可能得不到准确的评定，常常凭主观来考评。

（3）评分评估法

评分评估法是指采用定量评价项目优劣的方法。种类有加法评分法、连乘评分法和加权评分法。第一步是将各评价项目进行一对一比较，重要的得1分，不重要的不得分，然后分别累计起来，各除以总分，便可得出各评价项目的加权系数；第二步是评定各方案对评价项目的满足程度，用表示满足程度的分数评定各方案对评价项目的满足程度，再用表示满足程度的分数乘加权系数，相加即得各方案的总分。

（4）关键事件法

关键事件法是用于搜集工作分析信息的方法之一。针对某一工作中重要的、能决定该工作成功与否的任务和职责要素，对能反映不同绩效水平的、可观察到的行为表现进行描述，作为等级评价的标准进行评定的技术，也可用于绩效评价。关键事件法是由美国学者福莱·诺格（Flanagan）和伯恩斯（Nathan Burns）在1954年共同研究提出的，它是由上级主管者纪录员工平时工作中的关键事件：一种是做的特别好的，一种是做的不好的。在一定的时间，通常是半年或一年之后，利用积累的纪录，由主管者与被测评者讨论相关事件，为测评提供依据。关键事件法包含三个重点：

1）观察；

2）书面记录员工所做的事情；

3）有关工作成败的关键性事实。

其主要原则是认定员工与职务有关的行为，并选择其中最重要、最关键的部分来评定其结果。它首先从领导、员工或其他熟悉职务的人那里收集一系列职务行为的事件，然后，描述"特别好"或"特别坏"的职务绩效。这种方法考虑了职务的动态特点和静态特点。对每一事件的描述内容包括：

1）导致事件发生的原因和背景；

2）员工的特别有效或多余的行为；

3）关键行为的后果；

4）员工自己能否支配或控制上述后果。

在大量收集这些关键信息以后，可以对它们进行分类，并总结职务的关键特征和行为要求。关键事件法既能获得有关职务的静态信息，也可以了解职务的动态特点。

（5）行为锚定等级评价法

行为锚定等级评价法（Behaviorally Anchored Rating Scale，BARS）也称

行为定位法、行为决定性等级量表法或行为定位等级法，是由美国学者史密斯（P. C. Smith）和德尔（L. Kendall）于20世纪60年代提出的。行为锚定等级评价法是一种将同一职务工作可能发生的各种典型行为进行评分度量，建立一个锚定评分表，以此为依据，对员工工作中的实际行为进行测评记分的考评办法。行为锚定等级评价法实质上是把关键事件法与评级量表法结合起来，兼具两者之长。行为锚定等级评价法是关键事件法的进一步拓展和应用。它将关键事件和等级评价有效地结合在一起，通过一张行为等级评价表可以发现在同一个绩效维度中存在的一系列行为，每种行为分别表示这一维度中的一种特定绩效水平，将绩效水平按等级量化可以使考评的结果更有效、更公平。

行为锚定等级评价法的目的在于：通过一个等级评价表，将关于特别优良或特别劣等绩效的叙述加以等级性量化，从而将描述性关键事件评价法和量化等级评价法的优点结合起来。其倡导者宣称，它比我们所讨论过的所有其他种类的工作绩效评价工具都具有更好和更公平的评价效果。

2. 多人评估法

多人评估法是指参与绩效评估的人是两个及以上，一般比单个人更公平公正，当然工作量也会加大，一般的方法有排序法、配对比较法和强制正态分布法。

（1）排序法

排序法是指对被评估员工的工作绩效进行比较，从而确定每一位员工的相对等级或名次。等级或名次可从优至劣或由劣到优排列。比较标准可根据员工绩效的某一方面（如出勤率、事故率、优质品率）确定，一般情况下是根据员工的总体工作绩效进行综合比较。排序法就是把部门的员工按照优劣排列名次，从最好的一直排到最后一名法。排序法的重点是在部门里选取一个衡量因素。比如，针对业务员开发新客户的数量，也可以用来排序。其优点是：针对业绩来说，这个部门谁好谁坏一目了然，给员工加薪、发奖金，提升谁、不提升谁，淘汰谁，培训谁，可以作出一个非常公正的判断。其缺点是：每一次排序只能找一项最基本因素。有时业务员考虑到销售的利润非常大，而放弃开发新客户，只是维持一两个老客户，虽然他能得到很高的利润，但是他不开发新客户。这是排序法一个比较短视的地方。排序法的特点是：在很大程度上取决于部门经理对员工的看法，所以有时会有一些误区；操作简单，仅适合正在起步的企业采用。

（2）配对比较法

配对比较法也称相互比较法、两两比较法、成对比较法或相对比较法。就是将所有要进行评价的职务列在一起，两两配对比较，其价值较高者可得1分，最后将各职务所得分数相加，其中分数最高者即等级最高者，按分数高低顺序将职务进行排列，即可划定职务等级。由于两种职务的困难性对比不是十分容易，所以在评价时要格外小心。配对比较法与序列比较法不同的是，它采用配对比较的方法将所有参加考评的人员逐一进行比较。譬如，有10位教师，考评时把每一位教师与另外9位教师逐一进行配对比较，总共进行9次配对比较。每一次配对比较之后，工作表现好的教师得1分，工作表现较差的教师得0分。配对比较完毕后，将每个人的分数进行相加。分数越高，考评成绩越好。采用配对比较法人数不宜过多，5～10名为宜。配对比较法使得排序型的工作绩效评价法变得更为有效。其基本做法是：将每一位雇员按照所有的评价要素与其他所有雇员进行比较。在运用配对比较法时首先要列出一个表格，其中要标明所有需要被评价的雇员姓名及需要评价的所有工作要素。接着将所有雇员依据某一类要素进行配对比较，接着用加和减也就是好和差标明谁好一些，谁差一些。最后，将每一位雇员得到的好的次数相加。

（3）强制正态分布法

强制正态分布法也称为"强制分布法""硬性分配法"，该方法是根据正态分布原理，即俗称的"中间大、两头小"的分布规律，预先确定评价等级以及各等级在总数中所占的百分比，然后按照被考核者绩效的优劣程度将其列入其中某一等级。

强制正态分布法的优点包括：

1）等级清晰、操作简便。等级划分清晰，将不同的等级赋予不同的含义，区别显著；并且，只需要确定各层级比例，简单计算即可得出结果。

2）刺激性强。强制正态分布法常常与员工的奖惩联系在一起。对绩效"优秀"的重奖，绩效"较差"的重罚，强烈的正负激励同时运用，给人以强烈刺激。

3）强制区分。由于必须在员工中按比例区分出等级，可以有效避免评估中过严或过松等一边倒的现象。

强制正态分布法的缺点包括：

1）如果员工的业绩水平事实上不遵从所设定的分布样式，那么按照考评者的设想对员工进行硬性区别容易引起员工不满。

2）只能把员工分为有限的几种类别，难以具体比较员工差别，也不能在诊断工作问题时提供准确可靠的信息。

2.4.4 绩效评估存在的潜在问题

无论选择哪种技术或者体系，在使用过程中都会遇到许多问题，没有哪一种技术是完美的，他们都有一定的约束条件。

1. 评估的对立面

绝大部分员工对绩效评估存有戒心，可能最普遍的担心就是关于考核方面的主观性，主观偏见和爱好是产生绝大多数对绩效评估体系敌意的实际问题，如果这些担心被隐藏起来，其他更普遍的争议就会浮现出来。例如，反对使用正式绩效评估体系的人们，一般会认为：

（1）太过于重视减轻低绩效的表面症状，而不是找出深层原因。

（2）管理者和员工不喜欢评估过程考核的，再作出员工绩效水平决策方面确实令人存疑。

（3）那些被评估为最高绩效等级的员工可能会表现出相反的激励作用，他们将降低他们的绩效。

2. 考核者的问题

即使体系设计得很好，如果考核者（通常是主管）不配合并未接受很好的培训的话，仍旧会有问题。主管可能觉得评估过程不是很舒服，或者出现道格拉斯·麦克雷戈所谓的"玩耍的上帝"情形。这常常是因为他们没有被充分培训或者没有参与设计程序。考核者的不充分培训可能导致在完成绩效评估过程中的一系列问题，包括评估标准问题、晕轮效应、宽容或苛刻误差、居中倾向误差、"近因"误差、对比效应、个人偏见误差等。

（1）评估标准问题

评估标准问题是指由于对用来评估员工的词汇含义的理解歧义而产生的问题。"良好的""充分的""满意的"和"优秀的"这些词汇对不同评估者而言可能意味着不同的含义。有些教师容易给学生A等评价，然而其他一些教师几乎从来不给学生A等评价，他们各有其对优秀的理解。如果仅仅使用一位考核者，就很可能扭曲评估。这种困境经常在使用图尺度评价时出现，但也可能出现在评分评估法和关键事件法中。关于工作质量的"好"绩效到底意味着什么？它和"还可以"等级是怎样区分的？又是怎样理解绩效的质量的？这种考核尺度是模糊不清的。明确每种维度的含义并培训考核者会减少潜在的考核。

（2）晕轮效应

当考核者基于对被考核者笼统的印象之上来划分绩效等级时就会出现晕轮效应（Halo Error）。晕轮效应可能是正面的，也可能是负面的，也就意味着原有印象会导致考核等级过高或过低。假设现有一名物流管理经理认为，某一员工在开发新客户方面是部门最好的。如果仅仅基于这种印象之上就给予这名员工在决策、与同事合作以及领导潜质上的高等级评定，那么晕轮效应就发生了。有趣的是，晕轮效应并不像以前人们认为的那样普遍。考核者确实能在许多场合区分晕轮效应和真实晕轮。当晕轮效应出现时，很难被消除。减少这种类型误差的一种方法是使考核者在进行另一种维度考核之前按一种维度考核所有下属。这种实践的理论基础就在于，每次考虑一种维度的做法，强迫考核者在评估下属时进行更具体的思考而不是笼统性思考。

（3）宽容或苛刻误差

绩效评估要求考核者客观地对绩效进行总结。保持客观对每个人来说都是困难的，因为每个人都具有他们自己"客观"看待下属的有色眼镜。总体上，宽容或苛刻误差可能产生于考核者对下属的评估之中。一些考核者把每件事认为是好的——他们是宽容考核者；其他考核者把每件事都认为是不好的——他们是苛刻考核者。考核者可以通过检查他们的评分来评价自己宽容或苛刻评分的自我倾向，这种自我评价的效果有时出奇的好。另一种用来减少宽容或苛刻评分的方法是让考核者配置评分——强制产生一种正常分布（例如，10%的下属将被评为优秀，20%被评为良好，60%被评为中等以下和10%被评为较差）。

（4）居中倾向误差

居中倾向误差（Central Tendency Error）产生于当考核者避免使用高分或低分和给予相似评分时。考核者相信这样一种哲学：每个人都是大致平均的。他们因此在1～7分的尺度下给下属评4分或者在1～5分的尺度下给下属评3分。这种类型的"平均主义"评分也几乎是无用的——它不能区分下属。这样，它对于制定有关薪酬、晋升、培训或者某些应该反馈给被考核者的人力资源管理决策基本不能提供任何信息。必须使考核者意识到区分被考核者以及评估结果使用的重要性，有时这会刺激考核者使用更少的中心（平均）分布评分。

（5）"近因"误差

许多评估体系的困难就在于被评估行为的时间框架。相对于最近发生的事件，考核者会不记得更多的过去事件。这样，许多人更多的是基于过去几周的结果而不是几个月的平均行为而被评估，这称为"近因"误差（"Recency of Events" Error）。有些员工非常清楚这种情况，如果他们知道评估的日期，会在提前几个星期的业务工作中表现得突出和积极。许多评估体系都存在这种困惑，可以通过诸如关键事件法、目标管理法（MBO）的技术或通过不定期评估的方法来减轻。

（6）对比效应

回顾这样的情形：在使用个体绩效评估技术时，每位员工都被认为其被考核是和其他员工绩效无关的。然而，一些证据暗示主管很难做到这一点。如果主管受另一位员工的绩效影响，给予其他人评分时，对比效应（Contrast Effect）就出现了。例如，当一名普通员工的绩效在一名杰出员工的绩效之后被立即评估时，主管可能会最终给这名普通员工打分为"中等以下"或者"较差"。对比效应也可能出现于当主管无意识地对比员工当前的绩效和以前的绩效，并且这种比较会影响评分时。如果那些过去是较差绩效的人改善绩效的话，即使这种改善仅仅使他们的绩效提升到"中等"，他们也可能会被评为"中等以上"。

对比效应是另一种很难被消除的考核问题。幸运的是，因为关于员工绩效的更多信息将被收集到，这种类型的误差似乎会随着时间的逝去而消散。

（7）个人偏见误差

个人偏见误差（Personal Bias Error）顾名思义，就是和主管个人偏见相关的一种误差。偏见误差分为好几种，有些误差是可以被意识到的，比如由于性别或种族对一些人的明显歧视，或者主管可能会试图"率性而为"，相对于他们不喜欢的人而言，给予他们喜欢的人更高的分数。

其他的个人偏见误差是更加细微的，并且主管有可能根本没有意识到。例如，因为被考核者具有和考核者相似的品质和性格而给予被考核者更高的道德评分时，一种个人偏见误差就产生了。

3. 客服员工的问题

对于一个良好的评估体系而言，员工必须要理解这种体系并认为它是一种评估绩效的公平方法。另外，他们必须相信这个体系被正确地使用在进行加薪和晋升的决策之上。这样，对于一个良好的评估体系而言，它应该是尽可能简单的——考核表或者其他评估程序中不必要的复杂性会导致员工的不满意。这种体系也应该用这样一种方式来实施：如实地告知员工评估体系将如何被使用。

有助于鼓励员工理解评估体系的一种方法是，允许员工参与该体系的开发进程。另种一种有效的方法是，对员工就绩效评估方法进行培训，以便他们能更好地理解这一过程有多么困难。对于评估体系来说，特别是当以推动与主观的绩效评估讨论为目的时，自我评估也是有效的。

2.4.5 薪酬管理的主要内容

1. 确定薪酬管理目标

薪酬管理目标必须与企业经营目标一致，因为薪酬管理是企业管理的一个有机组成部分。企业薪酬管理的目标主要有三个：

（1）吸引高素质人才，稳定现有员工队伍。

（2）使员工安心本职工作，并保持较高的工作业绩和工作动力。

（3）努力实现组织目标和员工个人发展目标的协调。

2. 选择薪酬政策

所谓薪酬政策，就是企业管理者对企业薪酬管理的目标、任务、途径和手段进行选择和组合，是企业在员工薪酬上所采取的方式策略。企业的薪酬政策会受到多种宏观因素和微观因素的影响和制约。

宏观因素是指企业薪酬运行的外部环境因素，例如国家经济运行状况、经济增长率、通货膨胀、劳动力市场供求状况、当地生活指数以及国家税收、财政和产业政策变化等。

微观因素是指企业经营发展和薪酬管理状况，例如当前的经营收益状况、企业现今所处的发展阶段、相应的经营策略以及劳动力的成本收益、薪酬管理运行状况等。

薪酬政策是企业管理者审时度势的结果，决策正确，企业薪酬机制就会充分发挥作用，运行就会畅通、高效；反之，管理就会受到非常多不利因素的影响。

3. 制订薪酬计划

一个好的薪酬计划是企业薪酬政策的具体化。所谓薪酬计划，就是企业预计要实施的员工薪酬支付水平、支付结构及薪酬管理重点等。企业在制订薪酬计划时要通盘考虑，同时要把握以下两个方面的内容：

（1）企业要根据自身发展的需要选择薪酬制度和薪酬标准。企业的薪酬计划应与企业经营目标相结合。例如，在薪酬支付水平上，企业不应单纯考虑同行业的工资率，而要综合考虑该薪酬水平是否能留住企业优秀人才、企业的支付能力以及该水平是否符合企业的发展目标。

（2）工资是企业的成本支出，压低工资有利于提高企业的竞争能力，但是，过低的工资会导致激励的弱化和人员的流失。因此，企业既要观察外部环境的变化，又要从内部管理的角度出发，选择适合企业经营发展的薪酬计划，并在实施过程中根据需要随时调整。

4．调整薪酬结构

薪酬结构是指企业员工间的各种薪酬比例构成，主要包括：企业工资成本在不同员工之间的分配、职务和岗位工作率的确定，员工基本工资、绩效工资、激励性报酬的比例及其调整等。

对薪酬结构的确定和调整主要应掌握两个基本原则，即给予员工最大激励的原则和公平付薪原则。公平付薪是企业管理的宗旨，否则，会造成不称职的员工不努力工作，或高素质的人才外流。同时对薪酬结构的确定还必须与企业的人事结构一致。

5．实施和修正薪酬体系

绝对公平的薪酬体系是不存在的，只存在员工是否满意的薪酬体系。因此在制定和实施薪酬体系的过程中，应及时进行上下沟通，必要的宣传或培训是薪酬方案得以实施的保证。一个好的薪酬体系必然是在不断更新进步中变得更好，因此员工也需要主动对薪酬体系进行了解并给出自己的意见。

2.4.6　支付薪酬的方式

1．单一工资率

在成立了工会的企业里，工资通常通过集体的讨价还价确定，支付单一工资率而非不同的工资率。比如，所有的二级文书打字员每小时都挣14美元，而不考虑资历和绩效。单一工资率大致对应于给定工作市场（薪酬）调查情况的中间值。使用单一工资率并不意味着资历和经验没有区别，而是意味着雇主和工会在确定工资率的时候选择不去考虑这些变量。由于很多原因，工会坚持要求忽视绩效差别。他们认为绩效测量是不公平的。工作需要协作的努力，而工资差异化会毁掉这种协作。销售组织支付单一工资率外加奖金和激励来承认各人间的差别。对同样的工作选择支付单一工资率还是不同的工资率取决于薪酬分析家所确立的目标。承认各人间差别的假定是，员工之间是不能相互代替的，并且各人的生产率不相同。通过收入差异化来承认这些差别，经理人会努力鼓励自己的员工队伍，使之变得经验丰富、工作高效并且（对工作）感到满意。

2．计时工资的薪酬

绝大部分员工的工资和薪水是计时工作的薪酬。工资和薪水的定义分别如下：

（1）工资（Wage）——按小时计量的薪酬。支付给那些处在《公平劳动标准法》中超时和报告条款所辖范围内的非被免除员工的就是工资。

（2）薪水（Salary）——按年和月而非小时计量的薪酬。那些处在《公平劳动标准法》中被免除范围内的人和不领取超时工作收入的人领取的就是薪水。

为了个人薪酬的决定——计时薪酬制度的最后一步，薪酬区间、薪酬分类以及相似的工具被发明出来。薪酬通常通过以下四种类型的渠道得到向上的调整：① 对所有雇员一般、全面的提薪；② 对某些员工绩效工资的提升，建立在某个工作绩效的指标之上；③ 以消费价格指数为基础的生活成本调整；④ 资历。通常在成立了工会的企业里，计时工很可能得到一般的加薪，而被免除员工更有可能得到绩效工资的提高。

3. 计件工资：激励薪酬

计件工资是根据职工完成的劳动数量和按事先规定的计件单价计算和支付的工资。计件单价一般应根据工作等级、定额水平和相应的标准工资进行计算。采用计件工资制能够准确地反映出职工实际付出的劳动量，有利于调动职工劳动积极性，提高劳动生产效率。为了明确个人经济责任，便于考核职工个人经济效果，可以实行个人计件工资制；在条件不便实行职工个人计件工资制的情况下，可先按集体计件进行计算，然后再将集体计件所得的计件工资在小组成员之间采用适当的方法进行分配。

企业对实行计件工资的职工，除按国家规定实行原材料节约奖外，一般不再实行其他经常性的生产奖励。计件工资是按照工人生产的合格品的数量（或作业量）和预先规定的计件单价来计算报酬的一种工资形式。它不是直接用劳动时间来计算，而是用一定时间内的劳动成果——产品数量或作业量来计算，因此，它是间接用劳动时间来计算的，是计时工资的转化形式。

计件工资的特点如下：

（1）计件工资能够将劳动报酬与劳动成果最直接、最紧密地联系在一起，能够直接、准确地反映出劳动者实际付出的劳动量，使不同劳动者之间以及同一劳动者在不同时间上的劳动差别在劳动报酬上得到合理反映。因此，计件工资能够更好地体现按劳分配原则。

（2）计件工资的实行有助于促进企业经营管理水平的提高。

（3）对计件工资的计算与分配事先都有详细、明确的规定，在企业内部工资分配上有很高的透明度，使得工人对自己所付出的劳动和能够获得的劳动报酬做到心中有数，因此，具有很强的物质激励作用。

（4）计件工资收入直接取决于劳动者在单位时间内生产合格产品数量的多少，因此可以刺激劳动者从物质利益上关心自己的劳动成果，努力学习科学文化，不断提高技术水平与劳动熟练程度，提高工时利用率，加强劳动纪律，这对于企业员工素质和劳动生产率的提高都是十分有利的。

2.4.7　设计薪酬体系

物业管理企业制定薪酬体系的指导思想是吸引和留住需要的人才，最大限度地发挥员工的内在潜能。但是，由于不同企业的目标不同、市场状况不同、员工需求不同，在构建薪酬体系时没有统一的定式，只能结合本企业的特点，在不断探讨和摸索中逐步建立和完善符合本企业特点的薪酬体系。

1. 薪酬体系设计的基本步骤

企业的薪酬体系设计一般包括以下几个步骤：

（1）职位分析。企业人力资源部门和各业务主管部门要结合企业的经营目标，在业务分析和人员分析的基础上，明确各职务和岗位的关系，编写职位说明书，确定各岗位薪酬基础。

（2）职位评价。职位评价有两个目的：一是比较企业内部各个职位的相对重要性，提出职位等级序列；二是为进行薪酬调查建立统一的职位评价标准，使不同职位之间具有可比性，从而为确保薪酬的公平性奠定基础。

（3）薪酬调查。企业在确定工资水平时，需要参考劳动市场的工资水平。薪酬调查对象宜选择与自己有竞争关系的企业或同行业的类似企业，重点考虑员工的流失去向和招聘来源，解决薪酬的对外竞争力问题。

（4）薪酬定位。在分析同行业薪酬数据的基础上，根据本企业状况选用相应的薪酬水平。

（5）薪酬结构设计。企业的薪酬结构设计一般需要综合考虑三个方面的因素：一是其职位等级；二是个人的技能和资历；三是个人绩效。

（6）薪酬体系的实施和修正。薪酬体系确立后，企业应当在做好充分解释说明的基础上，严格贯彻执行薪酬制度。薪酬体系应根据市场和企业的变化情况，按照规定的程序进行调整。

2. 薪酬体系设计应注意的几个问题

（1）薪酬的确定和调整必须考虑社会生活成本、物价指数、企业的工资支出成本、企业的经济效益、个人工作绩效等因素，形成规范有效的约束和激励机制。

（2）企业应根据实际情况合理确定工资构成，特别是基本工资部分与绩效工资部分所占比例要相对平衡。如果基本工资偏低，会损害员工利益，影响员工的工作积极性。绩效工资要有明确的发放方式和标准。

（3）在薪酬制度中引入风险机制，使薪酬成为一种激励与鞭策并用的措施。风险机制既要体现出物质方面的奖励和处罚，又要使不同层次的员工具有不同的风险。这不但能从物质上激励员工奋发进取，而且能从心理上激发员工与企业荣辱与共的决心和相互竞争的意识。

（4）企业经营者应该正视非物质报酬之外的精神薪酬并给予更多的关注。员工除了希望获得物质薪资外，还希望得到精神薪资，也就是关心、赞赏、选择、尊重等。这种精神性的要求往往需要金钱成本，但在管理中往往有较大的作用。

（5）企业除按国家规定发放员工福利外，可根据企业的具体情况、工作岗位的性质、员工的不同需求，科学设计、灵活使用薪酬制度，以充分奖励员工对企业的贡献，增强员工的企业归属感，激发员工的工作热情。如在设计员工福利项目和内容时采用菜单式选择的方式，即根据员工特点和具体需求，列出一些福利项目，并规定一定的福利总值，让员工自由选择、各取所需。这种方式区别于传统的整齐划一的福利计划，具有很强的灵活性，容易受到员工的欢迎。

2.4.8 考核的组织与实施

1. 考核的对象与内容

（1）项目负责人的考核

对项目负责人的考核一般是通过工作业绩、业务能力、综合素质、个人品质等方面进行的。考虑到企业运作的特点，对项目负责人工作业绩和业务能力的考核可设定相应的指标体系，通过定量与定性考核相结合的方式，实现对项目负责人的综合评定。定量考核指标可由企业根据不同项目的具体情况自行设定。

（2）操作层员工以及其他管理人员的考核

操作层员工以及其他管理人员考核的主要内容包括：业务能力、沟通能力、理解能力、协调能力、学习能力、责任意识、真诚意识、纪律意识、敬业意识、服从意识、团队意识等方面。不同岗位考核的侧重点应有所不同。

2. 考核的原则

（1）凡是与绩效有关的工作都要列入考核指标体系，做到全面和完整，以避免考核的片面性。

（2）考核的内容必须与工作相关，与工作无关的诸如个人生活习惯、癖好之类的内容不要包括在考核内容中。

（3）考核标准要便于衡量和理解，如果含糊不明、抽象深奥，便无法使用。考核标准必须可以直接操作，同时还应尽可能予以量化，做到可定量测定。

（4）考核标准应适用于一切同类型的员工，不能区别对待或经常变动，使考核结果的横向与纵向可比性降低或没有，从而使考核没有可信度。

（5）考核标准的制定与执行必须科学合理，不掺入个人好恶等感情成分。

3. 考核的程序

（1）进行职务分析，明确考评对象的工作目标、岗位职责、岗位要求及能力要求。

（2）确定考核周期，一般以一年为周期比较合适。

（3）建立考核的组织机构，一般对项目负责人的考核可建立以公司负责人为组长，公司领导班子成员及人力资源部负责人为成员的考核领导小组；对其他人员的考核可建立以项目机构负责人为组长，项目机构领导班子成员及相关部门负责人为成员的考核领导小组。

（4）根据被考核人员的不同岗位特点，设定相应考核指标权重。

（5）对考核指标进行科学分档，并明晰每档的具体要求。

（6）组织实施考核，各考核者根据对被考核者情况的了解给被考核者评分。

（7）收集整理有关资料，确认考核结果。

2.4.9　客服员工的考核奖惩形式

1. 客服员工的奖励形式及注意事项

（1）员工奖励的形式

一般说来，对员工的奖励可分为物质奖励和精神奖励两种，物质奖励包括奖金、加薪、奖品、升迁、带薪休假等；精神奖励包括表扬、培训等。

（2）员工奖励的注意事项

1）要把物质奖励与精神奖励有机结合起来，使两者相辅相成。

2）员工做出成绩，符合奖励标准以后，管理者应该立即予以奖励。

3）对不同的员工要采用不同的奖励方式。

4）奖励程度要与员工的贡献相符。

5）奖励的方式可适当变化。

2. 客服员工的惩罚形式及注意事项

（1）员工惩罚的形式

管理者在对员工的期望行为给予奖励的同时，也要对员工的非期望行为予以必要的惩罚。惩罚在某种程度上也是教育。因此，有效而又公平地运用惩罚手段，也是激励员工的一种重要方式。惩罚的形式包括批评、扣罚奖金、给予罚款、降低薪资、降低职务、免除职务、岗位调整、给予辞退以及其他惩罚。

（2）员工惩罚的注意事项

1）惩罚要合理。要使受罚者罚而无怨、口服心服，必须让他们知道惩罚本身并不是目的，而仅是一种手段，对受罚者是教育，对其他人产生威慑力，起到防患于未然的作用。一般惩罚仅在不得已时才用，否则容易产生对立情绪，不利于企业目标的实现。

2）惩罚要适当。首先惩罚的时机要准确恰当，当事实真相已经查明时，就要及时处理；其次是惩罚的比例要恰当，对员工的一般错误，可以教育的不一定用惩罚的方法。惩罚程度宜轻不宜重；从宽惩罚易使员工感到内疚，可避免产生逃避心理或抵触情绪；惩罚过重则易造成当事者的反感，并引起周围员工的同情，反而会削弱奖惩的效果。

3）惩罚要一致。首先，要言行一致，严格按照制度规定执行；其次，要做到在惩罚面前人人平等，只有这样才能做到以罚服人。

4）惩罚要灵活。即惩罚的方法可灵活多样。对员工的惩罚方法，可以是口头的，也可以是书面的；可以是公开的，也可以是私下的。一般来说，员工受惩罚并非光荣之事，因此，如以书面及公开方法处理，员工所挫折较大，如以私下或口头方法处理，则员工所受挫折也较小。因此，除为维护纪律对性质恶劣的惩罚必须书面公开处理外，一般宜以口头或私下进行，以使受罚的员工自己有所警惕，知过而改即可。

2.5 客服人员的员工关系管理

2.5.1 组织文化建设

1. 组织文化的基本概念与特征

组织文化是指组织在长期的实践活动中形成的，并且为组织成员普遍认可和遵循的具有本组织特色的价值观、团体意识、工作作风、行为规范和思维方式的总和。对于任何一种组织来说，由于每个组织都有自己特殊的环境条件和历史传统，就形成了自己独特的价值取向和行为方式，于是每个组织也形成了自己特定的组织文化。

就组织的内涵而言，组织是按照一定的目的和形式构建起来的社会集合体，为满足自身运作的需求，必须要有共同的目标、共同的理想、共同的追求、共同的行为准则以及与之相匹配的规范制度，即形成以组织文化为核心的规范性整体，否则组织将是一盘散沙。

2. 组织文化的主要功能

（1）凝聚功能

组织文化通过培育员工的归属感和认同感建立组织与员工之间的相互信任与相互依赖的关系，使员工的情感、行为、信念、习惯等个人特性与组织有机的结合起来，形成稳固的文化氛围，凝聚成一种无形的力量，为实现组织共同目标而努力。

（2）适应功能

组织文化能从根本上使员工改变旧的价值观，接受新的价值观。一旦组织文化所提倡的价值观念得到员工广泛的认同，成员就会不自觉地做出符合组织要求的行为，如若违反，就会感到内疚或不安，从而自动更正自己的行为。

（3）导向功能

组织文化作为团体共同价值观，是一种无形的、软性的理智约束，与组织成员必须遵守的、以文字表达的强制性规定不同，可实现个人价值观的渗透和内化，能够使组织自动形成一套自我调节机制，将组织与员工进行紧密的结合，以适应外部环境变化。

3. 组织文化塑造途径

组织文化的塑造是个长期过程，从路径上讲，其塑造需要经过以下五个阶段。

（1）确立准确的价值观

组织价值观是组织文化的核心，其确立要立足于本组织的特点，根据自己的目的、环境要求、组织形式等来选择；其次，组织文化与组织价值观各要素之间需相互协调，以便实现系统整体优化。

（2）强化员工认同感

可利用宣传媒体、培养和树立典型、加强培训教育等强化灌输方法来实现。

（3）提炼定格

组织文化建设不能一蹴而就，需要在组织发展过程中不断分析、归纳和提炼方能定格。

（4）落实巩固

首先，建立基本的制度保障十分必要；其次，领导者在组织文化塑造过程中也应起到率先垂范作用。

（5）在发展中不断丰富和完善

当组织外部环境发生改变时，组织必须不失时机地丰富和发展组织文化。

2.5.2 新员工关系管理

1．新员工的组织化

当新员工置身于一个不熟悉的新环境中，面对新的工作环境和工作要求，难免感到压力。为了帮助新员工胜任新工作，应对新员工积极进行引导和开发，了解新环境、新程序、新组织文化，这种员工适应新组织的过程就是员工的组织化。虽然员工依靠自己的摸索也能实现组织化，但难免遭遇挫折和不安，为了避免新员工在组织化过程中走弯路，应采取一定的企业组织化策略，促进员工快速融入组织。企业通常可通过以下五种策略来帮助新员工实现组织化。

（1）集体组织化和个体组织化策略

集体组织化是指组织将新员工组成一个群体，使其经历相同的体验，如我国许多企业或学校对新员工或新学生进行一段时间的军训，就是典型的集体组织化策略；而个体组织化则强调每个新员工不同的体验。

（2）正式组织化和非正式组织化策略

如大型企业在各大高校招聘管理培训生进行训练培养的方式，采用的就是正式组织化策略；而许多企业对新员工进行培训并设定实习期，则是非正式组织化策略。

（3）固定组织化与变化组织化策略

固定组织化策略会根据员工固定的时间表来安排相关活动，具有完整性；而变化组织化策略则没有时间表，其根据组织化的进程而变化。

（4）集权组织化与授权组织化策略

前者注重消除员工与企业不和的个人特征；后者则更尊重员工个人特质，并对其进行开发。

（5）融合组织化与分散组织化策略

学徒制就是典型的融合组织化策略，企业轮岗制属于典型的分散组织化策略。

2. 实际工作预览

实际工作预览（Realistic Job Preview，RJP），是给应聘者提供有关所聘职位和企业完整信息的方法。其包含工作的积极信息（如发展机会、施展个人才能的机会等），同时也包含工作消极的一面（如加班出差等）。工作预览起到了打预防针的作用，可以调整与避免新员工对组织产生不切实际的想法，使其有较为客观的期望。在实际工作预览方案设计时，应注意以下几个问题：

（1）明确企业态度，鼓励应聘者自主选择。

（2）信息高度可信，与媒体信息相匹配。

（3）信息与组织氛围相匹配。

此外，还需根据企业自身需要、预算和可控资源，来进行实际的RJP方案设计。

3. 员工导向

员工导向通常包括使员工获得尊重、对组织总体情况进行介绍和对具体工作信息进行介绍三方面内容。新员工的导向主要包括与主管、同事和人力资源开发人员的接触，其活动形式多种多样，主要包括演讲、录像、发放资料、讨论等形式。

员工导向管理框架包括员工市场研究、内部交流活动、内部反应三部分，具体内容如图2-2所示。

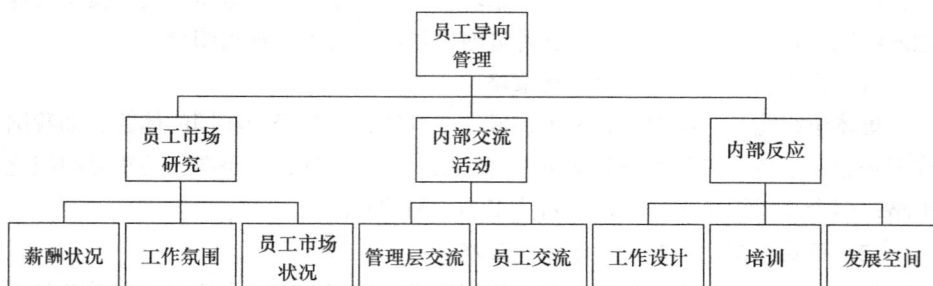

图2-2 员工导向管理分析框架

4. 新员工培训与方法

新员工培训亦入厂教育，是一个专门为新员工设计并实施的培训过程，包括适应新环境、掌握开展新工作所需技能、了解自身工作与组织之间的关系、了解企业文化与期望等内容。企业通过培训可使客服人员形成先进的服务理念，更好地理解企业想要给顾客提供什么服务，提高客服人员服务的规范性，实现标准化，确保服务质量。

企业可通过以下几种方法对新员工进行培训：

（1）讲授培训。如聘请专家和优秀从业人员讲授相关知识、技能和实践经验。

（2）模拟培训。让新员工扮演服务人员，为培训者提供服务。

（3）实践培训。新员工直接上岗，通过"传、帮、带"的师徒关系，熟悉业务。

此外，新员工培训需要注重与组织文化的契合，不断使培训内容丰富化、培训手段多样化、培训管理科学化。

2.5.3 老员工关系管理

1. 职业发展规划与管理

职业发展规划是指以个人设计和组织指导相结合的方式，为每位员工职业选择的可能性、制约因素、发展方向等进行认真分析与计划的过程。职业发展管理包括自我管理和组织管理两方面。不仅要帮助员工实现个人目标，还要满足企业对人力资源的要求。职业发展规划与管理在组织中的作用有以下几个方面。

（1）将个人发展需要与组织发展需要联系在一起

每个人都有自己的追求，希望成就一番事业，而在组织中工作时间越长、层级越高的员工这种需要和愿望更强烈。因此进行针对性的管理工作，主动把组织的目标与员工的个人目标有机地结合在一起，能够让员工在情感上与组织形成亲和力，产生动力。

（2）实现企业与员工的双赢

让员工的个性得到发展，个人就会满足，产生动力，自我激励。双赢表现为，组织的发展需要得到满足，员工的发展目标得以实现，每个员工都得到发展，成了人才，组织拥有更多人才群体，提升组织人力资源质量。

（3）为企业留住更多的人才

人才流失的三大原因为：薪资待遇、才能发挥、职务角色。这三个方面对人才的影响如同凳子上坐着的人与凳子的三条腿的关系。其中任何一条腿短一些，就会导致凳子倾斜，人才流失。职业发展规划与管理则努力维持三者平衡，以留住人才。它通过对组织与员工双方的讨论与设计，共同制定满意的薪资待遇、才能发挥的空间和合适的职务角色，来使三条腿保持稳定。

2. 员工角色定位

每个人都对自己的职业负基本的责任。作为客服人员需要明确以下六个问题：

（1）是什么？——了解职业发展需求、威胁与要求。

（2）为什么？——了解追求职业目的、兴趣与动机。

（3）在哪儿？——了解职位的地点与界限。

（4）是谁？——了解自己可获得的资源、机会及其支持者。

（5）何时？——了解职业时间安排。

（6）怎么样？——了解和获得客户服务相关技能。

2.5.4 客服人员素质要求

客服人员的素质、业务水平、工作能力与工作态度都直接影响企业形象，企业服务的绩效水平和质量也取决于客服人员的操作技巧、才能和态度。因此，企业应更加注重招聘高质量和高素质的客服人员，并进行服务标准化管理，为客户提供标准化、专业化与灵活化的高质量服务。常见的对客服人员工作技能与工作素质的要求如下。

1. 工作技能要求

（1）掌握与客户情绪沟通的要点。

（2）灵活运用针对不同类型客户的应对策略。

（3）掌握留住客户的技巧。

（4）把握客户的心理与需求。

（5）妥善处理客户投诉，提高客户满意度。

（6）挽留忠诚客户，获取新客户。

2. 工作素质要求

（1）准时。

（2）严格遵守企业规章制度，按照服务标准为客户服务。

（3）把关心客户作为工作主要部分，以客户需求为中心。

（4）仪表整洁、文明礼貌、口齿清楚，给客户留下好印象。

（5）热爱工作、积极进取，时刻准备为服务客户采取行动。

（6）诚实、热情、友善、可靠，能够与客户建立良好的个人关系。

2.5.5 绩效评估

1. 绩效评估及其作用

绩效评估是指组织定期对个人或群体小组的工作行为及业绩进行考察、评估和测度的一种正式制度。用过去的制度和工作绩效记录进行效果评估分析，对员工进行反馈，可以起到有效的监督和控制作用。绩效评估能够为最佳决策提供参考，为组织发展提供支持，为员工提供一面有益的"镜子"，提供员工工作报酬依据，为人事调整提供依据，即绩效评估的五大作用，如图2-3所示。

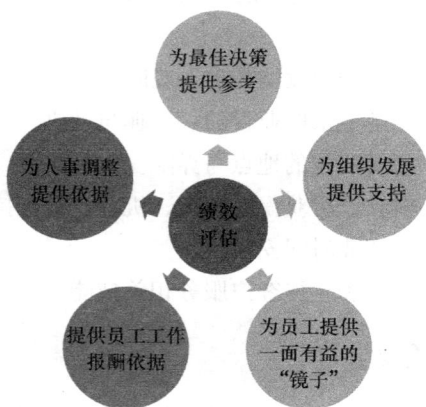

图2-3 绩效评估的作用

2. 绩效评估的程序与办法

绩效评估的有效性依赖于一定的执行程序。在进行绩效评估之前，应先对评估过程的内外环境因素进行分析，确定有效的评估因素，避免设计不能动态翻译内外环境变化的程序。绩效评估可分为以下五个步骤。

（1）制定特定的绩效评估目标

不同岗位的员工具有不同的能力和贡献，一种绩效评价制度不可能使用于所有的评估目标。因此，在考评员工之前，要有针对性地设定特定的目标，根据不同岗位性质，设计和选择合理的绩效考评制度。

（2）确定考评责任者

受过专门培训的直线管理人员是最好的选择，因为直线领导可以更为直观地识别员工的能力和业绩，并负有直接的领导责任。

（3）绩效评价

绩效评价是绩效管理的核心环节，是对员工在一定期间内的工作绩效进行考察和评定，确定员工是否达到预定的绩效标准的管理活动。

（4）公布考评结果，交流意见

各部门主管就绩效考评的最终结果与下属面谈沟通，对受评人的工作表现达成一致意见，肯定受评人的优点，同时指出有待改进的问题和方向，双方共同制订可行的绩效改进计划和个人发展计划，提高个人及组织绩效。

（5）根据结果，将绩效评估的结论进行备案

人力资源部对本次绩效考评成效进行总结分析，并对以后的绩效考评提出新的改进意见和方案，规划新的人力资源发展计划。

2.6 客服人员的激励

2.6.1 客服人员激励概论

1. 客服人员激励的概念与对象

客服人员激励通常和动机联系在一起，主要是指客服人员活动的一种心理状态。一般而言，动机是为满足某种需要而产生并维持行动，以达到目的的内部驱动力。所以，无论是激励还是动机，都包括三个关键要素：努力、组织目标和需要。

从客服人员激励的定义可以看出，激励是针对客服人员行为而进行的工作。因而，客服人员激励的对象是组织范围内的员工。

客服人员激励是组织中员工行为的动力，而员工行为是实现个体目标与组织目标一致的过程。无激励作用的行为，是盲目而无意识的行为；有激励而无效果的行为，说明激励的机制不合理。

2. 激励理论

从不同的角度出发，激励理论可分为激励内容理论和激励过程理论。激励内

容理论根据对人性的理解，着重突出激励对象未满足的需要类型，包括需要层次理论与双因素理论；激励过程理论则试图说明员工面对激励措施，如何选择行为方式去满足他们的需要，以及确定其行为方式的选择是否成功，其包括公平理论、期望理论和激励强化理论。本节将主要介绍需要层次理论与期望理论，以帮助读者更详细地了解激励理论。

（1）需要层次理论

需要层次理论由美国社会心理学家亚伯拉罕·马斯洛（Abraham Maslow）提出，亦称"马斯洛需要层次理论"。马斯洛的需要层次理论主要试图回答这样的问题：决定人的行为的尚未满足的需要有什么内容？其有两个基本论点：一个是，人是有需要的动物，其需要取决于他已经得到了什么，还缺少什么，尚未满足的需要才能影响其行为，即已经得到满足的需要不再起到激励作用。另一个是，人的需要有轻重缓急之分，只有某一层次的需要得到满足，后一层次的需要才会出现。

基于以上两个论点，马斯洛的理论可表述为：如果人的一切需要都未得到满足，那么满足其主要需要就比满足其他需要更重要。只有前面的需要得到充分满足，后面的需要才能显示其激励作用。为此，马斯洛提出人的五个需要层次：生理需要、安全需要、社交需要、尊重需要、自我实现需要，其重要程度如图2-4所示。

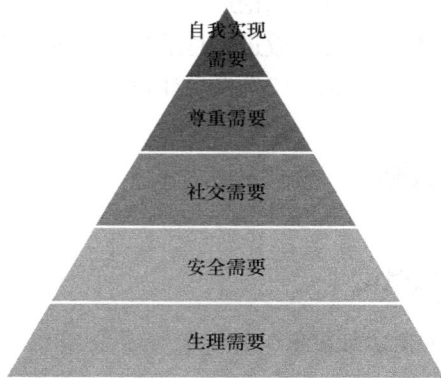

图2-4 马斯洛需要层次理论

（2）期望理论

期望理论认为只有当人们预期到某种行为能给个人带来吸引力的结果时，才会采取特定行动。例如，在组织中面对同一种需要以及满足同一种需要的活动时，有些人情绪高昂，而有的人却无动于衷，这说明有效的激励取决于个体对完成工作任务及接受预期奖励的欲望。这一理论指出，员工对待工作的态度由以下三种联系可以判断：

1）努力与绩效的联系。员工经过一定的努力达到目标工作绩效的可能性。

2）绩效与奖励的联系。员工通过努力达到绩效并获得理想奖励的可信度。

3）奖励与个人目标的联系。若工作完成，员工可获得的潜在结果与奖赏对自身的重要程度。

在以上三种联系的基础上，员工在工作中的积极性或努力程度是效价和期望的乘积，即：

$$M = V \times E \tag{2-1}$$

式中，M表示员工的努力程度，即激励力；V表示效价，即对可实现目标能给自己带来的满足程度的评价；E表示期望值，指人们对目标工作可能实现的概率估计。

3. 客服人员激励的重要性

1994年，詹姆斯·赫斯克特等五位哈佛商学院教授共同提出服务利润链的概念。他们认为，服务利润链是表明利润、客户、员工、企业四者之间关系并由若干链环组成的链，可将其形象的理解为"一条将盈利能力、客户忠诚度、员工满意度和忠诚度与生产力联系起来的纽带"，如图2-5所示。这是一条闭环链，其中任何一个环节的质量都将直接或间接影响到其后面的环节。

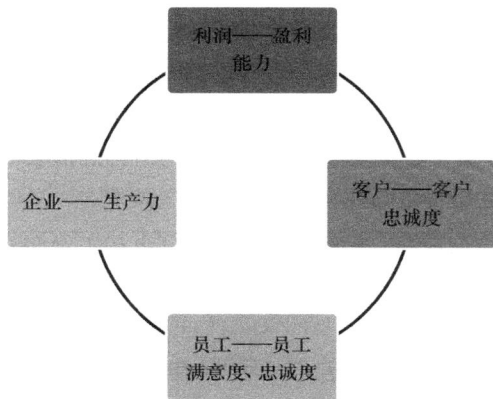

图2-5 服务利润链

服务利润链理论告诉我们，客户的满意度是由员工的满意度决定的。只有满意的客服人员才能够创造满意的客户，如果客服人员热爱自己的岗位和工作，他们就会更好地服务客户，提高客户满意度，培养更多的忠诚客户，由此产生更高的利润。因此，企业必须采取适当且行之有效的激励措施，让客服人员满意以调动其工作积极性，从而激励其持续为客户提供优质服务。

每个员工都有自己的特性，他们的需求、个性、期望、目标等个体变量互不相同，因而企业在根据上述激励理论基础处理激励实务时，必须针对员工的不同特点采取不同的办法。下文将介绍几种常见的激励方式，以供参考和选择。

2.6.2　物质激励

物质激励是企业根据客服人员对企业作出的贡献，以物质、金钱等实体形式奖励客服人员，为其提供各种可见的、有形的福利，如薪酬福利、住房福利、利润分享、员工持股、其他福利等。

1. 薪酬福利

企业可以设置合理的薪酬福利计划，发挥绩效考评中奖励与惩罚的杠杆作用，使薪酬制度对客服人员有更大的吸引力，并产生竞争力。优秀的人员往往需要高额的薪酬才能够挽留，合理的薪酬设置是增强企业人力资源的重要保证，也是激励客服人员最直接最有效的手段。

薪酬是涉及员工得到的完成组织任务回报的每种类型奖励的一项人力资源管理功能。薪酬福利的制定也应该是充分的、公平的、节约成本的、安全的、能提供激励的并为员工所接受的体系。

薪酬满意度（Pay Satisfaction）是指员工喜欢或不喜欢的员工薪酬内容，包括薪水和福利两部分。虽然对于薪酬满意的相关研究很多，但至今学术界对此没有统一的定论。但是，从主观上推断，员工从被支付较高的薪水或得到满意的福利中更容易得到满意是完全符合逻辑的。

2. 住房福利

企业的住房福利是指为本企业的职工提供住房援助的一项福利。在马斯洛的需要层次图中，"住"的需要在最底层，是人类最基本的需求。根据赫兹伯格的双因素理论，作为保健因素的住房是不能起到激励作用的，但是，若保健因素得不到满足，就会使员工产生不满意的情绪，从而产生消极行为。因此，企业在制订薪酬福利计划时，需要面对本企业员工在住房方面的需求，为员工提供住房福利计划，作为国家住房政策的补充，满足其住房需求。

住房福利人员关系管理的意义主要表现在以下几个方面：

（1）住房福利可以吸引和留住优秀员工，降低离职率，提高企业人力资源质量。

（2）住房福利可以缓和劳资关系，降低摩擦成本。

（3）住房福利可以提高企业员工忠诚度。

（4）住房福利可以提高员工士气和工作满意度。

住房福利一般包括法定性住房福利和补充性住房福利两种形式。法定性住房福利是国家强制规定的，如公积金制度。补充性住房福利则是企业根据自身发展情况，除国家法定住房福利之外，自愿建立的用于解决员工住房问题的一系列福利计划，如现金资助、实物资助、购房贷款、非经济性支持等。

3. 利润分享

1971年美国某公司建立了第一个利润分享福利制度，在美国、英国等发达国家得到广泛推行。利润分享有广义和狭义之分。广义的利润分享是指与员工分享公司利润的所有形式，它包括现金分享、延期支付以及混合分享。狭义的利润分享是指延期利润支付。下文将详细介绍狭义的利润分享。

延期利润支付是指将分配的利润计入员工个人账户，资金由信托机构管理，并为未来的支付做积累。积累的资金到达一定年限后，或雇员达到一定年龄，或在特定情况下，如解聘、生病、死亡、退休时才支付给员工。利润分享具有长期激励性、管理灵活性、税收优惠性、风险转移性特点。

此外,利润分享福利具有团队激励作用,个人努力水平的高低能够影响他人的产出。在现实管理中,最终的工作努力结果是共同的产出,个人努力的价值不可独立预测,对团队整体的激励成为提高绩效的关键。利润分享计划提供让员工共同分享企业利润、分担企业风险的依据,通过对共同产出的奖励使员工拥有共同的利益,激励团队更加和谐的工作,并为团队的绩效而努力工作。利润分享对团队成员合作与团队绩效提升的激励作用如图2-6所示。

图2-6 利润分享、团队合作与激励作用相互关系图

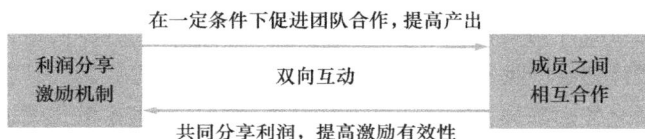

（图中文字）
在一定条件下促进团队合作,提高产出
利润分享激励机制　　双向互动　　成员之间相互合作
共同分享利润,提高激励有效性

4. 员工持股

员工持股计划(Employee Stock Ownership Plan,ESOP)是一种使员工成为本企业股票持有者的员工受益机制。具体表现为,在企业内部或者外部设立管理员工股的管理机构,公司以某种形式(有偿或无偿)赋予企业员工全部或部分股份,帮助企业员工持有公司股票,并以此为基础让员工参与企业治理的一种新的股权制度。

员工持股福利一方面能够激发员工的积极性、主动性和创造性,提高、调整和治理企业的产权结构,增强企业的竞争力;另一方面,在宏观效能上,员工持股福利也能起到缓和社会矛盾、维护社会稳定的重要作用,从而获得政府的支持与推动。

员工持股福利制度的设计与实施是个非常复杂的系统工程,涉及法律、财务、监管、信息披露等各个方面的问题。下面将简要说明制订员工持股计划的步骤,以期读者能了解员工持股计划的制订与实施。

(1)确定企业制定员工持股福利计划的目的

合理的目标必须取得股东广泛的认同,如若只有大股东同意并愿意出售自己的股份,也不能保证其他所以股东都乐意拿出他的股份,若如此,在此项计划进行中将会遇到大量的问题。

(2)确定目标后,进行可行性分析

通常由外部咨询顾问来完成详细的、完全的可行性研究,包括市场调查、管理层调查、财务工程等,或者其他一系列较为详细的内部商业计划。无论采取何种形式,可行性分析都需要注意以下三个问题:成本问题、员工工资总额是否足够大以及公司能否负担向计划转移的收益。

(3)进行价值评估

对公众公司来说,可行性研究中使用的数据都是较为精确的,因此能对实施员工持股计划的价值进行较为精准的评估。但是,对于私人公司来说,在实施员

工持股计划之前进行准确的价值评估是十分必要的。价值低估，将损害所有者的利益；价值高估，员工缺乏购买力。因此寻求一个合理的定价是需要认真考虑的。

（4）进行方案设计和起草

实施ESOP详细的计划程序主要体现在员工持股的章程上面。章程应对计划的原则、参加者的资格、管理机构、财务政策、分配办法、员工责任、股份的回购等作出明确的规定。

（5）为员工持股计划提供资助

获得员工持股计划资金，其筹资渠道有多种。首先，可以向银行贷款，当然大型员工持股计划会涉及发行债券以及向保险公司贷款等；第二，企业捐赠，可用于偿还贷款之外的部分；第三，企业的其他福利计划也是可行渠道，如利润分享计划；最后，也可考虑员工自身，包括员工工资与一些福利让步。

（6）选择信托机构负责管理计划

对于建立一套完整的程序来说，基金的托管十分重要。对于小公司来说，通常选择公司内部组织来完成；而对于一些较大的公众公司来说，通常选择外部信托机构负责管理计划。

2.6.3　精神激励

精神激励是指企业通过赞扬、评定职称、表彰以及尊重、关怀等形式来激励客服人员。此外，要达到有效的精神激励，必须以提高员工满意度为前提了解员工的真实情感和需求。精神激励虽然不像物质激励那样需要高昂的费用支持，但是可以明显地起到鼓舞员工士气的作用。

1. 人员关怀

企业应建立"以人为本"的员工关怀原则。首先，要与员工进行真正的心灵沟通，以领导者敏锐的洞察力洞察员工的神态，根据其情绪变化来设身处地地进行关怀和教育。最为重要的是要帮助其调节情绪、缓解压力，让其拥有一个好心情为客户提供服务。其次，要利用一定的实际激励对员工的工作给予肯定，如为优秀的员工提供深造机会。再者，尊重员工也是极为重要的。企业只有真正从员工角度出发，以员工为本的关爱才能引发员工共鸣，达到预期效果。但值得注意的是，关怀程度要适当，不可影响员工正常的工作和生活秩序，否则会适得其反。

2. 工作环境与精神激励的关系

工作环境是导致客服人员产生压力的主要因素之一。环境影响因素可分为两种：人为因素和客观环境。其中，人为因素主要是指周围同事的行为方式、情绪状态、合作态度对员工造成的一定程度的影响。客观环境是指工作中的噪声、气味、灯光、天气的冷暖等给员工带来的影响，使其无法高效率地工作。因此，企业应该充分了解员工对工作环境的需求，完善基础设施、制定合理的管理制度、提供有助于员工完成工作的环境，让员工能够按照企业服务质量标准为客户提供服务，以减轻员工压力，提高服务质量、员工满意度及客户忠诚度。

为给员工创造一个良好的工作环境，企业应关注噪声、光线、舒适、整洁等方面，给客服人员创造一个赏心悦目的工作空间，这样有助于提高客服人员的安全感、舒适感，从而减轻压力，达到精神激励的目的。此外，企业还可以开设娱乐活动室，给员工提供一个健康的娱乐场所，这也能在一定程度上减轻员工的心理压力。

2.6.4 权力激励

权力激励亦称授权激励，是指企业通过赋予客服人员相应的权利和自主性，使其能控制与工作相关的情况和作决定来激励客服人员。对客户和客服人员来说，客服人员由于权利受限而无法及时作出决策或无法为客户提供帮助是极为尴尬的场面。这时候员工很无奈，客户的感知服务质量也会下降，甚至可能导致员工与客户之间发生冲突或为此失去一大笔订单。

1. 有效授权的要素与原则

随着信息时代的到来，向下授权可以让员工自由、圆满、高效地完成组织的各项工作。所谓授权是指组织为了分享内部权利，激励员工努力工作，而把某些权力授予下级。要使授权具有充分而理想的效果，企业必须注意以下几点问题。

（1）信息共享

组织的信息是一种共享资源。若组织成员能够快速充分获取所需信息资料，就会大大提高员工的工作积极性和主动性。

（2）提高授权对象的知识和技能

组织需对员工进行定期、及时、有效的培训，以帮助他们提高个人技能。这种培训能有效帮助客服人员掌握广博的知识和灵活的处事技能，提高他们参与组织活动的能力，为组织及个人目标的实现打下基础。

（3）充分放权

真正放权给团队基层人员，使每个一线员工都能够根据实际工作情况来进行适当的决策和安排。

同时有效的授权必须掌握以下几个原则：重要性原则、适度原则和权责一致原则。

2. 对客服人员授权的优点

（1）对客户要求作出快速反应

优质的服务首先意味着快速、易获得的服务，当企业给予客服人员现场作出决定的权力，就能够保障服务的流畅与质量。被授权的客服人员能够在服务过程中对客户的需求作出更快速、更直接的回应，而无需向上级请示或请求顾客等待。同时，授权可以激发客服人员的主动性和创造性，增强服务的灵活性，充分发挥客服人员潜在的能力与智慧，实现其个人价值，从而提高客服人员的个人能力，并为顾客提供个性化的服务。

（2）提高客户忠诚度

正确合理地运用授权，使得客服人员对客户的特殊需求作出快速反应，从而有更大可能性在短暂的时间内让客户满意，这不仅会给客户带来惊喜，并且会使其倾向于重复消费或对外传播有利于企业的信息。因此，授权对于通过口碑传播打造企业品牌形象和提高客户回购率都有积极作用。

（3）提高客服人员的满意度和忠诚度

由于客服人员对自己的工作有了处理的权力，会增加客服人员的积极性和主动性，减少消极行为，如迟到、跳槽等现象，增强客服人员从自身工作中取得的成就感与满足感，从而提高客服人员对企业的满意度和忠诚度。同时，员工的满意将促进客户的满意。

2.6.5　其他激励方式

1. 批评激励

批评激励是指通过批评来激发员工改正错误行为的信心和决心。这一方式来源于美国心理学家斯金纳（B. F. Skinner）提出的强化理论中的"负强化"这一概念。负强化就是惩罚那些不符合组织目标的行为，致使这样的行为削弱甚至消失，从而保证组织目标的正常实现而不受其负面影响。这里值得说明的一点是，不进行正强化也是一种负强化。例如过去组织对某种行为进行正强化（即对某一行为进行奖励），当组织不再需要这种行为，但该种行为并不影响组织目标的实现时，就可以取消正强化。

2. 工作激励

工作激励是指通过适当的分配工作来激发员工的内在热情。现在很多公司的客服人员都在超负荷的工作压力之下，一个人干两个人的事情非常常见。企业应该合理分配工作，利用流程均衡的思想，将工作合理分配给每一个岗位和员工，充分发挥员工的作用，使客服人员既不负担过重又不过于空闲，使其在合理的工作压力下提供更好的服务。

3. 教育培训激励

教育培训激励是指通过灌输企业组织文化和专业服务技能培训，提高员工工作技能和整体素质，使其获得更多的知识，为实现企业目标而努力。

职工参与工作的热情和劳动的积极性通常与其自身的素质有很大的关系。一般来说，自身素质较好的人进取精神较强，对高层次的追求欲望更强烈，在工作中表现出的自我实现的要求也更高，更能够表现出高昂的士气和工作热情。所以，通过教育和培训提高员工的自身素质，可以增强他们自我激励的能力。员工的素质主要包括思想政治觉悟与业务技能两大方面。

4. 成果激励

成果激励是指在正确评估工作的基础上给予员工合理的奖惩，以保证员工行为的良性循环。正确设定评价体系是正确评价工作成果的基础，提高评价体系应向员工传达明确的目标：组织要求你做哪些事？什么事做好了才能够获得奖励？如果没有达到规定绩效会有哪些惩罚？对工作效果的评价，必须基于一定的报酬。报酬有正负之分，正报酬就是奖励，负报酬就是惩罚，一般而言以奖励为主，但是必要的惩罚也是不可或缺的。为了成果激励能实现良性循环，必须按照"法、理、情"的原则去做。即：① 首先制定奖惩办法并公之于众；② 奖惩应合理；③ 奖惩都要合情，即员工能够接受。

自 测 题

一、单选题

1.通过培育员工的归属感和认同感建立组织与员工之间的相互信任与相互依赖的关系，使员工的情感、行为、信念、习惯等个人特性与组织有机的结合起来，形成稳固的文化氛围，凝聚成一种无形的力量，为实现组织的共同目标而努力，是组织文化的（   ）。

    A.凝聚功能   B.适应功能

    C.导向功能   D.激励功能

2.我国许多企业或学校对新员工或新学生进行一段时间的军训，是（   ）策略。

    A.个体组织化   B.正式组织化

    C.融合组织化   D.集体组织化

3.（   ）包括使员工获得尊重、对组织总体情况进行介绍和对具体工作信息进行介绍三方面内容。

    A.实际工作预览   B.员工导向

    C.员工培训   D.员工组织化

4.企业要对招聘工作进行清晰合理的规划，将招聘岗位、招聘人数、岗位要求、应聘流程、应聘方法、地点与时间等信息选择合适的方式进行公开，符合招聘的（   ）。

    A.双向选择原则   B.双赢原则

    C.人岗匹配原则   D.信息公开原则

5.确定考评责任者的最佳人选是（   ）。

    A.高层管理人员   B.人力资源管理人员

    C.同级员工   D.直线管理人员

6.（   ）认为只有当人们预期到某种行为能给个人带来吸引力的结果时，个人才会采取特定行动。

    A.期望理论   B.需要层次理论

    C.公平理论   D.双因素理论

7.（   ）具有缓和社会矛盾、维护社会稳定的重要作用，从而获得政府的支持与推动。

  A. 薪酬福利   B. 住房福利

  C. 利润分享   D. 员工持股

 8. 下列哪项属于法定性住房福利（ ）。

  A. 现金资助   B. 公积金制度

  C. 购房贷款   D. 非经济性支持

 9. 周围同事的行为方式、情绪状态、合作态度对员工造成一定程度的影响，是工作环境影响因素中的（ ）。

  A. 客观环境   B. 人为因素

  C. 自然因素   D. 不可调节因素

 10. 组织的信息是一种（ ）资源。

  A. 共享   B. 个人

  C. 小组团队   D. 管理者

二、多选题

1. 下面正确的有（ ）。

  A. 重大问题实行三级负责制：接待人——客服主管——主管副总经理逐级上报，直到处理完毕

  B. 凡是在客服中心工作范围之内的工作，要及时处理，不得超过三日

  C. 认真听取客户的意见，弄清情况，做好笔录

  D. 严禁与住户发生争吵和打骂行为；处理违章，对待无理行为，要耐心、容忍，以理服人，教育为主

  E. 在进行岗位职责设计前首先要对相应职务的工作内容和职务规范进行描述和研究，弄清楚部门中每个岗位的工作内容

2. 属于外部招聘优点的是（ ）。

  A. 招聘来源广泛，选择空间大

  B. 节省在培训方面所耗费的时间和费用

  C. 选任时间较为充裕，了解全面，能做到用其所长、避其所短

  D. 有利于鼓舞士气，提高工作热情，调动员工的积极性，激发他们的上进心

  E. 容易在组织内部形成错综复杂的关系网，任人唯亲，拉帮结派

3. 员工导向管理框架包括（ ）三个部分。

  A. 员工市场研究   B. 内部交流活动

  C. 内部反应   D. 工作氛围

  E. 工作设计

4. 人才流失的三大原因包括（ ）。

  A. 薪资待遇   B. 工作环境

  C. 人员关怀   D. 才能发挥

E. 职务角色

5. 下列说法正确的是（　　　）。

A. 负强化是由马斯洛提出来的

B. 不进行正强化，不属于负强化

C. 企业应该合理分配工作，利用流程均衡的思想，将工作合理分配给每一个岗位和员工

D. 批评激励是指在正确评估工作的基础上给予员工合理的奖惩，以保证员工行为的良性循环

E. 自身素质较好的人，进取精神较强，对高层次的追求欲望更强烈，在工作中表现出的自我实现的要求也更高，更能够表现出高昂的士气和工作热情

三、名词解释

1. 现场教学法

2. 薪酬结构

3. 服务利润链

4. 延期利润支付

5. 负强化

四、简答题

1. 简述员工与组织核心价值观契合的意义。

2. 请列举企业对新员工的培训方法。

3. 客服人员对自己的角色定位需要明确哪些问题？

4. 简述绩效评估的五大作用。

5. 需要层次理论有哪两个基本论点？

五、论述题

1. 组织文化的塑造途径有哪些？

2. 住房福利人员关系管理的意义是什么？

客户服务管理

学习目标

知识目标：

1. 了解客户服务管理的基本内容。

2. 理解客户信息内容、来源、收集步骤。

3. 掌握客户信息收集方法、客户关系维护的原则。

能力目标：

1. 通过学习，能够理解并应用客户资信评估工具。

2. 明确客户信息管理的作用，并对客户信息分类建立资料卡。

思政目标：

1. 掌握沟通技巧，能够与客户进行有效沟通并形成良好的客户关系。

2. 准确把握客户的心理和需求，为客户提供个性化服务，通过客户关怀提高客户忠诚度。

　　良好的客户服务关系是企业挖掘潜在客户和拓展市场不可或缺的前提条件，而良好的客户关系需要企业工作人员一步一步地建立并维护。本章从客户信息收集、客户信息管理和客户信用管理与评估等方面出发讲述客户发展计划和客户开发内容，进而讲述客户关系的建立以及良好的客户关系的维护方法，着重讲述客户关怀的内容。在客户信息收集中可以了解到客户竞争对手的状况，制定周密的应对策略，帮助客户应对风险，拓展客户源，建立更多的客户关系。

3.1　客户信息收集

3.1.1　客户信息的内容

1. 客户原始基本资料

（1）客户基本信息

　　客户基本信息包括客户的姓名、性别、国籍、职业、住所地、工作单位地址等。

（2）证件类型

　　证件类型包括身份证件（居民身份证、护照等）、工作证件（执行公务证、警官证等）和其他证件（学生证、毕业证、签证等）。

（3）证件地址

　　证件地址是指各类证件上所标注的省、市、自治区等名称。

（4）证件号码

　　证件号码是指各类证件上所标注的特征组合码。在中国，证件号码一般是指身份证号码，公民身份证号码是特征组合码，由十七位数字本体码和一位校验码组成。

（5）联系电话

　　联系电话是指客户人员的联系电话。

2. 客户特征资料

（1）客户人员素质

1）客户是否讲道理

　　现实生活中存在一些不讲道理的客户，难以沟通交流，在合作之前要了解对方是否出现过类似的情况，做好备注。

2）客户承受挫折打击的能力

　　客户的各方面能力会影响客户的决策，比如客户的抗风险能力以及抗压能力都会对客户的决策产生较大的影响。

3）客户的诚信

　　随着社会诚信建设的不断推进，不久的将来诚信体系将会普及。根据社会信用体系标准将客户的信用分成不同的等级，在收集客户信息时进行备注，作为重要的参考标准。

（2）客户个性化服务需求

1）客户需求的含义与差异

① 客户需求：客户需求是指客户的目标、需要、愿望以及期望。通过广泛和深入地了解客户的实际需求，从而帮助企业作出正确决策。不管是经济低迷还是高涨，企业的生存发展都应该始终以客户需求为导向，也只有以客户的需求为导向，不断完善业务的发展方向，才能赢取更多消费者的青睐，提高客户满意度。客户需求包括暗示需求和明确需求。暗示需求是指客户对难点、困难、不满的陈述，明确需求是指客户对难点、困难、不满的具体陈述。

② 不同的客户之间存在需求差异，市场细分是现代营销的重要基石。美国营销专家温德尔·斯密1956年提出，源于买方市场的形成，消费者消费结构以及对同一产品的需求呈现明显的差异性。一方面，相同的消费者可能存在不同的消费需求；另一方面需求相同的客户可能需要不同的产品来满足。

2）客户需求的特征

① 需求内容：客户需要什么。各层次的客户有可识别的人口统计特点。企业可以总结归纳出某一层次消费者最显著的、不同于其他层次消费者的人口统计特点，用以确切地识别客户，帮助企业了解该类客户的需求特点、行为模式与偏好。不同层次的客户需要不同档次的服务，愿意为不同服务水平和质量支付不同价格。不同层次客户对开发相同的服务有不同的反应，对企业的利润率有不同影响。较高层次的客户对新服务的反应更强烈，更有可能增加购买量。

② 需求时间：客户什么时间需要。

③ 需求地点：客户在哪里需要。

④ 需求原因：客户为什么需要。不同驱动因素会引起不同层次的顾客行为并影响他们的购买量，企业可通过对不同层次的客户提供差异化的服务组合，刺激客户成为更高层次的客户。

3. 客户竞争性对手资料

（1）客户的现有竞争者

客户应该密切关注主要的直接竞争对手，尤其是那些与自己同速增长或者比自己增长更快的竞争对手，必须时刻关注竞争对手的竞争优势。对不同的竞争对手需要进行不同深度水平的分析，对那些已经或者已经有能力对公司的核心业务产生重要影响的竞争对手尤其要密切注意。

（2）客户的潜在竞争者

企业应了解暂时对企业不构成威胁但具有潜在威胁的竞争对手。企业还应该具备识别潜在竞争对手的能力，随时准备迎战新的对手，因为潜在竞争对手突然转变成现实竞争对手时往往会给本企业带来极大冲击。潜在竞争对手的可能威胁取决于进入行业的障碍程度以及行业内部现有企业的反应程度。潜在竞争对手包括以下几种：

1）不在本行业，但能够轻易克服行业壁垒的企业。

2）进入本行业可产生明显协同效应的企业。

3）行业战略的延伸必将导致加入本行业竞争的企业。

4）可能前向整合或后向整合的客户或供应商。

5）可能发生兼并或收购行为的企业。

（3）竞争对手情报来源

对竞争对手的信息进行例行的、细致的、公开的收集是非常重要的基础工作。竞争信息的主要来源包括以下几部分：

1）竞争产品的文献资料。

2）年度报告。

3）广告。

4）竞争对手的历史。

5）内部报纸和杂志。通常记载了许多详细信息，如重大任命、员工背景、业务单位描述、理念和宗旨的陈述、新产品和服务以及重大战略行动等。

6）行业出版物。

7）销售人员的报告。虽然经常带有偏见性，但地区经理的信息报告提供了有关竞争对手、消费者、价格、产品、服务、质量、配送等方面的第一手资料。

8）客户。来自客户的报告。

9）供应商。来自供应商的报告对于评价诸如竞争对手投资计划、行动水平和效率等是非常有用的。

10）专家意见。

11）证券经纪人报告。通常能从竞争对手的简报中获得有用的操作性细节。同样，行业研究也可能提供有关某一竞争对手在特定国家或地区的有用信息。

（4）竞争对手分析数据库

对大量收集到的竞争对手资料应建立完善的竞争对手分析数据库，以便充分、及时地使用。利用这个数据库，可以分析和评价竞争对手未来的战略行动，并提出指导客户获得和保持竞争优势的建议。

应当收集的数据包括以下内容：竞争对手或潜在竞争对手的名字；作业场所的数量和位置；每个单位的人员数量和特征；竞争对手组织和业务单位结构的详细情况；控制、信息和计划系统的详情等。

（5）分析竞争对手战略

评价主要竞争对手的相对优势和劣势，对它们的战略进行分析和评价。对竞争对手战略分析的目的在于揭示竞争对手正在做什么、能够做什么。通过对竞争对手现行战略的分析，可以帮助公司了解竞争对手目前是如何进行竞争的，如果将来竞争结构发生变化，竞争对手进行战略调整的力度。大多数大客户都是多元化经营，因此需要在多个层次上对竞争对手的战略进行评价：

1）职能战略分析。对竞争对手每个业务的主要职能和战略都必须确认和评价。

2）业务单位战略分析。在业务单位的水平上对每个竞争对手进行分析和评价，以便看清在竞争对手的整体战略中每个业务适合哪个部分。如分析业务单位的作用、目标、组织结构、控制和激励系统、战略地位、环境限制和机遇、领导的地位，以及业务单位的业绩表现、每个业务在竞争对手整体投资组合中的地位等。

4. 交易现状资料

随着信息通信技术的发展，互联网应用于各个行业普遍为人们所接受，尤其是随着物联网、移动互联网以及云计算技术等新兴产业的兴起，信息化的发展迎来了新的契机，人们对信息的需求呈现越加深入、专业和精准的要求，信息化已经融入人们生活中的各个领域。为此，我们需要结合现代企业的服务理念，采用先进的服务手段来满足客户不断转变的需求，结合自然语言处理、信息检索与互联网技术，建立适用的客服系统，为解决公司现有呼叫中心不足提供必要措施。

客户服务的发展经历了以产品管理为导向到以客户关系管理为导向的逐渐成熟的过程，主要经历了以下几个阶段：

（1）业主服务阶段：这一阶段是客户服务的初期，客户服务主要定位于售后服务，主要是解决客户投诉。

（2）部中部阶段：在这一阶段，客户服务内容主要限定为解决客户投诉，企业客户服务工作的好坏取决于该部门和该部门员工。企业对客户服务还没有得到充分认可。

（3）客户服务部阶段：这一阶段成立了专门的企业客户服务部门，用以整合整个企业各个部门的服务资源，建立企业级的客户服务体系，形成统一的面对客户的窗口。

（4）全面客户服务阶段：在这一阶段，企业的客户范围进一步扩大，不仅针对企业的目标客户，而且包括企业内部员工、政府和合作伙伴，提供全员、全过程的整合服务，主要以提供个性化的服务、增值服务为特点，以形成企业在服务方面的核心竞争力为发展方向形成一个全面的客户服务体系。

3.1.2 客户信息来源

1. 内部来源

内部来源客户信息包括企业内部已经登记的客户信息、客户销售记录、与客户服务接触过程中收集的信息。企业有意识的组织一些活动来采集客户信息，比如经常采用的有奖登记活动，以各种方式对自愿登记的客户进行奖励，要求参加者填写他们的姓名、电话、地址等信息，这样的一些活动能够在短时间内收集到较大量的客户信息。收集客户资料的方法还包括：有奖登记卡和折扣券、会员卡、赠送礼品、利用电子邮件或网站来收集等。

2. 外部来源

外部来源客户信息数据一般都要通过购买、租用或是合作的方式来获取。获取渠道有以下几种：

（1）数据公司。数据公司专门收集、整合和分析各类客户的数据和客户属性。专门从事这一领域的数据公司往往与政府及拥有大量数据的相关行业和机构有良好而密切的合作关系。

（2）目录营销与直复营销组织。

（3）零售商。

（4）信用卡公司。信用卡公司保存有大量的客户交易历史记录，这类数据的质量非常高。

（5）信用调查公司。

（6）专业调查公司。在消费品行业、服务行业及其他一些行业中，有许多专注于产品调查的公司。这些公司通过长期的积累和合作，通常积累了大量的客户数据。

（7）消费者研究公司。这类组织往往分析并构建复杂的客户消费行为特征，这类数据可以通过购买获取。

（8）相关服务行业。可以通过与相关行业有大量客户数据的公司进行合作或交换的方式获取客户数据。这类行业包括：通信公司、航空公司、金融机构、旅行社、寻呼公司等。

（9）杂志和报纸。一些全国性或区域性的杂志和报纸媒体也保有大量的客户订阅信息和调查信息。

（10）政府机构。官方人口普查数据，结合政府资助的调查和消费者研究信息都有助于丰富客户数据列表。政府行政机关和研究机构往往也有大量的客户数据，如公安户政部门的户政数据、税务机关的纳税信息、社保部门的社会保险信息等。

在国内，政府部门往往拥有最完整而有效的大量数据。在以前，这些数据并没有很好地应用于商业用途。现在，政府部门已经在大力加强基础信息数据库的建设工作，在数据基础越来越好，数据的管理和应用越来越规范的市场趋势下，政府部门也在有意识地开放这些数据用于商业用途。

3.1.3 客户信息收集的步骤

1. 确定目标客户

目标客户即企业或商家提供产品、服务的对象。目标客户是客户服务管理工作的前端，只有确立了某类目标客户，才能展开有效、具有针对性的服务管理事务。确定目标客户包括界定目标市场、争取目标客户两个方面。

（1）界定目标市场

所有的营销活动（包括客户关系管理）都源自于对目标市场的界定。随着竞争日益加剧，市场被划分得越来越细。以互联网为主要特征的数字经济有助于企业将客户进一步细分为各个"微观细分市场"。

（2）争取目标客户

争取目标客户即明确客户是谁这个问题。选择与确定目标客户的方法有：

1）客户对产品是否有使用能力。客户对产品是否有使用能力，即客户是否懂得正确使用产品。有的产品在使用上需要特殊技术，必须考虑目标客户是否具有使用这种产品的能力，可否以援助服务加以解决等。

2）客户是否真正需要产品或服务。客户对产品的购买取决于客户的需求，即客户对产品是否真正有需求及需求的强烈程度。因此，在选择与确定目标客户时，应该学会探询客户的需求，搞清楚自己的产品是否真正适合客户的需求。

3）客户是否有接近的可能性。如果选择的目标客户根本无法接近，那么选择就是失败的。能否接近自己所设定的目标客户是一个值得考虑的问题，不能接近的对象就不能当作目标客户来看待。

4）客户是否具有决定权。

5）客户是否具有支付能力。客户的支付能力影响产品销售的难易程度，决定销售成果，甚至还可以避免陷入可能的经济欺诈；另外，客户只有具备了付款能力，公司才能够在成交之后顺利收回货款。

2．设计调研方案

根据不同类型客户设计差异化调研方案，从而获取有效的客户信息。确保搜集到的信息、资料最准确，搜集同类信息、资料付出的代价最小。如电话调查方案、用户访谈、问卷调研、会员登记、有奖登记卡、利用电子邮件来调研等。

3．客户信息调查

客户信息调查是指对客户喜好、客户细分、客户需求、客户联系方式等一些关于客户的基本资料进行的调查、备份。客户信息调查是企业的一项系统性工作，面临着如何高效获取并不断更新客户信息的问题，而且客户信息的不同维度、来源途径和获取程度存在各种差异。客户信息调查可以广泛地利用各种渠道和手段，最为有效的是网络调查所提供的大量信息。但也不能忽视传统的方式（例如电话咨询和面对面交谈）发挥的作用，它们可以作为网络调查的有效补充，保证客户信息的全面性。

4．客户信息整理

对收集到的客户信息进行分类、整理。首先，对客户信息进行清晰分类。其次，制定跟进规则。如对每类客户制定合理的跟进频率、划分跟进方式。再次，及时记录跟进过程。无论是拜访、电话、微信、短信等任何沟通方式，无论沟通结果如何，都应该及时更新记录客户反馈的最新情况，对客户有效信息进行整理、捕捉和总结。最后，借助有效整理工具。例如设置客户编号，每一个编号对应的笔记中有详细的客户信息；例如合理利用电脑分类客户信息，选定哪天哪类客户之后电脑窗口弹出对应的客户数据；例如手机设置提醒等。

5. 客户信息汇总存档

对客户信息一般采用相应的表格进行汇总存档。汇总的信息一般包括以下内容：客户名、编号、生日、性别、地址、客户及接待人员联系方式、客户偏好、需求、客户等级、经济状况、登记有效期、负责客户经理、接洽进度、备注等。

3.1.4 信息收集方法

1. 统计资料法

统计资料法是跟单员收集客户信息的主要方法，它通过企业的各种统计资料、原始记录、营业日记、订货合同、客户来函等，了解企业在营销过程中客户的各种需求变化情况和意见反映。这些资料多数是靠人工收集和整理的，而且分散在企业各职能部门内部，需要及时整理和汇总。

2. 观察法

观察法主要是通过跟单员在跟单活动的第一线进行实地观察收集客户信息。此法由于信息来源直接，可以减少传递者的主观偏见，所得资料较为准确，但观察法主要是看到事实的发生，难于说明内在原因。在现实生活中处处都有信息，只要善于观察，就能捕捉市场机会。

3. 会议现场收集法

会议现场收集法主要是通过各种业务会议、经验交流会、学术报告会、信息发布会、专业研讨会、科技会、技术鉴定会等进行现场收集。

4. 阅读法

阅读法主要是指从各种报纸、杂志、图书资料中收集有关信息。

5. 视听法

视听法主要是指在广播、电视节目中去捕捉信息。广播与电视是大众传播媒介，信息传递快，除广告外还有各种市场动态报道，这些都是重要的信息源。

6. 多向沟通法

多向沟通法是指与企业外部有关单位建立信息联络网，互通情报，交流信息。多向沟通可分为纵向沟通与横向沟通两大类：纵向沟通是加强企业上下级之间的信息交流，建立自上而下的信息联络网，既能反映企业的情况，又能取得上级有关部门的情报资料；横向沟通是指在行业内企业之间、地区之间、协作单位之间建立各种信息交换渠道，定期或不定期交换信息情报资料。

7. 聘请法

聘请法是指根据企业对信息的需求情况，聘请外地或本地的专职或兼职信息员、顾问等组成智囊团，为企业提供专业情报，并为企业出谋划策。

8. 购买法

购买法是指通过消费者研究公司、数据公司、专业调查公司等合法渠道购买获取客户信息。

9. 网络收集法

网络收集法是指通过网络宣传页获取客户信息或设置网站征集信息。

10. 数据库收集法

数据库收集法是指通过云计算或运用服务器数据库进行信息收集，是指企业从一个称作数据库的大型数据组中寻找所需客户资料的方法。银行和信用卡公司、电信公司、目录营销公司以及其他需储存客户大量信息数据的公司，存储的数据不仅包括客户的地址，还包括他们的经营状况、员工人数、营业额以及其他信息。

3.1.5　客户信息调查问卷的设计

1. 调查问卷设计要求

（1）调查问卷的结构

首先要有一个醒目的标题，能让被调查者很快明白调查的意图。调查问卷的结构一般包括三个部分：说明语、正文、结束语。

1）说明语：首先是问候语，并向被调查对象简要说明调查的宗旨、目的和对问题回答的要求等内容，引起被调查者的兴趣，同时解除他们回答问题的顾虑，并请求当事人予以协助（如果是留滞调查，还应注明收回的时间）。例如：您好，谢谢您参加我们的调查。本次调查只需要占用您两分钟的时间。对于您能在百忙之中填写此问卷再次表示感谢。

2）正文：该部分是问卷的主体部分，主要包括被调查者信息和调查项目两个部分。被调查者信息，主要是了解被调查者的相关资料，以便对被调查者进行分类。一般包括被调查者的姓名、性别、年龄、职业、受教育程度等。这些内容可以了解不同年龄阶段、不同性别、不同文化程度的个体对待被调查事物的态度差异，在调查分析时能提供重要的参考作用，甚至能针对不同群体写出多篇有针对性的调查报告。调查项目，是调查问卷的核心内容，是组织单位将所要调查了解的内容具体化为一些问题和备选答案。

3）结束语：在调查问卷最后，简短地向被调查者强调本次调查活动的重要性以及再次表达谢意。例如：为了保证调查结果的准确性，请您如实回答所有问题，希望能得到您的配合和支持，谢谢！

（2）问卷项目的设计

调查项目设计的好坏是关系到调查活动能否成功的关键因素，它对调查问卷的有效性、真实度等起着至关重要的作用。

1）明确调研目的、内容。首先，要确定主题和调查范围。根据调查的目的要求，研究调查内容、调查范围等，酝酿问卷的整体构思。其次，要分析样本特征。即分析了解各类被调查对象的基本情况，以便针对其特征来准备问卷。

2）问卷项目设计。问卷项目按问题回答的形式一般可以分为封闭式问题和开放式问题。封闭式问题包括单项选择题、多项选择题等。开放式问题一般有完全自由式、语句完成式等。

3）设计问题项目除需要根据调查目的来选择合适的题型外，还需要注意以下几个方面：

① 必要性原则：每个问题都必须和调研目标紧密联系，并需要考虑题目之间是否存在同语重复、相互矛盾等问题。

② 准确性原则：问卷用词要清楚明了，表达要简洁易懂，一般使用日常用语，避免被调查者有可能不熟悉的俗语、缩写或专业术语。当涉及被调查者有可能不太了解的专业术语时，需对其作出阐释。

③ 客观性原则：避免用引导性问题或带有暗示性或倾向性的问题。调查问句要保持客观性，提问不能有任何暗示，措辞要恰当，避免有引导性的话语。

④ 可行性原则：设计提问时，要考虑到答卷人的自尊，可将这类敏感性的题目设计成间接问句，或采用第三人称方式提问，或说明这种行为或态度是很大众化的来减轻被调查者的心理压力。

（3）调查问卷设计的注意事项

1）调查问卷必须方便数据统计分析，其结果能反映调查者所想了解的问题。

2）问卷问题在排列时需注意其内在逻辑性。在安排上应先易后难，从一个引起被调查者兴趣的问题开始，再问一般性的问题、需要思考的问题，而将敏感性问题放在最后；封闭式问题放前面，开放式问题放后面；要注意问题的逻辑顺序，可以将问题按时间顺序、类别顺序进行排列，由一般至特殊，循序渐进，逐步启发被调查者，使得被调查者一目了然，符合被调查者的思维程序，在填写的时候自然就会愉快地配合。

2. 调查问卷内容

（1）客户自身基本情况。

（2）联系人情况。

（3）客户重大事项记录。

（4）客户关系企业网。

（5）保险情况。

（6）客户感知体验。

（7）企业法定代表人和主要负责人情况。

（8）客户不动产情况。

3.1.6　客户信息收集技巧

1. 建立客户联系

首先需要吸引客户，然后进行长期的营销。即需要提供给客户有价值的内容；真心的理解客户的需求，对客户进行分类，根据情况对客户作出有根据的需求预测，及时推荐给客户；给予客户尊重，展现自己的良好素养和专业的业务能力。

建立客户联系有以下八个步骤：

（1）和客户见面之前做足准备。

（2）见面后的开场白。

（3）为客户提供解决方案。

（4）不轻易承诺，说到就要做到。

（5）诚实。

（6）善于观察。

（7）倾听是对客户的尊重。

（8）见面后及时跟进。

2. 培养客户内部联系人

客户内部联系人是指公司内部接受其他个人或单位服务的个人和单位。

内部客户服务的特点是规范有序的、相互的、自觉的。内部客户按照相互关系的不同，分为以下三类：

（1）职级客户：由组织内部的职务和权利演变而来的客户关系，如公司内上下级之间就是一种职级客户关系。

（2）职能客户：职能部门之间存在相互提供服务的关系，构成职能客户关系。

（3）工序客户：在工作或作业中存在产品加工或服务的提供与被提供关系，构成工序客户关系。

3.2　客户信息管理

3.2.1　客户信息管理的作用

1. 有效了解客户来源

有效了解客户来源有助于客户沟通，帮助客服人员了解客户基本信息，能够对客户有个相对明晰的描述。客户是企业的宝贵资源，一直以来，由于客户的外部性（客户是企业外部的要素）造成企业无法以资源的角度去看待客户。随着市场的发展，客户的资源特性已经越发明显，传统地关注与客户之间的关系、维系客户的思想已经不能够适应企业发展的要求，把客户作为企业资源进行管理和开发已经成为企业发展的新方向。

2. 全方位了解客户信息

全方位了解客户信息有助于客户分析与分类，帮助客服人员了解客户的经营情况、竞争情况、采购情况和交易情况，帮助客服人员制定沟通策略；有助于客户关系的管理，帮助企业管理者了解客服人员的工作现状以及帮助客服人员进行客户维护。其中的信息记录着客服人员的沟通计划、沟通过程及沟通结果。

3. 定位目标市场

企业根据选定的目标市场上的竞争者现有产品所处的位置、市场需求以及企业自身的条件，为本企业的产品塑造有别于竞争者产品的鲜明个性，从而使该产品在目标市场上有恰当的位置。

4. 建立客户资料库

建立客户资料库有助于客户关系管理分析，帮助企业管理者分析客户管理的效率与瓶颈，以便指导客服人员的工作。没有完整的客户数据，没有经过认真的客户数据分析，客户服务就会沦为低水平的"应对客户问题"。充分掌握客户数据，并加以有效分析后，分析的成果可以直接指导客户服务的操作，为客户提供更为切实、更高满意度的服务。高满意度无疑将会带动新一轮销售行为，使企业的客户资源进入良性的企业价值实现过程，不断为企业创造收益。

5. 提供精准客户服务

通过了解客户姓名、特殊需求、个性偏好、联系方式等，与客户接触的各部门就能够从系统中看到客户的全面信息，为自己的工作提供非常重要的线索，为客户提供更精准的服务，从而提升客户满意度和客户感知价值。

3.2.2 客户信息的分类

1. 客户分类

（1）横向分类

1）按客户所在地理位置划分，客户信息可分为商业中心店信息、交通枢纽店信息、居民区店信息、其他店铺信息等。

2）按客户收入类型划分，客户信息可分为高收入层客户信息、中等收入层客户信息、低收入层客户信息等。

（2）纵向分类

1）按客户与本企业的交易数量，客户信息可分为大客户信息、普通客户信息或A级客户信息、B级客户信息、C级客户信息、D级客户信息等。

2）按客户的信用状况，可将客户分为不同的信用等级。

3）根据客户在服务链中所处的位置，客户信息可分为中间商客户信息与最终客户信息。

2. 分类技巧

（1）了解不同客户的心理特征。

（2）了解客户年龄特征。

（3）了解客户性格特征。

（4）了解男女客户的偏好差别。

3.2.3 建立客户资料信息卡

1.客户资料信息卡

客户资料信息卡即记录客户信息的卡片，包括客户名称、地址、负责人，主要经营项目、主要联络人，与客户的交易额、资本额以及与本公司的业务往来情况，建卡日期等，这是记录客户信息资料最主要的方式。

2.客户资料信息卡的分类方法

客户资料信息卡分类如下：

（1）根据成交记录分类，即建档为客户资料信息卡。

（2）根据客户成交金额高低按ABC分级管理，并以不同色卡进行"颜色管理"：

1）A级为"重量级客户、常交易的客户"。

2）B级为"次重量级客户"。

3）C级为"较重量级客户"。

（3）根据交易的时间，将客户资料信息卡分为未来客户资料信息卡、现在客户资料信息卡和过去客户资料信息卡三类。

3.客户管理卡

客户管理卡，顾名思义就是对客户资料进行有效管理的卡片。相对于客户资料信息卡而言，客户管理卡更为具体、详细，涉及的范围更为广泛。

4.客户地址分类表

客户地址分类的目的是便于使用、查找。标准的客户地址分类表一般包括客户名称、地址、经营类别、所在地区、负责人以及适宜访问的时间等。

3.2.4 客户名册

客户名册又称交易伙伴名册，是有关公司客户情况的综合记录。客户名册由客户登记卡和客户一览表组成。客户登记卡主要列示客户的基本情况；客户一览表则是根据客户登记卡简单而综合地排列出客户名称、地址等内容。

3.2.5 客户信息库的整理及利用

1.建立客户信息库

建立客户信息库是指企业将已有客户个人基本资料、企业团体基本资料及其连续交易的行为资料，以及即将开发的准客户基本资料，分别加以搜集、筛选、测试、整理、编集而形成的客户档案群。建立客户信息库应注意以下几点：

（1）建立客户信息库应考虑相关因素。

（2）设立客户信息库目的要明确，要符合企业实际需要。

（3）资料内容要注意时效，必须符合未来业务扩展的需要。

（4）信息库规模由店铺大小、业务量的多少、人员素质以及财力决定。

（5）按照业务需要的先后顺序，决定数据库内容的充实步骤。

（6）合理设计事务流程，以减少重复劳动，提高客户数据的效率。

（7）要注意信息库设立所用时间及成本的控制。

2. 客户信息库的整理及有效利用

由于客户信息库的资料很多都是客服人员在工作中收集的，所以需要将客服人员手头的各种资料整理汇编。另外，对许多其他途径得来的信息也要进行分门别类的整理。

3.3 客户信用管理与评估

3.3.1 客户信用管理

1. 客户信用管理目标

（1）降低赊销风险，减少坏账损失

（2）降低DSO，加快流动资金周转

销售变现天数（Days Sales Outstanding，DSO）是单独考核信用销售即赊销情况的重要指标。DSO表示每笔应收账款的平均回收天数，即把赊销转化为现金所需要的时间，是企业衡量应收账款水平的重要指标。

DSO越小，表示应收账款流通速度越快。通过对这个指标的分析，企业可以判断出应收账款数量变化的原因（是销售额变动导致的，还是其他因素，如授信的松紧变动导致的），同时它还集中反映了企业信用安全管理和应收账款管理的效率，是目前信用安全管理绩效评价中应用最为广泛的指示。

$$DSO＝期末应收账款余额/本期内的销售额×销售天数 \quad (3-1)$$

2. 客户信用内容

（1）客户资信管理制度

企业需要在五个方面强化客户资信管理：客户信息的搜集和资信调查、客户资信档案的建立与管理、客户信用分析管理、客户资信评级管理及客户群的经常性监督与检查。

（2）客户授信制度

企业必须实行严格的内部授信制度，这方面的制度化管理应包括五个方面：赊销业务预算与报告制度、客户信用申请制度、信用限额审核制度、交易决策的信用审批制度及应收账款监控制度。目前，这些制度还远远不能适应当前的市场环境和现代企业管理的要求。存在的主要问题是缺少管理的系统性和科学性。改进这方面的管理主要应在如下几个方面制度化：应收账款总量控制制度、销售分类账管理与账龄监控制度、货款回收管理制度及债权管理制度。

3. 客户信用管理风险

（1）客户信用风险

客户信用风险包括客户的信用标准、资信状况及违约概率。当客户的信用标准低、资信状况差、违约概率高时最好采用保守型的政策。

（2）成本与风险的测算

如果企业的资金充裕、生产成本中固定成本占比较高，采取宽松型的信用政策造成的风险企业可控；如果企业的资金本身并不充裕，或生产成本中可变成本占比很大，宽松的信用政策将拖垮企业。

（3）信用销售带来的风险

信用政策类型选择不当，总体授信额度或授信期限超过企业风险承受度，导致资金链紧张甚至断裂，经营活动难以持续；信用标准不合理，导致出现"劣币驱逐良币"现象，坏账率居高不下；信用政策执行存在偏差，导致应收账款及逾期账款居高不下等。

4. 客户信用管理主要作用

（1）短期作用

随时关注客户信息变更，便于企业与客户保持密切的联系和及时的沟通。

（2）长期作用

客户信用管理可有效提升客户服务的质量。对于信用管理规范及资信状况良好的客户，给予超过市场平均水平的信用额度和信用期；而对于资信状况较差的客户，则进行现款交易或给予较小的信用额度和较短的信用期。对后类客户，其本来就存在资金周转的问题，在企业不给予融资机会时，一部分会慢慢退出，另一部分则看到资信状况较好的客户能得到更优惠的信用环境，会不断改变自身的资信状况，最终企业会拥有一个稳定守信的客户群，企业的形象也会得到很大提高。这对企业而言是生存环境的改善，是一个对企业的发展能起到推动作用的长期有利因素。

5. 客户信用分析管理

ABC分析法的步骤如下：

（1）确定评价客户的最重要的三个指标，并分别以A、B、C表示。

（2）将每一个指标分为好、一般、差三档，并分别以A、B、C表示。

（3）对每一个客户进行评价，并赋予三位的标识，如AAA、ABC等共27种。

（4）根据不同的考虑将27种客户分为3～4类，并给每一类客户不同的政策。

3.3.2 客户资信评估工具

1. "5C"信用评级法

"C"说是由美国银行家爱德华在1943年提出的。所谓"5C"评估法，是指重点分析影响信用的五个方面：道德品质（Character）、还款能力（Capacity）、资本实力（Capital）、抵押品（Collateral）、经营环境条件（Condition）。

2. 客户资信调查评估表

客户资信调查评估表如表3-1所示。

客户资信调查评估表 表3-1

法定代表人基本情况			注册资本金	
			注册时间	
			经营年限	
企业素质	人员素质：		注册地址及经营地址	
	管理素质：			
企业经营范围			客户总资产净资产	
负债情况偿债能力	银行贷款额：		盈利能力	过去三年：
	其他欠款额：			
	年偿还欠款额：			现在月均盈利：
企业知名度	决策人声誉		企业过去信誉程度	应付款支付情况：
	企业信誉（好，一般，差）			过去履行合同情况：
固定资产总额			流动资金情况	
公司联系电话号码			公司传真	
其他客户对该客户评价情况			其他情况	

初步意见：

3.3.3 客户资信调查

对客户的信用评估、资信分级必须在资信调查取得可靠资料的前提下进行。

1. 客户资信调研流程

客户资信调研流程如图3-1所示。

领取资料 → 联系客户 → 核实材料 → 写资信调查报告，标注地址 → 审核 → 扫描、存档

图3-1 客户资信调研流程图

2. 流程节点说明

（1）领取资料：每天早上到资信部主管处领取需家访的客户资料；检查资料有无缺少或错误；检查担保费、资信费等是否已收齐。

（2）联系客户：与客户预约家访时间、地点，注意核实地址，防止客户常住地址与身份证、户口本上地址不统一，并再次提醒客户将缺少的资料准备好。

（3）核实资料：核实身份证、户口本、结婚证等的出生年、月、日是否一致；核实房产所有权人是否与借款人一致；核实借款人与配偶的工作单位是否属实；了解借款人家庭的基本状况；在征得客户同意的前提下对客户家的情况进行采相。

（4）写资信调查报告，标注地址：资信调查报告包括借款人的基本情况（年龄、性别、籍贯、常住地址、婚姻状况、家庭成员情况、本地联系人或共同还款人情况等）、职业及收入情况（工作单位、职务、月收入或公司状况、规模、经营项目、经营状况、营业收入或净利润等）、资产情况（现居住房的性质、银行流水情况、现有车辆等）、购车情况（车型、用途、贷款金额、贷款年限等）；标注地址是指标明客户的家庭住址或公司地址，描述要清楚、易找寻。

（5）主管审核：审核时要认真核查客户资料；对客户情况有疑问的，及时向资信员了解情况，当场把问题解决；不能解决的问题及时向经理报告。

（6）复核资料：需要候补的资料及时登记，并向客户或通过业务员收集；将资信调查过程中新收集的资料交由内勤妥善管理，不得遗失；建立电子台账，存档要及时，便于随时查阅客户资料。

3.4　客户关系建立

3.4.1　制订客户发展计划

在进行客户开发之前，最为重要的是制订客户发展计划。所谓"客户"，是在商品交换中产生的，是指承接价值的主体，而其承接价值是因为要获得其使用价值，也即是有相应需求要满足，其目的是开拓新的市场。

1. 制订客户发展计划的目的

（1）分析自己对于客户来讲处于何种竞争地位，制订一个能够最大限度发掘自己业务潜力的客户计划。

（2）按既定的思路思考问题，从而找到客户管理的正确答案。

2. 客户发展计划的制订过程

（1）信息收集

信息分为四个等级，具体如下：

第一级信息：免费或少付费且最易收集，可通过客户企业年度报告、广告、产品介绍、技术刊物、产品目录等获得。

第二级信息：获取费用稍高，可通过行业分析者提供的署名报告、行业刊物、行业会议会刊等获得。

第三级信息：并非人人可得到。

第四级信息：来自于客户企业内部高层。

其中，第一级信息和第二级信息被称为公开信息，第三级信息和第四级信息被称为私密信息。信息获得的难度与成本和信息的价值成正比。

（2）分析客户

1）行业与市场。具体包括：① 进入的障碍；② 替代品的威胁；③ 购买者的力量；④ 供应商的力量；⑤ 竞争对手之间的竞争。

2）策略与增效作用。了解客户企业自定的战略思想。

3）结构与管理。具体包括：① 了解客户企业的结构和管理体系，并掌握其中的关键人物；② 了解客户企业的购买程序。

4）业绩。了解客户的经营业绩。

5）对产品的需求。了解客户对产品的需求。

6）分析竞争者。具体包括：① 关系与业务活动；② 能力和资源；③ 竞争策略；④ 优势和弱点；⑤ 客户的看法。

（3）分析自己的状况

通过SWOT分析确定自己在客户企业所处的地位。所谓SWOT分析，即态势分析，就是将与研究对象密切相关的各种主要内部优势、劣势、机会和威胁等，通过调查列举出来，并依照矩阵形式排列，然后用系统分析的思想把各种因素相互匹配、加以分析，从中得出一系列相应的结论，而结论通常带有一定的决策性。

运用这种方法，可以对研究对象所处的情景进行全面、系统、准确的研究，从而根据研究结果制定相应的发展战略、计划以及对策等。SWOT分析法常常被用于制定集团发展战略和分析竞争对手情况。SWOT分析法可以帮助管理者制定四类战略，分别是SO战略、WO战略、ST战略和WT战略。

（4）制订行动计划

1）基本行动计划。具体包括：① 需完成的任务或步骤；② 负责此项目的人员；③ 计划的时间安排；④ 计划完成情况。

2）收益执行计划。具体包括：① 销售额；② 实际收入；③ 利润率；④ 盈利额等。

3.4.2 客户开发工作的内容

客户开发工作是销售工作的第一步，通常来讲是业务人员通过市场扫街调查初步了解市场和客户情况，对有实力和有意向的客户重点沟通，最终完成目标区域的客户开发计划。但这只是一个企业客户开发工作的冰山一角，要成功做好企业的客户开发工作，企业需要从企业自身资源情况出发，了解竞争对手在客户方面的一些做法，制定适合企业的客户开发战略，再落实到一线销售人员，客户开发执行是一个系统工程。

在竞争激烈的市场中，能否通过有效的方法获取客户资源往往是企业成败的关键。客户越来越明白如何满足自己的需要和维护自己的利益，是很难轻易获得与保持的。因此加强客户开发管理对企业的发展至关重要。

1.客户开发的前提

客户开发的前提是确定目标市场、研究目标客户，从而制定客户开发市场营销策略。营销人员的首要任务是开发准客户，通过多种方法寻找准客户并对准客户进行资格鉴定，使企业的营销活动有明确的目标与方向，使潜在客户成为现实客户。

2.客户开发战略

客户开发战略一般有以下三种。

（1）分两步走策略

分两步走策略是指对于那些刚进入某行业的制造商来说，在渠道成员的选择上不必固守一步到位的原则，允许市场上的分销成员对其有个认识过程。第一步，在渠道建立初期，接受与一些低层次分销成员的合作；第二步，待到时机成熟，产品在市场上逐步树立了走销成员，而逐渐淘汰低层次的分销成员。

（2）亦步亦趋策略

亦步亦趋策略是指制造商采用与某个参照公司相同的分销成员，而这个参照公司多为该公司的竞争品制造商或该行业的市场领先者。首先，渠道起到"物以类聚"的作用，将同类产品聚集起来销售是为了更好地满足消费者的需求；其次，行业中的市场领先者通常是渠道网络中的领先者，其网络中的分销成员必定有丰富的经验和良好的分销能力。

（3）逆向拉动策略

逆向拉动策略是指通过刺激消费者，有消费者开始拉动整个渠道的选择和建立。一般来讲，有很强实力的厂家拥有很具差异化竞争力的产品适合采取这一策略。同时，企业也可以根据自己的实际情况选择客户开发战略，而客户开发战略的制定和选择需要根据竞争品牌情况、企业自身资源状况而定。

3.客户开发步骤

在客户开发战略确定后，销售队伍需要到市场上实践，无论销售人员的经验丰富与否，一般来讲都需要经过以下几个步骤来完成客户开发工作：

（1）拜访客户：要顺利拜访并开发成功，须做好前期准备工作。

（2）收集客户资料：从客户的基本资料中可以得知客户的需求方向，这是任何一位销售人员都必须具备的销售敏感力。

（3）确保产品的性能符合客户的需求：有需求才有购买行为，应当以客户有需求的产品为基础。

（4）态度感染客户：要始终保持积极向上的态度，不要带有情绪，要充满激情与活力。

（5）情感感动客户：先让客户成为自己的朋友，然后再谈合作，有的还需要尽可能持续拜访跟进。

（6）行动说服客户：要善于为客户着想，不要只想着要客户进货，要想办法帮助客户销售。

4. 客户开发关键点

潜在客户开发是销售员工作流程当中非常重要的环节，销售员需要不断地开发新客户，弥补流失的老客户，提高客户质量和数量。潜在客户开发是销售业绩增长的来源，不断学习提高销售技巧，对潜在客户进行有效的开发和管理，将帮助销售员提高销售效率，为其提供稳定的销售业绩保证。

在潜在客户开发的工作当中，有三个关键点销售员应随时注意：

（1）潜在客户开发要补充流失的客户：在实际销售工作当中，无论服务做得多么周到，都会面临销售额的波动和客户的流失。在这种情况下，必须不断开发客户，有新资源补充进来，才会取得稳定的销售额。并随时关注市场上的客户情况，不断选择那些有价值的潜在客户进行客户开发，只有这样才不会受市场波动的影响。

（2）潜在客户开发要吸收新的需求：随着市场的变化，随时都可能产生新的潜在客户，或者形成新的需求市场。客户开发可以使企业随时把握市场需求的变化，获得新的商机。

（3）潜在客户开发要更新客户结构，拥有更多的好客户资源：尽管企业拥有很多客户，但是通常会发现，绝大部分销售额来自少部分客户，就像80/20法则描述的那样（80%的销售额来自20%的客户），也就是说，客户的质量差异很大。如果企业缺乏客户资源，为了完成销售额，对小客户也要尽心尽力地服务，但是，每个小客户的服务量可能不少，但产单量很低，这就使工作很辛苦，但是销售额不高。如果不断进行客户开发，就会发现更多的好客户，然后把工作重点转移到这些好客户身上，减少他们的流失，这样就可以用同样的时间和工作量取得更多的订单。

5. 客户开发内容

（1）客户线索寻找，利用市场开发手段和技巧，在客户立项前期，及时掌握客户尽可能多的项目信息，建立项目获取渠道，增加市场覆盖率。

（2）评估销售机会，尽量收集和明确客户需求、项目/采购进度表、预算、竞争决策和优先评估项等关键评估元素。

（3）通过客户分析，判断项目是否符合公司战略规划、市场定位及产品与技术的经营方向。

（4）判断客户所属级别，明确客户类型，填写客户跟进表。客户部门更新客户或项目名单，适当分配客户。

（5）通过客户开发，提高现有客户使用率，增加新客户市场占有率，保持新客户的增长，稳步提升经营业绩。

3.4.3 与客户进行有效沟通

1. 沟通的内涵

沟通是人类组织的基本特征和活动之一，是一种信息的双向甚至多向的交流，将信息传送给对方，并期望得到对方作出相应反应效果的过程。卡内基曾说"所谓沟通就是同步。每个人都有他独特的地方，而与人交际则要求他与别人一致。"所以，沟通也是信息的同步。

2．沟通的要素

沟通的要素主要包括三个，即关系、准备、沟通技巧。关系是指把握你和沟通者的关系；准备是指为了达到沟通目标所做的一系列准备工作；沟通技巧是指掌握各种沟通技巧，其主要包括以下几个方面：

（1）如何证实沟通的有效性。

（2）证实假设。

（3）销售你自己。

（4）聆听客户的意见。

（5）请求客户的帮助。

（6）形体语言。

（7）达成共识。

3．沟通的一般程序

（1）明确沟通议程。

（2）沟通结束，填写沟通表。

（3）协调资源，落实沟通时的承诺，解决沟通中的问题。

4．沟通的注意事项

（1）客户经理与客户沟通交往过程中务必要保持一份诚心，只有以诚相待、以礼相待，才能和客户打成一片。

（2）拜访客户的过程中，要保持适度的礼节和尽量使用规范性语言，不要因为和客户熟稔就忽视礼节或随意和客户胡扯，以免引起个别客户的误会，从而产生不必要的麻烦。

（3）做到有诺必行，答应客户的事，说到一定要做到，千万不要夸大其词或妄下断言，否则会丧失客户的信任度。

5．有效沟通原则

美国著名的公共关系专家特立普、森特在他们合著的被誉为"公关圣经"的著作《有效的公共关系》中提出了有效沟通的"7C原则"：

（1）Credibility：可信赖性，即建立对传播者的信赖。

（2）Context：一致性（又译为情境架构），指传播须与环境（物质的、社会的、心理的、时间的环境等）相协调。

（3）Content：内容的可接受性，指传播内容须与受众有关，必须能引起他们的兴趣，满足他们的需要。

（4）Clarity：表达的明确性，指信息的组织形式应该简洁明了，易于公众接受。

（5）Channels：渠道的多样性，指应该有针对性地运用传播媒介以达到向目标公众传播信息的作用。

（6）Continuity and consistency：持续性与连贯性，这就是说沟通是一个没有终点的过程，要达到渗透的目的必须对信息进行重复，但又须在重复中不断补充新的内容，这一过程应该持续地坚持下去。

（7）Capability of audience：受众能力的差异性，这就是说沟通必须考虑沟通对象能力的差异（包括注意能力、理解能力、接受能力和行为能力），采取不同方法实施传播才能使传播易为受众理解和接受。

总的来说，上述"7C原则"基本涵盖了沟通的主要环节，涉及传播学中的控制分析、内容分析、媒介分析、受众分析、效果分析、反馈分析等主要内容，极具价值。这些有效沟通的基本原则对人际沟通来说同样具有不可忽视的指导意义。

3.4.4 把握客户的心理与需求

有效把握客户的心理与需求是完成订单、赢得客户忠诚的关键要素之一。在了解客户需求的基础上，可以确立与竞争对手相比较而言的优势，并确立有利于自己又有利于客户的竞争策略。

1. 客户心理

心理学上所谓的个性（又称人格）是指一个人在生活实践中经常表现出来的、比较稳定的、带有一定倾向性的个体心理特征的总和。个性心理由个性心理倾向性和个性心理特征两方面组成。

（1）个性心理倾向性

个性心理倾向性，包括需要、动机、兴趣等，它是人的行为的潜在动力，是人的积极性的不尽源泉。需要是指人对一定客观事物的渴求或欲望。动机是指直接推动人去行动以达到一定目的的内部动力。如饥渴时求饮食，寒冷时求衣被，孤单时求伴侣，疲劳时求休息，其中饮食、衣被、伴侣、休息是需要，而采取行动以获取这些需要的直接动因就是动机。兴趣是指一个人积极探究某种事物或从事某种活动的心理倾向。一个人无论从事脑力劳动或体力劳动，无论从事什么具体工作，只要他是感兴趣的，他就一定会积极地、兴高采烈地、富有创造性地投入进去，并容易做出成绩来。

（2）个性心理特征

个性心理特征（Psychological Characteristic of Personality）是指人多种心理特点的一种独特的结合，是个体经常地、稳定地表现出来的心理特点，比较集中地反映了人心理面貌的独特性和个别性。其主要包括能力、气质、性格三方面。其中，能力标志着人在完成某种活动时的潜在可能性上的特征；气质标志着人在进行心理活动时，在强度、速度、稳定性、灵活性等动态性质方面的独特结合的个体差异性；而性格则更是鲜明地显示着人在对现实的态度和与之相适应的行为方式上的个人特征。

1）能力

能力是使人能成功完成某项活动所必须具备的心理特征。它与气质和性格的不同表现在：能力必须通过活动才能体现出来，当然活动中也会体现出性格和气质方面的差异，但完成该项活动所必须和必备的心理特征才是能力。例如，完成一幅绘画作品的活动需要具备色彩鉴别能力、形象思维能力、空间想象能力等不同能力的有机组合。需要注意的是，能力并不等同于知识和技能，知识是信息在头脑中的储存，技能是个人掌握的动作方式。解一道数学题时，所用的定义和公式属于知识，解题过程中的思维灵活性和严密性则属于能力。学会骑自行车是一种技能，而在掌握该技能的过程中体现出的灵活性、身体平衡性则是一种能力。

通常能力有四种分类：

① 模仿能力和创造能力

模仿能力是指对于既有行为模式模仿复制的能力。创造能力是与发散思维有关的能力，是新的思维组织产生的能力。

② 流体能力和晶体能力

流体能力是指在信息加工和问题解决过程中所表现的能力，它较少依赖于文化和知识的内容，而决定于个人的禀赋。晶体能力是指获得语言、数学知识的能力。它决定了后天的学习，与社会文化有密切的关系。晶体能力一生一直在发展，25岁之后发展速度趋缓。

③ 一般能力和特殊能力

一般能力是指一个人在普遍活动中表现出来的能力，如记忆力。特殊能力是指人在特殊情况下表现出的能力，如演讲能力。

④ 认知能力、操作能力和社交能力

认知能力是指与认知相关的能力，包括记忆、思维、想象等。操作能力是指一个人控制肢体运动的能力。社交能力是指人在社会交往中运用的综合社会能力。

2）气质

气质是个人生来就具有的心理活动的动力特征，可以指个人的性情或脾气，也可以指个人心情随情境变化而随之改变的倾向，亦即个体的反映倾向。

① 气质是与生俱来的

对于这种先天差异，日本心理学家古川竹二曾经认为是由于血型不同而导致，L. Berman认为气质由某种内分泌腺的活动决定。自从苏联心理学家和生物学家巴普洛夫论述了高级神经活动的各种特性和判定方法后，研究者大都认同气质的生理基础是神经类型。例如，在婴儿期就存在气质的最直接表现，有的婴儿特别爱哭、脾气急躁，而有的婴儿则安静、轻易不闹。

根据巴普洛夫的研究，大脑皮质的神经过程（兴奋和抑制）具有三个基本特性：强度、均衡性和灵活性。强度是指神经细胞和整个神经系统的工作能力和界限，均衡性是指兴奋和抑制两种神经过程间的相对关系，而灵活性则是指兴奋过程更迭的速率。根据这三者的不同表现，巴普洛夫提出了四种高级神经活动类型：兴奋型、活泼型、安静型和抑制型，分别对应四种气质类型：胆汁质、多血质、粘液质以及抑郁质。如表3-2所示。

高级神经活动类型表　　　　　　　　　　　　　表3-2

神经类型（气质类型）	强度	均衡性	灵活性	行为特点
兴奋型（胆汁质）	强	不均衡		攻击性强、易兴奋、不易约束、不可抑制
活泼型（多血质）	强	均衡	灵活	活泼好动、反应灵活、好交际
安静型（粘液质）	强	均衡	惰性	安静、坚定、迟缓、有节制、不好交际
抑制型（抑郁质）	弱			胆小畏缩、消极防御、反映强

其中，抑郁质神经强度弱，神经系统工作能力弱，也就无所谓其均衡性和灵活性，所以抑郁性神经在均衡性和灵活性上没有具体表现。个体的气质类型可以完全处于四种类型中的一类，也可以同时表现出混合型气质类型，如胆汁—多血质类型、抑郁—黏液质类型等。

②气质也会受环境和自我控制机制的影响而变化

心理学家J•Rower研究发现，气质中大部分的稳定成分由遗传决定，而其中大部分的变化则由环境造成。环境对气质的影响主要经过复杂的脑机制和自我控制机制形成。在所有控制机制中，自我概念是其中最重要的控制机制，因为个体想成为什么样的人影响其行为表现。

3）性格

性格是个人对现实的稳定的态度和习惯化的行为方式。例如，一个人在任何场合都表现出对人热情、与人为善，这种对人对事的稳定的态度和习惯化的行为方式表现出的心理特征就是性格。

性格的特征有：

① 性格是一种习惯化的态度和行为方式。一个人偶尔表现的特点不是性格的表现。

② 性格主要是后天在与环境的交互作用中形成的。有"环境塑造性格"之说。

③ 性格可以在后天发生变化。性格主要在青春期后期渐渐稳定，但也可能因为成人期所遭受的重大事件的影响或者通过主观努力而改变。

④ 性格与气质是两个完全不同的概念，但二者具有相互作用。首先，它们同时受到神经类型的影响，但对气质来说，神经类型是其直接的生理基础，而对性格来说，神经类型只是它的生物基础，性格的养成主要受到后天环境的影响。巴普洛夫指出，性格是神经类型和后天生活环境形成的合金，即性格具有某种遗传色彩，也显露出后天生活经历的明显印记。这说明了性格同时具有生物性和社

会性的特点。现代认知神经科学的研究发现，尽管神经类型在后天不会发生太多变化，但是神经的突触却可以由于后天生活中的刺激而发生不同的连接，导致同一神经类型的个体可能具有不同的性格表现。其次，性格的表述可以从现实生活的表属性词汇中找到。再次，二者虽然一脉相承，但是具有类似气质的个性可以由于日后环境的变化而具有完全不同的性格。所以，气质具有相对稳定性，而性格却可以发生很大的变化。

2. 客户需求

客户需求是指广泛而深入地了解客户的实际需求，从而帮助企业作出正确的决策。不管是经济低迷还是高涨，企业的生存发展都应该始终以客户需求为导向，也只有以客户需求为导向，不断完善业务的发展方向，才能赢得更多消费者的青睐，提高客户满意度。

需求对企业满足的表现形式，因企业性质不同而有很大差异，但主要表现在财务、绩效、形象等方面的衡量指标上；需求对个人满足的主要表现则因个人在组织中的地位、价值观而有所侧重，但主要表现在权力、成就、被赏识、被接纳、有条理、安全感等方面。具体如表3-3所示。

需求的表现形式   表 3-3

需求对企业满足的主要表现	需求对个人满足的主要表现
财务：保持或改善公司在资金上的效益 绩效：保持或改善生产力及业绩或满足时间上的要求 形象：保持或改善声誉、信用或公司的士气	权力：需要将个人的控制力和影响力延展到别人和其他事情上 成就：需要做事有成绩，或向积极的方面转变 被赏识：需要被人器重或受人尊敬 被接纳：需要与其他人有联系，有归属感和团队合作 有条理：需要获得明确定义和清晰结构 安全感：需要做事有保证，避免冒险

客户需求可表现在以下三个方面。

（1）客户表达的外在需求

客户表达的外在需求是选择产品和服务的出发点，决定了客户的购买方向。

（2）客户必需的实际需求

通过具体的技术规格说明书来制定采购的目标和标准，对技术性、可靠性、耐用性、价格及其他属性进行量化，客户以此进行立项和形成采购计划。

（3）需求背后的隐性需求

需求背后的隐性需求往往不容易被注意，但将直接影响客户对外在需求与实际需求的决策。隐性需求包括：这个问题对成本产生什么影响？这个问题是否影响质量？这个问题会使你进入市场的时间慢下来吗？解决这个问题对你增加市场份额有什么影响？

1）业务需求：产品高层次目标需求，在项目中予以说明。

2）使用者需求：客户使用产品/解决方案后必须要达成的任务，在工作说明书中予以说明。

3）功能需求：必须实现的需求，让使用者使用产品/解决方案能够完成他们的任务，从而满足业务需求。

4）非功能需求：产品/解决方案所采取的技术、设计方法、运行及操作上的要求等。

在识别客户需求的过程中，要注意记录客户需求，并适时向相关部门反馈，以调动最佳资源满足客户的需求。

3.4.5 提高公司在客户中的价值

提高公司在客户中的价值在于以下三点。

（1）持续强化对客户的服务

客户服务（Customer Service）主要体现了一种以客户满意为导向的价值观，它整合及管理预先设定的最优成本——服务组合中客户界面的所有要素。广义而言，任何能提高客户满意度的内容都属于客户服务的范围。持续强化对客户的服务，在有利于保留客户的同时提升企业在客户心目中的价值。

（2）提升客户满意度

客户满意度是指客户体会到的他所实际"感知"的待遇和"期望"的待遇之间的差距。提升满意度也是维持客户价值的重要方式之一。

（3）提升客户竞争力

培养为客户全面服务的能力，提供一站式、一体化、终身制服务。

3.5 客户关系维护

3.5.1 客户维护的价值

研究表明，降低客户的"背叛"度可提高25%～80%的收益（哈佛商学院）；赢得新客户的代价比保留老客户的成本高5倍（美国消费者事务办公室）；对老客户市场营销的投入回报比对潜在客户的高出7倍。

通过分析客户，发现市场上真正有价值的客户，找出改善其关系的关键因素，这是客户维护工作的主要目标，而客户维护的价值主要体现在以下几个方面：

（1）通过客户维护，实现对客户资源有效的管理和利用。客户是企业价值的源泉，是否有效地利用客户资源将直接关系到客户价值和企业价值的实现。

（2）通过客户维护，合理使用与客户有关的资源。客户维护提倡以客户为中心的工作流程，规划不同的工作范围，使企业职能部门之间的工作职责清晰、层次分明，从而避免了传统的以产品为中心的企业管理模式下的企业职能部门职责界线不清晰和工作重复的现象。客户维护强调的是"以人为本"的团队作战。

（3）通过客户维护，扩大企业的销售。

（4）通过客户维护，降低企业的成本。

（5）通过客户维护，改善服务，提高效率。

（6）通过客户维护，实现企业对外平台的统一化。

（7）通过客户维护，对企业进行优化配置。

1．明确客户关系管理工作目标

客户关系管理的工作目标包括以下六个方面，如图3-2所示：

（1）部门内权责分工明确，人员各司其职。

（2）及时编制部门各类规章制度。

（3）部门费用控制在预算范围内。

（4）客户回访率在＿＿＿%以上。

（5）开发新客户数量在＿＿＿个以上。

（6）客户关系维护计划完成率在＿＿＿%以上。

图3-2 客户关系工作目标示意图

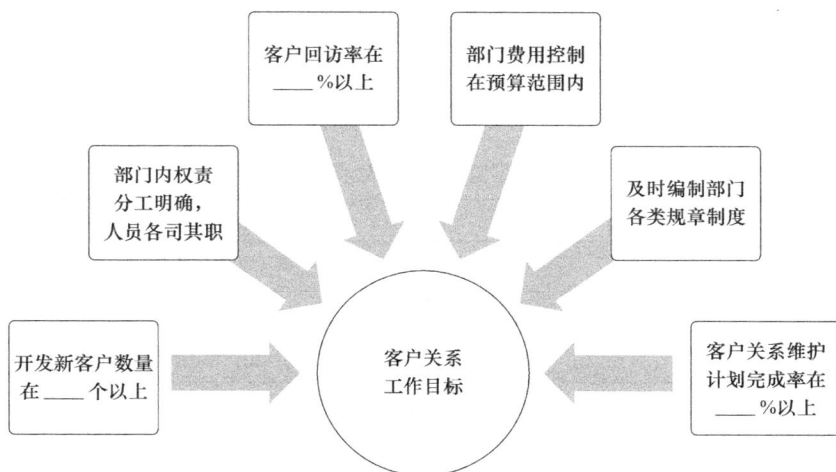

2．细化客户关系管理职能

对客户关系职能进行分解，进一步细化客户关系部的各项职能。客户关系部的职能分解说明如表3-4所示。

客户关系部职能分解说明表　　　　　　表 3-4

职能分项	职能细化
客户关系规划管理	制定客户关系维护、改进、客户拜访与回访管理制度等
客户关系计划与协调管理	根据企业经营发展策略制订客户关系的各项计划； 执行各项计划，保证各类资源的有效整合； 以客户关系维护与促进为中心，与各部门保持良好的协作关系

续表

职能分项	职能细化
客户接待管理	做好客户接待准备工作，制定客户接待标准和接待流程； 制定客户接待方案，做好客户接待工作； 根据客户的来访要求，做出相应的安排和部署
客户拜访、回访管理	根据客户的销售能力和开发潜力等，充分了解客户的需求； 制定客户拜访和回访标准，确保客户拜访和回访工作的顺利开展； 通过回访，收集客户对企业产品和服务的各类意见和建议； 对客户意见或建议进行整理分析，制定相应的改进方案，提高客户满意度
客户关系维护、促进管理	评估现有的客户关系，根据评估结果制定相应的客户关系管理方案和改进措施； 执行客户关系管理方案和改进措施，对方案和措施的执行过程进行控制监督，保证客户管理方案和改进措施的积极效果
成本费用管理	做好客户关系管理的成本费用预算和核算，为成本控制提供依据； 制定成本控制或改进方案并实施，以便有效控制成本

3. 全面了解客户关系管理可能存在的风险点

企业要确保客户关系的稳定发展，提高客户对企业的满意度，就需要全面了解客户关系管理可能存在的风险。企业需要关注的客户关系管理的主要风险点如表3-5所示。

客户关系管理主要风险点说明表　　　　　　表3-5

序号	风险点名称	风险点说明
风险点1	客户拜访管理风险	不守时，与客户约好时间，却无故迟到或缺席，导致业务达成的比例大大降低； 拜访时间过长、令客户感到不耐烦，导致与客户的合作失败； 仪容不整，给客户留下不好的印象，得不到客户的信任
风险点2	客户回访管理风险	企业对客户回访工作不重视，也没有对客户回访人员进行业务培训，在回访过程中难以掌握更多、更深入的客户信息； 回访客户时，忽视了客户的感受，使得客户感到没有得到尊重； 虽然收集了客户反馈的问题，却忘记向客户反馈问题解决进程及结果，使其对回访工作产生抵触，客户回访工作难以开展
风险点3	客户关系维护风险	客户关系维护理念不正确，只看到自己的利益，忽视了客户的感受，造成客户的大量流失； 维护客户关系的激励机制不完善，对客户的维护能力不足，客户流失趋势没有得到扭转； 客户关系维护流程不完善，缺少前瞻性的定位，造成客户群体不稳定
风险点4	客户关系改善风险	企业管理人员对客户关系改善工作不够重视，无法提高客户对企业的满意度和忠诚度； 客户关系改善不到位，无法增加客户数量，无法提高公司产品或服务的市场占有率

3.5.2 维护客户关系的原则

1. 动态管理

客户资料要不断加以调整，及时补充新的资料，对客户的变化进行跟踪，使客户管理保持动态性。

2. 突出重点

要通过资料找到重点客户，并对其进行重点关注，维护稳定的客户关系。

3. 灵活运用

建立客户资料信息卡或客户管理卡后不能束之高阁，应以灵活的方式及时全面地提供给推销人员及其他有关人员，使他们能进行更详细的分析，使资料变成活材料，提高客户管理的效率。

4. 专人负责

客户管理应确定具体的规定和办法，应由专人负责和管理，严格客户情报资料的利用和借阅管理。

3.5.3 维护客户关系的步骤

1. 确立业务计划

企业在考虑部署客户关系管理系统（CRM）之前，首先应确定利用这一新系统要实现的具体生意目标，例如提高客户满意度、缩短产品销售周期以及增加合同的成交率等，即企业应了解这一系统的价值。

所谓客户关系管理系统（CRM）是以客户数据管理为核心，利用信息科学技术实现市场营销、销售、服务等活动自动化，并建立一个客户详细信息的收集、管理、分析、利用系统，帮助企业实现以客户为中心的管理模式。

2. 建立CRM员工团队

为成功地实现CRM方案，管理者还需对企业业务进行统筹考虑，并建立一支有效的员工队伍。每一准备使用这一销售系统方案的部门均需选出一名代表加入该员工队伍，这样可以使企业员工更为全面的了解客户关系，并根据客户的需求进行交易。

3. 评估销售服务过程

在评估一个CRM方案的可行性之前，使用者需多花费一些时间，详细规划和分析自身具体业务流程。为此，需广泛地征求员工意见，了解他们对销售、服务过程的理解和需求；确保企业高层管理人员的参与，以确立最佳方案。

4. 明确实际需求

在充分了解企业的业务运作情况后，接下来需从销售和服务人员的角度出发，确定其所需功能，并令最终使用者寻找出对其有益的及其所希望使用的功能。就产品的销售而言，企业中存在两大用户群：销售管理人员和销售人员。其中，销售管理人员感兴趣于市场预测、销售渠道管理以及销售报告的提交；而销售人员则希望迅速生成精确的销售额和销售建议、产品目录以及客户资料等。

5. 选择供应商

为确保所选择的供应商对该企业所要解决的问题有充分的理解，了解其方案可以提供的功能及应如何使用其CRM方案，应确保该供应商所提交的每一软、硬设施都具有详尽的文字说明。

6. 开发与部署

CRM方案的设计，需要企业与供应商两个方面的共同努力。为使这一方案得以迅速实现，企业应先部署那些当前最为需要的功能，然后再分阶段不断向其中添加新功能。其中，应优先考虑使用这一系统的员工的需求，并针对某一用户群对这一系统进行测试。另外，企业还应针对其CRM方案确立相应的培训计划。

3.5.4 制订客户维护计划

客户维护计划是指在对客户销售、实施和服务过程中，为保持平衡增长和定义公司价值，确认机会并规划资源、达成有效竞争，而制订的配合客户关系推进进程，规范在时间、计划、阶段任务和目标、人员组织、工作任务分配、资源配置、业务准备、行动计划等方面的关系维护计划。

客户维护计划根据项目情况和竞争对手信息，制订可执行的目标、维护计划和计划的实施策略，对各种信息经过不断的确认、分析、否定或肯定，敏锐地判断并得出客观的结论，确定计划可实现的程度。

客户维护计划是以后的工作指导和执行指导，管理重点包括项目规划信息、客户高层公关、竞争策略、销售行动计划、客户关系维护计划、执行管理等内容。因此，客户维护计划的科学合理性与可行性显得尤为重要。

1. 客户维护计划的作用

（1）达成客户管理指标，提高市场份额，深入理解客户。

（2）分析自己对于客户来讲处于何种竞争地位，制订一个能够最大限度发掘自己业务潜力的客户计划。

（3）按照既定的思路思考问题，从而找到客户管理的正确答案。

（4）覆盖营销队伍工作的各个层面，是提升业绩的有效手段。

（5）培养分析和解决问题的能力和习惯。

（6）提高客户经理的工作效率和效益。

（7）提升管理者的掌控和辅助销售过程的能力。

2. 客户关系维护流程

（1）客户拜访

1）确定拜访对象

客户关系专员根据企业业务性质及产品确定目标客户，运用各种方式寻找客户资源，并且记录客户资料；客户关系专员对收集到的客户信息进行初步分析后，确定拜访对象。

2）加深对客户的了解

根据收集到的客户信息，客户关系专员应通过各种方式与客户的负责人取得联系，初步建立关系；客户关系专员不断与客户沟通，采取不同的、适当的接近策略，加深对客户的了解，客户关系主管应及时给予指导。

3）预约客户

在与客户不断沟通的过程中，客户关系专员应把握时机，提出拜访请求，确定拜访时间及面谈地点等；如客户不接受面谈拜访，客户关系专员应重新分析客户资料，进一步了解客户的真实想法，重新想办法预约。

4）制定客户拜访方案

客户接受拜访预约后，客户关系专员需要及时制定客户拜访方案，上交客户关系主管审批；客户拜访方案应明确以下内容：拜访对象、拜访时间、地点、参与人、面谈目的、面谈主题、询问方式、破冰设计等。

5）拜访准备

客户拜访方案审批通过后，客户关系专员应做好拜访准备工作，包括确定路线、拜访物品准备、着装准备、学习客户拜访礼仪等。

6）按约定时间拜访

客户关系专员在出发前再次与客户确认见面的时间、地点，严格按照约定时间到达面谈地点，不得迟到；与客户见面后，客户关系专员应首先打招呼，做自我介绍，说明来意。

7）了解客户需求

会谈进入正题后，客户关系专员应按照谈话准备首先告知客户乙方的服务范围、收费标准及运作优势，让客户充分了解自己及自己的企业；客户关系专员需要通过询问、倾听等方式了解客户的真实想法、需求以及当前状况。

8）解决客户异议

客户关系专员应认真倾听客户的有关疑惑及异议，并使用专业知识作出解答和说明。

9）总结并确认谈话内容

客户关系专员应根据面谈的情况、客户的表现及态度适时结束谈话；结束谈话前，客户关系专员应总结此次面谈的主要内容及客户需求，经客户确认后，做好记录；如有必要，此次面谈结束前，客户关系专员应与客户确定下次拜访的时间及地点；与客户告别时，客户关系专员应注意告别礼仪，给客户留下良好印象，为再次见面或沟通做好铺垫。

10）撰写客户拜访报告

面谈结束后，客户关系专员应及时总结此次拜访活动，查找不足之处，总结经验教训，撰写客户拜访报告，列明拜访结果，上交领导审批。

11）拜访资料存档

客户关系专员须将客户资料及拜访有关资料归档保存，确保企业信息资料得到妥善保存。

（注：以上工作均由客户服务部负责开展，并在一个工作日内完成。）

（2）客户接待

1）提出接待申请

因为工作需要，企业相关部门在收到客户拜访申请或需主动邀请客户来访时，可根据实际需求向客户服务部提出接待申请；接待申请上须列明客户名称、来宾职务、来访具体时间、随行人数、来访目的和有关要求。

2）确定接待事宜

客户关系专员受理接待申请后，应及时与提出申请人员核对来访人员的基本情况，确定接待有关事宜，包括来宾职务、来访具体时间、随行人数、本地逗留日期、目的和要求等。

3）制订接待计划

接待事宜确定后，客户接待专员需要根据有关信息制订接待计划，列明接车（机）时间、接车（机）人员、接待安排、接待预算等内容，上交客户接待主管及客服经理审批。

4）接待准备

接待计划审批通过后，客户接待专员需组织有关工作人员做好接待准备工作；接待准备工作包括安排会场花卉、水果、茶叶、音响设备、投影设备、领导席签、横幅、欢迎牌、指示牌、安排礼仪人员，如有必要，需邀请新闻媒体、草拟新闻通稿、安排摄影摄像等。

5）礼貌迎接

在客户即将到达企业前，客户接待专员需提前一个小时打电话确认客户抵达现场时间和迎接地点，并告知接待人员提前十五分钟在指定地点接客户上车；接车人员回来后，客户接待专员须组织礼仪人员按照有关礼仪规范迎接来访人员。

6）安排领导人员会见

接待人员将来访客户迎入安排好的会场后，事先安排的有关领导人员须及时迎接、会见；安排领导人员会见时需注意，如果在接待过程中需要请相关部门领导人员协助或出席，需提前通知相关人员，以便其做好工作安排。

7）接待客户

企业有关领导在与来访客户会见洽谈时，接待人员要尽可能全程跟进，或定时去会场了解来访客户的各项需求和疑问，及时协调或解决。

8）礼送客户

客户结束拜访后，接待人员应遵照有关礼仪规范送别客户；如客户需要订返程车（机）票，接待人员需提前预定并确认。

9）编制接待工作总结报告

送别来访客户后，客户接待专员需要根据接待过程记录及实际接待状况编制接待工作总结报告，报客户接待主管审核，为之后的接待工作积累经验教训。

10）办理费用报销手续

送别客户后，客户接待专员需尽快将接待工作有关票据报账核销借款，并向后勤人员退还用品，进行销账处理。

11）文件资料归档

客户接待专员须将来访客户资料及接待有关资料归档保存，确保企业信息资料得到妥善保存。

（注：以上工作均由客户服务部负责开展，并在一个工作日内完成。）

（3）客户招待

1）拟定客户级别及招待标准

客户接待专员收集客户接待的有关信息，如客户重要程度、住宿条件列表、餐饮条件列表等，汇总整理后交客户接待主管；客户接待主管根据资料拟定客户级别及招待标准，上交客服经理审批，审批通过后，严格按照此标准招待来访客户。

2）提出招待申请

企业有关部门根据客户拜访预约或实际业务需要，提出客户招待申请，列明来访客户名称、随行人数、拜访时间、拜访目的及有关要求等，交客户服务部审批。

3）制订招待计划

客户接待专员受理客户申请后，同时提出申请部门确认招待相关事宜，并确定招待级别和标准；根据客户接待级别和标准以及客户来访的时间安排，客户接待专员需要制订客户接待计划，确定客户住宿及用餐先后顺序，上交客户接待主管和客服经理审批。

4）招待准备

客户招待计划审批通过后，客户接待专员需要组织有关人员做好招待的准备工作，如预定酒店、布置会场、招待辅助工具采买、确定接待人员等。

5）接车并安排住宿

客户接待专员需要提前确认来访人员的飞机（火车）到达时间及地点，航班号（车次），来访人员的姓名、特征等，并提前填写"用车申请单"，在规定时间到规定地点接车（机）；接回来访客户后，客户接待专员根据招待计划安排来访客户到酒店办理入住手续，主动帮来访人员提行李进房间，简单介绍之后的行程安排，并留下自己的联系电话。

6）安排领导会见与业务洽谈

客户接待专员在带领来访人员见领导之前，必须和公司领导沟通，确认接见时间、地点，然后带领来访人员与领导见面；见面时，客户接待专员先介绍双方的职务，然后粗略地讲解来访者的主要商谈事项；企业有关领导人员在与来访客户会见洽谈时，客户接待专员应尽可能全程跟进，或定时去会场了解来访客户的各项需求和疑问，并及时给予协调或解决。

7）按级别安排餐饮

用餐时间到后，客户接待专员应陪同来访人员就餐，并且按照来客的习惯安排酒水；就餐过程中，客户接待专员需适当调节气氛，促进双方的感情交流。

8）礼送客户并电话回访

业务洽谈完成，客户拜访结束后，客户接待专员应陪同送车，送车时，须等到来访人员离开自己的视线范围后才能离开；客户接待专员按来访人员返程的航班号（车次），估算他们到达的时间，适时去电咨询接待工作的情况，了解客户对公司产品和企业形象等方面的意见，并做记录。

9）编制招待工作总结报告

根据招待过程记录及电话回访记录，客户接待专员应及时编制招待工作总结报告，找出亮点，发现不足，并列明改进意见及措施，上报客户接待主管审批；审批通过后，客户接待主管应组织落实招待工作改进措施，并严格监督落实情况。

10）办理费用报销手续

送别客户后，客户接待专员需尽快将招待工作有关票据报账核销借款，并向后勤人员退还用品，进行销账处理。

（注：以上工作均由客户服务部负责开展，并在一个工作日内完成。）

3.5.5　制定客户回访制度

1. 总则

（1）目的

为了及时掌握本公司服务水平的真实情况，了解客户对本公司提供的相关服务的满意程度，加强对客户回访工作的管理，应制定客户回访制度。

（2）适用范围

客户回访制度适用于公司的客户回访管理工作。

（3）客户回访基本程序

客户回访工作应严格按照以下程序进行：

1）调取回访客户资料。

2）制订客户回访工作计划。

3）实施回访工作。

4）记录整理回访过程内容。

5）编制客户回访工作报告。

2．职责分工

（1）客户经理职责

客户服务部经理应指导、监督、检查下级的客户回访工作，掌握其工作情况，对其部门成员进行必要的培训和指导。

（2）客服主管职责

客服主管需组织相关人员参与客户回访工作，并定期收集回访过程中的相关信息，以便了解客户需求，为客户提供更好的服务，提高公司的客户服务水平。

（3）客户回访人员职责

客户回访人员主要为部门专员级别人员，负责调取所要回访客户的资料，并根据回访客户资料制订客户回访工作计划（包括回访目的、回访方式、回访时间、回访内容等），在权责范围内执行客户回访工作。

3．客户回访工作实施程序与规范

（1）调取客户资料

1）客户回访人员根据公司客户资料库和客户回访的相关规定，对客户信息进行分析。

2）回访人员调取客户资料，筛选并确定需要回访的客户名单。

3）客户回访人员根据客户资料确定回访目的。

（2）制订回访计划

客户回访人员根据客户资料制订客户回访计划，包括客户回访的大概时间、回访目的、回访内容等，根据公司业务情况结合客户特点选择适当的回访方式。

（3）客户回访准备

客户回访人员根据客户回访计划准备相关资料，包括客户基本情况（姓名、联系方式等）、客户回访工作的相关记录、客户特殊需求等。

（4）回访实施管理

客户回访主要有电话回访和现场回访两种形式。

电话回访工作的实施过程包括以下四点：

1）回访时间：物流业务结束7天内。

2）回访内容：了解客户对本次业务来往及提供服务的满意度。

3）回访对象：客户方的负责人。

4）回访具体措施：将回访结果填入已购客户数据库相应栏目，对于客户提出的相应意见进行统计上报。

现场回访工作的实施过程包括以下五点：

1）现场回访对象：大客户、电话回访时存在未解决问题的客户，主要回访客户方的负责人。

2）回访时间规定：对于大客户每年至少进行两次现场回访，对于特大型客户每个季度进行一次现场回访。不能通过电话回访解决问题的客户，原则上客户人物主管人员接到报告后即应着手安排现场回访。

3）回访内容：详细了解服务满意度，了解客户的新需求和建议，寻求新的合作机会，沟通与巩固客户关系。

4）回访的措施：将回访结果填入"客户回访记录表"中，并存档。

5）每次回访后，回访人员要在"客户回访记录表"上签字。

（5）编制客户回访工作报告

客户回访工作人员在做完客户回访工作后，整理相关的回访资料，及时编制客户回访工作报告，"客户回访报告表"的具体形式及内容如表3-6所示。

客户回访报告表　　　　　　　　　　　　表3-6

编号：　　　　　　　　　　　　填表日期：＿＿＿年＿月＿日

客户姓名		回访时间		回访地点	
回访人员		回访方式		客户联系方式	
客户基本信息					
本公司 业务优势					
客户近期物流 需求状况					
客户建议					
备注					

（6）回访结果处理

客户回访的相关负责人应做好客户回访结果的处理工作，具体包括以下三个方面：

1）对于回访中发现的问题要及时处理，原则上谁的问题谁负责处理。

2）对于回访效果好的人员，公司要及时给予表扬，并作为年度表彰或晋级的依据。

3）对于回访效果不好的人员，公司将视情况给予批评，对问题严重者进行罚款处罚。

3.6 客户关怀

客户关怀理念最早由克拉特巴克提出，他认为：客户关怀是服务质量标准化的一种基本方式，它涵盖了公司经营的各个方面，从产品或服务设计到它如何包装、交付和服务。其主要作用是提高客户忠诚度和满意度，以在追求成本优势的同时通过客户服务来最大化增值，适用与外资公司或合资公司。

3.6.1 提高客户忠诚度

客户关怀以提高客户忠诚度为目的，能够有效地提高客户消费体验。客户忠诚度是用来衡量客户忠诚的一个数量指标。所谓的客户忠诚，是指客户对某企业产品和服务的心理偏爱并进行持续性的购买行为，它是客户满意效果的直接体现。

1. 提高客户忠诚度的表现

（1）高度满意的客户会更加、更久地忠实于企业。

（2）主动尝试企业更多的新产品并购买价值更高的产品。

（3）对企业及其产品说好话，形成良性口碑。

（4）忽视竞争品牌及其广告，并对价格变化反应平淡。

（5）由于更加熟悉交易的程序化而降低服务成本。

2. 提高客户忠诚度的意义

（1）有利于企业核心竞争力的形成

在现代营销活动中，营销观念是企业战略形成的基础。客户忠诚营销理论倡导以客户为中心，提示企业的营销活动必须围绕这个中心进行，关注客户对企业的评价，追求客户高的满意度和忠诚度，这是市场营销观念的完善和发展。客户忠诚营销理论要求企业将客户作为企业的一项重要资源，对企业的客户进行系统化管理，借助于客户关系管理软件的应用，获取客户的相关信息，并将之作为企业战略决策的基础。实践证明，倡导客户忠诚所形成的核心竞争力将会在企业的经营活动中得以体现。如上海某电梯有限公司从1998年开始导入客户满意观念，2000年末将其提升为客户忠诚。他们首先在企业内部开展内部营销，使内部客户满意，这是因为要满足外部客户的需求，首先要让内部客户满意。然后从电梯这个特殊产品出发，以用户满意的合同为主线，从产品设计、制造、安装到维修持续跟踪，落实用户的各项需求。其次，从用户需求导入，实施质量功能展开（Quality Function Deployment，QFD），并列入公司方针目标，通过定期的用户满意度和忠诚度调查，将用户需求转化为产品质量特性，从而创造客户的持续忠诚。该公司电梯的产量、销售额、市场占有率、利润等多项经济指标连续在全国同行业中名列榜首。

（2）对企业业务流程和组织结构将产生重大的影响

客户忠诚营销的实施工作是企业的一项系统性工程，它要求企业建立以忠诚度为基础的业务体系，合理分配和利用资源，进行以客户为核心的客户关系管理，在企业销售自动化、市场营销自动化、客户服务三大领域中实现客户关系管理，它对企业现有的业务流程将会产生影响。同时，客户忠诚的实施也是对企业现有组织结构的挑战，它要求企业内部形成一个自上而下的便于客户关系管理工作开展的畅通的信息传播体系，改变以往那种相互分割的状况，使组织能对客户的信息作出迅速反应。

（3）有利于提高企业员工的凝聚力

在客户忠诚营销理论中，客户的含义是广泛的。它不仅指企业的外部客户，也指企业的内部员工。客户忠诚一方面是要追求外部客户对企业的忠诚度，同时也要追求企业员工的忠诚度。从某种意义上说，员工的忠诚度具有重大作用，企业的产品和服务是通过员工的行为传递给客户的，一位对企业有着较高忠诚度的员工，无疑会努力用自身的良好行为，为企业的客户提供满意的服务，从而感染客户，赢得客户对企业的忠诚。因此，在企业中倡导客户忠诚观念，对员工实施关怀，给员工提供展现个人能力和发展的空间，会极大地提高员工的工作热情，形成巨大的凝聚力。

（4）有利于推动社会的"诚信"建设

客户满意与客户忠诚之间的转化，是建立在客户完全满意的基础上的。以客户满意为起点，以客户忠诚为经营活动的目标，就可以促进企业不断地追求更高的目标，为社会创造更多的令公众满意的物质财富。同时，企业对以客户为中心的理念的贯彻，可以带动企业建立起诚实守信的经营机制，增强全体员工的服务意识和道德意识，从而杜绝各种制假售假、欺瞒诈骗的违法行为，为促进社会风气的好转发挥积极的作用。

3.6.2 延长客户生命周期

1. 客户生命周期含义

所谓客户生命周期是指一个客户对企业而言有类似生命一样的诞生、成长、成熟、衰老、死亡的过程。其也指从一个客户开始对企业进行了解或企业欲对某一客户进行开发开始，直到客户与企业的业务关系完全终止且与之相关的事宜完全处理完毕的这段时间。客户的生命周期是企业产品生命周期的演变，但对商业企业来讲，客户的生命周期比企业某个产品的生命周期重要得多。客户生命周期描述的是客户关系从一种状态（一个阶段）向另一种状态（另一个阶段）运动的总体特征。

2. 客户生命周期阶段

客户生命周期分为成长期、成熟期和衰老期三个阶段，这三个阶段往往伴随消费，尤其是成熟期，是客户消费的黄金时期，有效延长客户生命周期将有利于提高客单价，从而提高总盈利。

3.6.3 建立客户关怀体系

商家要抢夺客户资源，一方面靠优质的产品，另一方面靠良好的服务。良好的服务有利于更好地建立客户关怀体系。以下便以某店铺管理软件为例，为大家展示一套客户关怀体系。

1. 记录客户信息

客户关怀建立在数据库营销的基础之上，需要记录的数据包括顾客的姓名、手机号码、生日等重要纪念日、消费记录、最后一次消费距今时间等。最快速的方法就是将普通客户变成会员，会员就如同储蓄罐中的钱币，是一个长期积累的过程，积累的越多，商家的财富就越多。

2. 生日关怀

在生日这样重要的日子，如果能够收到一条来自商家的祝福短信，无疑会加深客户对该商家的印象。特别的纪念日对每个人来说都是特殊的，如果商家能够抓住时机送上祝福，无疑会被划分到"亲朋好友"之列，客户自然更加忠诚。

3. 短信营销

与大企业相比，小商家人力财力有限，缺少广告支撑，难以开展形式多样的营销活动，如果你有几百个会员呢？情况会大不一样。找一个足够吸引眼球的主题策划一场活动，用短信通知所有会员，可以是直白的告知，也可以通过短信发放电子代金券，甚至告诉会员邀请朋友同来就可以享受折扣。总之，一定有一种营销方法适合你。另外，活动当天再将店内做一些布置，吸引更多流动的散客，与短信营销相结合，效果会更好。

4. 流失客户挽留

客户是企业经营的中心，衡量企业是否成功的标准是客户维护率、客户份额及客户资产收益率等指标。有些客户曾经在店里消费上千元，可是最近却一直没来过，如果对客户消费记录进行分析，很快就能找出这些正在流失的客户，有的放矢地向他们发送挽留短信，针对他们开展与众不同的活动，打出回访电话，倾听他们的建议并做出改进。这将让商户得到良性的发展。客户的流失关乎企业的生死存亡，而忠诚客户的流失为重中之重。忠诚的客户是企业最宝贵的资源，是企业最主要的收入和利润来源，正确应对客户的流失问题是企业持续经营的核心。

自 测 题

一、单选题

1. 证件号码是指各类证件所标注的（　　　）。

   A. 名称   B. 特征组合码

   C. 普通组合码   D. 数字组合

2. 对客户资料进行有效管理的卡片是（　　　）。

   A. 客户资料卡   B. 客户地址分类表

   C. 客户管理卡   D. 客户名册

3. 客户信息的外部来源是指数据一般都要通过购买、（　　　）或是合作的方式来获取。

   A. 索要   B. 窃取

  C. 登记   D. 租用

4.（ ）是客户服务管理工作的前端。

  A. 消费者   B. 商家

  C. 目标顾客   D. 市场

5. 通过企业的各种统计资料、原始记录、营业日记、订货合同、客户来函等，了解企业在营销过程中各种需求变化情况和意见反映的信息收集方法是（ ）。

  A. 观察法   B. 统计资料法

  C. 阅读法   D. 数据库收集法

6. 客户满意与客户忠诚之间的转化，是建立在（ ）的基础上。

  A. 客户比较满意   B. 客户完全满意

  C. 客户满意   D. 不知道客户满意度

7. 客户维护的价值主要体现在以下几个方面（ ）。

① 实现对客户资源有效的管理和利用

② 合理使用与客户有关的资源

③ 延长客户生命周期

④ 降低企业的成本

⑤ 改善服务，提高效率

⑥ 实现企业对外平台的统一化

⑦ 形成企业核心竞争力

⑧ 扩大企业的销售

⑨ 通过客户维护，对企业进行优化配置

  A. ①②④⑤⑥⑧⑨   B. ①②④⑤⑥⑦⑨

  C. ②④⑤⑥③⑨   D. ②③⑤⑥⑦⑨

8. 关于有效沟通原则中"可接受性"的说法正确的是（ ）。

  A. 指信息的组织形式应该简洁明了，易于公众接受

  B. 指传播须与环境（物质的、社会的、心理的、时间的环境等）相协调

  C. 指传播内容须与受众有关，必须能引起他们的兴趣，满足他们的需要

  D. 指应该有针对性地运用传播媒介以达到向目标公众传播信息的作用

9. 下列各项中不属于客户关怀体系的是（ ）。

  A. 生日关怀   B. 短信营销

  C. 客户拜访   D. 流失客户挽留

10. 客户沟通要素不包括（ ）。

  A. 关系   B. 准备

  C. 沟通技巧   D. 目标

二、多选题

1. 评价主要竞争对手的相对优势和劣势，对它们的战略进行分析和评价，包

括（   ）。

  A. 职能战略分析   B. 人才战略分析

  C. 市场战略分析   D. 业务单位战略分析

  E. 核心技术战略分析

2. 以下哪些属于"5C"信用评级法的内容（   ）。

  A. 道德品质   B. 性格特征

  C. 资本实力   D. 还款能力

  E. 抵押品经营环境

3. 提高公司在客户中的价值在于（   ）。

  A. 持续强化对客户的服务 B. 提升客户满意度

  C. 提升客户竞争力   D. 提升客户忠诚度

  E. 提高企业竞争力

4. 需求对企业满足的主要表现为（   ）。

  A. 财务   B. 绩效

  C. 权力   D. 形象

  E. 技术

5. 维护客户关系的原则有（   ）。

  A. 动态管理   B. 突出重点

  C. 灵活运用   D. 专人负责

  E. 持续推进

三、名词解释

1. 客户名

2. 多向沟通法

3. 逆向拉动策略

4. 个性心理特征

5. 客户满意度

四、简答题

1. 简述客户信息管理的作用。

2. 简述提高客户忠诚度的意义。

3. 简述制订客户维护计划的作用。

4. 简述维护客户关系的原则。

5. 简述客户开发的内容。

五、论述题

1. 结合实际，分析说明客户满意度和客户忠诚度的关系。

2. 结合实际，具体分析如何提高企业的客户满意度。

4

客户服务中心

客户服务中心是企业为了密切与用户的联系，应用计算机的支持、利用电话作为与用户交互联系的媒体，而其应用范围也随着它的完善而不断拓展。本章从客户服务中心的内涵、功能、指标以及客户服务中心的建设等多方面出发，阐释了客户服务中心的具体含义、作用以及运行方式，系统地分析了客户服务中心存在的意义以及在企业包括政府相关部门的服务过程中所发挥的作用。同时，通过表格的形式更加清晰地描述客户服务中心的运行情况，并据此提出相关创新点与改进点，对读者应用客户服务中心具有一定的参考意义。

4.1 客户服务中心的基础内容

4.1.1 客户服务中心的内涵和特征

1. 客户服务中心的内涵

提起客户服务中心，很多人可能会感到陌生，但是说到119火警电话、120急救电话等，大家就会明白，这些就是我们日常生活中客户服务中心的具体应用。

客户服务中心（Customer Service Center，CSC）是指利用电话、手机、传真、WEB等多种信息方式并接入，以人工、自动语音、WEB等多种方式为客户提供各类售前、售后服务，建立起来的企业与客户沟通的组织平台。一般由电话终端、计算机终端、客户中心服务器（带语音卡）三大部分组成。

客户服务中心是企业为了密切与用户的联系，应用计算机的支持、利用电话作为与用户交互联系的媒体，也可以叫作"电话中心"。最早客户服务中心是一些企业为用户服务和产品销售而设立的，后来随着其功能的不断完善和强大，它的应用也逐步推广到了一些政府机构和公共服务部门。

2. 客户服务中心的特征

（1）客户服务中心的稳定性

在客户服务中心的选型中，首先要关注中心的稳定性。稳定性要求体现在两个方面，即不间断运行的要求和性能的要求。很多客户服务中心都是要求7×24h不间断运行的，要求客户服务中心的稳定性很高，任何一个功能极大丰富的企业客户服务中心，只要稳定性不够，都不能完全让客户满意。

客户服务中心对很多组成部分的稳定性要求很高，包括以下部分：

1）硬件如果发生故障，电话无法打进客户服务中心。

2）CTI服务器如果发生故障，所有电话相关的软件无法工作。

3）ACD如果发生故障，所有电话无法分配到座席，也就是客户无法和座席通话。

4）IVR如果发生故障，所有电话进入客户服务中心后，无法听到自动语音，想和座席通话也不可能。

5）录音服务器如果发生故障，所有电话录音都没有了，对于电话营销的公司，录音丢失意味着销售成果的丢失。

6）座席软件电话如果发生故障，无法接听电话，无法进行座席业务软件的操作，无法外拨电话。

稳定性是客户服务中心运行中一个最重要的指标。系统的稳定性固然是越高越好，但是更高的稳定性必然付出更高的代价。一般来说，系统的稳定主要是由软硬件两部分组成，硬件和软件的设计合理性与产品化的程度，以及各功能组件与硬件的配合，设计时一体化的考虑，都对系统的稳定性有很大影响。一般来说，在客户服务中心行业的标准还不统一的情况下，多厂商产品的集成肯定会降低系统的稳定性，同时系统的恢复也是很复杂的过程。

（2）客户服务中心的可扩充性

企业应该首先考虑清楚，在客户服务中心运营的生命周期里，客户服务中心最大的座席可能是多少？这个厂商的平台能否方便、顺利地升级到这个规模？升级的成本和时间也要考虑。

（3）客户服务中心的开放性

建立客户服务中心时，要关注客户服务中心的开放性，这样才可以和原有业务系统整合，企业级用户需要的企业客户服务中心与电信级用户使用的客户服务中心是非常不同的。在CTI技术发展迅速的今天，企业级用户一定能够在一体化的客户服务中心平台中找到既承担得起，又能完全满足长期需求的产品。

4.1.2　客户服务中心的功能和分类

1. 客户服务中心的功能

（1）系统简介

1）CTI呼叫中心服务器

CTI呼叫处理子系统可实现：屏幕弹出并实现同步转移，使客户的信息显示在接线员的屏幕上；呼叫跟踪管理；基于计算机的电话智能路由选择；个人化问候语；来话和去话管理；座席终端的"软电话"功能；通话过程中的在线录音功能。

2）交互式语音应答子系统（IVR）

IVR可分为两种。一种是普通型的语音导航IVR，即根据按键选择引导客户。另外一种是可编程的IVR，需要一定的二次开发和后台业务数据库进行对接，比如积分查询、密码验证等。

3）自动传真回复子系统（FOD）

FOD向客户提供传真服务或定时给客户发送信息。

① 完成自动接收传真到服务器上：由用户自己选择文件，系统自动将传真发送到用户的传真机上。

② 传真数据存储：把传真数据保存为文件，同时建立管理检索库。

③ 传真数据合成：把图像文件和业务数据按一定的格式合成传真文件。

4）自动呼叫分配（ACD）

ACD可以提供四种来电分配方式：

① 循环振铃（Hunting）：循环检测各座席，直到发现空闲的座席。

② 集体振铃（RingDown）：在呼叫到达时，同一组座席的电话一起振铃。

③ 自动排队（ACD）：在ACD等待队列中，呼叫者可以听到等待的人数、自己等待的时间或一段音乐等。

④ 选择分配（SD）：根据座席的接听情况，选择一个空闲时间最长的座席来服务。

5）语音信箱服务（VM）

VM可用于客户的留言及播放，如客户对服务提出投诉或其他要求时可进行留言，以便让话务员来处理。VM可以在收到留言时，通过手机、呼机、固定电话等方式通知当事人。服务人员可以在公司内部的任一分机收听留言，如果刚好出差在外，也可以远程听取留言。还可以将语音信箱里的留言，通过E-mail发送到服务人员的信箱中，以便随时随地读取。

6）呼叫同步转移

当客服人员在为客户提供服务遇到无法解决的问题时，这时客服人员会选择将电话转给熟练的座席及相关部门，在电话转出的同时，客户的基本资料及此次通话记录概要也同步转移至受话者，免去不必要的问询时间，既提高了效率又节省了客户的宝贵时间，从而提升客户的满意度，提升了公司的服务形象。

7）多功能呼叫操作

系统提供多功能的呼叫操作，可以在电脑上直接操作，亦可电话键盘操作，包括：电话转接、呼叫保持、直接留言、电话截取、呼叫等待、呼叫转移、语音存取、快速拨号、时间限制、呼叫限制、拨出预约、免打扰、遇忙回叫等。

8）客户档案管理

客户的基本资料以一定的格式存储在客户数据库中，包括客户的名称、联系人、通信地址、通信方式、交往记录等。作为客户原始资料以备其他子系统读取相关客户信息（如来电屏幕弹出的客户基本资料），此子系统可单独使用。

9）电话回访

此系统主要用于客户电话回访，系统可自动进行外拨队列处理，选定客户名单系统自动进行外拨操作，如选定部分客户电话号码，系统将自动、逐个、反复拨号直到拨通为止（建议使用）；客服人员亦可在地址簿中选定客户双击直接拨号，省去人工拨号操作，节省大量时间从而大大提高话务员的工作效率。

10）统计报表

对各种信息进行统计、分析，如按时间统计产品需求率；按区域统计某种型号产品投诉率；按产品统计某个部件的故障率；数据库营销按区域调查用户满意度等。对统计结果以柱形图、盘形图的形式加以分析，为管理部门提供强有力的决策依据。此系统可按需量身定制，以适应使用者的特殊需求，功能强大。系统综合管理功能主要包括数据统计、运行性能、座席权限及座席管理等方面。管理员可以对所有话务座席和终端的状态进行监视和汇总，调整话务员分组和配置，增加、删除或修改话务员名称、口令以及权限。

11）班长席（质检子系统）

利用录音信息、数据库信息等进行质检，实现对分组、话务员工作质量的客观评价，为实施奖罚、提高话务员的业务水平、提高服务质量提供依据。

（2）人工座席功能

根据客户的需要，将进行自动语音应答（IVR）的话路转接到人工座席上，客户将和座席员进行一对一的交谈，座席员解答客户的咨询或输入客户的信息。系统将根据客户的来电号码自动从数据库中提取出相关的客户资料并显示在界面上，此时，座席员可以对客户资料进行新增、修改、删除、保存操作。

1）登录：将座席软件与服务器软件建立连接，可以开始使用座席软件的全部功能。

2）退出：座席软件与服务器软件断开连接，座席软件的全部功能将不能使用。

3）拨号：在号码显示中输入电话号码，系统自动拨号，无需在电话上拨号，非常方便（对于耳机式电话就必须有此功能）。

4）挂断：可以将电话挂断（对于耳机式电话就必须有此功能）。

5）录音：将通话的内容录到硬盘的文件夹，以便以后使用。

6）停止：停止录音。

7）留言：给服务人员留言。

8）听留言：服务人员可以听是否有人给他留言。

9）远程接听：无需跑过去，就可以接听同事的电话。

10）免打搅：在不希望有人打搅的时候使用此功能，电话将不再振铃，再按一次则恢复。

11）转接电话：将一个呼叫转接到另一个服务人员处。

12）电话会议：可以实现多方通话。

13）收发传真：每一服务人员可以使用此功能接收和发送传真，无需传真机。发送和接收的传真文件保存在服务器上。

14）听公司介绍：对于用户询问的问题，机器中已保存了标准的回答，这时可以将呼叫者转移到听标准的语音播放中。对于常常需要向用户解释的某类问题（如如何开户、收费标准等），使用此功能可以大大提高工作效率和提升服务质量。

15）发送短消息：其是客服中心内部工作中沟通、交流的有效工具，更是管理人员的有效管理工具。

16）地址簿：建立个人地址簿，方便拨号，以免记忆很多电话号码。

17）来电历史：详细记录来电号码、来电者姓名、来电日期和时间等。

18）外线状态：显示外线的使用情况。

19）内线状态：显示内线的使用情况。

2. 客户服务中心分类

（1）集中式

集中式是指总部单个服务中心和客户服务系统集中资源、统一服务、简化管理，有规模效应，能够保证人员培训质量和服务质量处于稳定的水平。全国电话汇集到一点，如果使用免费电话，话费成本较高。

（2）分布式

分布式是指总部和各个主要地区服务机构有自己的客户服务中心，规模上相近，可以通过IP连接。建设地点往往遵循业务的自然分布，如各大地区的客户服务中心，华北地区选择北京作为区域的服务中心。这种方式存在管理不便、维护成本高、服务质量难以稳定等问题。

（3）集中分布结合模式

集中分布结合模式是指总部有功能强大的服务中心，各个地区也有分中心，通过VPN和IP电话紧密连接，各地相对总部来说是从属的服务中心，统一使用总部的客户服务系统等业务系统，客户的来电被智能路由转接到指定服务中心处理，并保证负载平衡和灾难备份。这种方式对CTI软件和网络等要求高，管理上增加了一定的难度，优点是比较方便。

3. 客户服务中心的发展过程

随着技术的进步与市场环境的变化，企业对客户服务中心的要求也不断演进。演进的过程也是客户服务中心创新的过程。技术的进步可以不断催生新的需求，新的需求也将不断促进服务中心的演进，这是一个相辅相成的过程。在技术进步和市场需求双重作用下，客户服务中心大致经历了以下几个发展阶段。

（1）基于交换机的人工热线电话系统

基于交换机的人工热线电话系统使用纯手工操作和记录，劳动力大，效率低，客户抱怨多。

其不足之处有：操作不规范，人工操作难免会掺杂座席员的习惯和一时的心情；无呼叫记录，任何呼入的电话全凭座席员的手工记录和记忆识别，没有专业的数据库系统记录和备份；无法对座席员进行工作分配和绩效考核，座席员的工作质量影响企业的客户管理水平和形象。

（2）交互式自动语音应答呼叫中心系统（IVR）

IVR也是基于传统交换机，只是自动语音系统替换了之前的人工热线。但高端呼叫中心主要还是采用这种模式，比如电信的114、声讯台等。

其不足之处有：高成本，升级难，灵活性差，难以满足客户的其他个性化需求。

（3）基于板卡（语音板卡）的客服系统

基于板卡的客服系统实现了通信技术与计算机技术相结合（CTI技术），将电话语音与网络获取的数据进行协同和集成，实现了语音与数据同步。

其不足之处有：应用灵活性有限，难以支撑大量的呼入请求。

（4）基于IP的呼叫中心系统

基于IP的呼叫中心系统采用先进的VOIP及软件交换技术，提供web呼叫服务功能，支持用户从web站点直接访问呼叫中心。

4.1.3　客户服务中心相关技术和指标

1. 客户服务中心的关键技术模块

随着对核心竞争力的深入认识与调整，客户服务的能力已经成为企业最核心的价值之一。客服工作也从"几个员工一条热线"提升为以Call Center技术为基础的客户服务中心。每每看到接触到那些秩序严谨、高效成熟的客服中心时，很多担任筹备工作的人员都满怀信心，一定要建设成为业界乃至国内出色的客服中心，但是该从哪里着手？对于已经使用Call Center的企业来说，也面临着不同的发展周期，因为战略的调整，可能正在面临"重建"客服中心的工作。那么如何才能建得更好，使一切都有序有效，并且有所改善和提升呢？

一般来讲，包括六个关键环节：服务定位、搭建团队、制度规范、技术系统、关键技能和场地环境。

（1）服务定位

建设客服中心，一般先要回答以下几个问题（6W1H）：

1）WHY：客服中心建立的目的是什么？其中包括战略定位、长期目标、中期目标和短期目标。有的企业将客服中心的建立视为客户满意工程的重要环节，而也有部分企业一开始就认识到Call Center是一个新的渠道，在做好客户服务的同时，能通过呼入呼出服务对客户挖掘、客户增值、客户保留和客户筛选作出重要贡献。

2）WHO：客服中心要为谁提供服务？对外而言，是个人客户还是企业客户？是普通用户还是VIP客户？对内而言，有哪些部门是支持客户？比如成为市场部的销售渠道之一；为产品部提供咨询和服务；为维修部提供故障申告和维修预约登记；为研发部提供市场调查，收集客户信息和行为偏好；为分公司、经销商或者营业网点提供服务品质的管理、业务知识的更新或者投诉的监控调查。

3）WHERE：客服中心是提供一个地区的服务，还是全国范围的服务？如果是全国范围，是根据客户群的比例实行各地市分布座席，还是全国集中、全省集中？

4）WHAT：提供何种服务？是以咨询为主，还是包含业务处理、故障申告、投诉受理、技术支持、预约登记、客户回访、主动关怀、客户资料更新、市场调查、电话营销？

5）WHICH：服务手段如何？除了固定电话以外，是否需要支持移动电话、电子邮件、传真、手机短信、网页聊天？这里特别提出移动电话，是因为需要注意到手机是不能拨打800免费电话的。

6）WHEN：服务时间如何？是工作日的工作时间，还是一年365天，每天24h？

7）HOW：服务水平目标是多少？比如10s内人工接通90%的话务，投诉在48h之内处理完成，所有电子邮件在24h内回复等。预计每日有多少话务量？预期的成本与收益如何？具体的服务流程是怎样的？

上述每个问题的答案都将对其他关键环节产生重要影响。比如提供全国范围的服务，需要考虑到线路成本、人员在方言和地区地理上的技能。如果为VIP客户提供服务，则需考虑服务差异化策略，比如优先接入、专家服务等。再比如需要提供24h服务，就要考虑到人员数量的变化以及夜间安全、空调、系统维护等方面的条件。因此企业以及客服部门的决策层一定要先明确这些问题的答案，才能更有利于客服中心的建设规划。

（2）搭建团队

一般来讲，客服中心的建设都有一个筹备小组，因为每个部分的工作都很繁杂，所以需要筹备成员明确分工，充分合作才能获得预期的成功。

关于团队的建设，应该首先考虑组织架构的设立。从运营角度讲，设置客服中心经理、运营主管、班组长、客服代表都是必须的。当然根据不同的规模，也可以增加或者减少层级。除了运营之外，对于大型呼叫中心（50座席以上，或者业务较为复杂的），也应考虑相关部门的设立。比如客户关注组可以负责疑难问题解决、工单流转、投诉处理、建议处理、知识库建设采编等；培训组可以负责管理、组织、实施员工培训；技术维护组可以负责系统维护、网络维护、新项目应用界面开发、部分系统优化等；综合行政可以负责人事、行政等事务。

组织架构设定之后，接下来的工作就是招聘筛选。招聘座席员（CSR）的时候，应先厘定职务说明书，并注明要求，然后依此作为选择条件，比如学历、专业技能、方言、地理知识等。在招聘过程中，富有特点的是在面试之前先进行电话测试，目的是使招聘者在无其他干扰因素的前提下，对应聘者的声音、语言能力、反应速度、方言技能等做一个初步考察，未通过者不能进入面试。最后的筛选建议在上岗培训考核之后再进行。

人员招聘到位后，需要进行正规的上岗培训，这通常包括公司文化及制度培训、业务知识培训、话务技能培训、模拟演练。部分有营业网点的公司还需要安排去网点实习。上岗培训期大约在4～12周。培训之后的上岗考核应包括笔试、口试、系统操作、培训期表现四个部分。其中特别需要强调的是笔试内容，应以覆盖各个业务常见问题的80%以上为好，可以分数次进行。口试需要包括的内容应该是事先计划好的，比如一般咨询、业务处理、故障申告、投诉、交叉销售、回访等，总之，在工作中会遇到的主要话务类型都应该包含在口试中，这样才能知道客服人员掌握的如何。系统操作考核除了打字、系统界面使用外，也应该包括对知识库（资料库）的熟练使用。培训期表现包括出勤情况、态度和其他素质。每一项考核都应以80分为合格。根据综合成绩，客服中心经理可以最后决定员工人选。

即使经过规范的上岗培训与考核，新员工通常也只达到老员工50%～70%的表现。因此制定明确的实习期，在实习期间加强指导和培养是非常重要的。通常经过3个月的实习，新员工已经可以达到一个标准，这时便可以转正了。

值得提醒筹备组人员注意的是，每位管理人员都要注重和新员工的沟通以及对他们的激励。常常看到的一个现象是筹备组人员因为相处较长时间，喜欢一起吃饭、一起上下班、一起开会，这会给新员工一种等级感，似乎他们是另外的阶层，甚至悲观的认为是最底层，因此"被孤立"。另外，由于管理者和员工都不具备丰富的经验，各方面的工作和表现可能不尽如人意。这个时候作为管理者应该认真分析原因，不断检讨，并且把客服中心的目标和遇到的困难与员工分享。决策信息的分享是一种非常重要的激励方式，是"以人为本"的重要体现。

（3）制度规范

在Call Center的建设期，筹备组要应对各种各样的事情，相对而言，制度规范这部分是较为弹性的工作。但是不能因为有弹性而不够重视。因为Call Center的管理是为了提供更有效益、更优质的服务，缺乏规范性是不行的。

但是，制度规范都包括哪些内容？其具体的规定又是从哪里来？

首先，建设期的制度规范应简洁适用，以能满足建设期的需要为最佳。过多或者太复杂的制度需要更多的管理资源，在建设期是比较难实现的。具体来说，建设期制度规范主要包含以下内容：岗位管理、绩效管理、行为规范、薪酬激励、工作流程、质量管理、培训管理等。建议如下：

1）岗位管理：组织架构、岗位职责、岗位素质技能要求、招聘程序。

2）绩效管理：客户服务代表考核制度、业务专员及管理人员考核制度。

3）行为规范：员工手册、服务用语规范、现场管理指引、其他本公司规范。

4）薪酬激励：薪酬制度、激励机制。

5）工作流程：咨询流程、投诉流程、业务办理流程、建议受理流程、知识库管理流程。

6）质量管理：监听标准及程序、报表体系、管理评审会议。

7）培训管理：上岗培训及考核选拔、业务培训及考核、培训流程与记录保存。

满足客户的服务要求是行为规范、质量管理和工作流程等相关规定的目标，明确话务的标准、规定客服代表的行为，确保每类话务处理的流畅和控制时限，不断进行监察和纠正预防是这三部分的核心内容。再结合另外一个角度——企业对客服中心的服务定位，就可以厘定出对人员的管理要求，也就是岗位管理、绩效管理和薪酬激励。那么需要什么样的人才，如何培养人才就是培训管理了。

（4）技术系统

大家可能都有体会，很少有客服中心经理会对现有的技术系统感到满意。这是为什么呢？个中原因其实是两个悖论。

1）需求与经验。通常筹备组人员在建设客服中心的时候没有足够的经验，很多需求是在以往的业务知识与"想象"中诞生的。开发技术系统的人员把自己定位为"执行者""实现者"，客户怎么提他们就怎么记，然后根据书面标准去开发系统。这造成双方都痛苦的局面：需求方痛苦的是开发出来的东西不是想要的东西；开发方痛苦的是客户的需求总在变化，花了很多时间开发的功能没有用处，而另外新增了很多内容。

2）技术与运营。技术人员往往不了解运营，从而经常质疑一个功能是否需要，常常猜测运营的流程和可能出现的情况。同样，也很少有运营管理人员懂得技术，因此听到技术名词甚至购买了某些技术模块却不知道有什么用、怎么用。另外一方面，在运营上的需求不能细化到指导开发的程度，也经常会误解开发的难易程度。

① 无论在技术系统建设的哪个进程，都要保持紧密有成效的沟通。所谓沟通，不仅仅是双方坐在一起开会提出和记录需求的过程，而是信息发出、接收、确认、调整的过程。比如，技术开发方可以根据需求方的描述先设计应用界面的演示版，这能给需求方以感性的认识，从而理清思路并更加明确自己的要求。待应用界面已经通过后，再进行开发就会更贴近客户的实际需求。

② 成立共同的项目小组，尽可能分模块负责。需求方成立一个项目小组，开发方成立一个项目小组，双方派出项目经理的方式往往不能满足Call Center这样复杂的系统需要。建议双方建立共同的项目小组，充分沟通与合作，控制项目的范围和质量。

③ 寻找对运营、技术都了解的专家。一般来说，开发方都需要指定专人了解需求方的业务或运营需要，但是这需要很强的综合素质。如果不具备这样的人员，在条件允许时借助外脑——请咨询顾问是一条捷径。

④ 明确项目目标和里程碑。定义好项目的最终目标，安排工作的优先次序，设定里程碑使计划可以分阶段进行，并且控制每个阶段的完成时间，使项目更加有序。需求方中往往有部分人员属于"完美型"，对每个功能、每个界面都力求完美。这是没有错的，但是当项目的进程遇到困难的时候，有勇气判断优先次序，决定哪些是必备功能，哪些是可以后续开发的功能，从而确保项目按时"阶段性完成"，确保系统启用的时间，往往是更需要且更具挑战性的。

（5）关键技能

一提到招聘选拔，提到上岗培训，很多呼叫中心管理者想到的都是客户服务代表。其实笔者认为，更加重要的是管理人员的关键技能培养。比如对呼叫中心系统的基本了解、话务量预测与排班、报表制定与分析、质量标准的制定和监听、现场管理、辅导技巧、招聘技巧、管理评审会议等，每一项都是运营中的关键点。

但是，如何才能获得这些关键技能呢？这可能要分为两种情况考虑：一是已经有了具备这些关键技能的人员，那么最好的办法是注重内部的传承，可以通过定期小范围内部培训的方式，使大家有开放的心态分享和学习，培养每个运营管理人员的综合技能，营造学习型组织的氛围。二是不具备掌握这些关键技能的人员，那么参加相关的专业培训或者请专业机构进行顾问咨询是很好的选择。这样可以帮助客服中心尽快培养核心能力，并且从更专业的角度将这些技能的培养和传承系统化、科学化。

（6）场地环境

通常，筹备组的人员都参观过几个Call Center，大家可能都有感受，如果看到的是窗明几净的现场，点缀着绿色的植物，配之以服务的口号和代表团队精神的图片或者龙虎榜，便感觉到赏心悦目，赞不绝口。

场地环境的布置包括以下内容：

1）选址。选址应该考虑到满足未来2～5年的话务需要，注重成本控制、沟通方便、安全性和交通便利性。

2）场地布局。布局时应该考虑以下空间：呼叫中心现场（呼入呼出分区、管理人员分区）、管理人员办公室、带有终端环境的培训兼会议室、员工休息室（满足小休和用餐需要，适合情绪的放松）、面谈室（适合一对一的辅导）、机房（不间断电源）等。除了空间外，还要考虑24h空调、吸声、安全、保密等方面的因素。

3）环境布置。布置的原则是整洁有序并且能激发员工的工作热情。比如要专门设置水杯架、座位牌、签退牌、实物柜、资料柜，还可以布置宣传栏、龙虎榜、标语等。

2. 客户服务中心的数字化指标

以下是美国普度大学消费品质量监测中心琼·安顿教授提出的23个与客户服务中心运营相关的数字化规范指标，下面除了介绍提出各规范的计算方法及管理者所应采取的措施外，还给出了一些规范的具体建议数值，希望这些指标的提出能够对客户服务中心管理者的工作有所帮助。

（1）实际工作率

实际工作率是一种测试业务员是否如所计划的那样正在他们岗位上的方法。实际工作率的计算结果是一个百分比，它等于值机员联入系统准备回答电话的实际时间除以值机员按照计划应当回答电话的总时间，再乘以100。实际工作率百分比数据来自ACD，应当每日都做一次报告，并按周和月进行追踪。实践证明，每个值机业务员的最佳实际工作率应该达到92%或者更高。

（2）事后处理时间

事后处理时间是指一次呼叫电话接听完后，值机员完成与此呼叫有关的整理工作所需要的时间。呼后处理可能由值机员做，也可能由小组或者中心做，是一种有益的资料，可从ACD得到。这一规范应由小组或个人制成日表、周表和月表，还应该做成图形来与过去的记录进行比较。中心平均事后处理时间为60s，建议目标时间是30～60s。

（3）平均放弃时间

平均放弃时间是指呼叫者放弃呼叫前平均等待的时间，以"s"来计算。除非特殊需要，与其追踪这一数据，不如追踪放弃率更有价值。此数据由ACD收集，应每日和每周都做报告。全行业平均时间为60s，建议标准范围为20～60s。

（4）平均单呼成本

平均单呼成本等于某段时间内中心所花的全部费用除以这段时间中心所接听的所有电话数，它包括无论何种理由打入的无论什么电话，不管是由业务员接听的，还是由技术系统接听的。打入的电话数将从ACD所做的记录得到，中心总费用可以从财务处得到。中心管理层应该每周对此都做一次检查和计算。行业不同，此规范的数字变化很大。就所有行业的平均情况看，每打入一个电话需要花费成本4元。建议标准范围介于2～5元之间。

（5）平均通话时间

平均通话时间是指谈话时间和事后处理时间的总和。ACD将会提供这一规范的数据，应该每天都计算，每周、每月都统计。设计一个由值机业务员、小组和中心自己制定好格式的平均通话时间报告，做出曲线图来表示情况的变化。呼叫中心的类型不同，其平均通话时间的努力目标也不同。一个技术支持力较强的呼叫中心，平均数一般在10～15min之间。从全行业来看，平均通话时间是8.5min。建议将这一规范的目标定在3～10min之间，并还可加减15%。如能根据呼叫的类型和班组类型来确定时间范围是最合适的。规定一个均可接受的时间范围，避免只定一个固定目标所带来的问题，这样就给予值机业务员以选择，有足够的时间处理好每一次呼叫。

（6）平均持线时间

平均持线时间是指值机业务员让顾客在线上等待的平均时间。ACD会提供每一值机员的持线时间数据，并给出平均值。每日、每周、每月报告和图示这一规范，并每周、每月进行一次管理上的考察。全行业平均持线时间为60s，建议目标范围应控制在20～60s之间。

（7）平均振铃次数

平均振铃次数是指顾客听到回话之前电话铃振响的次数，不论这个电话是由业务员、还是IVR回的。资料由ACD收集，应该每天都做报告，以便中心管理人员参考，或满足呼叫者满意程度测试计划的需要。行业平均次数是2～3次，建议2～4次。

（8）平均排队时间

平均排队时间是指呼叫者被ACD列入名单后等待值机业务员回答的时间。ACD能按照适用或呼叫类型将所有到达中心的电话记录下来，这一数字可以每日、每周和每月张贴公布给员工们看。这是一个具有行业特殊性的规范标准，全行业的平均排队时间为150s，建议的目标范围在30～90s之间。排队时间在建立整个服务水平的总目标上是个关键因素，如果排队时间为零就意味着付费让业务员等电话到来，这是很不经济和缺乏效率的。

（9）平均应答速度

平均应答速度是指总排队时间除以所回答的总电话数。此规范可直接得自ACD，应以半小时为单位进行报告，并以图表显示走势。此规范一般又称为ASA，标准时间长度常常定在20s之内。

（10）平均交谈时间

平均交谈时间是指呼叫者与值机员联系后交谈的时间长度。这一数据由ACD、业务员、业务小组或客户服务中心收集和报告，应该每周和每月评估一次。如果业务员的业务活动是特意根据呼叫类型分组进行的，则此规范对于管理用处更大。个人暨小组的业务表现可能是很有力的反馈数据，但重要的是要用呼叫者满意程度测试计划所产生的反馈数据对它加以平衡。如果相对较长的谈话能够提高客户的满意度，那么增加点花费也值得。这样有些业务员就需要再培训一下解释技巧，以便他们能够用时间稍长些的谈话来获得客户较高的满意度。行业平均交谈时间为330s。对技术支持型呼叫中心而言，是6～10min。建议交谈时间的努力目标应以270～360s为好。

（11）每小时呼叫次数

每小时呼叫次数是指每个业务员每小时接待呼叫的平均次数。它等于一个交接班中，业务员接听的电话总数除以他/她接入电话系统后的总时数。此数据可从ACD得到，应由业务员每天报告一次。每小时呼叫次数主要依据呼叫中心的性质而定，在一个技术程度很高的呼叫中心，这一数字可能低到每小时只有5次，而在一个技术设施简单的呼叫中心，这个数字则可能高达100。

（12）监听分值

监听分值是指由质量保证专家对值机业务员的回话质量所作的等级评价。监听分值并没有一个普遍适用的评价标准，尽管人们一般用百分制来评价。建议为了符合政策上的规定和作为中心标准适用的反映指标，业务员每个月可以被监听4～5次。

（13）占线率

占线率等于通话时间与持线时间的总和除以通话时间、持线时间与闲置时间的总和乘以100%。此项数据可来自ACD，报表计算应按班组和业务员加以平均。此规范一般标准中最好的是90%或者更大。

（14）呼叫放弃率

放弃电话是指已经被接通到中心，但又被呼叫者在值机业务员、呼出电话员和信息通知部接听之前自动挂断了的电话。放弃率是指放弃电话数与全部接通电话数的比率。ACD能为中心提供此数据，报告应该每日、每周和每月都做。必须确定"短时放弃"的时间长度到底是多少，并保证将这一数据从数据簿和报表中消灭掉。"短时放弃"按通常标准是20s或者更少。行业放弃率为3%，建议控制在3%～5%之间。放弃率几乎完全依赖于呼叫者，并可能因下列一个或所有因素而变化：呼叫者放弃的动机与紧急程度有关；其他呼叫中心可以提供同样的服务；基于人口统计基础的呼叫者的期望值可反映出这之中的情况；呼叫者没有时间等待；电话费的原因，如800电话与400电话会有所不同。

（15）出勤率

出勤率是指一个班组实际工作的人数除以计划工作的人数乘以100%。得到这一数据的最常用方法是职员上工自动登记制度。这一规范变化差异较大，但常见的标准是95%。

（16）忙音率

忙音率是指受到忙音信号阻滞，连ACD都没有到达的呼叫电话的百分数。此数据可从ACD或电话经营商处获得，应该每小时检查一次，看看受阻高峰出现在哪里。全行业中受阻电话数为1%。我们建议努力将目标范围控制在1%～3%之间。最理想的状况是没有受阻电话，因为这意味着既失去了一桩生意，又增加了一个被激怒的客户的抱怨，而这两者对公司都是没有好处的——不论是从近期收入上来讲，还是从较远的客户满意度上来说。

（17）一次性解决问题的呼叫率

一次性解决问题的呼叫率是指不需要呼叫者再呼、也不需要业务员回呼就将问题解决了的电话的百分数。ACD可用编码的形式在呼后处理的过程中产生出这一信息，业务员和中心都应该每日报告一次。行业平均百分比为85%，建议目标范围在85%～100%之间。这个规范对呼叫者的满意程度作用明显，即是说，呼叫者对能否第一次就解决他们的问题非常看重。

（18）队列放置率

队列放置率是指将列入排队名单的电话数量除以中心所接到的所有电话的数量再乘以100%。此数据由ACD收集，中心经理应该每周计算和检查一次。就全行业而言，15%的电话是被置入队列中的，建议范围为10%～20%。

（19）转接呼叫率

转接呼叫率即由值机业务员转给其他人员接听的电话的百分比。可由ACD业务员报告这一数据，应每天、每周和每月都进行报告，并附带上业务员的反馈信息，这些反馈信息至少一月最好一周汇报一次，要确定究竟是什么原因造成了转接。此规范的全行业平均百分数是3%，建议每一百个电话只有一个被转接，而且转给的是专家或权威人士。

（20）已复电话百分比

已复电话百分比等于回答过的电话数除以所有接入的电话数乘以100%。用于计算这一规范的数据资料可由ACD提供，建议每日报告一次。此规范最常见的百分比是98%。

（21）服务水平

服务水平的计算公式是：回答时间少于x秒钟的电话数除以所接入的电话总

数乘以100%。这一数据可以很容易地从ACD那里得到。服务水平应该建立在不断监听的基础上，因为这一规范预示着所存在的主要问题。全行业大多数中心的标准是：80%的电话都是在20s之前作出回答。

（22）总呼叫数

总呼叫数是指所有打入中心的电话，包括受到阻塞的、中途放弃的和已经答复的电话。这一规范数据来源可以是ACD，也可以是电话线路提供商，应该每小时、每天、每周、每月都进行检查。为了更好地组织安排工作人员，需要对打入的电话进行跟踪，并将它们按类型细致地划分。早早地预见到呼叫类型上的变化，可便于管理人员作出及时有效的调整与安排。这个规范主要用来确定其他规范，并对未来的电话作出计划、预测，以便合理地安排工作人员。

（23）值机员流动率

值机员流动率是指一月、一季或一年中离开中心的业务员人数在全时工作总人数中的比例。这一规范的数据通常由人力资源部提供，应每月和每季度都进行查验、统计。行业平均辞职率为25%，建议把努力目标定在15%～30%之间。

3. 企业内部的客服中心

（1）客服中心对于企业的意义

企业可以使用客服中心接受客户咨询，帮助客户解答，通过提高客户满意度达到增加销量的目的。客服在售前回答客户的疑问，可以帮助客户更好地了解产品，还提供了一个一对一的推广机会，能够有效提高访客转化率；企业通过客服中心提供售后服务，解决客户在使用产品时遇到的问题，可以提升客户满意度，从而维护老客户，争取到更多回头客；同时企业还可以通过客服中心主动营销与客户联系，推送节日祝福、产品促销等信息，寻找潜在客户。

（2）企业内部的客服中心类型

传统的客服中心类型有自建式、托管式和外包式，对硬件的要求比较高。现在市面上提供一种新型客服中心——云客服中心，对于企业的要求明显低于其他传统搭建方式。

1）自建式客服中心

自建式客服中心是指将客服系统部署在本地，采用自己的客服人员。企业承担相应的软硬件费用、部署实施费用和后续服务费用。企业自己招聘培训客服人员，全权把控客服中心。

① 优势：可以根据企业需求定制解决方案，客服系统更加稳定，数据保密性好。客服人员专业性更强，易与公司其他部门沟通，快速解决客户问题。

② 劣势：软硬件价格昂贵，买断费用通常需要几十万。客服中心搭建操作繁琐，周期较长。后期需要专人维护，还要支出系统运维费用。需要客服人员和场地。

③ 适合企业类型：业务规模稳定、资金雄厚的大型企业。例如集团型企业、政府部门、事业单位、从事客服外包的企业。

2）托管式客服中心

托管式客服中心是指需要企业提供客服人员，其他软硬件相关部署维护由托管公司负责。企业安装客服系统软件接入到自己的渠道内，即可完成客服系统的搭建。

① 优势：搭建周期短，不需要企业对客服系统进行维护。租用少量工位时，成本比较低，风险较小。

② 劣势：付款方式一般都是预付，如果一次性预付很长时间的款项，则费用较高。依赖于Internet的B/S结构的实时系统，很难能够有效的保证系统的稳定，并且在操作方面也较复杂、效率低下。

③ 适合企业类型：有客服人员，但咨询量不太大的中小型企业。

3）外包式客服中心

有些企业由于人员、场地等因素的限制，会将客服系统和客服人员委托给外包商全权管理或部分管理，企业可以选择按年、按月、按销售提成付费。一个良好的外包合作可以帮助企业瘦身，减轻压力，集中更多精力到核心业务上去。

① 优势：客服中心搭建迅速，企业不需要自己招聘培训客服，外包商提供专业客服。日常运营的开展完全由外包商负责，减少企业负担。

② 劣势：外包客服系统一般价格比较昂贵。客服系统可控性差，客服人员水平无法得到保障，不适合负责核心、专业的业务。客户资料的安全性和保密性也存在隐患。

③ 适合企业类型：客服任务比较基础，缺乏客服人员的中小型企业。

4）云客服中心

云客服中心基于互联网，将服务器架设在云端，应用SaaS模式，帮助企业建立虚拟客服中心。云客服中心与托管式客服中心相似，都提供一套客服系统，需要企业自己提供客服人员。但是与传统客服中心相比，云客服中心的搭建成本明显较低。云客服中心覆盖的渠道全，随时购买随时开通，效率高，单价低，资源可弹性扩展，企业可以通过一个客服平台同时管理多个渠道。

① 优势：企业无需进行本地调研和系统集成，搭建的成本低廉，不受时间和空间的限制，随时随地接入，使用灵活便捷。

② 劣势：部分个性化需求无法满足，在系统稳定性、数据保密性等方面不如传统客服中心。

③ 适合企业类型：适合绝大部分企业使用。

4.2 客户服务中心的建立与管理

4.2.1 客户服务中心的建立

1. 客户服务中心的起源

客户服务中心起源于20世纪50年代的民航业，最初建立的目的是为了能更方便地向乘客提供咨询服务、机票预定和处理乘客投诉，全球呼叫中心的鼻祖是1956年由泛美航空公司开办的电话机票预订系统。随后AT&T推出了第一个用于电话营销的呼出型客户服务中心，并在1967年正式开始运营800被叫付费业务。从此以后，利用电话进行客户服务、市场营销、技术支持和其他商业活动的做法，逐渐在全球范围内被接受和采用。

2. 客户服务中心的中心任务

（1）为客户提供快捷、高效的服务，以最佳资源和经验、最有效地满足客户的需求。

（2）密切和改善与客户的关系，实现客户个人化服务。客户听到的是友善、亲切、熟悉的声音，感受到的是彬彬有礼的态度，得到的是迅速、准确的信息，让每位客户感觉到自己确实受到尊重。

（3）架设双向沟通的"桥梁"，利于企业与客户建立长期便利的联系，提高客户对企业的满意度。

（4）了解客户需求，掌握市场热点，分析客户习惯、爱好，为制定营销策略提供依据。

（5）对内提高管理水平，对外树立优质服务的企业形象。

3. 如何构建客户服务中心

建立自己的客户服务中心系统，可以有两种模式：外包模式与独建模式。

在外包模式中，首先要有一个独立的客户服务中心业务运营商，它有自己的较大的客户服务中心运营规模，并可以将自己的一部分座席或业务承包给有关的其他企业。这样企业就可以将有关业务需求直接建立在这种业务运营商的基础之上，不用自己添置单独的硬件设备，仅需提供有关的专用服务信息，而由呼叫中心业务运营商为自己的用户提供服务。这种方式的优点是节约成本，而且能够提供较专业的服务，比较适合于中小型企业，但需要对有关的座席人员进行培训。

另一种模式是独建模式，即由企业自己购买硬件设备，并编写有关的业务流程软件，直接为自己的客户服务。该种方式能够提供较大的灵活性，而且能够及时地了解用户的各种反馈信息。采用这种方式的大部分是具有雄厚实力的大公司、大企业。

构建一个客户服务中心系统要考虑的因素很多，包括经费问题、业务处理能力、有关人员的培训等。在国外建立一个客户服务中心系统成本较高的部分常常是人工座席的工资，因为与一个推销人员一样，一个好的人工座席能够为企业带来更多的效益和利润。

一个客户服务中心系统的成功与否，常常取决于客户服务中心系统的运营情况。传统的客户服务中心仅仅是一个成本中心，即企业仅将此用于客户投诉、信息调查等方面，仅仅从侧面为企业树立良好的企业形象，带来的利益也是间接的。其实客户服务中心最具生命力的还是呼出（Outbound）。通过呼出主动为客户提供服务，向客户宣传、推荐和销售产品，即进行电话营销才是它的用武之地。通过这种主动的呼出，最终将为企业换回无可估量的利润，同时也将客户服务中心从支出中心变成了收入中心。另一方面，在进行电话营销时，也要对有关人工座席人员进行专门的培训，介绍如何通过电话向用户推销有关的产品等，这在国外有专门的电话营销技巧。

目前，呼叫中心已经发展成为一个利润中心，即通过具体的运营，为企业带来直接的经济效益。简单地说，呼叫中心的运营问题就是，如何设计用户感兴趣的业务来为用户服务。在设计一个具体的呼叫中心业务时，要进行充分的市场调研，进行可行性分析，了解用户需要哪些信息业务，然后去进行有关的设计与实施，并不断地更新信息。目前全国各个省市大部分建立了自己的"168""160"信息台，具体的实现技术差别并不大，但有的挣钱、有的赔钱，原因在于如何把握用户的需求。有资料统计，在上海业务量最大的是目前的天气预报系统，因为这是用户都比较关心的问题。

4. 发展趋势

目前我国客户服务中心市场尚处于基础功能型阶段，主要应用在查询、咨询、售后服务、投诉等方面，其他类型的应用，如电话营销、电话调查等还开展得较少。使用客户服务中心的部门主要集中在客户服务及售后服务部门，其他部门如市场部、销售部等则应用较少，这主要取决于企业决策者对客户服务中心战略定位的认识和对客户服务的重视程度。越来越多的企业，特别是大型企业会通过客户服务中心和电子工作流的有机结合实现营销、服务、内部支持和渠道管理等多种功能。客户服务中心作为企业与客户的联系桥梁将承担起企业营销策略中的核心任务，包括电话销售、客户维系、网络营销、渠道管理等。

客户服务中心作为企业的统一对外窗口，担负着客户信息采集、客户需求分析、客户价值分级、客户需求满足，以及企业的客户服务、信息发布、市场调研、直接营销和形象展示的重要责任，它必将成为企业电子商务过程中的重要组成部分。

客户服务中心的另一重要应用是作为企业CRM的基础和信息平台，众多企业CRM战略的首要标志就是建立客户服务中心，CRM的核心在于分析客户信息、发掘客户需求、把握营销机会、实现客户价值，CRM的引入将使客户服务中心的价值得以大幅提升，客户服务中心获得了极大的发展空间。

随着优质客户服务从竞争优势变成竞争的必须条件，没有客户服务中心的许多企业将无法在市场上生存。市场上诸如订票、送水、家政服务、货物运输等服务内容和方式都极为类似的公司，有没有自己的客户服务中心，能否与客户建立一条方便快捷的沟通渠道，将成为企业生存和发展的关键。在竞争激烈的电信、银行、证券、保险、投资理财、汽车等行业，不少客户服务中心已经具有相当规模。中国进入WTO后，国内企业面临着国际竞争，对客户服务中心的需求也进一步突出，客户服务中心的市场定位更为细化。随着不少企业对业务外包和服务外包观念的逐渐接受，客户服务中心外包市场被进一步看好。

从技术上看，传统的技术方案与多媒体技术、Internet应用、无线数据接入、语音合成与智能识别等多种技术相结合将产生新一代的IPCC呼叫中心，它全面融合了语音、数据、视频等信息技术，使呼叫中心在功能上能够得到质的提升和飞跃。

从产业发展上看，呼叫中心的发展趋势主要集中在以下两个方面。

（1）客户服务中心向高低两端不断延伸

许多中小企业已开始建立自己的客户服务中心。因为受到资金和规模的限制，他们的主要目标是用较小的投资在短时间迅速建立一个具备主要功能的客户服务中心。相关设备与集成商为小企业提供的简单低价的客户服务系统也将日益增多。另外，随着从客户服务中心到客户接触中心以及更为高级的客户互动中心地不断发展，大型企业会将更多的业务功能与应用通过与客户服务中心的整合来实现。

（2）客户服务中心相关产业价值链逐渐形成

围绕着客户服务中心的建设与运营，除了设备供应商之外的上下游价值服务链正逐渐形成。专注于客户服务中心的培训提供商、家具制造商、运营咨询公司、人力资源管理公司纷纷出现，各种类型的呼叫中心研讨会也连续不断。可以预见，其他一些关联企业，如专门制造客户服务中心竞赛与激励产品的公司、专门培养话务员和运营人员的在职进修学院等也会在市场上出现。

这些发展趋势推动呼叫中心在技术和管理上不断向深度和广度拓展，客户服务中心将会越来越多地与移动、数据、互联网的应用相整合。今后几年企业的营销与服务工作将在新型的客户服务中心平台上衍生出大量创新方法，给客户服务中心带来全新的内容。

4.2.2　客户服务中心管理制度

1.客户服务中心现场管理制度

（1）目的

为了加强对呼叫中心现场各项工作的管理，全面了解呼叫中心座席员的工作信息，及时纠正和整改呼叫中心现场发现的问题，特制定客户服务中心管理制度。

（2）适用范围

客户服务中心管理制度适用于呼叫中心现场管理工作，包括排班管理、会议管理、流程管理、人员管理等。

（3）管理职责

1）呼叫中心经理负责呼叫中心现场管理运营的资金保障和关系协调。

2）呼叫中心主管负责制订现场管理工作计划，组织人员实施工作计划，并对重要问题进行决策。

3）座席班组长是现场管理工作的主要执行人，负责问题采集、经验传授和工作监督，并承担组织班会、意见反馈的职责。

4）质量监控人员是现场管理工作的一线员工，负责现场管理工作中质量标准的制定、监督和问题预测工作。

（4）预测呼叫量

呼叫中心主管应根据历史呼叫量统计、行业市场预测、产品广告投放等多方面因素进行分析，掌握数据变化趋势，准确预测呼叫量。

（5）计算座席人员需求量

1）以预测呼叫量为基础，以半小时或一小时为单位，综合考虑座席员的休息与就餐时间，测算单位时间内需要座席员上线的数量。

2）考虑平均处理时间、平均应答速度、座席员利用率、座席员出勤率几个指标，提高预算的精确性。

（6）创建排班表

1）排班方式。

2）排班内容。公司座席人员排班表包括排班名称、工时、班别班次、在工人数、轮班人员等。

（7）排班工作改进

公司将定期对比实际情况与预测情况，改进排班工作，通过对比预测与实际的情况，对下一阶段的排班进行适当调整，确保排班工作的准确度不断提升。

（8）班前会

班前会是客服交接班工作的重点，座席班组长应认真组织班前会，确保信息的传递及时和重要业务的沟通到位，具体应从以下几个阶段组织班前会：

1）会前准备：当班座席班组长结合排班表记录，编写"当班班次信息通知表"，对人员异动情况作出会前准备说明，使接班人员准确掌握当班人员的信息；整理"现场工作日志"，记录包括业务通知、人员安排、工作事项、重点跟进客户问题等信息，要求接班人员详细掌握，并且对跟进结果负责。

2）会议召开：人员考勤情况通报；重要业务及事项通报；座席状态调整，包括问候语练习、心得分享、优秀员工示例等方式。

3）现场交接：由于现场交接涉及现场人员的较大变动，因此，交接班人员应从以下几个方面保证交接工作的顺利进行：交接班主管与班组长在现场交接过程中应密切配合，做好现场的人员调动工作；无论是进入现场接班的还是已经交班的座席员，在现场都要遵守现场工作秩序，保持安静；质检人员要实时监控话务，并保证平稳交接；现场禁止一切不必要的逗留；应将异常或重要的交接事项记录在"现场工作日志"中。

（9）班后会

班后会是对之前的工作作出总结，同时对第二天的工作作出安排，班后会的组织和建设应重点从以下几个方面进行：

1）班后会内容有所创新。

2）班后会能够准时开始并按时结束。

3）座席员参与热情高，态度积极。

4）适当开展座席员自我点评活动、班后会组织和建设重点。

（10）现场工作流程管理内容

公司呼叫中心流程管理内容主要包括：客户咨询流程、信息查询流程、交易受理流程以及投诉处理流程。流程的规范化是提高业务运作效率的有效方法。

（11）现场工作流程的设计

呼叫中心业务流程设计应遵循以下设计步骤：

1）了解工作的基本需求。

2）分解单个作业。

3）排定作业顺序，估算工作时间。

4）不断调试，确定最终工作流程。

（12）现场工作流程的改善

现场管理是监督流程运作、优化流程设计的重要手段，对流程的改善应从以下几个方面进行：

1）选择需要改善的工作流程：该阶段应由执行流程的人员参与，提出工作流程执行过程中的不足之处，并提出相应流程改善的建议。

2）设定工作流程改善的目标：公司呼叫中心流程改善一般以提高服务品质或降低运营成本为目标。

3）持续改善工作流程：呼叫中心经理负责通过量化工作流程改善的价值，比较改善前后的效益，进行正确的持续改善工作流程评估。

（13）电话接听

1）通话前的准备工作：座席员打开机器，带上耳麦，使电话处于正常状态；调整心情，保持愉悦的状态；准备好各种办公用品。

2）电话接听的要求：电话铃响后第一时间接起电话，摘机后报工号以及问候语；要求口齿清楚、语言柔和、有礼貌。

3）通话时情绪的控制：电话交谈过程中应保持微笑，适当地对客户的陈述作出回应。

（14）声音控制

声音控制包括语速、音量、吐字。

（15）用语标准

（16）出勤

不得迟到、早退，严格遵守公司请假制度，每月迟到累计超过3次，由所属主管给予纪律处分。

（17）仪表

上班时要求衣着整洁，不准穿背心、短袖等服装，女员工宜化淡妆。

（18）工作操守

1）员工在公司内应保持专业形象，不得大声喧哗（包括休息区），不得与同事做出过分亲密及随意的举动。

2）每天上线前5min在自己的座位上准备就绪。

3）将私人通信工具设置为震动或静音状态。

4）离开工作台时，须请示主管并告知主管去向及事由。

5）保持应有的职业操守，尊重同事，尊重客户。

6）如非工作需要，不得翻查客户的任何资料。

（19）环境卫生

1）员工应时刻保持工作环境及休息区的整洁，在休息区进食后，应随手将椅子放好并将剩余的食物收拾好，不可随意乱放。

2）员工在工作台上应时刻保持整洁。

3）除公司指定的区域之外，在工作环境及休息区内不准吸烟，在当值时间不得饮用含酒精的饮料。

（20）设备使用

1）爱护并按正确步骤操作设备、工具，不得擅自改变任何设定。

2）妥善保管工作用品，如有遗失应立即报告上级主管。

3）为控制成本、推广环保，请尽量正反面使用纸张。

4）爱护公司提供的设施设备，不得擅自改变任何设置，不得用作私人用途。

（21）其他纪律

1）员工不得对外泄露公司及客户的任何资料。

2）非本公司员工不得进入服务中心。

3）遇有任何紧急情况，须立即报告上级主管，并启动紧急处理程序。

4）严禁利用公司计算机玩游戏。

5）下班后必须将计算机关机。

（22）纪律处分

如违反上述规则，建议累计3次将给予当事人口头警告，或由主管视情节严重情况给予书面警告，如仍没有改善，当事人将受到书面警告甚至被解聘且无任何补偿。

（23）制定、修改和解释

客户服务中心现场管理制度由客户服务部负责制定、修改和解释。

（24）实施

客户服务中心现场管理制度经总经理批准后，自公布之日起实施。

2. 客户服务中心质量监控制度

（1）目的

为了达到以下目的，特制定客户服务中心质量监控制度。

1）保证客户的合理要求能得到满足和实现。

2）降低出错率，改善服务质量，提高服务效率。

（2）适用范围

客户服务中心质量监控制度适用于呼叫中心的业务质量监控管理工作。

（3）管理职责

1）呼叫中心质量监控主管负责座席员呼叫质量的整体监控工作。

2）呼叫中心质量监控专员负责座席员呼叫质量的监控实施工作。

（4）质量控制管理的标准

1）以客户为中心：在质量管理的各项活动中，质量监控专员应把使客户满意作为出发点和落脚点，以优良的客户满意度作为服务体系管理的终极目标。

2）全员参与：质量监控专员应通过全员参与的质量管理活动，提高员工的积极性，增强全员参与组织内部的沟通和凝聚力。

3）系统管理：质量监控专员对呼叫中心实行全面系统管理，提高组织管理的有效性和系统管理效率。

4）持续改进：质量监控专员运用持续改进的理念来优化流程，使所有客户都能受益于持续改进，并不断提升本中心的服务质量，树立公司的良好形象。

（5）确定质量控制方法

质量监控专员根据公司情况选择合适的质量监控方法，常用的质量监控方法有人员监控、服务时段监控、匿名访问等。

1）人员监控：质量监控专员根据座席员在线时间内的任意一个或几个电话录音，随机抽取电话，进行监听打分，并做记录；保证每周每位员工被抽到至少3次，监听跟踪整个电话服务过程。

2）服务时段监控：根据不同的服务时段，质量监控专员对呼叫中心座席员进行监听打分，并做记录；质量监控专员可视情况设定监听录音的时间长短，也可跟踪监听整个电话过程；监听的重点时段包括每日来电量高峰期、每日来电量低峰期、交接班期、上下班前后、用餐前后等时间点。

3）匿名访问：根据业务的发展情况，由质量监控专员以客户的身份拨入电话，检查座席员的业务和服务水平，加大话务质量的督导范围和力度。

（6）确定监听时间

1）监听的时间要求如下：质量监控人员要每日对在线座席员的电话进行监听；质量监控人员保证每日至少监听＿＿＿h。

2）质量监控人员根据呼叫中心座席员的工作情况，确定具体的监听时间。

（7）确定监听频度

质量监控人员确定监听方法及监听时间之后，确定监听的频度。

1）有针对性监听。质量监控人员根据实际培训情况选定抽样监听的重点时段，如参加培训的人员，则监听一般集中在培训前或培训后：培训前的监听量为座席员总数的30%，培训后的监听量为座席员总数的20%。

2）全面监听。质量监控人员对全部人员进行全程监听，以便全面了解呼叫中心座席员的服务质量。

（8）确定监听内容

监听内容根据实际培训需求而定，不同时期的监听侧重点是不同的。监听的主要内容如下：

1）质量监控人员对出现频率比较集中的问题进行重点监听，收集案例。

2）实施培训过程中，质量监控人员要对接受培训的座席员进行相关内容的重点监听，以检测培训效果，同时收集优秀案例，积累培训资料。

3）全面监听，质量监控人员对座席员的业务知识、服务技巧及服务规范的表现进行监听，找出问题，同时收集优秀案例，积累培训资料。

（9）实施监听程序

1）质量监控人员监听座席员电话，并发现问题。

2）质量监控人员要严格依照呼叫中心监听评分标准在监听过程中打分，填制监听评分表，并进行分析。

3）质量监控人员对座席员进行话务指导。

4）质量监控人员辅导座席员制定个人改进方案。

5）质量监控人员进行跟踪监听。

6）质量监控人员对共性问题进行统计，质量监控人员根据问题统计及人员沟通，提出培训需求交培训专员。

7）相关培训人员对呼叫中心座席员进行培训，质量监控人员在培训后再进行监听，并重复本流程。

（10）质量监控结果处理

1）评分记录：每次监听后根据《质量评分标准》分析座席员的服务水平并进行打分，填制"质量监听评分记录评分表"。

2）面谈记录：通过监听，与业务、服务水平有突出问题的座席员进行面谈，对话务质量进行指导，质量监控人员与座席员共同制订质量改进计划。对于业务和话务水平较好的座席员给予鼓励。

3）培训需求：通过每月监听的汇总结论与座席员沟通，质量监控人员及时了解座席员各方面的业务培训需求，及时向培训专员反映。

4）共同监听：由质量监控人员牵头，安排各班组负责人轮流监听座席员录音，各组负责人也可共同监听，对典型电话服务录音进行讨论，对质量监控工作提出合理化建议。

（11）工作总结

呼叫中心的质量监控人员要依据质量控制管理办法开展工作，每月总结本月的监听工作，将结论上报中心总监或相关管理人员，并定期将汇总的监听记录上交备案。

（12）客户服务中心质量监控制度由客户服务部负责制定、修改和解释。

（13）客户服务中心质量监控制度经总经理批准后，自颁布之日起实施。

4.2.3 客户服务中心管理流程

1. 客户服务中心运营流程

客户服务中心运营流程如图4-1所示。

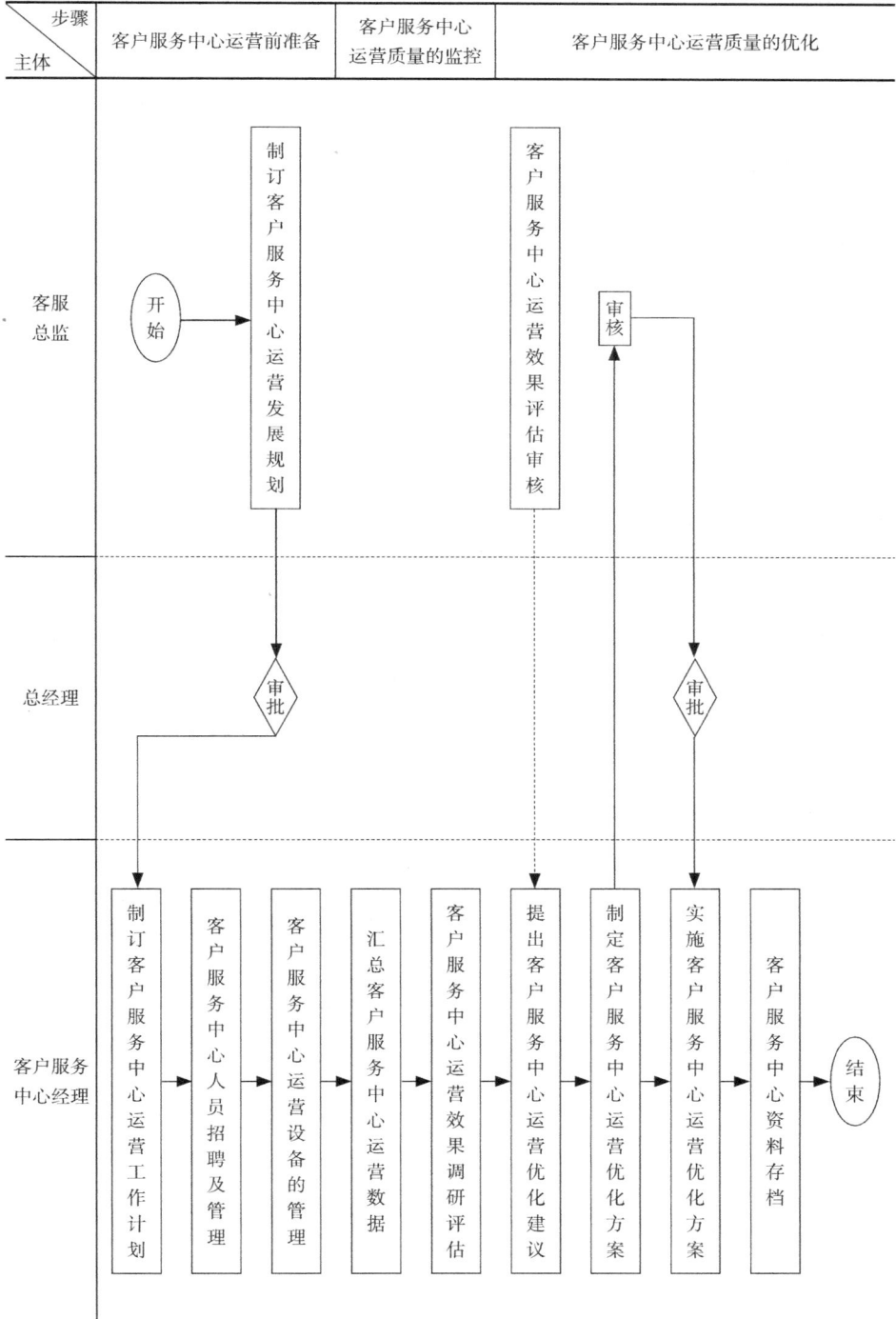

图4-1 客户服务中心运营流程图

2. 呼入工作处理流程

呼入工作处理流程如图4-2所示。

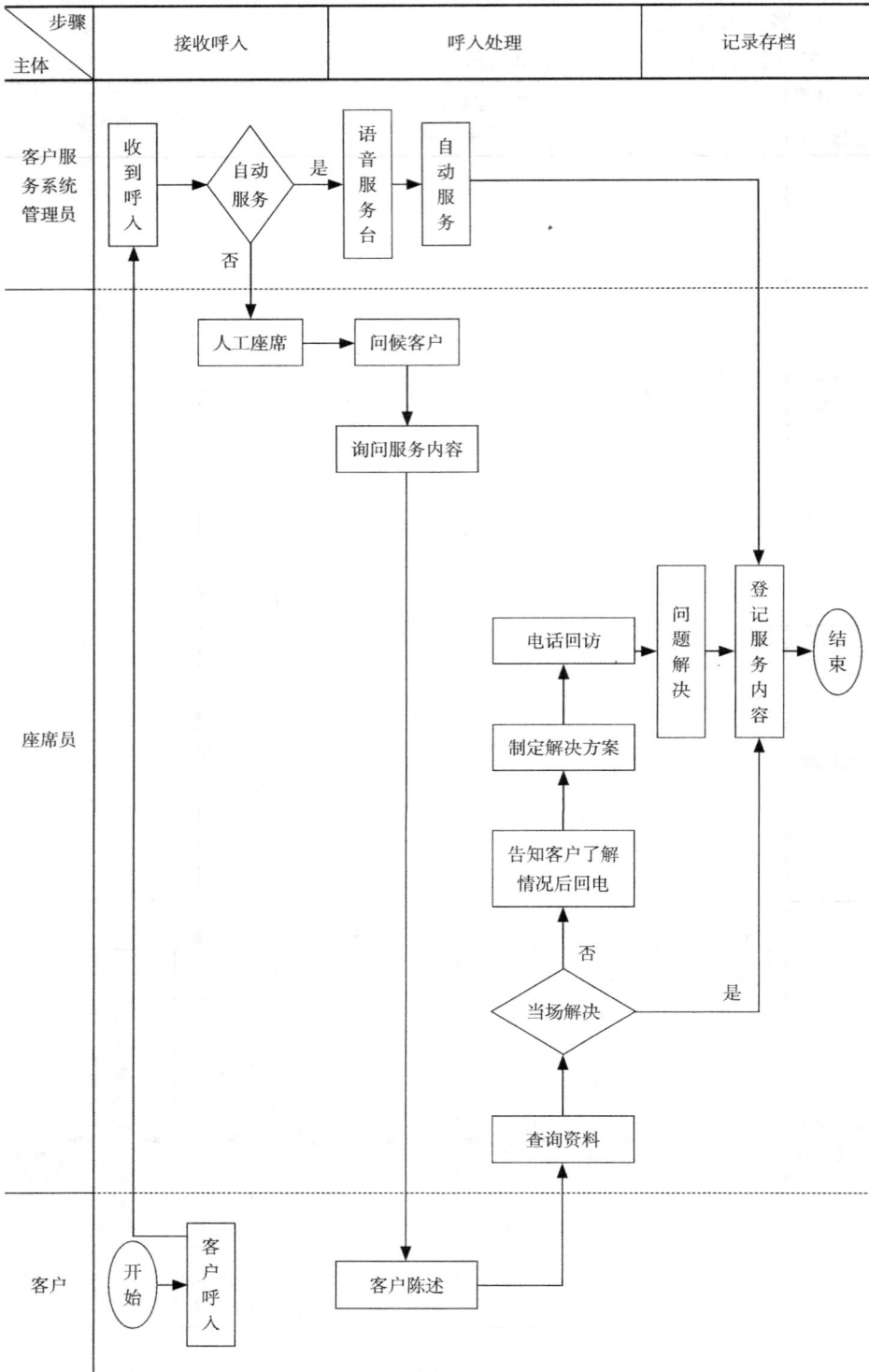

步骤 主体	接收呼入	呼入处理	记录存档

客户服务系统管理员

```
收到呼入 → 自动服务 ─是→ 语音服务台 → 自动服务
              │
              否
              ↓
```

座席员

```
人工座席 → 问候客户
              ↓
          询问服务内容
```

```
电话回访 → 问题解决 → 登记服务内容 → 结束
   ↑
制定解决方案
   ↑
告知客户了解情况后回电
   ↑ 否
当场解决 ─是→ 登记服务内容
   ↑
查询资料
```

客户

```
开始 → 客户呼入
          客户陈述
```

图4-2 呼入工作处理流程图

3. 呼出业务处理流程

呼出业务处理流程如图4-3所示。

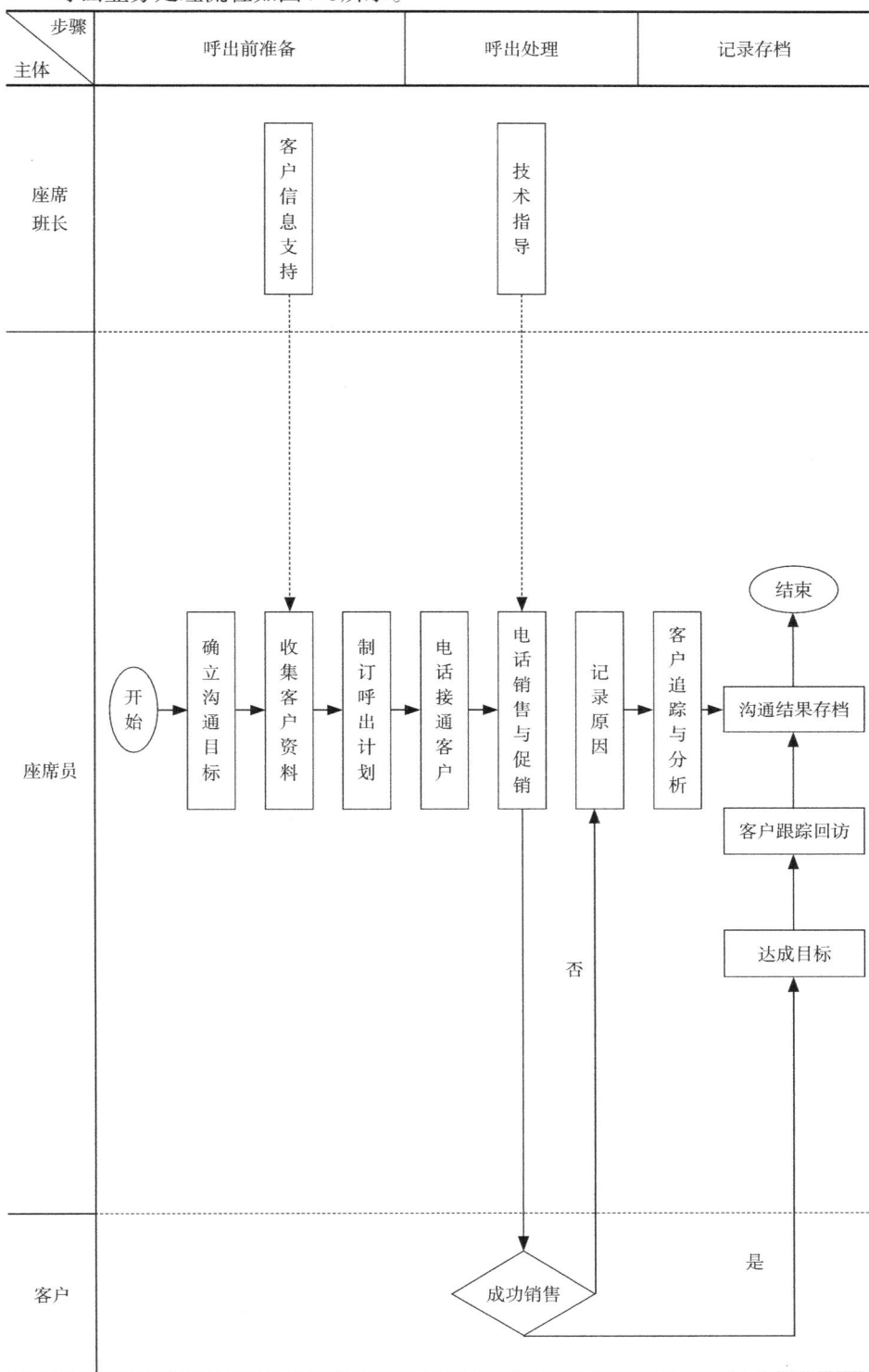

图4-3　呼出业务
处理流程图

4. 客户服务中心质量监控流程

客户服务中心质量监控流程如图4-4所示。

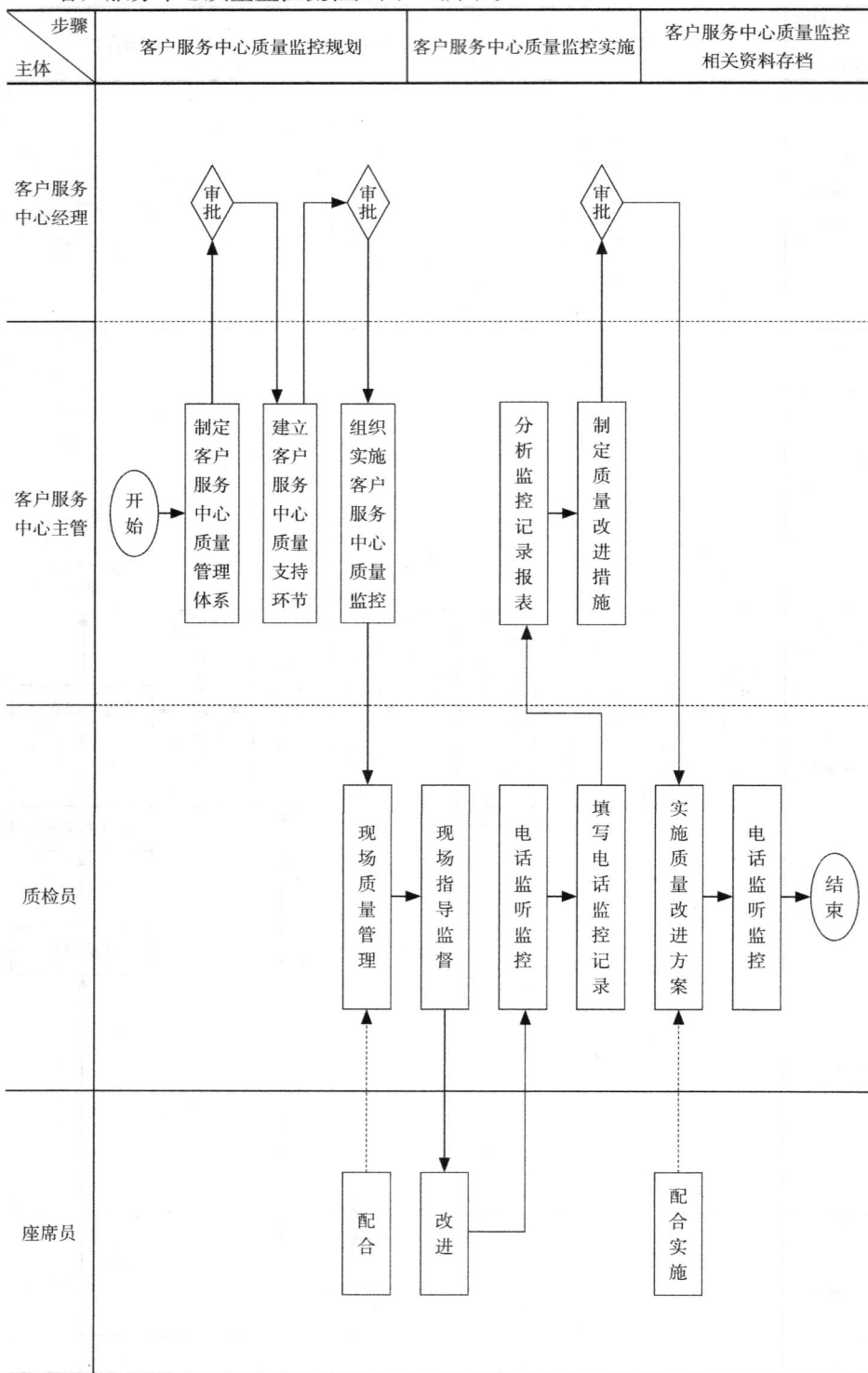

步骤 主体	客户服务中心质量监控规划	客户服务中心质量监控实施	客户服务中心质量监控 相关资料存档
客户服务 中心经理			
客户服务 中心主管			
质检员			
座席员			

图4-4 客户服务中心质量监控流程图

4.3 客户服务中心的评估与升级

4.3.1 客户服务中心评定指标

1. 运营管理指标

运营管理指标体系是客户服务中心日常运营管理的基本纲要，是评价客户服务中心、客户服务质量高低的标准，主要包括综合指标、效率指标和质量指标三大方面。

该指标体系建立的主要目的是促进各公司客户服务中心运营管理交流，协助各公司做好客户服务中心的精细化管理，提高运营效率和服务质量，降低运营成本，使各公司指标可以进行有效的横向对比分析，实现各公司业务支撑与客户服务能力短板分析，为后续的持续改进工作找到工作重点和突破口。该指标体系主要分为以下几类：运营规模类、员工类、服务效率类、服务质量类、服务请求类、IVR自助服务类和外呼类。常用运营管理指标说明如表4-1所示。

常用运营管理指标说明　　　　　　　　　　　　　　表 4-1

指标名称	指标含义
系统接通率	客户对客户服务中心发起的呼叫请求中，能听到IVR语音的百分比
人均服务客户数	呼入客服代表在统计时期内人均服务系统呼入客户数
人均每小时通话量	统计时期内，呼入通话时长不少于60h的客户代表每小时人均处理的客户人工服务请求数量
人工接通率	所有人工服务请求中，被成功应答的比例
系统故障次数	在一定时间内，客户服务系统出现故障的次数
服务水平 （n秒人工接通率）	在一定时间（例如n秒）内应答的人工请求量与人工请求总量的比例
在线利用率	统计时期内，呼入通话时长不少于60h的呼入客户代表登录系统后有效工作时长占总登录时长的比例
工时合理率	统计时期内，呼入通话时长不少于60h的客户代表人均签入系统时长与标准工时167h的比值
主动流失率	客户服务中心员工中主动离职员工的比例
平均排队时长	客户在被放入等待队列后，到被座席员接起之前或放弃之前平均等待了多长时间，包括成功获取人工服务和未获取人工服务的情况
y秒人工放弃率	客户在排队等待过程中，y秒内主动放弃的人工服务请求量占人工服务请求总量的比例
IVR自助挂机满意率	有效参与IVR自助服务满意度调查的电话量中，客户评价为满意的比例
挂机满意率	有效参与人工服务满意度调查的电话量中，客户评价为满意的比例

指标名称	指标含义
人工平均处理时长	处理一个人工请求的呼叫所需要的平均时间，包含平均交谈时长、平均持线（等待）时长和平均事后处理时长；不包含按转人工键后到座席接起前的等待时间
一次解决率	有效人工通话量中，客户服务请求得到一次性解决的比例
人工投诉电话率	人工投诉受理量占人工通话量的比例
服务投诉率	针对客户服务中心所提供服务进行投诉占投诉总量的比例
重复投诉率	客户3个月（自然月）内对处理完毕的投诉再次或多次投诉量占投诉总量的比例
人均投诉量	在一个自然月当中，客户人均通过热线人工或自助方式进行投诉的次数

备注：以上指标皆为时期值。

2. 服务管理指标

客户服务中心的管理指标很多，而涉及质量管理方面的可分为直接指标和间接指标两大类。

（1）直接指标

客户满意度是指客户对客户服务中心客服人员为其所提供的服务的满意程度。该指标最能反映客户对服务的期望与实际感受的差距，故而几乎所有的客服中心均使用该指标作为服务质量的关键绩效指标。企业通常会通过IVR语音调查、外拨回访，或者是邮件、短信调查等相关形式，在服务提供结束时，向客户获取满意度数据。

质检评分（Evaluation Score）是各家客户服务中心，根据其项目对服务内容、质量的具体要求所制定出来的综合反映其质量水平的评估体系。具体做法是：由客户服务中心的质检人员随机抽取一定比例的服务记录（录音、文字等），根据客户服务中心相关质量评分标准，为该样本进行打分。该指标在客户服务中心中应用广泛，相对于客户满意度，质检评分可以从更加专业及细节的角度规范客服人员的服务标准，也便于客户服务中心实施精准的差异化管理。

（2）间接指标

服务水平是指在规定时间内，客户电话或文字服务请求被接入的比例。服务水平是衡量客户服务中心服务能力的重要指标，但并非越高越好。客户服务中心在设置该指标的时候，重点关注的是客户满意度和整体运用成本的平衡。例如，A公司客户服务中心目前设定的服务水平考核时间段为20s，也就是说假如某天客户服务中心共有1000个电话拨入，其中有800个电话在20s之内被成功接起，那么客户服务中心当天的服务水平即为80%。

这一指标不仅仅能衡量客户服务中心的运营水平，同时间接反映了客户服务中心的服务质量水平。原因很简单，如果客户联系客户服务中心寻求帮助，但是电话迟迟不能接通，无论客服人员具有多出色的服务技巧，客户根本就没有机会获取服务，更谈不上对服务满意了。由此可见，服务水平也是客户服务中心质量管理的一个关键因素。

4.3.2　客户服务中心的质量测定

1. 服务质量定义与特点

根据消费者角度服务质量的研究体现，消费者感知的服务质量与其所期望的服务质量是存在差异的，而服务质量的本质即为该差异，即等于感知服务质量减去期望服务质量。因此，当客户的感知服务质量高于预期服务质量时，即会对服务有较高评价，认为需求得到了满足，满意度会较高；反之，如果感知服务质量低于预期服务质量时，就会认为需求未得到满足，满意度较低。

服务质量理论中进一步指出服务质量是客户在交易过程的感知服务与期望服务的差值，更强调服务质量是一种工具，用来衡量企业是否满足客户期望的方法。对于服务型企业，服务质量是在服务的传递过程中产生的。

服务质量对于企业具有重要意义，服务质量可以帮助企业提高客户忠诚度、客户满意度。因此，不同于传统工业产品质量，服务质量具有主观性、无形性、时效性以及不易测量性的特点。

（1）主观性

服务质量是在服务传递过程中客户的评价，客户针对服务的评价贯穿于整个服务传递的过程，实际的评价过程是由客户根据其主观感受而进行的评价。因此该评价具有主观性，不同客户针对同一服务的评价不同，即使同一客户在不同阶段对产品的评价也可能不同。

（2）无形性

与有形产品不同，服务通常没有具体的外在的产品形态，服务只能感受和体验，很难用具体量化的数据进行度量，因此通常由客户通过其感知对服务水平进行评价，而客户感知来自于服务过程。

（3）时效性

客服人员为客户提供服务的过程即是服务产生的过程。因此，服务质量的衡量来自于客服人员与客户之间的互动过程，故客服人员的服务过程非常重要。服务结束时，过程也随即终止，这就要求公司的客服人员在每一次提供服务时都需要尽力做到最好。

（4）不易测量性

制造业产品质量的衡量往往可以通过对具体质量标准的监控与度量，而服务是无形的，企业更需要关注的是客户的满意度，度量其客户预期是否得到满足，这具有不易测量性，因此很难形成统一的标准来衡量。

2. SERVQUAL 模型

由于服务质量的不易测量性，许多专家致力于研究服务质量的度量，但服务质量的度量依然主要来自客户的评价，其中最受广大研究人员接受和应用的服务质量度量方法是SERVQUAL（Service Quality）量表度量，通常也称为SERVQUAL评价模型。SERVQUAL量表评测问卷包含对客户感知和客户期望的评测，SERVQUAL评价模型的核心在于客户决定服务质量。

Parasuraman，Zeitham1，Berry（1988）在基于Gronroos研究的基础之上，通过对五种服务行业的调查，得出影响服务质量的主要因素有可接近性、沟通、能力、礼貌、可信度、可靠性、响应性、安全性、理解性等，并形成该10个维度下的97个二级指标，而后经过进一步研究，将这10个维度的97个指标合并整理为有形性、可靠性、响应性、保证性和移情性五个信度效度较高的维度及其下的22个题项，即为当前广为认可的SERVQUAL评价模型。SERVQUAL评价模型及其量表题项如表4-2所示，其分为期望服务质量和感知服务质量两大部分，每部分都包含量表中提及的22个题项，每个题项通过Likert量表形式进行评分，为1~7分，代表"非常不同意"到"非常同意"。SERVQUAL评价模型通过感知与期望的得分差距来衡量服务质量，是目前被认为从客户角度度量服务质量的最典型的方法。

SERVQUAL 模型　　　　　　　　　　　　　　表4-2

维度	含义	题项
有形性	服务中的有形实体部分，如服务设施、设备、服务人员外表等	1. 设备先进性 2. 设施外观具有视觉吸引力 3. 员工服装及外表大方、整洁、干净 4. 服务设施外观与提供服务一致
可靠性	客户服务人员能够可靠准确地提供所承诺的服务，主要体现在准确性	5. 员工承诺兑现 6. 员工准时解决客户问题 7. 服务可靠性高 8. 在承诺时间内完成服务 9. 相关服务正确记录
响应性	客户服务人员能够及时地响应客户需求并提供相关服务，主要体现在及时性和有效性上	10. 及时告知服务进展情况 11. 员工对客户做出及时的服务反应 12. 乐于帮助客户 13. 即使很忙也及时服务客户
保证性	专业性和态度使客户信任，主要体现在客户服务人员在服务过程中所展现出的专业素养等方面	14. 员工行为让客户产生信任感 15. 客户与公司交互过程中感到安全 16. 员工对客户始终保持礼貌 17. 员工具有较高专业素养，能够准确回答客户问题
移情性	客户服务人员能够站在客户需求角度提供服务，主要体现在提供服务的针对性和个性化上	18. 公司给客户提供个性化服务 19. 服务时间可根据客户需要而调整 20. 员工理解客户个性化需求 21. 公司为客户提供便利和方便 22. 公司优先考虑顾客的利益

1991年，Parasuraman，Zeithaml，Berry三人对SERVQUAL问卷中的说法进行了改进，主要是对题项的语气进行调整，如"服务应是怎样的"改为"该公司

可以提供怎么样的服务",降低了问题的暗示性,将一些从否定角度提问服务问题的题项修改为从肯定角度提问相关问题,这将有助于客户对问题的理解。因此,实际设计调研问卷时,可以基于SERVQUAL模型中的量表题项,根据公司实际情况,基于各维度内涵,设计符合公司实际情况的调研问题。

3. 客户服务中心服务质量管理方法

质量是客户服务中心生存的生命线,是客户服务中心运营工作的重中之重。失去了质量保证的服务,企业为客户提供服务的次数再多也不会赢得客户的满意,企业终将失去客户。现今国内外对客户服务中心行业常用的日常管理工作方法有:监听检测法、差异化管理法及六西格玛管理法等。监听检测法是指客户服务中心的质量管理人员随机抽取并监听客服人员的电话录音或相关服务记录以有效监控客服人员的服务质量;差异化管理则是依据一定的服务标准对客户服务中心员工实施差异化的管理,该法更能准确定位有偏离服务标准问题的员工。目前国内较有影响力的客户服务中心质量专家袁道唯等也相对提倡客户服务中心采用差异化的管理方式。但实际最为普遍和常用的是结合监听检测法与差异化管理法或六西格玛管理法同步使用,以获得更为精确的服务质量数据表现,从而帮助管理者制定更加精准有效的质量提升方案。

4.3.3　提高服务质量的策略

1. 指标选择及分析

体现客户服务质量的核心指标是客户服务评价满意率,基于S3模型,体现速度、技能、激励的KPI指标分别为人工服务接听率、客户诉求一次解决率和员工满意度,员工满意度是涉及多维度的复杂评价体系,可用离职率代表其指标水平,这个KPI指标体系可用于衡量服务质量水平。通过因果矩阵对影响KPI指标的12项原因进行分析,从中梳理出排名前四的影响因素,即:运营管理岗位职责不清、培训效果欠佳、激励政策针对性差及激励政策吸引力差。

客户服务质量因果矩阵分析如表4-3所示。

客户服务质量因果矩阵分析　　　　　　　　　　　　　　　　表4-3

S3 体系	KPI 指标 原因	人工服务 接听率	客户诉求 一次解决率	员工满意度	客户服务 评价满意率	影响度
速度 (Speed)	运营管理岗位职责不清	9	1	9	1	20
	系统故障频发	9	1	1	3	14
	话务预测准确性差	3	0	1	0	4
	排班策略不合理	9	0	3	1	13
	应急指挥效率低	9	0	3	1	13
技能 (Skill)	培训效果欠佳	1	9	3	3	16
	知识库支撑不到位	0	3	1	3	7

S3 体系	KPI 指标 原因	人工服务 接听率	客户诉求 一次解决率	员工满意度	客户服务 评价满意率	影响度
技能 （Skill）	工单重复下派	0	9	0	0	9
	内部故障工单下派	0	9	0	1	10
激励 （Stimulation）	应急主动性差	3	0	3	1	7
	激励政策吸引力差	1	3	9	3	16
	激励政策针对性差	1	3	9	3	16

注：各原因对指标的影响度分为 0、1、3、9 四档。

2. 改进方案

（1）Speed改进方案——现场运营KBI检查表

运营管理涉及运营主管、信息员、班长及客服专员四大类岗位，在现场调控过程中，运营主管是指挥主体，信息员是支撑主体，班长是执行主体，而客服专员是具体操作单元，各岗位工作具有管控时段24h覆盖、管控内容专业、管控风险随机的特点。

基于以上3个特点，设计现场运营KBI检查表，该检查表包含4张子表，其中运营主管KBI检查表涵盖KBI共计6大类共58项；信息员KBI检查表涵盖KBI共计2大类共36项；班长KBI检查表涵盖KBI共计7大类共70项；客服专员KBI检查表涵盖KBI共计11大类共79项。它既不同于岗位职责说明书概括性的描述，也不同于工作手册详尽的操作描述，其核心思想是：针对现场运营各岗位，按照时间逻辑、运营管理逻辑、业务执行逻辑等对运营管控中涉及的主要事件进行关键行为分解，形成现场运营管控关键行为提纲。实际操作中每一项KBI均设有工作要求、工作时限等，用于当事人核查当日KBI是否合规完成，同时上级岗位人员会采用监督抽查方式对KBI执行情况进行检查。通过KBI检查表的推广应用，各运营管理岗位人员明确了工作重点，养成了规范执行运营管理流程的良好习惯，同时实现了运营管理有痕迹，便于监督现场运营执行是否到位，极大地提升了现场运营管理效率。

（2）Skill改进方案——优质服务体感实训室

业务技能提升主要依赖培训，传统的授课式培训形式单一，侧重理论知识讲授，同时让客服专员在紧张的话务工作之余承担培训任务，效果往往大打折扣。我们将突破传统的抽象式、记忆式培训，探索"案例剖析、逆向体验、正向实训"的服务质量培训新模式，将"体感实训"理念引入服务质量领域，以剖析事故案例、体验负面场景、学习正面做法为主线，筹建优质服务体感实训室，加深客服专员的体验与感受，创新培训形式，提高培训质效。

优质服务体感实训室以十大客户服务事故场景为核心，涉及客户人身安全事故、客户财产损失事故、客户信息安全事故等多个方面，这十个场景贯穿"案例剖析""逆向体验"和"正向实训"三大板块。

"案例剖析"板块再现了因客服专员服务意识不强、服务技能不规范等行为导致的事故，每个事故案例均配有案例证据、问题说明和正确做法。案例学习是客服专员"识错"的过程。"逆向体验"板块以负面感知为手段，是客服专员"试错"的过程，安排发生过十大客户服务事故的当事员工通过角色扮演再现事故场景和发生过程，并进行视频录制。当事员工通过自身的听觉、视觉、感觉亲身体验违章服务的严重后果，直观认知事故风险及诱因。体验后再融合优质服务知识解析、风险规避演示使员工提升业务技能，从感性上加强优质服务意识。"逆向体验"能在客服专员脑海中产生瞬间的强烈冲击，而"正向实训"板块则将瞬间转化为永恒，打造客服专员服务行为的刚性约束是客服专员"纠错"的过程。通过优质服务案例正向教学介入，引导客服专员模仿、探索、学习案例中的优质服务技巧，发现服务技能与优质服务间的内在联系，形成正向思维，进一步指导行为。

（3）Stimulation改进方案——激励风车理论

激励与员工需求的准确对应才能使需求发挥正向作用，激励风车理论突破了以往以物质激励为主的激励方式，扩充了八大激励手段，尽可能涵盖员工的各种需求，"激励风车"八大激励如表4-4所示。

"激励风车"八大激励 表4-4

激励手段	激励形式	激励活动举例
目标激励	1. 上级帮助下级制定近期工作目标	1. 与员工签订《指标改进承诺书》
	2. 制定阶梯化绩效考核机制	2. 设置指标达标值和卓越值，分档进行绩效打分
	3. 设定职业生涯远期目标	3. 高星级员工有应聘内训师、质检员优先权
	4. 树立榜样激励	4. 成立先锋应急班组，打造指标标杆
物质激励	1. 绩效结构向重点KPI指标倾斜	1. 迎峰度夏期间考勤及话务量占绩效考核高比例
	2. 通过技能竞赛设置奖品奖励	2. 服务之星劳动竞赛
	3. 设置专项积分活动	3. 满意天使、话务达人、推送高手积分活动
任务激励	1. 组建虚拟团队完成专项任务	1. 对内投诉专项治理虚拟团队
	2. 开展员工极限挑战活动	2. 话务高峰期刷新话务量及案头时长极限活动
	3. 分配给员工兼岗或轮岗机会	3. 班组长体验选拔，新员工班主任选聘
荣誉激励	1. 优秀员工、先进班组评选	1. 颁发先进工作者、先进集体荣誉
	2. 办公休息区域由冠名班组布置维护	2. 办公区植物班组领养活动
信任激励	1. 制定规章政策时充分听取员工建议	1. 主任开放日、部门意见箱
	2. 对下属充分授权	2. 运营主管包班、包指标
	3. 运营管理不作监工，质量管理不作包公	3. 质检员包班组指导业务漏洞
强化激励	1. 质检评分标准用正向加分代替扣分	1. 绩效评定质检附加分
	2. 优秀员工额外获得培训交流机会	
数据激励	1. KPI指标定期量化排名	1. 数字上墙

续表

激励手段	激励形式	激励活动举例
情感激励	1. 节日、特殊日员工关怀	1. 员工生日祝福
	2. 特殊员工群体关怀	2. 孕妇班、妈妈班独立设置
	3. 鼓励员工接受教育提升	3. 员工生日、子女生日、在职考试提供灵活调班

表中列举了"激励风车"八大激烈手段的主要形式和活动开展情况，也集中体现了客户服务中心的激励特色，即精神鼓励与物质鼓励并行、长期目标与短期目标并行、实时激励与阶段性激励并行、正面激励重于负面激励、激励与员工职业生涯规划相结合。以此激发员工主动工作的动机，营造优质积极的服务环境。

自 测 题

一、单选题

1. 下列哪项不是客户服务中心稳定性的表现（   ）。

　　A. 硬件如果发生故障，电话无法打进客户服务中心

　　B. ACD如果发生故障，所有电话无法分配到座席，也就是客户无法和座席通话

　　C. CTI服务器如果发生故障，所有电话相关的软件无法工作

　　D. 录音服务器如果发生故障，所有电话录音都没有了，对于电话营销的公司，还可以通过其他方式重新获得销售成果

2. 下列哪项不是自动来电的分配方式（   ）。

　　A. 循环振铃　　　　　　　　　B. 集体振铃

　　C. 人工分配　　　　　　　　　D. 自动排队

3. 下列哪项不是交互式自动语音应答呼叫中心系统的不足（   ）。

　　A. 高成本　　　　　　　　　　B. 灵活性差

　　C. 效率低　　　　　　　　　　D. 难以满足客户的其他个性化需求

4. 自建式客服中心不适合哪些企业（   ）。

　　A. 集团型企业

　　B. 有客服人员，咨询量不太大的中小型企业

　　C. 从事客服外包的企业

　　D. 政府部门

5. 下列哪项不是客户服务中心管理制度的内容（   ）。

　　A. 目的　　　　　　　　　　　B. 适用范围

　　C. 管理职责　　　　　　　　　D. 班会

6. 下列哪项不是客户服务中心质量控制管理的标准（   ）。

　　A. 以事件为中心　　　　　　　B. 全员参与

　　C. 系统管理　　　　　　　　　D. 持续改进

7. 下列哪项不是客户服务中心评定指标中运营管理指标的内容（　　　）。

　　A. 系统接通率　　　　　　　　　B. 人均服务客户数

　　C. 人均接通率　　　　　　　　　D. 被动流失率

8. 下列哪项不是客户服务中心激励风车理论的激励手段（　　　）。

　　A. 榜样激励　　　　　　　　　　B. 物质激励

　　C. 任务激励　　　　　　　　　　D. 目标激励

9. 下列哪项不是客户服务质量KPI指标（　　　）。

　　A. 人工服务接听率　　　　　　　B. 客户诉求一次解决率

　　C. 员工满意度　　　　　　　　　D. 影响力

10. 下列哪项不是SERVQUAL模型的维度（　　　）。

　　A. 有形性　　　　　　　　　　　B. 可靠性

　　C. 响应性　　　　　　　　　　　D. 转移性

二、多选题

1. 客户服务中心的特征有哪些（　　　）。

　　A. 稳定性　　　　　　　　　　　B. 可扩充性

　　C. 开放性　　　　　　　　　　　D. 持续性

　　E. 多元性

2. 客户服务中心的种类有哪些（　　　）。

　　A. 集中式　　　　　　　　　　　B. 分布式

　　C. 分散式　　　　　　　　　　　D. 集中分布结合模式

　　E. 集中分散结合模式

3. 客户服务中心的关键技术模块有哪些（　　　）。

　　A. 服务定位　　　　　　　　　　B. 制度规范

　　C. 技术系统　　　　　　　　　　D. 关键技能

　　E. 核心技术

4. 企业内部客户服务中心的类型有哪些（　　　）。

　　A. 自建式客服中心　　　　　　　B. 托管式客服中心

　　C. 云客服中心　　　　　　　　　D. 承包式客服中心

　　E. 开放式客服中心

5. 客户服务中心的中心任务有哪些（　　　）。

　　A. 为客户提供快捷、高效的服务，以最佳资源和经验、最有效地满足客户的需求

　　B. 架设双向沟通的"桥梁"，以利企业与客户建立长期便利的联系，提高客户对企业的满意度

　　C. 了解客户需求，掌握市场热点，分析客户习惯、爱好，为制定营销策略提供依据

　　D. 对内提高管理水平，对外树立优质服务的企业形象

E. 密切和改善与客户的关系，实现客户个人化服务

三、名词解释

1. 客户服务中心

2. 客户服务中心的集中式

3. 队列放置率

4. 值机员流动率

5. 服务质量

四、简答题

1. 简述客户服务中心的发展过程。

2. 简述服务质量的特点。

五、案例题

A物流企业客户服务案例分析

一、A物流企业背景

A物流企业成立于2003年3月，是一家专业从事国内货物运输、仓储、配送、托运的中小型运输物流企业。自公司成立以来，建立了以铁路运输、公路运输为主，结合包装制作、仓储管理、物流服务一条龙的综合运营体系。公司位于京津塘高速与东五环交界处，交通便利，现分别与全国各大货运单位形成联运的工作方式，每天都有各类型的运输车发往全国各地并且受理全国各地各大、中城市的整车零担、货物托运业务，设有库房，办理中转，可以承接全国大多数大、中城市的运输业务。

（一）业务范围

1. 办理北京至全国各地中铁快运、铁路快件、铁路行包等业务；

2. 办理北京至全国各地航空普件、航空急件、航空派送、航空异地付款业务；

3. 办理北京至上海、广州、成都以及全国各地公路运输，大、中、小城市均可到达；

4. 办理北京至全国各地长途包车、空车配载业务；

5. 办理货物仓储并有大量库房出租；

6. 办理北京至全国各地的特快专递业务。

（二）专项业务项目

1. 专业为互联网公司服务，如中企动力和天下互联都是该公司的客户；

2. 学生行李托运：为适应市场的发展，也为给在校大学生提供更多的方便，公司特地开设了为学生提供行李包装托运的相关业务；

3. 长途搬家业务：为部分公司和个人提供北京至上海、广州、成都等大城市的长途搬家业务。

二、A物流企业客户服务现状

这几年，我国第三方物流发展很快，但真正能够提供一体化服务的企业还不

多。物流企业的规模普遍较小，难以形成规模优势，取得规模经营的效率和效益。物流的硬件基础与发达国家相比还有相当大的距离。工商企业重视物流不仅仅是为了节约成本，而是他们越来越认识到物流对提高客户服务水平及企业获得竞争性战略优势的重要性。在第三方物流企业融入客户供应链后，它所提供物流服务的种类与水平需要根据客户的特点"度身定制"。第三方物流企业的运作表现直接关系到被服务公司客户的满意与否，第三方物流企业只有对客户的服务作出贡献，才能取得成功。

作为一个小规模第三方物流企业，A物流企业也面临上述行业困境。体现在公司战略上，则是以产品营销策略为主，通过对运输、储存、装卸、包装、流通加工、配送等基本功能的组织与管理来满足客户物流需求。公司的营销策略为"快递的速度，货运的价格"，秉承"安全、准时、快捷、经济"的服务理念，这种对价格营销、对物流过程的重视，在一定程度上提高了物流配送服务的质量，并且从以下三个方面影响客户的满意程度：

第一，物流过程通过产品配送提供客户所要求的基本增值服务：时间效用与地点效用；

第二，物流直接影响其他业务过程中满足客户的能力；

第三，配送和其他物流作业经常与客户发生直接联系，影响客户对于产品以及相关服务的感受。

但是这种战略也影响了该公司在相同的成本下进一步提高客户服务水平的能力，这主要体现在以下四个方面。

（一）没有树立正确的物流服务观念

A物流企业只是把物流服务水平的高低看作是一种销售竞争手段，对物流服务是物流企业核心竞争力的重要组成因素没有引起足够的重视，缺乏整体服务理念和建立稳定的合作关系的意识。第三方物流企业是服务企业，物流服务贯穿于从生产到消费的全过程。但很多第三方物流企业仅从自己业务的视角范围内看待自己的服务，而不是从供应链的角度来看待物流服务，因此对作为服务对象的客户企业的上游、下游了解不够，对它们的战略目标、发展需求了解不够。

第三方物流是客户的战略同盟者，而非一般的买卖对象。第三方物流企业在物流领域扮演的是客户战略同盟的角色。在服务内容上，它为客户提供的不仅仅是一次性的运输或配送服务，而是一种具有长期契约性质的综合性物流服务，最终职能是保证客户物流体系的高效运作和不断优化供应链管理。从这个角度来看，第三方物流企业与其说是一个专业物流企业，不如说是客户的一个专职物流部门，只是这个"物流部门"更具有专业优势和管理经验。与传统运输企业相比，第三方物流的服务范围不仅仅限于运输、仓储业务，它更加注重客户物流体系的整体运作效率与效益，供应链的管理与不断优化是它的核心服务内容，它的业务深深触及客户企业销售计划、库存管理、定货计划、生产计划等整个生产经营过程，远远超越了与客户一般意义上的买卖关系，而是紧密地结合成一体，形成了一种战略合作伙伴关系。

从长远看，第三方物流的服务领域还将进一步扩展，甚至会成为客户销售体系的一部分，它的生存与发展必将与客户企业的命运紧密地联系在一起。一个企业的迅速发展光靠自身的资源、力量是远远不够的，必须寻找战略合作伙伴，通过同盟的力量获取竞争优势。第三方物流扮演的就是这种同盟者的角色，与客户形成的是相互依赖的市场共生关系。

（二）没有建立适宜的客户服务目标

A物流企业在很大程度上以公司内部导向和竞争对手导向的目标为依据确定其客户服务标准，简单地把往年成绩提高一定百分比来作为其实施目标，包括发货及时率、到货及时率、客户满意度、订单完成率比上年提高1%，破损率比上年降低25%（据A物流企业的统计表显示，上年发货及时率为95%，到货及时率为97%，订单完成率为98%，破损率为4%，客户满意度没有统计数据）。

这种不明确、不细化的客户服务目标，导致A物流企业员工在实际的客户服务过程中可操作性较低。

（三）缺乏完善的服务质量评价指标

基于上述客户服务的目标，A物流企业也缺乏完善的服务质量评价体系。公司仅通过对物流服务单据的统计与汇总来进行服务质量评价，每月月底将本月的订单进行汇总，按照订单信息统计出发货及时率、到货及时率、客户满意度、订单完成率以及破损率等数据。在汇总中，对于单据已丢失的服务信息则无法进行统计。这种简单的、不完整的服务质量评价方式，既不能从根本上正确反映A物流企业的客户服务水平，也不能得出提高客户服务水平的改进意见，因此极大地制约了A物流企业客户服务水平的提高，同时也阻碍了公司的健康发展。

（四）信息化服务能力薄弱

作为一个小规模第三方物流企业，A公司的信息化服务能力很薄弱，体现在以下几个方面：

1. 下单方式单一，只能通过电话或传真进行；

2. 查询方式单一且滞后，客户只能通过电话查询，拨打发货地的电话查询发货时间、拨打收货地的电话查询到货时间。A公司内部没有订单过程跟踪系统。

物流服务的信息化，其目的既在于提高物流企业自身的效率，更在于提高物流服务的质量，协助客户随时控制或跟踪物流的节奏。没有业务流程的电子信息化，提供现代第三方物流服务就无从谈起。物流信息建设一直是我国第三方物流企业的薄弱环节，严重影响了客户对服务的满意程度。在推进物流企业质量标准化的过程中，服务质量的及时跟踪和有效控制对企业信息系统建设提出了更高的要求，第三方物流企业加快推进信息化建设已迫在眉睫。

案例分析思考：

针对案例中A物流企业的客户服务现状，应采取哪些措施提高其客户服务水平？

5

公共事务关系
管理概述

学习目标

知识目标：

1. 了解不同视野的公共事务关系管理，公共事务关系发展的历史沿革。

2. 理解公共事务关系事业产生的历史原因。

3. 掌握公共事务关系管理的基本功能，公共事务关系管理的观念和工作原则。

能力目标：

1. 理解政府组织的公共关系管理、非营利组织的公共事务关系管理、企业消费者的公共事务关系管理。

2. 掌握公共事务关系管理的概念和基本特征。

思政目标：

了解企业与社区、媒介和政府间的公共事务关系，明确企业的社会责任。

　　无论是企业还是个人，都并非独立的存在，在其发展和成长中都需要处理一定的公共事务关系管理。公共事务关系管理的发展拥有悠久的历史，了解不同学科对公共事务关系管理的定义、特征有利于我们对公共事务关系管理进行深入研究。本章首先介绍公共事务的基本概念及其发展历史，通过学习不同视野下的公共事务关系管理，形成一种系统的事务管理观念。其次介绍公共事务管理的观念和基本原则，所谓"没有规矩，不成方圆"，只有有正确的观念、坚守原则，才能更好地管理公共事务关系。最后讲述企业和各种社会组织的关系，企业与各种社会组织是密不可分的，良好的公共事务关系能够促进企业的进一步发展。

5.1　公共事务关系管理的概念和基本特征

5.1.1　概念

1. 事务

　　事务是指生产物品的活动。事务可分为公共事务、私人事务和准公共事务。公共事务是指生产公共物品的活动。私人事务是指生产私人物品的活动。准公共事务是指生产准公共物品的活动。

2. 不同视野的公共事务关系管理

　　公共事务关系管理的发展拥有悠久的历史，了解不同学科对公共事务关系管理的定义有利于我们对公共事务关系管理进行深入研究。目前有多种学科对公共事务关系管理进行了定义，本节主要从管理学、传播学、社会学的视野来介绍公共事务关系管理的定义。

　　（1）管理学的视野

　　从管理学的角度来看公共事务关系管理，人们更关注的是其具有什么样的管理职能。

　　国际公共关系协会对公共事务关系管理所下的定义是：公共事务关系管理是一种管理功能。美国社会学家莱克斯·哈罗博士（Rex F. Harlow）通过对公共关系定义进行广泛研究，提出这样一个定义："公共关系是一种独特的管理职能，它帮助一个组织建立并维持与公众之间的沟通与理解、认可与合作；它参与处理各种问题和事件；它帮助管理部门了解公众舆论并做出反应；它明确和强调管理部门为公众利益服务的责任；它预测发展趋势，帮助管理部门随时掌握并有效利用这些变化趋势，使之成为组织的早期警报系统；它使用有效的、正当的传播技能和研究方法作为自己的主要工具。"公关学者卡特里普（Scott M. Cutlip）在《有效公共关系》一书中也指出："公共关系是这样一种管理功能，它建立并维护一个组织和决定其成败的各类公众之间的互惠关系。"

　　此外，国内学者王乐夫等人编著的《公共关系学》一书提出："公共关系是一种内求团结、外求发展的经营管理艺术。它运用合理的原则和方法，通过有计划而持久的努力，协调和改善组织机构的对内对外关系，使本组织机构的各项政策和活动符合广大公众的需求，在公众中树立良好形象，以谋求公众对本组织机构的理解、信任、好感和合作，并获得共同利益。"

（2）传播学的视野

从传播学的角度来看公共事务关系管理，人们更关注的是其区别于其他管理行为的本质特征是什么。公共关系的本质是交流，侧重于传播属性。

著名学者格鲁尼格（James E. Gruning）以及亨特（Todd Hunt）等将公共关系定义为："一个组织与其公众之间的传播管理。"《大英百科全书》将公共关系界定为："公共关系是旨在传播有关个人、公司、政府机构或其他组织的信息，并改善公众对其态度的种种政策或行为。"由于公共关系是一种传播行为，弗兰克·杰弗金斯（Frank Jefkins）在《实用公共关系》一书中将公共关系定义为："公共关系是一个组织为了达到与它的公众之间相互了解的确定目标，而有计划地采用一切向内向外的传播方式的总和。"他明确地把公共关系定义为"传播方式"。

此外，格言式的定义也表明了公共关系的传播功能。比如"公共关系＝良好行为＋诚实正确的报道"，这强调了公共关系在组织与公众之间的传播沟通作用。

（3）社会学的视野

从社会学的角度来看公共事务关系管理，人们更关注的是其管理的是一种什么样的社会关系。英国公共关系学会的界定是"公共关系的实施是一种积极的、有计划的以及持久的努力，以建立及维护一个机构与其公众之间的相互了解。"美国普林斯顿大学的教授哈伍德·L·蔡尔兹（Harwood L. Childs）指出："公共关系是我们所从事的各种活动、所发生的各种关系的通称，这些活动都是公众性的，且都具有社会意义。"公共关系"不是陈述一个观点，不是调整训练思维态度的艺术，不是对真诚有益关系的发展"，而是"为了公共的利益，协调和修正我们个人和企业那些具有社会意义的行为"。公共关系管理的对象是具有社会意义的公众性的关系，公共关系管理需要帮助组织调整自己的行为以适应环境。

此外，中国台湾学者祝振华教授提出了"五伦以外的人类关系，谓之公共关系"。

5.1.2　基本特征

1. 从伦理前提的角度

公共事务关系管理就是维护公众利益，谋求与公众利益一致下的发展。公共事务关系管理的主要研究对象是公众，一切工作均围绕公众展开。公共事务关系是以一定的利益关系为基础的。一个组织的公众就是与该组织以一定利益关系为纽带来建立关系的个人、群体或者组织。这种利益关系要求双方利益一致，才能达到"双赢"或"多赢"的目的。维护和增进公众利益不仅有利于促进公共事务关系管理，还有利于迎合当代公关活动的伦理标准。

2. 从目标的角度

公共事务关系管理就是构建有利于组织生存和发展的社会生态环境。社会是由相互联系的因素组成的网络，在这个网络中，不同组织有不同的公共关系。不同的公共关系会对公众产生不同的影响，与此同时，公众也对组织及其公共关系有制约和影响作用，成为该组织生存、发展的社会环境。只有正确对待公众以及各种社会关系，才有利于构建良好的社会生态环境。

3. 从性质的角度

公共事务关系管理表现为一种信息传播沟通的行为。公共关系需要依靠信息，而信息只有通过传播沟通才能够发挥作用。它要求我们采用科学的方法对信息进行传播沟通，从而协调组织机构的社会关系，向组织提供有效信息，并且还可以向外界提供组织的信息来建立良好的组织形象。

4. 从形式的角度

公共事务关系管理表现为一种持续不断的过程。该特征与其目标有紧密的联系。公共关系的目标是构建有利于组织生存、发展的社会生态环境，而要构建这种环境并不能一蹴而就，而是需要日积月累、不断努力。它需要有计划、有组织的开展，并且是一项长期性、战略性的活动。

5. 从效果的角度

公共事务关系管理表现为全面的、长期的和较为稳定的状态。公共事务关系管理需要从组织的全局出发来协调组织的各种社会关系，扎实地推进工作。从组织的全局出发决定了公共事务关系管理具有全面性，而需要扎实地推进工作决定了公共事务关系管理具有长期性和稳定性。只有全面、长期、稳定的工作才有利于开展公共事务关系管理活动。

5.1.3 公共事务关系发展的历史沿革

1. 公共事务关系的起源

公共关系的一些思想观念以及活动都受到了古代社会的影响。虽然当时的人们不了解公共关系，也没有现代的公共关系概念，但是他们的某些行动却是我们现代公共关系的渊源。

古代的民意意识和沟通意识为公共关系活动奠定了意识基础。在古代的埃及、波斯等地，统治者多采用武力来控制社会、树立形象，但舆论统治还是占重要地位。在古希腊，城邦制的出现促进了公民意识的发展，统治者认识到了民众和民意的重要性。在罗马时代，更是提出了"公众的声音就是上帝的声音"的观点。在古代中国，殷商部族首领认识到了民意的重要性，《尚书·盘庚》中记载的盘庚迁殷也说明了首领对民意的重视；卿士召公曾提出"防民之口，甚于防川"的思想也能体现当时的人对民意的看法。此外，"诸葛亮七擒孟获"也是利用舆论来塑造形象的例子。

古代的公众传播沟通技术手段对现在公共活动产生了影响。古代人们对传播沟通技术的运用有利于塑造组织或者个人的形象，从而达到某些目的。如在古代西方的王公贵族常雇用诗人为自己写赞美诗从而树立自己的美好形象；在古希腊，戏剧、运动会以及节日也被用来当作劝说人们走向某种政治目的或者社会目的的工具。在古代中国，利用民意、收集民意也有所发展。如《诗经》就是采用"采诗"制度的方式来编著的；《左传》中的"子产不毁乡校"的"乡校"就是一种下情上传的途径。此外，在古代中国说服技术也有一定的发展。如烛之武说退秦师。

除了古代的民意和传播技术等方面为现代的公共关系提供的灵感和来源，古代还有一些与现代公共关系活动相似的活动。如古罗马时期，凯撒将军队的情况用通俗的语言写成报告送到罗马，被人们传阅诵读，树立起了威望。古代基督教通过皇帝的政令，采用通用的语言，通过"传信委员会"来传播基督教教义，让世界的人们接受基督教的影响。在中国，秦国的商鞅通过"徙木赏金"来树立可靠的形象。

总的来说，古代的公共关系具有以下特点：自觉程度不明显，具有盲目性；作用范围窄，主要是政治领域；沟通传播手段简单且单一。

2. 公共事务关系的萌芽

公共事务关系的萌芽主要以北美独立革命运动中持续的政治宣传运动、美国近代政治竞选方式的确立和企业界的新闻宣传代理活动为标志。

北美独立革命运动中宣传运动的杰出领袖有亚历山大·汉弥尔顿、塞缪尔·亚当斯以及本杰明·富兰克林等人。其中，塞缪尔·亚当斯的一些活动为今天的许多公共关系活动确定了模式。亚当斯和他的党徒在1750年以来，利用报纸、小册子、传单等方式来呼吁独立，引导舆论，为美国独立革命胜利奠定了基础。在这个过程中，亚当斯的基本做法是利用出版物在新英格兰公布不列颠殖民者的自大和罪行，揭露英国统治；他还建立了通信委员会作为13个殖民地的通信网络，以保持13州的联系；此外，亚当斯还利用事件来加强双方的冲突程度，引起公众注意，从而扩大影响力；亚当斯还创新了宣传技巧，利用象征符号来诱发公众的情绪，增强公众的观念。他利用一切渠道来向公众渗透新观念。

美国建国初期采用的政治竞选方式一般是贴标语、游行甚至是摔啤酒瓶。19世纪20年代末参与竞选总统的安德鲁·杰克逊（Andrew Jackson）将政治竞选方式改变了。虽然杰克逊没有经济实力，但他在选民的支持下参与了竞选。杰克逊将对手描述成自高自大的文人、贵族统治者、旧秩序的卫道士，将自己塑造成平等观的化身和反垄断经济以及高利贷资本的战斗者。他的成功说明了想要执政必须获得选民的支持。

在19世纪30年代诞生了便士报，随着报纸的影响力扩大，广告费也随之上涨。为了控制广告费，一些公司雇佣专门人员制造煽情新闻来编造公司神话，扩大公司的影响，这类人员就成了新闻代理人（Press Agent）。新闻代理人主要是通过媒介新闻传播、编造故事来引起公众的关注，进而引发公众对企业或者产品的注视。新闻代理人的代表人物是尼斯·巴纳姆（Pbineos T. Barnum），他策划的骗局"华盛顿奶娘"引起了极大的轰动。

萌芽时期的公共事务关系活动主要以"宣传性"为特征，并且这个阶段企业的报刊常利用人为事件、编造神话来愚弄公众，达到自己的目的。

3. 近代公共事务关系的产生

近代公共事务关系产生于19世纪末20世纪初美国大资产阶级对公众利益的无视和美国新闻揭露运动的兴起。

美国新闻揭露运动兴起于1902年，在这之前由于大资产阶级对公众利益的无视，引起了工人不满，双方矛盾突出。为改变现状，舆论界中的部分人士开始揭露资本家的丑行，掀起了新闻揭露运动（或"扒粪"运动）。该运动是从1902年《麦克卢尔》杂志的三组文章开始的。在这之后，1902～1904年《麦克卢尔》上还刊登出"美孚石油公司发迹史"，揭露了石油大王的真面目。这些正义的新闻界战士，曾被罗斯福称为"扒粪者"。在"扒粪"运动的初期，许多公司逼迫媒介撤回揭露文章换上赞美的文章，然而这样却只会进一步展示出企业的丑恶之处。

为了改变现状、消除误解、缓解社会矛盾和冲突，艾维·莱德贝特·李认为应该把事实真相告诉新闻界，采取公开信息的政策。1904年民主党全国委员会报道者派克聘请艾维作为其助手，成立了"派克·李氏"公司。公司的成立标志着公关职业和公关事业的诞生。

4. 公共事务关系的发展

公关事务关系经历了巴纳姆时期、报刊宣传代理时期、艾维·李时期和"讲真话"时期。在20世纪50年代前公共事务关系还经历了爱德华·伯内斯时期，即"投公众所好"的时期。爱德华认为要以公众为中心，了解公众的喜好和态度、观念是公关工作的基础，然后按照公众的意志宣传才可以做好公关工作。在20世纪50年代以后，公共事务关系进入了"双向对称"的时代，也就是科斯特·卡特李普时期。1952年，卡特李普与森特出版的《有效公共关系》一书中阐释了"双向对称"模式，即在公共关系的目标上将组织和公众的利益放在同等重要的位置，这是使用目的上的"对称"；在方法上坚持组织与公众之间的双向传播和沟通，这是传播手段上的"对称"。这种模式良好地概括了现代公共关系过程的特点。

5. 中国的公共事务关系

现代公共事务关系的思想观念以及实践进入中国是在20世纪80年代，随着市场经济的发展，在中国掀起了一股公共关系的大潮。纵观公共事务关系在中国发展的几十年，从南到北，从沿海特区到沿长江两岸，公共关系迅速地走向全国。

公共事务关系在中国的发展并不是一帆风顺的，但从整体上看，中国公共事务关系的发展前景大好。回顾公共事务关系在中国的发展历程，其大致经历了以下三个时期：浮躁狂热的引进萌芽时期、跌宕起伏的迅速兴起时期和理性持续的稳步发展时期。

（1）浮躁狂热的引进萌芽时期

20世纪80年代初，随着改革开放的推进，公共关系被引入中国，公共关系作为一种理论和职业受到了中国人的广泛关注。在改革开放的重点地区，部分中外合资企业以及外商独资企业都设立了公共关系部。如1980年中国内地与相关合资的蛇口华森建筑设计顾问公司率先成立了我国第一个公共关系性质的专业公司；1981年深圳特区的中外合资宾馆、酒店设立公关部；1984年广州白云山制药厂公关部成立，这是我国国有企业的第一家公关部。在短短几年内，公共关系在社会组织机构的经营管理中展现出了独特的功能和明显的效益。广州白云山制药厂通过社会办体育的方式，焕发青春，其影响力遍布全国，在几年内该厂的产值从几千万元快速增长到1987年的3亿元。白云山制药厂的例子充分说明了公共关系的重要性。这一切都吸引了各行各业的关注，使得更多人加入了解公共关系、学习公共关系、尝试公共关系管理的行列。

在这一时期，公共关系作为一门学科也吸引了国内学术、教育界人士的关注。1984年11月，中国社会科学院新闻研究所开启了关于中国社会主义公共关系学的研究。此外，中国公共关系教育也开始萌芽。1983年，新闻工作者徐铸成、传播学者余也鲁、前中国香港浸会学院传播系主任张同共同帮助厦门大学新闻传播系将公共关系列入该系本科的专业必修课程。1985年中山大学成立了中国第一家公共关系研究会。

虽然这一时期的公共关系取得了不少成就，但由于该时期公共关系的引入萌芽没有任何准备，各种复杂的关系尚未理清，旧的体制仍具有较大影响力。1988年，北京调查资料显示：前五年设立的公共关系机构只占当时总数的22.2%。此外，较早进行公共关系业务的企业大多数为旅游业。这些现象也体现出了当时中国公共事务关系管理的发展水平。

（2）跌宕起伏的迅速兴起时期

中国公共事务关系的发展在1986年陷入了短期的低谷，后来逐渐回升。20世纪80年代中后期，公共关系进入一个全面引入的高潮，相关的协会和公司纷纷建立起来。如，1985年两家世界上最具影响力的公共关系公司——伟达公司和博雅公司进入中国市场；1986年12月，上海成立了中国第一家省级公共关系协会；1987年5月，中国公共关系协会在北京正式成立。1987年以后中国的公共事务关系进入了稳定发展时期。在20世纪90年代，中国公共关系领域掀起了介绍并推广CIS（企业形象识别系统）的热浪。

在这一时期，中国的公共关系教育和研究也得到了快速发展。1986年中国社会科学院编著的《塑造形象的艺术——公共关系学概论》出版。1987年，国家教育委员会正式将公共关系列为行政管理、工业经济、企业管理以及新闻学等专业的必修课。此后，中山大学、北京大学、复旦大学等也相继开设相关专业。1988年，中国有关公共关系的第一家专业性报纸——《公共关系报》在杭州创刊。

1989年，第一届全国高校公共关系教育研讨会在深圳大学召开，会议交流了经验，研讨了中国公共关系教育的现状、发展趋势等问题。这次会议标志着中国公共关系研究以及教育正走向蓬勃发展的新时期，对今后的教育研究产生了至关重要的影响。

（3）理性持续的稳步发展时期

进入20世纪，中国的公共关系事业历经了二十几年的发展，开始进入一个较为持续的稳步发展时期。在这一时期，公共事务关系管理已经进入中国社会的各个领域。公共事务关系管理已经渗透到各行各业，如企业公司、银行、学校、党政部门等。公共关系咨询业也已经进入较为成熟、稳定的发展阶段。至2003年，根据中国国际公共关系协会年度行业调查显示，全国提供公共关系顾问服务的专业公司数量超过1500家，公共关系顾问人员人数超过15000人，行业的年营业收入达到33亿元人民币，且以每年30%以上的增速快速增长。公共关系教育基本形成了立体多维的学历和非学历交叉并存的局面。公共关系教育包括业余培训、函授教育、普通全日制大专教育、大学全日制本科教育以及硕士研究生教育。中国的公共关系研究正走向国际前沿，进入"独立、创新"研究的新阶段。

5.1.4 近代公共事务关系事业产生的历史原因

1. 从经济发展的角度

公共事务关系管理是近代商品经济和社会化大生产的产物。在古代农业社会中，占主导地位的是以家庭为单位、自给自足的小农经济，而在小农经济下生产单位之间的关系不占主导地位，人们大多数是血缘、亲戚关系，在这种环境下，公共事务关系管理难以发展。当工业革命来临之后，机器化的大生产、都市化、垄断化对生产领域产生了巨大影响。在工业社会，大规模的生产需要大量资金、大量原材料以及大量劳动力和市场，使得人们的关系变得日益复杂。除此之外，在资本主义社会中，资本主义的商品经济将生产者和企业所有者的关系变为利益关系，双方会更多的关注各种利益是否受到损害。与古代社会的劳动关系有所不同，在古代雇主和雇员的关系更加亲密，而在工业社会双方变得更加冷漠。然而企业的发展需要得到公众的支持，不能让这种恶劣的关系发展下去。

商品经济、社会化大生产还促进了社会分工和生产的专业化。专业程度越高，社会的作用就越大，竞争就会变得越来越激烈。因此，公共事务关系管理就更加重要，推行公共事务关系管理是商品经济发展和社会化大生产的产物。

2. 从社会制度发展的角度

公共事务关系管理是民主政治的产物。在古代社会，人们长期处于专制制度的统治。在封建专制制度统治下，君主掌握了一切权利，任何人都不能违抗他的意愿。人们唯一的选择只有服从，并不存在平等沟通交流和选择权。因此，在专制制度下，真正的公共事务关系管理难以产生。

当文艺复兴和宗教改革来临，个人的价值追求、自由平等的观念得到了重视。

随着商品经济的发展以及技术的革新，资本主义民主政治逐渐取代了封建专制制度。尽管资本主义民主政治仍然存在虚伪性，但是相对于封建专制制度，资本主义民主制度有了较大的进步，且其主张的"自由、平等"观念，解放了人们的思想。三权分立使得统治集团内部权力更加分散并且相互制约，为民主政治奠定了基础。但这种权力制衡需要一种力量来约束，即公众的力量，而选举制则体现出了公众的作用。政党为了执政必须争取社会和选民的支持，并且在执政期间，也需要维护好与选民的关系。在这种政治环境下，公共事务关系管理得以产生。

3．从技术发展的角度

公共事务关系管理是大众传播技术发展的产物。在古代农业社会中，由于经济欠发达、生产规模小、传播技术落后、交通不便捷，人们处在一个封闭的环境中。再加上小农经济是一种自给自足、以家庭为单位的经济，不需要人际沟通，所以没有广泛的社会关系。随着经济的发展、社会制度的变革，人们交往的空间逐渐变大，这促进了交通和传播技术的发展。从电报、电话、广播、电视到光导通信、量子通信，信息的传播变得越来越便捷，这也使得信息全球化加剧。这种信息的扩大，使得言论自由得到进一步实现，公众意见以及社会舆论的影响力越来越大，公众对社会组织的干预能力大大增强。协调好和公众的关系才有利于树立良好的公众形象。因此，传播技术的发展为近代公共事务关系管理的产生奠定了物质技术基础。

5.2 公共事务关系管理的基本功能

5.2.1 对公共事务关系管理功能的研究

不同的著述对公关功能有不同的看法，一般将公共事务关系管理的功能分为三种、五种和六种。造成这种差异的原因是：首先，一些著述提出的功能层次不同，不仅限于基本功能。其次，部分著述将公关功能倾向于公关职责。最后，造成这种差异的重要原因是目前对功能的研究仍然缺乏全面、系统、完善的分析。

本节将介绍公共事务关系管理的五大基本功能，即守望功能、协调功能、教育功能、娱乐功能以及效益功能。对这五大功能的学习有利于我们理解和研究公共事务关系管理的传播行为。

5.2.2 基本功能

1．守望功能

公共事务关系的守望功能是对组织社会环境进行守望，从而加强组织对环境的了解和把握能力。

（1）搜集信息的内容

公共关系需要搜集具体的工作环境信息以及一般的社会环境信息，主要包括：

与本组织有关的各类信息，如本组织的产品、形象、经营状况等方面的信息；本组织的竞争、协作对象的各类信息，如竞争、协作对象的产品、形象、经营状况等方面的信息；与本组织相关的各类公众的信息，如消费者、股东、供应商等的信息；与本组织有关的社会环境信息，如政治、经济、法律等方面的信息。

（2）建立信息搜集制度

搜集信息的制度主要包括信访制度、信息交流制度、对大众传媒的监测制度、公共关系的调研制度、预测制度以及档案制度。通过建立完善的信息搜集制度，有利于信息搜集工作的开展。

（3）搜集信息的原则

在搜集信息时，需要注重以下原则。首先，要遵循信息的准确性原则，信息只有准确才能让组织作出正确的决策。第二，要遵循信息的时效性原则，任何信息，如一条新闻，都具有时效性，滞后的信息会对组织决策产生错误的引导，带来严重的损失，因此需要注重信息的时效性，为组织提供最新的信息。第三，要遵循信息的可比性原则，信息不能进行对比则其使用会受限，有时候无法对比的信息根本不能使用。因此，在收集信息时需要统一标准，从而使信息具有可比性，提高信息的使用价值。第四，要遵循信息的适用性原则，不同的信息适用于不同的决策，因此收集信息需要有的放矢，着重收集与本决策相关的信息。最后，要遵循信息的经济性原则，信息收集需要一定的费用，以最低的费用收集较高价值的信息是公关人员在收集信息时需要注意的。通常，信息的价值与代价需要有合理的比例。

2. 协调功能

公共事务关系的协调功能是众多公关学者最为关注的一个功能，它注重通过科学的信息输出来影响公众，达到一定的目的。协调功能主要具有传播沟通、咨询建议、协调咨询三大职责。

（1）传播沟通，影响舆论

传播沟通有利于促进公众对组织的了解，从而影响社会舆论，创造出利于组织生存发展的环境。传播沟通主要有大众传播、群体传播、人际传播等手段。良好的传播沟通需要公共关系工作者掌握各种传播媒介的特点、原则、程序，从而熟练运用各种传播媒介。

传播沟通的目的是为了影响舆论，而引导舆论需要顺应事物发展的规律，而不能凭借主观想法来臆造舆论、组织舆论。在这一方面，公共关系作为组织和公众的交流桥梁，需要发挥监督作用。公共关系在这过程中需要从组织的立场出发，分析舆论，还需要积极影响舆论，以引导舆论健康发展。此外，公关人员还需要对负面舆论持有兼听和疏导的原则。

（2）咨询建议，参与决策

公共关系协调功能的第二项职责就是咨询建议、参与决策，而这项职责主要就是要求公关部门在组织决策时提供公关建议，行使决策参谋职责。参与决策主要包括向组织决策层以及其他管理部门提供公关咨询服务。领导决策层公关部门主要提供对企业公关状况的估计、主要公众的客观资料、对组织的决策进行公关评价以及提出适合的公关工作建议等。而咨询建议主要通过提供适用于本组织的资料、人际交往、游说活动、舆论工具等方式来开展。

（3）协调咨询，争取谅解

协调功能的第三项职责就是协调咨询、争取谅解。通过与各部门、各类公众进行咨商来争取谅解，有利于促进各部门和谐化运作，促进组织和环境的协调、适应。该项职责的工作主要包括协调领导与被领导的关系以及协调组织机构内部各管理职能部门间的关系。主要采用在组织内外部建立通信网络，促使信息双向流动，提升组织的环境监察预测能力，加强信息分析反馈能力，并通过各类联谊活动、会谈咨商活动等方式来开展协调咨商工作。

3．教育功能

公共关系的教育功能能够在各方面表现出来。例如一则广告会对消费者的消费观产生影响，一则新闻消息也会影响人们的思想观念。因此公关部门需要充分利用教育功能来达到组织目标，并且做好组织传播工作。

（1）员工教育

公关部门要注重员工教育，提高员工的素质，这样才能建立起一个被社会认可的组织，树立良好的组织形象。对员工进行教育引导需要对员工的文化素质、道德观念以及业务技术等方面进行引导，可以开展相关的员工培训、法制教育、技术教育等活动，达到提高员工素质的目的。此外，还需要开展对本组织各层领导干部、职工的系统的公共事务关系观念的教育，使领导层能够更多考虑公众利益、组织形象，使职工更能提供良好的服务、维护组织形象。最后，对员工进行教育还需要有针对性地对各类人员进行公关技能培训教育，提高他们的沟通能力和技巧，如演讲技巧、交谈技巧等。

（2）市场教育

教育功能不仅限于对员工的教育，还需要公关部门重视市场教育。市场教育主要包括对产品知识、品牌价值、企业文化等方面的教育。此外，还包括与消费者建立良好的关系以及将培育消费者作为营销基本策略等。

市场教育需要体现在利用公共关系活动对产品知识进行传播、普及。某钢琴厂商利用全球性钢琴大师见面会来促进钢琴的销售，还在消费者心中留下了对该钢琴的品牌印象。

建立良好的消费者关系有利于开拓消费市场，提高产品销量。日本某企业发现家庭主妇是日本家电购买决策的重要人群，于是通过举办日本国民喜爱的插花培训班来吸引家庭主妇，与家庭主妇建立良好的关系，从而达到开拓市场的目的。

将利用公关活动培育消费者作为企业营销的基本策略有利于全程跟进市场教育服务，促进营销。日本某化妆品公司通过建立花椿会把目标客户群体组织起来，通过为客户提供各种服务来培育消费者，促进公司产品的销售。

4．娱乐功能

公共关系的娱乐功能注重将观念教育融入轻松的活动中，潜移默化的影响人们的思想观念。因此，它的价值也是不可忽视的。公共关系的娱乐功能表现在娱乐能够消除人际隔阂和丰富职工生活，增进职工友情和提高团队凝聚力；可以激发人们向上，调节生理，开阔心胸；将观念教育融入活动可以使人们更容易接受新观念。此外，娱乐活动还可以体现组织文化和价值观念。

5．效益功能

效益功能主要强调对组织机构以及社会整体效益的影响，因此不能目光短浅，要看长期效益。公共关系的效益功能主要有以下职能。

（1）发掘信息的使用价值，主张捕捉经营时机

公关部门要加强对国家政策的理解与研究，发挥信息的优势，将信息的使用价值发掘出来并利用，还要利用有利的经营时机。

广东省湛江市某家用电器工业公司在1982年通过对国家决定搞一百个电气化试点县的政策进行研究，率先改变原来的决策，扩大对电饭煲的生产，占领新市场。由于扩大了生产，公司的技术得到了开发，结合发展起来的实力，使产品得以进入国际市场。

（2）主动传播，积极改善经营管理环境

公关部门要积极创造良好的经营管理环境，经营管理环境的好坏与组织的兴衰有密不可分的关系。

中国香港旅游业针对美国游客对其环境不了解的问题，采用了一个为期4年的公关计划。通过文字宣传、组织新闻媒介等方式向美国游客介绍中国香港的环境、旅游景点等。该公关计划取得了显著的成效，在1983年美国游客增长率为19.5%，且平均每人在中国香港的消费增加了41%。

（3）创造积极向上的氛围，利用激励机制

公关部门除了要发掘信息的使用价值、改善经营管理环境以外，还需要创造积极向上的氛围来激励士气、提高工作效率。沟通传播会影响人的情绪、工作态度，进而影响工作效率和经济效益，因此要利用激励机制来实现公关工作的效益功能。

5.3 公共事务关系管理的观念和工作原则

5.3.1 树立公开性的观念，坚持提高透明度的工作原则

1．公开性观念的内涵

公关工作的开放性观念要求组织应让公众对组织机构的状况、运作程序以及涉及公众利益的决策有了解、参与和评价的权利。开放性观念要求职工树立主人

翁精神、努力工作，还要求组织引导公众参与组织的管理，利用公众的智慧。要树立公开性的管理，需要摒弃封闭式的管理观念，不能将组织的一切信息都封锁，应该有所选择地向公众公开。

2. 封闭式管理带来的问题

封建的封闭式管理会使公众与组织之间缺乏认同感，导致双方产生严重的敌意；封闭式管理泛滥的"保密"行为会使公众对组织产生误解，甚至猜测、谣传组织的信息，最终导致信任危机，也不利于组织树立良好的形象；封闭式管理对决策缺乏监督，如果决策失误易造成损失，影响组织的生存、发展。

3. 坚持提高管理透明度的工作原则

要坚持提高管理透明度的工作原则，首先应该改变过去封闭的管理方式，变"象牙塔"为"玻璃屋"，减少组织与公众之间的障碍。需要欢迎公众来访，为受访者提供良好的服务，从而树立一个亲民的形象。

要坚持提高管理透明度的工作原则，还需要使公众参与决策过程。让公众拥有对决策了解、建议的权利，从而有利于利用公众的智慧完善决策、减少失误。同时还可以提高公众对决策的接受度，与公众建立良好的关系。

要坚持提高管理透明度的工作原则，需要公关人员正确处理"保密"问题。凡是可以让公众了解的，就应该传递给公众，避免引起公众不必要的猜测，或者激怒公众。俾斯麦曾说"把那石板揭开，让底下黑暗的泥泞暴露在阳光之下，那些细菌自然会消灭了"，组织也应该认真对待"保密"问题，主动公示组织的不足之处，接受公众的指点，赢得公众的信任和好感。

5.3.2 树立珍视信誉的观念，坚持传播工作的真实性原则

1. 信誉观念的内涵

信誉观念是商品经济的产物，在商品经济时期，人们注重商品交换的诚信、信誉，而这种观念也逐渐被引入公关领域。早期的公关实践强调公关工作的真实性，而真实性是信誉存在的基础。正如艾维·李在著作《原则宣言》中提到的"我们的每一条信息必然正确""如果认为本处的任何新闻应该更正的话，那就不必采用"，强调了公关必须真实。此外，《国际公关准则》也指出"不应出于其他需要把真实性降到次要地位""不传播未经查明真相的信息"。

2. 真实性原则

公关工作的真实性原则要求公关活动传播的信息都是完全真实的，做到每条信息都是完全无误的，绝对不会为了传播的趣味性来降低信息的真实性。公关传播的信息源于现实和社会实践，它还需要受到实践的检验。实践是检验真理的唯一标准，公关活动传播的信息也需要禁得起实践的考验。如果传播的信息是虚假的、欺诈的东西，会使组织形象受损、信誉丧失，甚至受到法律制裁。

公关工作的真实性原则要求公关活动传播的信息要和所反映的事物总体一致。如果不是从整体、联系的去把握事物，所得出来的信息就是片面的、不科学

的。正如列宁所说"在社会现象方面，没有比胡乱抽出一些个别事实和玩弄实例更普遍、更站不住脚的方法了"，公关活动需要从总体来把握事实，实事求是，将信息的优缺点全面的传播给大众。

公关工作的真实性原则要求公关活动传播的事实要符合本质上的真实，要传播与事实总体一致的、符合所反映事物本质的信息。报道的内容要与看到的事实相符合，否则就违背了真实性原则。

5.3.3　树立制度化的观念，坚持立足平时的工作原则

1. 制度化观念的内涵

公关活动在早期被人们认为是一种医治组织弊病的灵丹妙药，是一种处理组织危机的"救火"工具。然而在20世纪初，这种妙药、"救火"工具的观念不再适用。首先，其难以根治弊病，很难消除根本因素；其次，"救火"式公关部不能避免组织的损失；第三，这种观念的公关活动不能树立良好的组织形象。随着公共关系的发展，这种观念逐渐被人们摒弃。第二次世界大战后，人们认识到公共事务关系应该是一种"管理制度"，而不是"救火"工具，这一时期大量公关部门也开始建立，制度化的观念被广泛接受。

2. 靠长期努力，立足平时的工作原则

进行公关工作需要靠日积月累、脚踏实地、长期努力，这样平时努力的积累才能使公关工作能够应对突发事件、逢凶化吉。要坚持好靠长期努力、立足平时的工作原则，首先公关人员需要平衡各类公众对象，对重要对象要有所偏重，分等级对待，相反，对一般对象不用有多偏重；其次，一般的沟通工作需要自然、不留痕迹，不能让对方感到不适应，尽量与对方保持一种长期的友情；此外，对于一般的沟通要放出交情，要帮助别人，多做善事，从而建立起牢固的公共关系；最后，对于一般的沟通联系还需要创新手法，要关注到公众喜新厌旧的心理特征，不能长期使用一套手法，要变换沟通联系的方法，吸引公众注意。

5.3.4　树立平等沟通的观念，坚持双向交流的工作原则

1. 平等沟通观念的内涵

在20世纪初时，艾维·李等公关人员把公众看作公关主体提供信息从而影响客体的传播活动。在1923年，伯纳斯的《舆论明鉴》曾讨论过公关传播的双向沟通问题，他主张公关传播不是单向的，而是双向传播的活动。平等沟通观念是近代传播关系研究成果在组织传播中的应用，要树立平等沟通的观念就是要摒弃以自我为中心的传播观念。这种以自我为中心的传播观念是封建时期的观念，封建时期的传播都是建立在绝对权威上的，只有一方命令和一方服从，但这种做法只会加剧社会矛盾，不利于建立良好的公共关系。

2. 坚持双向传播沟通的工作原则

坚持双向传播沟通的工作原则，首先，要建立平等的双向传播关系，既要充

分尊重公众权利将组织意见传递给公众，又要将公众的意见传递给组织，摒弃以自我为中心的封建传播观念；其次，在进行公关工作时除了要自我传播，还要开拓传播渠道，让公众的意见得以传播，创造良好的沟通环境；最后，为了确保公众意见能够传达到组织，要疏通传播沟通的渠道，从而使公众的意见对组织的行为产生影响。

5.3.5　树立注重行为的观念，坚持首先自我完善的工作原则

1. 注重行为观念的发展

公关活动在早期被人们认为仅仅是文字宣传活动。在20世纪20年代，公关人员意识到文字宣传活动的力度是远远不够的，文字需要得到行动的支持，需要向人们说明应该采取的态度和行为是什么。在20世纪30年代，公关界进一步认识到公关活动对企业政策、行为咨询的重要性。注重行为实际上就是要求公关人员将公关工作建立在比较健全、完整的组织行为上，要求公关工作注重调整组织行为来适应自己的环境。

2. 坚持首先自我完善的工作原则

坚持首先自我完善的工作原则，首先，需要在制订公关计划前考虑组织的政策，集中精力改进组织行为；其次，在解决公关问题时需要考虑是否要对组织的行为进行改正；第三,一切公关工作都应从内部处罚，先进行内部组织的公关才能对外公关，内部公关的效果会影响组织行为的效果和组织的自我完善程度；最后，公关人员要注重自身形象，要关注公关活动本身，要具有较高的社会责任感。

5.3.6　树立科学的观念，坚持以调查研究为基础的工作原则

1. 科学观念的发展

公共事务关系在早期被认为是协调组织关系、消除组织危机、参与市场竞争的艺术。随着公共事务关系事业的发展，人们更加注重公关活动的效果，公关界也更加注重将科学与公共关系相结合。如，1928年伯奈斯在著作《宣传》中指出公关人员要了解社会科学，强调了科学对公关工作的重要性。在这之后，也有不少社会科学方面的学者对公关领域进行了研究。20世纪70年代以来，公关调研和公关效果评估被更加重视，当代公关活动更加关注科学性。

2. 坚持以调查研究为基础的工作原则

坚持以调查研究为基础的工作原则，首先，要改变凭经验、灵感来工作的做法。要从实际出发、实事求是，对事物进行调查、分析，提高公关工作的科学性；其次，进行公关工作时要结合现代调查研究的方法，对公关活动的效果进行评估时要做定量和定性分析；第三，要将公关工作规范化和制度化，设定公关工作的各项程序；最后，参与公关工作的公关人员要与时俱进，不断提高自身素质，学习科学的理论和公关方法。

5.3.7 树立公众利益的观念，坚持工作的互惠原则

1. 公众利益、互惠原则的内涵

树立公众利益的观念就是组织要时刻考虑自己的行为对公众的影响，追求组织利益与公众利益的一致发展。公共关系强调的公众利益观念需要公关人员在公关工作中坚持互惠的原则。互惠原则是指对交往各方的根本利益进行增进、维护。互惠原则可以通过社会的整体效益来衡量。

在艾维·李早期的公关实践中提及公众利益的重要性，但是他的出发点是"代表企业及各公共组织"。1952年，在美国贝逊企业管理学院公关主任康斐尔的著作《公共关系的理论与实务》中，明确指出了"公共关系在所有的决策与行动上都以公众利益为前提"，强调了公众利益的重要性。

2. 坚持工作的互惠原则

坚持公关工作的互惠原则要求组织以公众的需求、利益以及社会整体效益为出发点来决策、经营、管理组织。组织在进行某项活动时必须考虑国家社会的整体利益，不能只顾短期利益，否则会受到法律的制裁，从而影响组织的生存发展。组织还要具有较强的社会责任感，在决策时需要考虑该项决策对社会、环境的影响，要有可持续发展的眼光。如企业在经营过程中需要注重环境保护，尤其是污染严重的企业更需要采取环保的生产方式。组织还需要具有政治家的眼光，要意识到社会发展和社会环境对组织本身发展的重要性。如许多大城市都由企业协助建设城市基础设施，比如为城市建设绿化带等。最后，组织需要坚持"多赢"的观念，不能只顾自己的利益，要考虑利益相关方、国家、社会的利益，不能陷入恶性竞争。

5.4 企业的社区、媒介和政府公众关系

5.4.1 企业的社区、媒介和政府公众关系类型

1. 企业的社区关系

（1）社区和社区公共关系的基础

社区是指人们共同生活、活动的一定区域。从组织公共关系的角度看，社区的大小要视组织机构的分布情况和活动范围的具体情况而定。机构的分布和活动范围较集中的组织，其相对的社区地理范围会小些。反之，机构分布地域广、活动范围大的组织，其相对的社区地理范围会较大些。

公共关系中的社区公众关系是指组织机构与所在地的全体居民和各种社会组织、团体的关系。如组织机构与所在地的市、区、街道或镇、乡、村等居民与所在地的各级政府、企事业单位、社团等的睦邻关系。故社区关系也被称为地方关系或区域关系。

（2）处理社区关系应遵循的基本原则

1）组织应当认识到社区关系是全国关系的缩影，是组织所有公众对组织的态度、看法的产生地。组织应把发展良好的社区公众关系作为组织发展、建立更广泛的全国性的、国际性的公众关系的基础。

2）组织应正确地认识、积极参与、关心社区各方面的发展，为社区发展尽自己的责任是发展良好社区关系的物质基础。组织在社区中应是负责尽职、正直热心的公民，以主人翁的态度推动社区的各种发展。如积极推动环境保护、维持正常秩序、支持赞助各种公共事业、公共设施建设、公益活动等。

3）要注意与社区中富有影响力的主要人物或团体建立良好的关系，以此作为进一步与更广泛的社区公众建立良好关系的起点。如本组织的职工或职工家属；各类关键性的组织；各主要权力机构；各主要社会监督管理机构；各主要社团及各种文化、政治团体等。

4）公开的、及时的沟通政策。公开坦诚的态度和及时不断的沟通是连接组织与社区关系的纽带。在社区传播上，组织应首先向其职工公众提供消息，其次就应是社区公众，再次才是外界，从而提高社区成员对组织的认同感。

（3）促进社区关系发展的主要手段

1）通过社区的报纸、杂志、广播、电视等大众传播媒介的沟通

其主要有：向公共大众传媒提供组织的新闻、广告或专题片，组织自己编制出版发行的区域通信杂志、年度报告书、小册子、组织的内部刊物等。通过这些媒介及时不断地把组织的情况、组织对社区贡献的事实报道给社区公众，根据需要及时向社区公众解释各种误解，为组织的生存和发展创造良好的社区舆论环境。

2）开放组织，让社区公众参观

其目的是为了让社区公众对组织的工作环境、各方面的发展有更多的了解，留下深刻的直观感受和印象，也可借此纠正社区公众的各种误解和错误观念。

3）管理人员的演讲

由管理人员在社区的各种集会上，向公众团体及各阶层人士发表演讲，以增进了解，树立管理人员的良好社会形象，提高组织对社区生活的影响力。

4）通过职工的沟通

职工生活在社区中，每天都在与外部公众进行大量的接触。通过职工的沟通，其最大的优势是可扩大组织与社区公众人际交往的接触面和接触的深度，组织公关部平时应鼓励职工积极参与社区活动，在社区的各种社团组织中担任职务，增进职工在社区生活中的影响力，并向职工就如何向外界宣传介绍本组织进行指导，及时向他们提供各种信息和资料。

5）展览或陈列

利用本组织机构的设施或租用社区内的公共场所，举办介绍组织的各种展示活动。

6）做好环境保护工作

根据实际需要和组织的能力积极推行各种美化环境、净化大气、水质改良、生态保护等计划，以造福社区，创造良好的组织环境形象。

2. 企业的媒介公众关系

（1）媒介关系的内涵

媒介公众关系是指组织与大众传播媒介及其工作人员的关系。如与各种报纸杂志、电台、电视台、通信社等机构及其记者、编辑、作家等的关系。

当今社会，媒介是影响、引导社会舆论最有力的工具之一，良好的媒介关系是组织力求建立良好的公众舆论关系最主要的环节。公众舆论虽是无形的，但力量却很大，有利的舆论可使一个组织走上成功的坦途，不利的舆论则可能严重地遏制企业生存和发展的机会。

（2）处理媒介关系应遵循的原则

1）良好的媒介关系应建立在双方相互支持的基础上

组织不但要看到自身需要媒介的支持，需借助媒介去营造气氛、扩大影响，而且要看到媒介也需要组织的帮助，需要组织为其提供各种信息，提供各种采访活动的方便和条件。没有组织的支持，媒介无法保证得到多种渠道的新闻来源。因此，组织应积极主动支持媒介工作，在向他们提供更多的有新闻价值的资料的基础上，与媒介建立相互支持、平等互惠的关系。

2）组织应认识到唯有"诚实"才是最好的媒介关系政策。"真实性"是媒介新闻报道的生命，唯有时时做到真实，才能获得媒介的信任。

3）提高公关人员从事新闻传播工作的专业水平是获取媒介好感与尊敬的最好的方法，也是良好的媒介交流关系的基础。公关人员有较高的专业水平容易得到媒介的尊敬和认同，同时可为媒介减少很多麻烦。

4）严禁干涉媒介的正常新闻活动，特别是利用各种手段（用权力、财力等）来压制或要求取消媒介的某项新闻报道。在特殊情况下，如果有充分的理由和法律依据，可以要求媒介缓发或停发某项新闻，或就某些有损于公众利益的相关内容向媒介解释，或与之讨论以求得共识。

5）对于各新闻媒介要一视同仁，不应厚此薄彼，以免招来怨言或造成不必要的误解。

（3）企业与新闻媒介联系沟通的手段

1）访问新闻媒介。特别是在新的公关部主任或负责媒介关系的主管上任时，应在组织最高领导带领下，访问各有关新闻媒介。

2）招待新闻界人士。组织常用的招待新闻界人士的形式多种多样，如以新闻发布为主的记者招待会、定期会晤或工作餐会、招待记者参观组织机构、邀请记者对本组织的各分支机构进行系列采访等。

3）向新闻媒介提供组织新闻、专稿、广告、图片、专题及广播、电视报道等。

4）邀请记者帮助训练组织的新闻报道人员，邀请编辑指导组织刊物的编撰。这不仅能提高本组织的公关活动能力，而且还可以加深组织与新闻媒介的感情，特别有利于组织的公关新闻报道人员、编辑人员与新闻媒介的记者和编辑建立发展私人间的交往关系和友情。

3. 企业的政府公众关系

（1）政府关系的概念

政府关系是指组织与国家管理机构及其人员的关系。在我国，就国家管理机构的职能来看，对组织影响最大的有行政关系（如计划、物资、人事等）、财政金融关系（如银行、税务、审计等）和法律事务关系（如各级人民代表大会和公安、检察院、法院等机构）三大方面。

任何组织作为社会的一员，都必须服从政府对社会的统一管理，都必须接受特定政府机构的领导和监督。特别是在社会主义国家，政府的调控作用、政府的政策对组织前途的影响更大。因此，如何协调好企业与政府间的关系，也是各组织一项重要的公共关系工作。

（2）处理政府关系应遵循的基本原则

1）确保组织的一切活动都能在政府政策和法规的范围内进行，这是良好的政府关系的前提。要加强对政府方针、政策、法令的研究和分析，注重对政府有关政策、法令可能的变动进行预测和监察。不断把有关研究分析报告提供给组织的决策层，以保证组织的一切活动都能符合政府的政策和法规，并保证与一切可能的变化保持同步。

2）应把处理好组织与政府间的利益关系作为良好的政府关系的基础。公关人员应善于从组织的角度协调好政府和组织的利益关系。当组织有能力时，应尽可能支持国家建设。当组织有困难时，在考虑国家利益的同时，组织也应从生存和发展的角度向政府提出建议和要求。

3）熟悉政府机构的职能与运作，并与各具体工作人员保持良好的关系是提高政府关系效率的保证。

4）主动传播，让政府全面地了解组织的情况。利用各种资料及研究报告去协助政府制定出更适合本地区、本行业、本组织特殊情况的政策和方案，创造更有利的社会发展环境。

（3）与政府公众联系沟通的主要手段

1）游说。游说是一种通过私人访问形式，与政府公众进行联系沟通的方式，是组织与政府公众联系沟通中最常用的手段。游说的主要目的在于影响行政决策和立法，使之能充分考虑组织的利益与处境，在体现国家利益的同时又能照顾到组织的利益，创造有利于组织生存和发展的政策、法律环境，避免政府的政策和法规对组织的生存和发展造成威胁。

2）其他与政府公众直接接触联系的手段：

① 在各级立法机构或专门委员会的审议会上、在政府或立法部门举办的各

种政策、法律研讨会上列席，就组织对某项政策、某一问题、某项拟议中的法案的看法进行阐述，或列席作证、答复问题。

② 访问政府或立法机构，或邀请政府官员或立法人员访问参观组织。由组织管理人员或由业主协会负责人访问政府或立法机构，是一种主动了解政府机构运作、与政府公众保持联系、向政府机构反映情况、争取支持的常用方法。

3）与政府公众进行联系沟通的间接手段：

① 利用报纸、杂志、电视、广播等各种大众传播媒介，间接地把组织的活动经营状况、发展目标和计划以及存在的问题报道给政府公众。

② 利用各种大众传播媒介影响社区公众对组织的评价，呼吁他们支持或反对某项未决的立法或政策。通过形成有利的社区舆论去间接影响政府对组织的评价和态度。

③ 对某个问题，对各组织或一般公众进行民意测验或调查，公布民意结果或将调查结果提供给政府官员或立法人员作为决策时的依据。

5.4.2　政府组织的公共关系管理

1. 公关在政治事务中的作用

政府是一个国家或地方的行政机关，作为社会管理的中枢，它对地方的各方面事务行使指导、管理、服务、协调、监督、保护等基本职能。在一切都加速变化的信息时代，政府在社会政治、经济、生活各方面的影响力和作用也在不断加强。同时，人们对政府的各种行为也给予更多的关注和批评。政府要有效地行使选民赋予的权力，就要争取公众对政府的理解和信任、对政务的参与和支持，保证政府能受到人们的尊敬和爱戴，建立维护良好的政府公共关系。

然而在现实的社会生活中，政府与公众的关系又常常不尽如人意。对于绝大多数公众来说，规模庞大、结构复杂的政府机构是陌生和不易接近的。又由于每个公民了解政务的精力和时间极为有限，各级政府机构在公众心目中的形象已日趋模糊。

现在，政府会向公众报告、解释其政策和行为，新闻媒介反映这些政策与行为的工作也空前复杂化。此外，各种选举的胜负在很大程度上已不再单纯取决于他们真实的品格和实际能力。他们在大众传播媒介上给人的魅力，在与公众接触中所塑造出来的形象，在很大程度上左右着他们的命运。在政治活动中借助、发挥大众传播媒介的公关能力获得了政治家们普遍的重视。

公共关系作为政府关系、政治运动的组织者和协调者发挥着关键性作用。越来越多的公关专家进入政治机构，成为各级政府首脑的助手、指导决策的高级顾问或智囊，对政府决策发挥着重要作用。

2. 政府公共关系的特点与目标

（1）政府公共关系的特点

1）政府公共关系问题的核心就是政府形象问题。政府官员的一言一行都极易产生较大的（好的或坏的）社会影响力，政府公共关系问题的核心就是政府形象问题。其公关工作首先应处理好的关键性问题就是如何来维护政府机构、官员的高知名度和美誉度的统一。

2）提高透明度，加强与公众沟通是政府公关主要内容。政府权力机构的组织特点和它在社会生活中所处的领导地位，使它极易产生官僚、主观、命令主义、脱离公众等问题。因此，加强政府管理的民主化，提高政府工作透明度，加强与公众的直接沟通，是政府公共关系的主要内容。

3）坚持长期、全社会的利益是政府公关的基本原则。政府作为社会管理的首脑机关，它对全社会所应承担的责任，决定了政府公关工作的政策性要较其他社会组织强。政府公关工作的着眼点一般是从长远的和全社会的利益角度来考虑。

4）政府公关活动的能力和影响力比一般组织大。由于政府的特殊地位，政府机构发布的信息一般要比其他社会组织、团体发布的更有价值。由于政府的公关工作已有较长的历史，在各方面已积累了大量的经验，公关人员有较高的素质。因此政府公关活动的能力和社会影响力也较一般的组织大。

5）政府公关对所需知识技巧和经验的要求较高。政府公关对象、工作范围都较其他组织广，面对的问题更为复杂、难度大，并且政府公关长期以来一直受到严峻的挑战和更多的敌意与怀疑。

6）为避免敌意，政府公关机构一般采用比较模糊的名称。为了避免外界对政府部门公关的敌意，政府机构的公关部门和官员往往采用比较含糊的名称和头衔。又由于各国政府机构设置情况不尽相同，各国政府的公关机构设置也呈现各异的状况。

（2）政府公关计划中常用的目标

1）向公众解释现有政治制度及政府各项政策、法令以及政府采取的各种措施的合理性和必要性，保证政府执政能得到公众足够的支持。

2）帮助公众了解政府为他们提供的各种服务和福利，以保证公众能从中获得利益。

3）在政府颁发各种新法规、新政策，或对某些重大问题作出决策时，消除公众疑虑或反感，争取公众的认同、接受和支持。

4）在选民参与各种公民投票时，发动选民积极参与政府决策，为选民在关系到切身利益问题和社会前途的大事作决策时，提供充足可靠的资料。

5）加强政府对公众问题和民意的了解，保证公众意见能直接及时地反映到政府的各职能部门。

6）加强政府内部各部门机构间的沟通，以保证政府各职能机构能协调一致开展工作。

7）协助大众传播媒介宣传政府的政策，报道政府新闻和各项活动。保证政府宣传能在社会信息传播中起主要渠道的作用。

3. 政府公关管理具体的方法和措施

（1）政府机构内部的公共关系

政府内部公共关系是政府领导机构及官员与政府机构中各部门及工作人员的关系。政府职能的行使及政府形象的维护要靠政府各部门和全体工作人员忠诚、齐心、和谐合作、减少摩擦、提高工作效率等来实现。

从政府内部公共关系看，具体可分为两大方面的工作：

1）协调政府内部各机构部门间的关系。政府机构是个完整的管理系统，但由于各部门分工明确，各司其职，相互间缺乏直接的联系，在客观上存在不同程度的沟通障碍。因此，公关部门应为政府各部门间的沟通交往创造条件，加强各部门间的横向联系，提高政府机构一体化程度，以防止"政出多门"，各持己见，相互推卸责任等不协调现象的出现。

2）加强政府官员与一般公务人员的沟通。要让官员们认识到头衔具有权威作用，但也容易造成与自己同事和下级人员沟通中的障碍。通过与一般公务人员的交往，可以更多地了解情况，集思广益，提高管理的科学性。通过交往，有利于公务人员了解领导的意图，有利于工作中默契配合，提高工作水平和效率。

（2）政府与外部公众的关系

政府的外部公众关系则主要是以提高政府机构运作的透明度和公开性，让公众了解政府；开拓各种沟通渠道，以引导公众关心政务、参与政务为主要目标。在政府与外界公众的关系处理上，应注意以提供更多的公众服务来架起双方沟通的桥梁。在为公众服务的政策和运作程序上应以满足、方便公众的需要为原则。在真诚服务中，为他们接近政府提供更多的渠道。具体措施有：

1）建立健全政府信访机构。组织专门人员对公众提出的各种问题进行收集、整理分析，及时反馈各有关政府部门，并督促及时处理。

2）建立政府机构新闻发言人制度。定期召开新闻发布会，通过政府新闻活动向外界通报解释各种政策及政府所采取的行动，直接回答新闻界提出的公众关心的问题。

3）利用民意调查的方式，定期或不定期地对公众意见进行收集。

4）开展对话活动。政府官员就公众普遍关心的问题，亲临公众集会场所，与公众面对面座谈，交流看法，听取意见。在对话中要尽可能缩短双方的心理距离，创造良好的对话氛围。

5）推行公开办事制度。凡是与公众直接接触的政府职能部门或机构，都应利用各种方式将本部门机构名称及有关官员的姓名、职务、职责及办事程序、各项业务工作的情况给予标示或公布，自觉接受公众的监督，为与公众的联系沟通创造良好的条件。

4. 政府与新闻媒介的关系

新闻媒介作为民意工具，起着对政府行为的舆论监督作用。在与新闻媒介的关系中，政府首先应从维护人权的角度，自觉维护新闻自由，接受新闻媒介的监督，决不可随意滥用手中的权力，干涉新闻媒介及记者的采访、报道的自由。在维护尊重新闻界权利的基础上，积极发展与各媒介的良好合作关系。

政府公关部门应向媒介主动提供各种新闻资料，协助记者高质量完成对政府机构的采访报道工作。认真负责地为记者查证事实，解答各种问题。认真收集由大众传播媒介中反映出来的公众意见，并适时做出回答。同时政要人员要学会与新闻媒介打交道，出色利用新闻媒介开展对外传播沟通工作。

媒介在对外的新闻报道上，不能忽视对政府机构和政要人士生活中更具人情味方面的报道。如对政要人员发生的富有人情味的感人故事、个人生活经历，对其在文学、科学等方面的研究、贡献及个人良好的睦邻关系、助人为乐的善行、良好的模范公民行为等的报道。让公众对政府机构及政要人员有更全面的了解，增强公众对政府机构的亲近感，留下更具人情味的印象。

5.4.3 非营利组织的公共事务关系管理

1. 学校公共关系管理

（1）学校所面临的公关问题

随着科技的飞速发展，经济活动和社会生活方式不断变化，各种社会问题不断出现。如社会风气、道德伦理日下，青少年犯罪等问题日益突出，困扰着社会。对此，公众比以往任何时候对学校教育都给予更大的期望和更高的要求。日常教育、成人教育、科学研究日趋扩大，教育成本猛烈上升，学校的社会责任和经济负担更加沉重。

在学校内部，教师地位不高、不稳定，士气低落；教学设备、教学手段及教材陈旧；学生学习兴趣下降、积重难返的教学质量难以改观。加之学校中的色情、暴力、酗酒事件时有发生，学潮及代沟等加重了人们对学校的误解，影响着学校与内、外公众的沟通和人际关系。

学校正越来越多地受到外界的抨击，常常成为新闻媒介批评的对象。冲突、误解和沟通的困难进一步加深了学校教育的危机。为改变这种不利状况，学校应振作起来，重塑自身良好的形象，以获取公众更多的理解与更多的道义和物质支持，重建公众对学校教育的信心。学校的公共关系比以往任何时候的责任都更为重大。

（2）学校推行开放的基本策略

面对一系列棘手的问题，学校公共关系推行应以满足社会对学校教育的需求、提高教育质量为基础，以改变社会对教育的观念为先导，以改变传统的关门政策，改善学校对内、对外传播沟通关系为突破的基本策略。

学校良好公共关系的建立，首先必须有全社会对教育的共识。即要确立教育是全社会所有公民的职责这样一种共同的观念，也要让全社会认识到学校的教育只是教育的一部分。学校的教育有赖于社会、家庭教育的配合才能奏效，使全体公民自觉地成为学校教育的伙伴，与学校一起承担教育的责任。要澄清误解，消除公众对学校教育的不切实际的过高期望。

从学校自身看，要改变我行我素，把公众排斥于教育机构决策之外的办学做法。以合理的诚意创造条件，让公众了解学校改革整顿的情况及困难，使公众重新认同学校，促使学校公关工作更具有前瞻性和针对性，发挥更大的作用。其行之有效的做法有以下几点：

1）建立一个行之有效的公众信息收集反馈系统。通过对公众的民意测验，了解公众对学校各方面工作的意见，了解公众的愿望、希望等，并将这些信息毫无保留地反映给学校各管理部门、教职员工及社区公众。要改变以往主要靠学生、教师、熟人或管理人员自身的观察和直觉，或随意听来的社会传闻来判断、指导学校公关工作的现状。

2）提高学校管理的透明度，及时向社会报道和汇报学校的情况，加强公众对学校管理的监督，减少对学校各种支出、资金使用合理性的怀疑，增加对学校财务管理的理解。建立对话中心，与内外公众坦率讨论、交流各种问题。设立专人负责回答社会公众提出的质询、负责对社会的批评进行解释。

3）加强与新闻媒介间的联系。学校应设立专门的新闻发言人，定期向新闻媒介提供有关学校的资料和消息。与新闻媒介合作，开展各种有关教育问题的公开讨论或进行教育问题的专题宣传。引导公众舆论向有利于学校教育的方向发展，并在合作中与媒介建立起良好的双边关系。

（3）学校与各公众间的联系与沟通

1）学校的教职工关系

教师是提高学校教学质量的最重要因素。教师在学校公关管理中处在与学生、与学生家长及其他人员进行有效联系的特殊位置，是一种可反馈很有价值的信息资料的公众，是学校管理当局所应竭力与之保持良好关系的公众。

学校应根据教师的特点，对教师的教学科研成就给予充分肯定和鼓励，引导教师参与学校决策，身体力行倡导尊师风气，以满足教师的精神追求，建立良好的教师关系。如对退休教师给予关怀、对新教师给予帮助等都应作为学校管理当局不可忽视的日常事务。此外为加强与教师的相互理解，学校高层可轮流承担一定的教学工作以体验教师的甘苦，到班级听课以关心教师的成长。

职工关系是学校与外部公众沟通特殊的一个方面，同时也是内部公关工作不可缺少的一个环节。从一般管理人员到校车司机、清洁工、保管员、校医、护士、厨师，任何一部分职工都不可忽视。没有他们的通力合作，学校的运行就会陷入混乱或出现麻烦，良好的学校形象的建立也是不可想象的。

2）学校的学生、学生家长关系

学生是学校公众中影响力最大的公众，是向社区及更大范围的公众传播信息的最有利渠道和可靠的途径。特别是在以完善教育质量为基础的公关活动方面，一方面学生的配合是成功的关键；另一方面学生自身的形象及对学校的评价又起着中介作用，对树立学校形象具有重要意义。对此，学校不但要关心学生的学业，组织引导他们参加各种有益的社会活动或开展课外活动，而且还要注意时时保持与学生的沟通。

学生家长是学校影响社区关系的关键性公众，他们对学校的看法直接影响着社区的看法。学校不应单靠以学生为中介的沟通方式，而应该更积极地策划各种活动，把学生家长引入学校，与学生家长建立起更广泛、更坦率的直接接触。如定期举行家长会，以保持与家长不间断的接触和沟通；开展观摩学校教学活动，以帮助家长更新观念，了解新的教学方法、教育思想，有针对性地了解学生的功课，满足家长帮助孩子成才的愿望。

3）学校的社区公众关系

社区是学校赖以生存的环境，学校为社区建设和文化事业作出贡献是良好社区关系的基础。因此，学校应利用人才优势为社区解决一些经济文化、科技方面的问题；为社区发展培养急需的人才；尽可能开放学校的各项设施为社区服务；聘请社区中的模范到校演讲；鼓励教职工及学生积极参与社区事务，在更多的直接交往中让社区公众了解学校对社区发展的贡献，从内心感到学校是值得支持的。

引导社区公众参与学校管理和教育实践。如委托社区公众管理部分学校事务，担任某些教学任务。又如设立学校教育咨询委员会，委员会可由社区中某些工商企业社团的代表、社区领袖、学生家长及代表社区中各种不同观点的人物组成。通过这一机构可为学校教育提供各种咨询建议，帮助学校评价教学计划，提供各种技术信息和教育需求信息，推荐合格师资，帮助吸收新生，推荐毕业生等。

此外，学校公关部门还应有针对性地开展工作，以减少由于学校的扩建、校园治安等带来的问题。及时解释，开展正面宣传，争取社区公众对这些关系到学校管理科研水平和事业发展活动的理解，减少与社区公众的摩擦。

2. 医疗保健机构的公共关系管理

（1）医疗保健机构面临的公关问题

无论是营利性的还是非营利性的医疗保健机构的发展，都面临着越来越多的难题：

1）其最棘手、最主要的难题是不断增长的社会需求与投资不足的矛盾。为了满足社会各方面对医疗保健的需求，医疗保健机构必须扩大服务范围、提高服务质量、扩大院区、增加新的床位、更换新设施等。

2）社会公众对医疗费支出持续不断地增长表现出越来越强烈的不满。政府也开始对医疗费用增加进行干预和控制。对此一方面需要争取公众及政府的理解；另一方面医疗保健机构需要积极行动起来，准确地了解公众的需求，调动内部职工的各种积极因素以改善医疗经营管理，降低成本，提高效益。在确保服务质量的前提下，减轻公众的医疗保健负担。

3）在更为激烈的市场竞争中，更多的患者正越来越多地根据自己的判断，而不是医生的指定来选择医院。医院能否建立起给人以信赖的形象，正成为提高经营效益的关键因素。

人们开始认识到在医疗机构中推行公关管理的必要性，人们已看到相对于自我标榜的宣传和单纯以兜售服务为目的的广告，良好的公共关系才是促进医院与其公众相互理解、相互支持的理想管理手段，是确保医院、保健机构的市场占有率和经营效益必不可少的工具。

（2）医疗保健机构公共关系基本政策和推行方法

1）基本政策

医疗保健机构公共关系工作主要的对象有内部职员、医护人员、患者及其家属、社区公众、社区新闻媒介、捐助人、投资者以及政府机构等。在这些公共对象中，其中最关键的公众是患者及其家属。

一家医疗机构形象的好坏、社会舆论的褒贬，首先取决于患者及其家属对医院服务的满意程度。捐助人和政府也主要是从医院形象及能满足患者的某些关键要求、解决某些社会医疗保健问题的角度来决定其投资的。因此，最大限度满足患者的要求，并与患者及家属、各捐助人、政府机构保持良好的沟通关系，应是医疗保健机构公共关系最基本的政策。

2）具体的方法和措施

从医疗保健机构目前面临的问题着手，医疗保健机构推行公关管理可采用以下一些具体方法和措施：

① 了解公众的需求，以提高经营管理决策的科学性。医疗保健机构在经营效益上所存在的问题和社会公众舆论对医院的不利评价，多数是源自于医疗保健机构自身对公众的基本态度，是源自对公众需求、态度的了解程度、重视程度，以及所采取的政策、行动反应的及时有效情况。

② 推行预防保健宣传教育。推行预防保健宣传教育，从对公众的关心和体贴开始双方的对话。医疗保健机构要充分利用自己掌握的人才、工具、经验等来帮助社区推广、实施有关疾病防治、生活保健的各种有益的活动计划。

③ 为患者提供周到合理的服务。在努力提高医疗水平、消灭医疗事故、提高办事效率、降低医疗费用的同时，尽可能想患者所想，为他们创造优美的自然环境和人际环境。

④ 针对不同的公众对象，制定出相应的行之有效的沟通方案。医疗保健机构面对的社会公众是十分复杂的。公众在社会背景、文化背景、需要和期望、传播行为等方面千差万别。即使同为患者，不同类型的患者仍有不同的需求。因此，有经验的医院公关人员还应细心分析不同患者的特点，创造性地开展有针对性的工作。

⑤ 处理好医院与新闻界的关系。医院的所作所为都是直接关系到患者公众的生命安全和社会福利问题，都是社会和公众最为关心的切身利益问题。良好的媒介关系、亲密和谐的合作可使医院与所在社区融为一体，获得公众的尊敬和爱

戴。相反，敌意的新闻报道、不幸医疗事故的曝光也可败坏医院的声誉，甚至使之成为社区公众的公敌。

5.4.4 企业消费者的公共事务关系管理

1. 消费者关系的意义、目标和原则

（1）消费者关系的意义

消费者是公共关系中数量最大、范围最广的公众，它包括个人消费者和团体消费者。对具体组织来讲，消费者公众的多寡视组织的性质、服务项目及竞争能力不同而异。所谓的消费者关系是指组织在充分尊重消费者合法权益的前提下，以健全的管理政策、良好的服务行为、持续不断的双向沟通，建立起消费者对组织的信赖与支持的活动。

满足消费者的需要是一切生产性、服务性组织赖以生存和发展的基础。消费者的需要决定产品应如何生产、服务的内容，决定销售方式、服务方式，影响产品、服务的价格等。消费者关系的成败还将直接影响到职工的工资、股东的红利、企业的效益。特别是在国际市场、国内的部分市场已由卖方市场转变为买方市场的情况下，消费者不断觉醒，认清自己在社会经济生活中的地位。如何重建消费者与组织间的联系，增进了解，培养友好感情，以保证组织的生存与发展，已成为生产、服务性组织最重要的课题。消费者关系自然地被列为公共关系中应优先考虑的问题。

（2）消费者关系的目标

组织机构消费者关系的目标，通常是根据组织的发展、经营和市场开发的需要、特定顾客大众的态度和存在的问题以及组织的物力财力等具体因素来制定的。虽然不同的组织机构以及同一组织机构在不同的情况下，所推行的消费者关系目标有很大的差别，但从总体上看，这些具体目标仍可以归纳为以下几方面：

1）通过调研，确定消费者对组织政策、行为及产品或服务的意见和基本态度。

2）发掘消费者对产品、服务等不满意的相关信息，以改进工作。

3）对消费者的询问给予准确满意的答复。

4）运用各种传播手段向消费者报道组织的各种情况，以增进消费者对组织的政策和业务、产品和服务的了解。

5）检查、研究所有向消费者发布的信息，以保证做到完全的准确无误。

6）训练本组织机构的职工，使其能为消费者大众提供迅速、确实、礼貌而友好的服务。

7）通过消费、教育等传播手段，促使消费者接受本组织所提供的产品或服务。

8）研究产品或服务，调查研究消费者的需求，以保证旧产品的改进及新产品的开发方向。

9）促使本组织的产品和服务能使消费者更为满意。

10）与代表消费者利益的各种机构和社会团体保持密切的合作关系。保证它们能充分了解组织的情况，及时满足它们所提出的合作要求。

（3）消费者关系管理应遵循的原则

1）良好的消费者关系是以满足消费者的需求、维护消费者的合法权益为前提的。任何组织如果没有建立健全的消费者政策，树立真诚为消费者谋福利的精神，良好的消费者关系将无从谈起。

2）消费者的态度主要受组织的产品或服务的质量、价格的影响，同时也和组织的信誉有关。良好的质量、公平的价格、可靠的信誉是消费者关系的物质基础，也是建立良好的消费者关系所应做好的基础工作。

3）现代化大生产的今天，组织面对的常常是庞大的消费者公众群体，认识消费者及消费者关系已日益困难，科学的调查研究已成为推行消费者关系必不可少的工具。市场调查、市场预测，对消费者心理、消费者行为的调查分析是公关人员所必须熟练掌握的技术。

4）注意加强对消费者联系的管理。如要及时妥善处理好消费者的投诉、咨询、纠纷等工作。

2. 促进消费者关系常用的手段

（1）直接联系沟通的手段

其是指通过各种销售渠道、展示场所与消费者直接接触和交流。通过拜访消费者或消费者团体机构，会见消费者代表或消费者团体的代表，开放组织让消费者参观，出席消费者团体召开的集会，向消费者发表演讲等手段，直接向消费者介绍组织的情况，解释各种问题，增进双方的相互理解，联络感情，争取消费者的好感与支持。

（2）间接联系沟通的手段

其是指通过公共大众传播媒介发布新闻、刊登广告、提供专题片或专文等来介绍组织及产品或服务。通过出版自己的消费者刊物、邮寄信函等作为与消费者联络的工具，认真解答消费者的各种问题。

（3）市场知识教育

其是指配合组织发展的需要向消费者提供某项产品、某种新的生活方式的知识。市场教育常用的形式有技术示范表演、专家介绍、技术鉴定、技术培训、产品试用，或间接通过各种公共传播媒介中的新闻、广告或专文的介绍、组织自己编印出版的说明书小册子、专著等，向消费者推广普及某种商品或新的生活方式的知识。这类公关活动配合广告等传播手段，在开拓或培植市场、争取消费者好感等方面具有特殊作用。

（4）良好的销售服务

良好的销售除了应注意建立科学的销售渠道和销售网络之外，还应特别注意创造良好的销售环境。提供良好的销售服务，在很大程度上取决于推销员和代销商的协作与支持。因此要加强与他们的联络沟通，向他们提供各种资料。

（5）良好的售后服务

及时周到的售后服务对提高组织信誉、加强与消费者的感情联系有特别重要的意义。具体服务包括送货上门、实行三包和代客安装。

（6）主动征询消费者意见及处理好消费者的投诉

消费者调查及消费者投诉都是了解消费者意见的最常用方法。消费者投诉的处理则更是一件直接影响消费者情绪、态度的沟通工作。因此，不管消费者的投诉是有道理的，还是出于误会，或是一种挑剔，组织都应慎重妥善地处理。

（7）策划人为事件以影响消费者

这种手段常用于组织产品刚投入市场或想迅速扩张市场之时，目的是为了吸引消费者的注意与兴趣，迅速提高知名度。如新商品上市时的让利大酬宾活动；又如北京吉普车厂举办的轰动全国的边疆万里行活动，汽车所到之处，企业及产品得到广泛宣传，知名度迅速提高。同时，这次活动也是对汽车质量性能、技术指标的一次综合性检验，一路上积累下来的检测数据为改进产品提供了大量的科学资料。

自　测　题

一、单选题

1. 公共事务是指生产（　　）的活动。

A. 公共物品　　　　　　　　B. 私人物品

C. 准公共物品　　　　　　　D. 物品

2. 新闻代理人的代表人物是（　　）。

A. 艾维·李　　　　　　　　B. 尼斯·巴纳姆

C. 派克　　　　　　　　　　D. 科斯特·卡特李普

3. 公共事务关系是在（　　）被引入中国的。

A. 20世纪50年代　　　　　　B. 20世纪60年代

C. 20世纪70年代　　　　　　D. 20世纪80年代

4. 公共事务关系的教育功能需要从（　　）方面进行教育。

A. 员工和市场　　　　　　　B. 员工和管理者

C. 市场　　　　　　　　　　D. 员工

5. 树立珍视信誉的观念，需要坚持传播工作的（　　）原则。

A. 透明度　　　　　　　　　B. 真实性

C. 双向交流　　　　　　　　D. 立足平时

6. 公关学者卡特里普（Scott M. Cutlip）在（　　）一书中也指出："公共关系是这样一种管理功能，它建立并维护一个组织和决定其成败的各类公众之间的互惠关系。"

A.《有效公共关系》　　　　　B.《公共关系学》

C.《大英百科全书》　　　　　D.《麦克卢尔》

7. 公共事务关系管理的萌芽主要以（　　　）为标志。

    A. 北美独立革命运动中持续的政治宣传运动、美国近代政治竞选方式的
确立和企业界的新闻宣传代理活动

    B. 北美独立革命运动中持续的政治宣传运动

    C. 美国近代政治竞选方式的确立和企业界的新闻宣传代理活动

    D. 北美独立革命运动中持续的政治宣传运动、美国近代政治竞选方式的确立

8. 公共事务关系管理是（　　　）的产物。

    A. 沟通传播

    B. 近代商品经济

    C. 近代商品经济和社会化大生产

    D. 政治制度

9. 公共关系中的社区公众关系是指组织机构与所在地的全体居民和（　　　）、
团体的关系。

    A. 各种社会团体   B. 政府部门

    C. 企业部门   D. 学校

10. 政府公共关系的核心问题是（　　　）。

    A. 知名度   B. 美誉度

    C. 政府形象   D. 促进合作

二、多选题

1. 公共事务关系的基本功能有（　　　）。

    A. 守望功能   B. 协调功能

    C. 教育功能   D. 娱乐功能

    E. 效益功能

2. 公共事务关系管理的基本特征可以从（　　　）的角度来分析。

    A. 伦理前提   B. 目标

    C. 形式   D. 性质

    E. 方式

3. 公共事务关系的发展经历了（　　　）。

    A. 巴纳姆时期   B. 艾维·李时期

    C. 爱德华·伯内斯时期   D. 哈伍德·L·蔡尔兹时期

    E. 科斯特·卡特李普时期

4. 协调功能主要具有（　　　）三大职责。

    A. 传播沟通，影响舆论   B. 咨询建议，参与决策

    C. 咨询建议，影响舆论   D. 协调咨询，争取谅解

    E. 协调咨询，参与决策

5. 企业与新闻媒介联系沟通的手段之一是向新闻媒介提供组织新闻和
（　　　）等。

A. 专稿　　　　　　　　　B. 广告

C. 图片　　　　　　　　　D. 专题及广播

E. 电视报道

三、名词解释

1. 事务

2. 公共事务关系管理（管理学视野）

3. 公共事务关系管理的公开性观念

4. 公共事务关系管理的公众利益观念

5. 政府关系

四、简答题

1. 公共事务关系管理的概念可以从哪些角度来分析？

2. 公共事务关系有哪些功能？

3. 公共事务关系管理的观念有哪些？

4. 公共事务关系管理的工作原则有哪些？

5. 企业与政府公众联系沟通的主要手段有哪些？

五、论述题

1. 论述近代公共事务关系事业产生的历史原因。

2. 论述企业消费者公共事务关系管理的意义。

6

公共事务关系
的沟通管理

公共关系活动的过程，在多数情况下是组织与其公众之间的交流、沟通的过程。这是公关管理区别于组织的其他管理活动，如生产管理、营销管理等的主要特征之一。从这意义上看，不懂现代沟通传播的人就很难真正懂得公共关系；不了解现代传媒生态、不掌握现代传播科技和传播方法的人，就很难胜任公共关系工作。在公共事务关系中如何进行沟通管理，首先要研究传播，研究传播方式、过程与要素，对传播有一个基本认识；其次需要明白何为沟通，了解沟通中会发生的障碍以及如何改善；公共关系活动的主要目的之一就是要影响公众的态度，因此态度及其形成与改变也是需要掌握的关键，同时对说服理论的经典模式有所了解也能给公关实践工作带来启发和指导；在掌握了各种原理之后，才能将其应用在公共事务关系的说服之中，最终形成公共事务沟通管理体系。

6.1 传播、传播方式、传播过程与要素

探讨公共事务关系问题就要研究传播，研究传播的原理、方式、过程、要素以及一切公众传播的手段。信息传播过程是一种信息分享过程，双方都能在传递、交流、反馈等一系列过程中分享信息，在双方的信息沟通的基础上取得理解，达成共识。因此，一切想从事公关研究和实践的人都要对传播有一个基本的认识。

6.1.1 传播和传播方式

1. 传播的含义及特点

传播（Communication）是指人类社会中的信息传递、收受、交流、沟通与分享的过程，是两个相互独立的系统之间，利用一定的媒介和途径所进行的、有目的的信息传递活动。公共关系反映的是人际交往，因而也离不开信息的传递及沟通。由于人们早期的传播思想和传播研究方法的影响，也由于中国人传统的传播这一词的理解的影响，人们习惯于把传播只理解为一种单向的、大量的、大范围的散步、扩散某种信息的行为。这与我们现代所说的传播，在概念上有较大的差距，现代"传播"一词其含义至少应包括以下特点。

（1）信息传递

信息传递即某一信息源将信息传递给某一目的地的活动，是指人们通过声音、文字或图像相互沟通消息的意思。信息传递研究的是什么人向谁说什么，用什么方式说，通过什么途径说，达到什么目的。

（2）双向交流

双向交流即在传播中的双方都是信息传递的参与者，他们之间相互影响，构成信息上的相互交流关系。

（3）信息共享

信息共享即在传播中双方通过分享信息，在某种程度上取得一致的了解、认

识、理解或意向，达成相互间的沟通。

2．传播的方式

传播是人类的一种基本社会行为。人们不管有意无意，每时每刻都在传播。个人的思考活动，人与人之间的信息交换，以至人的任何行为都具有信息传播意义上的价值。人类的传播方式虽然可以有千万种，但其基本的方式可分为五大类型。

（1）内向传播

内向传播也被称为自我传播、自身传播。内向传播是发生在同一个人体内的一种信息交流活动，是在作为意愿和行为主体的主我（I）和作为他人的社会评价和社会期待的代表的客我（Me）之间进行的信息交流。这类传播方式最主要的特征是传播信息的主体（传者）和接收信息的客体（受众）都是同一个人，即主客为一体的信息交流沟通方式。如个人的自我反省、思考、自言自语、自我发泄、自我安慰、自我陶醉、思想斗争、内心冲突等。一切发生在人体内部的信息交流，如感觉、理解、思维、意识情绪等都是人的内向交流。在这个交流过程中，主我和客我进行自由沟通，以达到自我的内部平衡调节，通过这种思维活动进行正常的信息编码，以保证人类其他传播活动的正常进行。因此，内向传播的核心是自我管理。

（2）人际传播

人际传播是指个人与个人之间直接的信息交流沟通方式。人际传播可分为面对面的直接的人际交流和通过媒介的直接接触交流两种。这是一种普遍的、渗透于人类生活的各个方面的最基本的传播方式。

这种传播方式的主要特征有：

1）个体性。这类型的传播是在个体间进行的，如朋友间、同事间、夫妻间、兄弟间、师生间等，从传播行为看是属于两个个体间的私人性行为。

2）参与度高。在人际传播中参与的双方是处于互为主客的传播关系状态。良好的人际传播，应是双方平等的沟通。在交流沟通中，双方可根据需要不断调整传播角色，既可是传者又可是受众，既发表自己的看法又倾听接受对方的意见。由于有这种传播关系的基础，所以传播的双方都高度投入地参与了对共同面临的问题的交流讨论或沟通解决。

3）从传播的信息看，其交流的手段丰富，符号多样化。作为信息的载体——符号，是人类交流不可缺少的手段。人际传播中人们所运用的符号最为多样，从口头到文字、图像到音响，从仪表到特定的交往时空环境等，构成人际交往中的复杂符号系统，它从各方面对交往中人的思想、情感产生综合的影响。

4）从传播的反馈看，其速度最快，交流的双方最易于相互调整适应。人际传播多数是面对面或通过媒介的直接的交流沟通活动，人们最容易通过观察对方的反应来不断调整自己的传播形式和内容，或根据需要及时做出某种反应，以表达自己的态度和情绪。反馈的优势带来这类型传播方式在调整适应上的优势。

5）人际传播是最富有人情味的传播方式。在一般的情况下，人在交往中的感情投入和流露，是随着对象的增加而递减；对情感的直接体验，是随距离接近而加深、而丰富。因此，个人私下直接交往的场合，比在公共场合感情沟通的效果更为明显。采用人际传播方式最容易让人感受到情感的力量。

6）人际间的个体传播不利于信息广泛、迅速、准确的传递。人际传播由于受个人性的限制，一次传播的覆盖面十分狭小，要对大量的受众进行传播，其速度不如其他方式快。又由于个人间的传播双方参与度高，要把一个信息传给大量的公众，需要经过多层次的传播过程。因此，极易受各传播层次上的传播者的态度、情绪、传播能力等个人因素，或时、空等环境因素的影响，使信息失真或形成传播上的障碍。

（3）群体传播

群体传播是指介于人际传播和大众传播之间的传播方式。这种传播方式最突出的特征是传播者通过媒介或面对面向大量的公众进行直接信息交流传播沟通的方式。如大型演出、公开演讲、展示活动、开放组织、记者招待会等。

群体传播的主要特征有：

1）群体传播的主体可以是一个人，也可以是一个组织。群体传播是公开的传播，因此，它虽是直接的传播活动方式，但又不等同于人际传播的私人性特点。

2）群体传播的客体是较大而又集中于特定空间的公众群体。因此，它虽是一种面对大众的传播活动方式，但其客体又不等同于大众传播中在空间上彼此分散的公众。

3）群体传播虽然也是一种直接传播方式，但由于受众人数较大，而且受众无法像人际传播那样随时参与，因此，其信息反馈比起人际传播来要笼统些、慢些。但总的说来对传播效果还是可通过观察或事后征求意见较快、较容易的取得。

4）由于群体传播的受众是相对集中于特定空间，因此，团体所形成的气氛、特定空间的氛围对传播有较明显的影响。

（4）组织传播

组织传播是一种特定环境的传播活动方式，即在特定的组织结构中，在特定的组织与其环境的关系下，所进行的传播活动。它是指组织内部组织与其环境间的信息沟通活动方式。组织传播既是保障组织内部正常运行的信息纽带，也是组织作为一个整体与外部环境保持互动的信息桥梁。公共关系本质上也是属于组织传播行为范畴。因此，公关人员需要对组织传播有更深入更专门的了解。

组织传播的主要特征有：

1）特定的传播主体组织。传播主体的特点决定了组织的一切传播活动是"公共性"的，而不是"私人性"的。传播主体的特殊，决定其对内对外传播上的巨大差别，决定了传播活动的多样性和复杂性。

2）组织结构影响下的传播活动。组织传播和其他传播方式不同，它的传播活动深受组织结构本身的影响。如组织结构规定信息传播的流向、速度，形成传播的层次性和有序性等特点。即使是组织的对外交流沟通，也常常会受到组织机构的制约。

3）正式沟通和非正式沟通并存。任何组织沟通中都存在有正式和非正式沟通两种形式。一种是层级的正式沟通，另一种是自由的人际间的非正式沟通。这两种沟通如果能相互补充、相互支持，组织的凝聚力就大，就有活力。如果相左，将会造成不必要的内耗，组织的效率就会降低，人心涣散。

4）多元化的公众。组织传播面对的公众比较复杂。针对各种问题，它面临的是具有不同需求和利益关系的公众群体。这些对象可能是数量极其庞大松散的群体，可能是组织严密的团体，也可能是富有社会影响力的个人。

5）组织传播是一种有特殊目的、受严格控制的传播。组织传播不同于人际间的随机性交流、沟通活动，它是受组织特殊目标制约的，受到组织机构严格控制之下的传播活动。因此，它的传播活动有很强的目标导向和计划的特点。

6）组织传播综合运用了各种最基本的传播方式和传播手段。由于组织传播面对最多元的公众，在传播沟通上，必然要采用各种各样的与各类公众相适应的传播方式和传播手段去与之接触、进行沟通。因此，也就必然形成了组织传播在传播方式和传播手段运用上的多样性和复杂性。

（5）大众传播

大众传播亦称"大众沟通"，是指传播者通过大众传播媒介将大量复制的信息传递给分散的大众的信息交流沟通方式。如企业通过电视、报纸、杂志、广播所做的宣传活动。大众传播的传送者通常是庞大的组织体，沟通的工具大都是最先进的科技结晶体，而收受人则是不知名的及不定量的大众。

大众传播方式的主要特征有：

1）大众传播是一种间接性传播。传播过程需经过大众传播媒介，传播主体和客体不直接接触。因此，受众参与度较人际传播和中继传播要低。

2）大众传播信息的公众性特点。因为大众传播的信息是要为大众所共享的，需要照顾到多数人的需要。因此，信息内容一般较少有个人色彩，在交流沟通中也是最少掺入个人情感因素的传播方式。

3）大众传播是能最准确地，以最快的速度，向最大量公众传播信息的传播方式。由于大众传播借助了大众传播媒介对信息进行大量的统一复制，借助传媒的覆盖面，大大减少了对大量公众传播一则消息所需要经过的层次，从而减少传播过程中对信息准确性的损害，提高传播的速度。因此，对于大范围的公众，大众传播的力量是其他传播方式所无法相比的。

4）大众传播信息反馈的困难。由于大众传播是间接传播，影响面又大，而公众又是分散的，互不联系的。因此，大众信息反馈缺乏有效的渠道，要靠人们有意识地去搜集，所以传播者难以及时得到准确、充分的信息反馈。

5）大众传播的高度专业化特点。大众传播需要经过媒介，媒介的作业从采写、编辑、设计，到印刷、拍摄等大量复制信息的过程，已日趋专业化，每条信息经过媒介传出，都是经由一系列专业人员协同工作的结果。

6）大众传播对象的高度大众化。大众传播面对的对象非常庞大，在空间上分布于各地，他们之间一般没有紧密的联系。

6.1.2 传播过程与要素

1. 传播的过程

传播过程是指具备传播活动得以成立的基本要素的过程，是处于社会系统中并受其影响的一个子系统，所有的传播过程都可以看作是一个系统的活动。传播系统既与社会中其他系统相联系，又具有自身相对的独立性。美国学者戴维·伯洛透彻分析了传播过程，他指出传播是一个动态的过程，无始无终，没有界限，是一组复杂的结构，应将其中的多元关系作为研究的基本单位，并且传播过程的本质是变动，即各种关系的相互影响和变化。

（1）传播过程的研究

对于传播过程的研究，传播学者们历来都十分重视，不少人曾试图以简单的模式来加以解释，西方传播学研究中出现了反映不同观点和不同研究方法的多种模式，下面便向大家介绍几种具有代表性的传播模式。

1）"5W" 模式

在传播学史上，第一位提出传播过程模式的是美国学者H·拉斯韦尔。1948年，他在题为《传播在社会中的结构与功能》的一篇论文中，首次提出了构成传播过程的五个基本要素，并按照一定结构顺序将他们排列，形成了后来人们称之为"5W模式"或"拉斯韦尔程式"的过程模式。这五个 "W" 分别是英语中五个疑问代词的第一个字母，即：

① Who（谁）；

② Say what（说了什么）；

③ In which channel（通过什么渠道）；

④ To whom（向谁说）；

⑤ With what effect（有什么效果）。

拉斯韦尔模式第一次将人们每天从事却又阐释不清的传播活动明确表述为五个环节和要素构成的过程，为人们理解传播过程的结构和特性提供了具体的出发点。实际上，后来大众传播学研究的五大领域即 "控制研究" "内容分析" "媒介分析" "受众分析" 和 "效果分析"，就是沿着拉斯韦尔模式的这条思路形成的。

2）香农—韦弗模式

C·香农和W·韦弗从电子学的角度来分析了人的传播行为。他们揭示了人际传播过程的基本次序，并把此叫作"甲的头脑可以影响乙的头脑的全部程序"。他们还介绍了"反馈"和"噪声"的观念。在这模式中"化入"和"化出"的概念也相当重要，传者只有把内在的思想、信息化成为符号才能传递，受传者才能接收到，而受传者只有再把符号化出为信息，然后才能吸收进头脑中。该模式强调了社会的互动性，并把传播双方都看作传播行为的主体，这是正确的，但也有缺陷。它把传播双方放在完全对等或平等的关系中，与社会传播的现实情况有不符之处；它能够体现人际传播特别是面对面传播的特点，却不适用于大众传播的过程。

3）循环模式

1954年，施拉姆在《传播是怎样运行的》一文中，在C·E·奥斯古德的观点启发的基础上，提出了一个新的过程模式，称为"循环模式"。该模式认为，在这个传播过程中，传播者既是制成符号者（编码）、解释者，也是还原符号者（解码）；受传者也是如此。每个个体都是一个既能发射消息又能接收消息的传播单位，传、受双方互为传播过程的主、客体，行使着相同的职能，即编码、释码和译码。在任何两个这样的传播单位之间，将两者连接起来成为一个系统的就是"消息"。

奥斯古德·施拉姆的循环模式改变了线性模式的单向直线性，突出了传播过程的双向循环性，强调传、受双方的相互转化；并且引入了"反馈"机制，认为信息会产生反馈，并为传播双方所共享，从而更客观、更准确地反映现实的传播过程，特别适用于人际传播。

这个模式的问题在于，容易使人产生错觉，认为各"传播单位"之间传、受的地位完全对应、机会完全平等，未能区分传受双方的地位差别。因此，这个模式虽然能够较好地体现人际传播尤其是面对面传播的特点，却不适用于大众传播过程。

4）大众传播模式

这个模式充分体现了大众传播的特点。构成传播过程的双方分别是大众传媒与受众，这两者之间存在着传达与反馈的关系。作为传播者的大众传媒与一定的信源相连接，又通过大量复制的信息与作为传播对象的受众相联系。受众是个人的集合体，这些个人又分属于各自的社会群体；个人与个人、个人与群体之间都保持着特定的传播关系。施拉姆的这个模式在一定程度上揭示了社会传播过程相互连接性和交织性，已经初步具有了系统模式的特点。

5）互动过程模式

德弗勒互动过程模式又称"大众传播双循环模式"，是在香农—韦弗模式的基础上发展而来的，它克服了前者单向直线的缺点，明确补充了反馈的要素、环节和渠道，使传播过程更符合人类传播互动的特点。与此同时，这个模式还拓展了噪声的概念，噪声不仅对信息而且对传达和反馈过程中的任何一个环节或要素都会发生影响。

从以上介绍可见，传播行为并不是如我们想象的那样简单。综合以上的各模式，也只是给我们提供了一个了解传播过程的大致框架。

（2）构成要素

一个基本的传播过程，应包括以下要素：

1）传播者。传播者又称信源，是指传播行为的引发者，即以发出信息的方式主动作用于他人的人。在社会传播中，传播者既可以是个人，也可以是组织或群体。

2）受传者。受传者又称信宿，即信息的接收者和反映者，传播者的作用对象。作用对象一词并不意味着受传者是被动的存在，相反，他可以通过反馈活动来影响传播者。受传者同样可以是个人，也可以是组织或群体。

3）信息。信息是指由一组相互关联的有意义的符号组成，能够表达某种完整意义的信息。

4）媒介。媒介又称传播渠道、信道、手段或工具。媒介是信息的搬运者，也是将传播过程中的各种因素相互连接起来的纽带。现实生活中的媒介是多种多样的，邮政系统、大众传播系统、互联网络系统、有线和无线电话系统都是现代人常用的媒介。

5）反馈。反馈是指受传者对接收到的信息的反应或回应，也是受传者对传播者的反作用。获得反馈信息是传播者的意图和目的，发出反馈信息是受传者能动性的体现。反馈是体现社会传播的双向性和互动性的重要机制，其速度和质量因媒介渠道的性质有所不同，但它是传播过程中不可或缺的要素。

（3）特点

1）动态性。传播过程具有动态性。其运动特点在形式上体现为有意义的符号组合（信息）在特定渠道中的流动，在实质上则是传播者与受传者的意义或精神内容的双向互动，即作用与反作用。

2）序列性。传播过程具有序列性。这种序列性表现在传播过程中各环节和因素的作用各有先后次序，按照信息的流向依次执行功能。

3）结构性。传播过程具有结构性。传播过程的结构即该过程中各要素、各环节之间的相互关系的总体。时间上的先后次序、形态上的链式结构也是这个过程的结构特点。除了总体结构以外，传播过程中的各环节或要素本身还有各自的深层结构。

2. 传播的要素

从以上传播的模式中，我们可以清楚地了解到一个传播过程有三项基本要素，即信源（传者）、符号（信息的载体、形式）、目的地（受众），它们是一切传播方式所共有的不可缺少的要素。要进行有效的公共关系传播，就必须对这些要素的特点、作用有更深入的了解。

（1）信源（传者）

所谓信源，即传播中信息的提供者。在公共关系活动中，组织经常扮演信源的角色。在传播活动中，信源本身的地位、特征等因素都会对传播活动产生有利或不利的影响。这种影响主要是由信源相对于传播对象的关系，或在对象心目中形象的好坏所带来的。这些影响在公关传播上主要表现为：

1）接近性。信源与受众的接近性更多的是表现为文化上的、政治观念上的、地缘因素上的接近或差异。信源如果在这些因素上与受众越为接近，就越能引起受众的关心和兴趣。

2）权威性。信源在受众心目中是否具有权威性，会在很大程度上影响传播的效果。特别是在公关活动中所发出的一些需要权威支持的信息，如产品质量、安全保证等信息。这时，如果组织本身具有权威性，或能提供权威的信息来源，对受众就会产生更大的影响力。

3）可靠性。信源的可靠程度，是由信源长期的传播活动表现在公众心目中所形成的信誉决定的。组织作为公共关系传播中的信源，一定要十分珍惜自身的传播信誉，慎重负责地为公众提供各种信息，以自己良好的传播行为，建立起可信赖的形象，以保证公众传播的效果。

（2）符号（信息的载体、形式）

传播中的信息是指可用来消除或减少某种情况不确定性的东西。公关传播活动的信息，更多地是为了增进双方的相互了解，更好地协调双方的关系而设计的。对传播中的信息更应关注其运用的有效性，认识公关传播信息的特点是有效运用信息的基础。在人类社会的传播活动中，信息是以特定的符号系统作为载体。了解符号的特性，对驾驭公关传播活动具有特别重要的意义。

1）作为信息载体的符号，不管是人创造的语言、自然的实物或人的行为，其最基本的特征是"代表"，是用来表示某种事物、某种观念、某种态度的东西，而并非就是所代表的事物。

2）符号对于人都有其相对的独立性。信息一旦传播出去，在受众接收之前，可独立存在。传播时要十分谨慎，如"一言既出驷马难追"。信息由报纸、杂志、广播、电视刊播出，传者就无法再控制它了。

3）符号的含义是约定俗成的，使用的人要遵守共同的编码和译码形式。传播时只有使用共同都懂得的符号，才能通畅。

4）符号有不同的抽绎阶梯。不同的人由于不同的生活经验或不同需要，对共同的符号仍有不同的理解。因此，信息符号的选择应在传播双方共同经验和共同需要的范围内，传播才有可能取得预期的效果。

（3）目的地（受众）

受众研究是传播学研究的重要课题，对受众人们也经历了各种不同的认识阶段。早期的魔弹论把受众视为被动、可受传播者任意塑造的对象。后来随着各种受众理论如梅尔文·福德的"个人差异论"、雷蒙德·鲍尔的"顽固的受众"等的提出，从多角度不断地丰富了人们对受众的认识。

今天，我们基本上可以知道我们所面对的受众仍是传播活动的能动的参与者，是对充塞于其周围的各种信息有选择的受传者。受众是根据自己的需要、知识、能力、态度以及自身的经验来参与传播活动，来对社会提供给他的大量信息进行选择。受众的这种选择主要表现为：

1）选择性注意。受众的感官只对感兴趣的、需要的、有用的信息开放。同时，选择性注意也是个人信息收受处理能力与社会信息过量之间矛盾的一种必然的选择。

2）选择性理解。受众对同一信息根据自己知识、经验和需要去加以重构、理解。因此对同一事物理解上会出现仁者见仁、智者见智的差异现象，绝对一致的理解是不存在的。

3）选择性记忆。受众容易记住自己所感兴趣的、需要的、合意的东西，而很快忘却自己所不感兴趣的、不需要的、不在意的东西。

4）选择性接收。受众会根据自己的判断标准来选择接收自己所需的，认为是正确的、有价值的信息，抵制排斥不需要的、没有价值的信息。

由上的分析可见，受众的选择是由其需要和基本素质所决定的，要改变公众选择的立场并非易事。公共关系传播工作面对"改变自己比改变公众容易"这样的现实。因此，要注意研究公众的选择特点，根据公众的选择来不断调整自身的传播内容和方式。

6.2 沟通管理

6.2.1 沟通

1. 沟通的含义及特点

沟通是不同的行为主体，通过各种载体实现信息的双向流动，形成行为主体的感知，以达到特定目标的行为过程。它具有以下特点：

（1）沟通是一种具有反馈功能的程序。

（2）沟通过程中被传达的不仅是文字，还包括动作、行为以及思想、观点、态度和其他各种情报。

（3）沟通的形式有对话、书信、肢体语言等。

（4）沟通所传达的主要内容包括信息、情感和思想。

在沟通的过程中，行为主体、信息载体和沟通环境都会影响沟通目标的达成。通常情况下，行为主体的状态、知识和经验结构、准备的充分性等因素会影响沟通的效果；信息载体的稳定性、识别度等因素会影响沟通的效果；沟通环境的噪声、氛围等因素也会影响沟通的效果。

需要特别强调的是，沟通是信息双向流动的过程，需要由信息的传递和反馈共同组成。如果只有信息的从发送者到接收者的传递而没有反馈，通常意义上意味着沟通的失败或无效。沟通过程如图6-1所示。

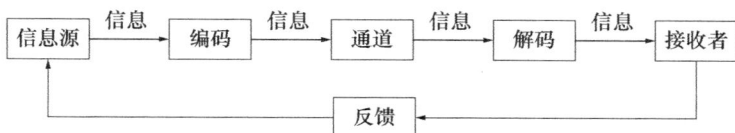

图 6-1　沟通过程

2．沟通的组成

沟通过程是指沟通主体与沟通客体进行有目的、有计划、有组织的思想、观念、信息交流，使沟通成为双向互动的过程。人与人的沟通过程中包括输出者、接收者、信息、渠道四个主要因素。

（1）输出者

信息的输出者就是信息的来源，他必须充分了解接收者的情况，以选择合适的沟通渠道以利于接收者的理解。要顺利地完成信息的输出，必须对编码（Encoding）和解码（Decoding）这两个概念有一个基本的了解。编码是指将想法、认识及感觉转化成信息的过程。解码是指信息的接收者将信息转换为自己的想法或感觉。

（2）接收者

接收者是指获得信息的人。接收者必须从事信息解码的工作，即将信息转化为他所能了解的想法和感受。这一过程会受到接收者的经验、知识、才能、个人素质以及对信息输出者的期望等因素的影响。

（3）信息

信息是指在沟通过程中传给接收者（包括口语和非口语）的消息，同样的信息，输出者和接收者可能有不同的理解，这可能是由于输出者和接收者的差异造成的，也可能是由于输出者传送了过多不必要信息。

（4）沟通渠道

沟通渠道是指由信息源选择和确立的传送信息的媒介物，即信息传播者传递信息的途径。信息源必须确定何种渠道是正式的，何种渠道是非正式的。企业组织的沟通渠道是信息得以传送的载体，可分为正式或非正式沟通渠道、向下沟通渠道、向上沟通渠道、水平沟通渠道。一般正式沟通渠道由组织建立，它传递那些与工作相关的活动信息，并遵循组织中的权力网络；另一种信息形式在组织中是通过非正式渠道来传递的。

3．沟通的种类

在沟通过程中，根据不同内容，沟通可分为以下种类：

（1）根据沟通符号的种类分别有语言沟通和非语言沟通，语言沟通又包括书面沟通与口头沟通。

（2）根据是否是结构性和系统性的，沟通分为正式沟通与非正式沟通。

（3）根据在群体或组织中沟通传递的方向，分为自上而下沟通、自下而上沟通和平行沟通。

（4）根据沟通中的互动性，分为单向沟通与双向沟通。

（5）从发送者和接收者的角度而言，包括自我沟通、人际沟通和群体沟通。

4. 沟通的基本模式

（1）语言沟通

语言是人类特有的一种非常好的、有效的沟通方式。语言的沟通包括口头语言、书面语言、图片或者图形。口头语言包括我们面对面的谈话、开会等。书面语言包括信函、广告和传真，甚至现在用得很多的E-mail等。图片包括一些幻灯片和电影等，这些都统称为语言的沟通。在沟通过程中，语言沟通对于信息的传递、思想的传递和情感的传递而言，更擅长传递的是信息。

（2）肢体语言的沟通

肢体语言的内容非常丰富，包括动作、表情和眼神。实际上，声音里也包含着非常丰富的肢体语言。我们在说每一句话的时候，用什么样的音色去说，用什么样的抑扬顿挫去说等，这都是肢体语言的一部分。沟通的模式有语言和肢体语言这两种，语言更擅长沟通的是信息，肢体语言更善于沟通的是人与人之间的思想和情感。

6.2.2 沟通障碍

传播中的沟通障碍是指一切干扰信息及时、准确、完整地发布、传递、接收的东西。全面了解传播中的沟通障碍是积极改善沟通的重要方法之一，它可以使我们在传播之前就能对沟通中可能出现的问题做到心里有数，从而起到保证传播达到预期效果的作用。在公共关系传播领域里，同样也存在沟通的障碍。如何来预知这些障碍、克服这些障碍是公共关系传播中的重要课题。在公共关系传播领域里的沟通障碍主要表现在以下几方面。

1. 信息表达的障碍

传播者要把一种思想观念传递给自己的受众，他首先得把思想观念编码，转换成双方都能理解的清晰的符号。在这一过程中，传播者容易遇到的主要障碍有以下几种。

（1）编码能力不佳

如传播者本身的某种素质缺陷所造成的词不达意、口齿不清或符号模糊等传播上的失误，使人难以了解所传播的内容。

（2）语义的差异

信息的传播需要借助符号作为载体，符号只是人的思维反映客观事物的一种外化形式。符号不是客观事物本身，它和所代表的事物只存在间接关系，而客观事物和人的思想又是复杂多变的，这就使得人所使用的符号的表达范围和人使用符号的能力受到更大的局限。因此，当传播者使用的符号具有多义时，对不同对象就会产生不同的理解，从而引起误解或曲解。

（3）传送形式的不协调

当信息需经由多种符号形式（文字、表情、声音）共同传送时，如果各种符号之间不协调，就会让人难以正确地理解所传送信息的内容。如用严厉粗暴的语言信息和笑貌（非语言符号）来共同传送，就会使信息难以理解。

（4）知识经验的局限

传播者一般是在自己的知识和经验范围内进行传播的编码工作的。同样，受众也是在自己的知识、经验范围内进行译码，理解所收到的信息。只有在传播者与受众所共同有的知识和经验范围内进行传播，传播才能够流通，超出这一知识经验共同区，传播就会出现沟通障碍。因此，传播者对信息的表达经常受到这种知识经验局限的困扰。

2. 信息传递的障碍

在信息传送过程中，由于时空因素的制约或人为的、工具的原因，也会出现各种障碍。其主要表现为以下几点：

（1）时机不适

对时间的选择和控制是传送信息不可忽视的问题。如传递信息的时机是否适当会增加或降低信息的沟通价值，不合时机所发送出去的信息对于受众的理解和接收也是一个难以克服的障碍。此外，信息一般都具有时效性，在时间上的拖延或耽搁也会使信息过时而无效。

（2）漏失或错传

在信息传递过程中，个体因为沟通技巧的差异或者信息接收的偏好不同，导致其所接收的信息与真实的信息存在不一致的情况。人为的失误或传播工具故障，也会造成信息内容的漏失或错传，而这些都可能造成传播上的沟通障碍。

（3）环境的干扰

社会环境、团队环境和人际关系的影响，都会造成传递中对信息内容的变更。这里分为几种情况，表现为：传递者的社会地位、传递者所处的环境、传递者自身的利益等。信息传递者对自己的上级或者下级传递信息的时候，采取的语气、方法和表达方式常常是不一样的。

信息的传递都是在特定的环境中进行的。在传递中，如果遇到其他环境中客观存在的事物、事件、信息等的干扰，也会影响信息的正确传递，甚至会造成传递的中断。另外，信息传递者在周围环境复杂、特别是激烈的竞争环境中，对待所需要传递的信息常常采取的谨慎态度也容易造成信息衰变。

3. 信息收受的障碍

受传者对传者发出的信息必须经过接收，进而对接收到的信息符号进行译解，然后才能达成对信息的理解。在这一过程中，受传者在信息接收时经常会出现如下几种障碍。

（1）知觉的选择性

人接收某种信息是一种知觉的形式。由于人的知觉选择、心理因素的作用，人往往是习惯倾向于接收某类或某部分信息，而阻塞或排斥其他的信息。人的这种知觉选择常常会造成对某些重要信息接收上的错失。

（2）对信息的过滤

受传者在对信息的接收时，有时会按照自己个人的需要对信息进行过滤。如在组织传播中，从下层传来的信息常常会由于层层过滤，而使上面了解不到下面的真实情况。下级提供的资料往往是为了获得他们所需要的回答，或者是依据领导的需要来编制的，这种过滤作用有时会影响到对信息理解的正确度。

（3）受传者理解的差异和曲解

受传者往往会根据自己个人的立场和认识来解释其所获得的信息。如个人由于社会环境、生活背景和思想愿望的不同，对同一信息会有不同的理解。即使同一个人，由于不同的情绪状况、不同的场合，对同一信息也会有不同的解释。受传者会出于个人愿望、目的而有意地强调信息的某一方面，忽略另一方面，或曲解信息的原意。

（4）信息过量

在现代社会，人们正日益被各种社会信息所干扰。四面八方涌来的各种信息令人无力应接，特别是对过量的新闻、广告、公关信息，人们常常采取搁置不予理睬的态度。过量的信息也是传播上的重要沟通障碍之一。

（5）心理上的障碍

当受传者对传者怀有不信任感、敌意或有紧张恐惧心理时，也会拒绝接收传来的信息，或歪曲信息的内容。

6.2.3 改善方法

1. 积极适应新传播生态的变化和发展

公关人员在从事传播沟通工作时，应密切注视、研究新的传播技术应用所带来的影响，并及时更新自己的知识，调整自己的传播策略和改变传统的、习惯的传播方式，以适应新的变化的需要。目前，随着电子技术在传播上的运用，整个社会的信息系统、社会的信息沟通方式都在发生变化。同样，也在逐渐改变组织与公众的沟通方式，加剧了争夺传播时空以及受众注意力的竞争。这种变化发展的趋势，主要表现在以下五个方面：

（1）在公众仍在抱怨其获得的信息不足的同时，已出现信息超量的现象。随着电子计算机在传播上的运用，大大提高了大众传播的效率，实现印刷媒介编制过程的计算机化、广播电视节目编排的自动化、信息数据贮存的大量化。此外，先进的电子技术把电子传真系统、有线电视、电视文字广播、电视对讲系统等带进办公室和家庭。

（2）社会大众正日益遭受各种与之不相干的公众信息的困扰和广告信息的冲击。经理们正在思考如何来处置每天从计算机上输出的以百页计的生产线信息资料和各种社会环境信息资料。各种可利用的数据库，大大提高了信息传播的效率，另一方面也使传播人深深陷入信息的海洋而日渐力所不支，迫使传播沟通工作者的职业分类日益专门化。

（3）沟通渠道数量的增长，公众对信息收受的选择力增强。随着社会的发展和新传播技术的运用，社会传播渠道数量激增。在过去三十几年里，发达西方国家的新闻传播媒介生态发生了巨大变化。其中最突出的现象就是电子传媒、网络媒体等的数量急剧增长。在20世纪90年代，这种情况也发生在社会主义的中国。这种发展带来的是公众选择力的增强和媒介影响力的下降。

（4）面对全社会的大众传播，正日益朝着针对细分化的特定公众传播的方向发展。这种现象在广播电视节目的编排和印刷媒介的内容编辑中日益显示出来。各种媒介都在努力创办出自己的特色来竞争吸引受众，而社会的各类公众也日益习惯通过自己所偏爱的媒介来满足自己收受信息或消闲娱乐的需要。

（5）来自于社会公众的声音正在加强。虽然在受众的调查中所反映出来的更多的是公众声音被忽视、力量太弱的抱怨。但总的来看，由于新传播技术的采用及各媒介为吸引对象公众，都在不同程度上加强了来自公众的信息的传播。近年来，来自公众方面信息的传播速度及影响力都在加强，为传播公众信息的专栏节目大量增加。媒介同时刊播某企业产品广告和消费者对该企业产品质量的批评已不是新鲜事。

2. 慎重选择健全合适的组织沟通网络

改善沟通首先应从健全适合于组织的沟通网络开始。信息的沟通都是通过一定的渠道进行的，由各沟通渠道所组成的结构形式称为沟通网络。信息沟通的有效性与它的结构形式有一定的关系。对于不同的沟通网络如何影响个体与群体的行为，以及各种形式网络结构的优点，巴维拉斯（A·Bavelos）曾对五种结构形式进行了实验比较，这五种结构形式如图6-2所示。

图 6-2 组织沟通网络的五种结构形式

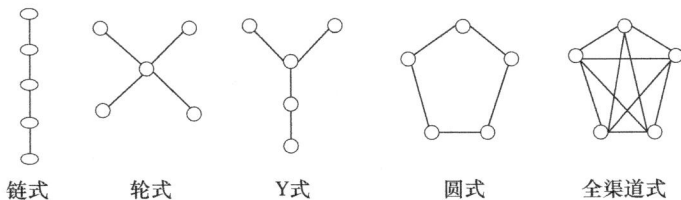

链式　　　轮式　　　Y式　　　圆式　　　全渠道式

图中每一种网络形式都可被视为一类特定的组织沟通结构形式。

（1）链式可代表一个五级层次的组织结构，信息为逐级传递，既可向上，也可向下。它也可以用来表示主管与下级部属间有中间管理者的组织系统。

（2）轮式可表示主管人员居中分别与四个下级发生联系沟通的网络结构。

（3）Y式表示四个层次逐级沟通，而且第二个层次有两个上级的沟通网络结构。Y式也可倒过来表示领导通过秘书与下级发生联系的沟通网络结构。在此种结构中，秘书往往是个关键的、掌握真正权力的人。

（4）圆式可表示五人之间依次沟通联系的结构，这种结构可能发生于三个层次的组织结构。如第一层次的主管与第二层次的两个人建立联系，第二层次的两人又分别与第三层次的人员联系，第三层次的工作人员之间建立横向联系。

（5）全渠道式表示组织内每个人都可以和其他四人直接沟通，沟通网络中没有中心人物，所有的成员都处于平等地位，类似一般委员会的结构。

各种类型的沟通网络各有其长处和短处，没有绝对好坏之分，依据需要而定。因此，在选择沟通网络时应多做深入研究，慎重分析。一般来说，如果要求速度快、容易控制，则轮式沟通网络会比较合适。在一般的生产性企业中，速度与控制往往比士气与创造性更被重视。同时，处于轮式沟通中心位置者，信息灵通、权力极大，因此较有自信心、自主权，责任感较强，心理也较满足。如果要求团体有高昂的士气，则圆形沟通网络会较能满足需要。但是在一个大型团体中，要人人平等获取信息是不可能办到的，也没有必要。这种沟通网络结构更适宜运用于高层组织的小团体中。如果组织很庞大，则需要分层授权管理，这时链式网络会更为理想。如果主管人员工作过于繁忙，需要有人帮忙处理各种情报资料，则可采用倒Y式沟通网络。

3. 善用双向沟通

要改善公关传播沟通，最好的方法是实行有效的双向沟通。要有效地实行双向沟通，首先要对双向沟通的长处和短处有较深入的了解。从实践来看，双向沟通主要的长处在于：

（1）对于传播者会产生较大的心理压力，随时都有可能得到来自受传者的批评或质询。

（2）对于传播内容，双向传播要比单向传播准确，减少了误差。

（3）对于接收者，双向传播较易于认识自己的正确和错误，对自己的行为较有把握。

其短处在于：

（1）从传播的速度上看，双向传播不如单向传播。

（2）从传播工作的秩序上看，单向传播显得安静规矩，双向传播则较为吵闹无序。

从上面的比较分析看，在公共关系传播活动中，除了遇到需迅速解决的事情或是例行公事可采用单向传播外，其他的传播活动都应尽可能采用双向传播。如果采用单向传播，组织无法得知来自于公众的信息，对自己传递信息的情况、信息被接收的情况也全无把握，最终会使自己陷入盲目传播的状态。再者，由于公众无法发表自己的意见，心理上会产生抗拒、不安的感觉，最后会造成埋怨甚至敌意。只有双向沟通才能避免这种有害的局面发生。

在公关传播上要有效地实行双向传播沟通，还要注意消除在传播沟通中"心理巨大性"和"心理微小性"的影响，使沟通的双方不但能在行为上，而且也能在心理上形成真正的平等沟通的状态。此外，公关人员、组织机构还要提高对各种不同意见的容忍度，特别是在组织内部要广开言路，形成民主的风气。

4. 需知原则和例外原则

当前信息传播中的信息不足与信息过量并存的状况，应引起公关人员充分的注意。特别是在组织内部，在提供充分信息的同时，也要对信息过量的问题进行控制，以免造成信息过量而形成的干扰。在这方面，公关人员一般可采用需知原则和例外原则来进行控制。如对由下往上的传播可采用例外原则，一般超常规的，偏离指示、计划和政策的信息才详细上传，而一般正常的信息只以简略形式上报或不上传。对由上往下的传播则采用需知原则，按照各对象需知的范围传播信息，保证让各对象能接收到关键性的信息。但在执行这一原则时，还要注意按各组织的具体情况分别对待。如在程序化的组织中，执行这一原则就较合理，也较容易奏效。对非程序化的组织，信息的传递就不应过多地受需知原则的限制，限制过多，反而会限制该组织的效率。

5. 促进有效沟通的具体措施

为了提高公共关系信息传播的效益，我们还可针对传播中可能出现的障碍，在各个传播环节采取一些具体的措施。这些措施主要有：

（1）在传播前先澄清各种概念，考虑对象的接受能力和对此可能产生的反应。

（2）检查沟通的目的。评估传播计划是否能与组织的环境要求一致。

（3）考虑沟通的环境。研究分析可能影响沟通的各种环境因素，主动创造良好的沟通环境。

（4）争取他人对沟通内容的意见。

（5）注意检查信息的清晰、协调等问题。

（6）正确选择传播方式和传播媒介。考虑所采用的传播方式与预期效果是否一致，考虑所选择的媒介与对象的接近性和针对性等问题。

（7）注意反馈、跟踪与催促。

（8）检查传播活动是否能切合眼前的需要，同时又符合长远的目标。

（9）要注意言行一致和传播上的持续连贯。

（10）要首先使自己成为一个好的听众。

6.3　态度、态度形成与说服模式

在社会生活中，一旦出现问题，并非所有的公众都持相同的态度，而公共关系活动的主要目的之一就是要影响公众的态度，加强有利于组织的意见，促使中立公众作出决定，同时化解敌对意见，使公众倾向于公关主体所倡导的立场。

协调社会关系，目前有三种主要影响公众态度的方法，其分别为：一是力服，也称威逼，即利用权力行使逼迫对方服从。例如，在组织内部，雇员如果不按主管的意见办事，可能不久之后便需自谋职业。二是利服，也称利诱，即利用金钱等利益诱使对方服从。例如请某项市政改建工程承建商赞助捐赠一笔巨款。三是说服，说服是指通过信息传播沟通手段劝说公众接受某种观点或某种行为的活动。

在这三者中，说服是公共关系活动中采用最多也是最有效的手段。公共关系活动更多追求的是一种说服性效果，公关的说服效果是指说服活动在多大程度上实现了传播者的意图或目的的情况。促使公众的态度向传播者预期说服意图的方向发生变化，使说服理论与技巧成为公共关系研究中不可忽视的一部分。

6.3.1 态度

1. 态度的含义

1935年，G·W·奥尔波特在其《社会心理学手册》中对态度一词曾作出一个被称为经典的定义："态度是这样一种心理的、神经的准备状态，它由经验予以体制化，并对个人心理的所有反应过程起指导性的或动力性的影响作用。"简单说来，"态度是个体对环境中独立于主体之外的人或事物的认知系统、情绪反应以及行为倾向。"态度由认知、情感和行为三个方面的因素构成。

首先，认知是指主体对外界事物的了解程度或评价。态度是建立在认识基础上的，组织对公众持什么态度，反映组织对公众的认识，公众对组织持什么态度，反映公众对组织的认识。认知是一个复杂的系统，在每一种态度背后都可以找到认知方面的各种各样的原因。公众对某一组织有好感，可能是因为它热心于公益，也有可能是因为它知名度高。

其次，情感是指主体对外界事物好恶的情感体验与情绪反应，如尊敬或轻蔑、喜欢或讨厌、热情或冷漠等。我们常常在认知上感到某人不错，有不少优点，但仍然不喜欢他，这就是认知与情感相关程度低，而情感因素更容易左右人们的意向，并且情感往往比认知的作用更持久。所以情感对行为的驱动作用比认知更重要。

最后，行为是指准备对外界事物做出反应的行为意向，即行为的准备状态。态度与真正的行为有关，但它们不是一个概念。态度是一种内在的心理结构，仅仅是一种行为的倾向，人们借此来推测一个人最后采取的行动。

态度与人先天的本能有很大的不同，任何人的态度都不是与生俱来的，而是在长期社会生活中与他人交往与相互作用，通过社会环境的影响逐渐形成的。任何态度都是针对某一对象或一个人或一种事物，世界上无法找到一种没有对象的态度。态度与人的信念、价值观密切相连，是人的社会属性具有的功能，价值观不同，将会出现不同的态度。与行为相比，态度是由某一对象引起的内部的心理体验，看不见摸不着，尽管某个人持有什么态度可以借助其行为来推测、分析与了解，但态度是不能直观把握的。态度具有稳定性，一经形成往往比较稳定和持久，在较长时间内不轻易改变，有的态度还会融为人格的一部分。但态度也不是不可改变的，态度的稳定是相对的，在一定的条件下，人固有的态度多少会发生变化。公共关系的目的就是试图去影响人的态度，促成所期望的变化，把公众态度引导到对公共关系主体有利的方面。

2. 态度的特性

（1）社会性

态度不同于本能，态度不是天生的，它是通过后天的学习获得的。不需学习，与生俱有的行为倾向不是态度。态度是个体在长期生活中，通过与他人的相互作用，以及周围环境的不断影响而逐渐形成的。态度形成以后，反过来又会影响个体对周围事物和他人的反应。在这种相互作用过程中，一个人的态度经过不断的循环和修正，会逐步形成日益完善的态度体系。

（2）针对性

态度必须具有特定的态度对象。态度对象可能是具体的，也可能是抽象的，即一种状态或观念。由于态度是主体对客体一种关系的反映，所以态度总是离不开一定的客体，总是与态度对象相联系，因此，态度的存在不是孤立的、抽象的，它总是针对某一事物。例如，某厂长对工人的态度，工人对奖金的态度等。

（3）协调性

态度是由认知、情感和意向三种心理成分组成的。对一个正常人来说，这三种心理成分是相互协调一致的。例如，一位年轻的厂长，在他认识到学习管理科学的重要性之后（认知），他会产生对管理科学的热爱（情感），一旦有机会进行这种学习，他会十分乐于参加，并为此做好各种准备（意向）。这说明态度的三种成分十分协调，并不矛盾。

（4）稳定性

态度是在需要的基础上，经过长期的感知和情感体验形成的，其中情感的成分占有重要位置，并起到强有力的作用。它使一个人的态度往往带有强烈的情感色彩，并具有稳定性和持久性。正是由于态度具有这种稳定性和持久性，才使个体能够更好地适应客观世界。所以，对员工进行教育，最好是在他们态度尚未稳定、尚未形成的时候，因为这时态度的组织结构尚未固定化，引进新的思想和经验容易促进态度的改变。然而，态度一旦形成，再进行教育就会十分困难。

（5）潜在性

态度是一种内在结构，它虽然包含行为倾向，但并不等于行为，所以态度本身不能被直接观察到。又由于态度的稳定性和持久性，一个人的态度往往可以通过他的言论和行为来加以推测。

6.3.2 态度的形成

1. 态度的形成过程

态度不是与生俱来的，而是在后来的生活环境中学习形成的，一个人态度形成的过程也就是社会化的过程。那么人的态度究竟是如何形成的呢？

（1）经验的内参照系作用

公众对社会事件的态度是在经历了一个过程之后出现的，某种社会事实一旦被人们察觉，最先出现的就是对事实的认识和经验事实的积累，经验在人的内部起内参照系的作用。一方面，每种知觉都以经验形式积累于内部；另一方面，过去的经验事实又会成为对新经验进行比较的标准。经过这种比较，如果发现新旧经验大同小异，那么过去的看法、头脑中的经验事实立即浮现出来，影响对当前事实或事件的看法；如果发现大不相同，过去的看法经验也会从另外一个不同的角度影响当前的看法。

（2）群体规范的外参照系作用

对某种社会事件的态度不仅仅是经验和经验累积的结果，经验再多也只是个体内部的过程，态度的形成还必须有外参照系的参与。人们对某个社会事件的态度，在没有外参照系的情况下，仍然是潜在状态，尚说不清楚究竟是什么态度。群体规范是外参照系，人们会对照群体规范来形成自己的态度。群体规范是群体中关于某个社会事件的态度，是在群体互动中自然而然融合而成的，也就是群体成员之间相互作用、相互影响形成的人们互相遵循的东西，其对群体中的每一个人都产生影响，包括改变态度。

（3）同化和内化的机理作用

同化和内化都是接受社会影响的心理过程，但是受影响的程度和深度不同。同化是指把别人的看法、观点、判断等行为方式吸收过来，看成自己的东西。同化是一种不知不觉起作用的心理过程，还没有把社会影响与自己的价值体系统一起来，是尚不深入的过程。内化是在同化的基础上，把接受的观念变为自己的价值观并纳入价值体系，内化是以自我意识为基础，自我知觉、自我评价、自我认知，是态度形成深刻的心理过程。总之，同化和内化是态度形成的心理机制，没有这个过程，任何外来的社会影响都不会转换成态度。

2. 影响态度形成的因素

在态度的形成过程中，影响态度形成的因素主要有如下几点。

（1）欲望

态度的形成往往与个人的欲望有着密切的关系。实验证明，凡是能够满足个人欲望，或能帮助个人达到目标的对象，都能使人产生满意的态度。相反，对于那些阻碍目标，或使欲望受到挫折的对象，都会使人产生厌恶的态度。这种过程实际上是一种交替学习的过程，它说明欲望的满足总是与良好的态度相联系。有人曾对某种种族偏见（态度）的发展进行研究，认为这种偏见具有满足某些个人欲望的功能。例如有些人需要借蔑视其他种族，以发泄自己在生活中压抑已久的敌意或冲动行为。这说明态度中的情感和意向成分与欲望的满足有着密切的关系。

（2）知识

态度中的认知成分与一个人的知识密切相关。个体对某些对象态度的形成，受他对该对象所获得的知识的影响。例如，一个人阅读过某种科技著作，了解到原子武器爆破力的杀伤性，就会产生对原子武器的一种态度，这就说明态度的形成是受知识影响的。但是，并不是说态度的形成单纯受知识的影响。心理学家进行过有趣的调查，他们把调查对象分成两种态度组，即有严密组织的宗教态度者（特征是态度分明、无意成分少、情绪色彩低）与无严密组织的宗教态度者。结果发现前者能够认识并且接受自己的优点和缺点，而后者则只接受自己的优点，把自己的缺点掩盖起来。还有人在高中学生中调查了对犹太人的态度，发现反犹太态度的学生，对非犹太人也不友善，而没有反犹太态度的学生，对其他人也都友善。这说明种族偏见（态度）与个人的宽容性有密切的关系。

（3）个体的经验

一个人的经验往往与其态度的形成有密切的联系。生活实践证明，很多态度是由于经验的积累与分化慢慢形成的。例如，四川人喜欢吃辣椒、山东人喜欢吃大葱的习惯，就是由于长期的经验而形成的一种习惯性态度。当然有时也会出现只经过一次戏剧性的经验就构成了某种态度。例如，在某一次逗狗的游戏中被狗咬伤，很可能从此就不喜欢狗，甚至害怕狗，即所谓"一朝被蛇咬，十年怕井绳"。

6.3.3　态度的改变

1. 有关态度改变的理论

个体形成一定态度后，由于接受新的信息或意见而发生变化，这个过程叫态度改变。态度改变理论就是人们在不断研究态度问题的基础上，形成的一套系统地改变个体态度的理论体系。有关态度变化的研究复杂性强、涉及面广，在此只介绍几种影响较大、较典型的态度改变理论。

（1）平衡理论

弗里茨·海德（F. Heider）在20世纪40年代中期最早提出了平衡理论，他认为我们的认知对象包括世界上的各种人、物、事及概念等，这些对象有的各自分离，有的则互相连接起来构成一个整体被我们所认知。人们都明白应该怎样认知自己（P）和他人（O）及环境（X）的关系。海德的基本假设是，不均衡的状态会使人产生心理紧张，为了减少这种紧张，便产生一种恢复平衡的力，在这种力的推动下，改变某种关系，即是态度变化，如图6-3所示。

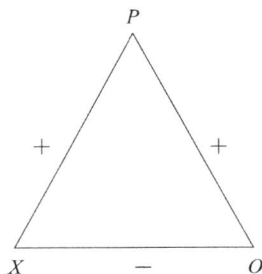

图 6-3　海德平衡理论

海德在他的模式中描绘了一个"三合一"组合模式，即由"P-O-X"组合而成的模式。其中，积极肯定的态度用"＋"表示，消极否定的态度用"－"表示。当三者关系都是正的或两个负的一个正的时，认知是均衡的，当三者关系都是负的或两个正的一个负的时，认知是不平衡的。认知不均衡转向认知均衡有两种办法，要么改变P与O的关系，要么改变P与X的关系。

平衡论与之后出现的认知不协调理论一样，都认为人们有时会产生认知因素之间的不协调，不协调的出现会导致消除不协调的压力产生，而降低或解除压力是通过改变态度实现的。最根本的是两者都认为在人们的认识中有一种寻求一致性的倾向。认为平衡、一致是令人满意的状态。不同的是，海德主要强调人际关系对态度改变的作用，认为一个人对待各种事物的态度常常受到他人对待该事物态度的影响。

海德的平衡理论失之过简，所以在海德之后，不少人对他的平衡理论进行了补充，使之更加完整。其中最具代表性的是研究社会心理学的学者纽卡姆（T. M. Newcomb）的研究成果，其在基本原理和模式上与海德模式大体相同，但他不仅在大量实验的基础上证实了海德的平衡理论，而且进一步突破了海德模式的局限，把个体对人的认知扩大到群体对人的认知，着眼于群体内部的信息传递关系。纽卡姆的努力使平衡理论发展成为一种比较完整的态度改变理论。

（2）调和理论

奥斯古德和坦纳包姆于1955年提出的调和理论认为，人们头脑里的各种认知因素总是协调一致的。一旦发生不协调、不一致，就会导致态度的改变。态度改变是使原来不协调的两种态度都朝着折中、调和的方向移动。改变态度的结果是内心紧张不安的消除或减少。我们所喜欢的信息源，应该总是提倡我们所喜欢的主张，并谴责我们所反对的主张，反之亦然。

假如，一位同学收到来自于她争吵过的另一个同学的生日邀请，她是去还是不去呢？接收到同学的邀请使她感到荣幸，但这位同学她又不喜欢，这使她感到不协调、不舒畅。这种感受作为一种压力会促使她改变态度。根据调和理论，因为此事，她将提高一些对她不喜欢同学的评价，但同时对这份邀请的评价和参与的快乐也会降低一点。如此一来，不平衡、不协调就变成平衡、协调了。

总之，调和理论认为，认知不协调一经发生，不协调的两种态度就会朝着接近调和的方向变动。原来的态度越是极端，变动越小；原来态度的极端程度越小，则变动越大。因为极端态度的对象，对个人来说都是具有重要地位的。

（3）认知不协调理论

这一理论是美国著名心理学家利昂·费斯廷格（L. Festinger）在1957年提出来的观点，受到许多心理学家的支持。认知不协调理论认为，人的认知因素无穷无尽，在各种认知因素之间存在三种关系：其一是协调，例如，"我是一名体育爱好者"和"我常常踢足球"是相互协调的；其二是不相关，例如，"我喜欢打网球"和"我明天要去外地看亲戚"之间毫无关联；其三是不协调，例如，"我讨厌运动"与"我喜欢打篮球"是相互冲突的。

人们都力求认知的一致性，试图将认知彼此协调统一起来，但认知因素之间却常常发生矛盾。例如某人一向认为自己学习很好，但是考试却没有及格；某人非常清楚吸烟有害健康，但却每天都吸一包。当认知因素发生矛盾时，不协调便产生了。不协调有程度上的高低，当有关的认知与本人的关系不大时，即使它们处于不协调状态，程度也是比较浅的；而当有关的认知同本人关系密切时，则可能产生程度较大的不协调。认知对个人的重要性也是因时因人而异的。

这一理论认为，一个人的认知因素必须协调。认知一旦出现不协调，就会产生内心压力，从而产生减少或消除不协调的动机。减少或消除不协调的过程就是改变态度的过程。与海德强调人际关系对认知平衡的影响相比，费斯廷格着重于个体通过自我调节达到认知平衡。

费斯廷格曾做过一个被称为经典的实验，他要求被试者完成一件非常单调而令人厌烦的工作，之后却要告诉别人这是一项很有意思的工作。实验完成之后对被试者分别给予报酬，其中有的被试者得1元，有的得20元。最后，要求所有被试者回答（包括控制组，他们也做了工作，只是未要求说谎）他们对那项工作的喜欢程度以及是否愿意再参加类似实验。结果发现，得1元的被试者对工作评价最高，他们认为工作是有趣的并且希望再次参加类似实验。这是为什么呢？工作本来无趣，却要向他人谎称有趣，这时会使所有人感到不协调。对于得20元的被试者来说，他们可以用报酬数目可观来减少不协调。至于对仅得1元的被试者来说，报酬微不足道，1元不能成为自己说谎的充足理由，而说谎的行为已经完成很难否认，减少不协调的出路在于改变对工作的评价，真的认为该工作很有趣。

根据认知不协调理论，消除不协调应当从三个方面入手。例如，大学生一边读书一边打工被学校认为非常不好，但又是一种无法消除的普遍现象。对于这种不协调可以采取的办法有：一是改变某种认知要素，例如，把"大学生在校打工是非常不好的"改变为"大学生在校打工不一定是非常不好的"，认知方面的不协调就会减少；二是增加某种认知要素，例如，可以在"大学生在校打工是非常不好的"与"应当提倡大学生在校打工"之间增加一个"大学生兼职打工应当受到规范和组织"的认知要素；三是强调某种认知要素，例如，可以强调大学生在校兼职打工的好处。

（4）刺激与学习理论

刺激与学习理论可以看成是认知不协调的补充。它的主要论点是，当人们从事与自身态度相反的行为后，往往获得另外一些知识和经验，从而能够转变态度。例如，当人们对"卡拉OK"持一种反对态度时，提供给他们参加"卡拉OK"的机会，他们会产生一些新的感受，有可能就此喜欢上"卡拉OK"从而转变过去的态度。这一理论实际上是一种实践教育的理论，因为人们在从事与自身态度相反的行为活动时，必然会产生内在的抵抗，会充分强调否定这种活动的理由；如果行为活动不能够以事实来说服他们，他们原来的态度必然进一步强化。刺激与学习理论产生的是强化态度还是转变态度的效果，关键在于这种刺激本身是不是具备说服原有态度的能力，而刺激本身只是提供了强化原有态度或转变原有态度的机会。

学习理论强调奖赏的功能，它的侧重点在转变态度方面。它认为，要使人们从事与自身态度相反的行为活动，最好的办法是给予奖赏；如果一次奖赏不能转变人们的态度，这种奖赏应当一直持续下去。

2. 影响态度改变的因素

（1）态度本身的特性

1）少年时代养成的某种态度，如嗜好、偏爱、兴趣等不易改变。

2）一个人某种极端性的态度，或者对待某种事物前后一贯的习惯性态度，也不容易改变。

3）复杂的态度或协调一致的态度不容易改变。复杂的态度就是态度的建立不是凭借某一简单事实，而是依赖多次证明的事实；协调一致的态度就是说态度中的三种成分（认知、情感、意向）协调一致，没有矛盾。

4）态度中的价值成分与态度的改变有密切的关系。态度中的价值意义越大，越不容易改变。

5）欲望满足的数量和力量与态度的改变有密切的关系。某种事物一次能使个体满足欲望的数量越多、力量越强，其态度越不容易改变。

（2）个体特征

1）能力差异。对于复杂的问题，智慧较高的人容易理解其中各种赞成或反对的论点，并根据这些论点决定是否坚持或改变自己的态度，其态度改变是主动的。智慧较低的人，由于缺乏判断力，容易被说服，也容易接受群体态度的压力，而被动地改变自己的态度。

2）性格差异。研究发现，由于人们的性格不同，有的人容易接受劝告，有的人比较固执。一般来说，独立性比较强的人不容易改变自己的态度。这种人往往对劝告表示抗拒，有时对新观点拒绝了解，甚至否定权威，在思想上保守、僵化，在行动上因循守旧。顺从型的人，由于缺乏判断能力，依赖性强，容易信任权威，改变态度也比较容易。研究者还发现，女性比男性更容易被说服而改变态度。

3）自我意识。研究者发现，自我意识的强度与个人态度的改变亦有密切的关系。自尊心、自信心、自我防卫机能强的人，普遍有一种自我保护的态度，一般这种人的态度比较难以改变。心理学家卢森堡指出，在政治上的极端保守者都有一种不安和自我防卫的倾向。

（3）个人的群体观念

态度的形成与个体所属的群体有密切的关系，因此，当一个人对他所属的群体具有认同感或忠诚心的时候，要他采取与群体规范不一致的态度是不容易的。例如，东方人普遍都十分重视家庭的存在，其态度也就明显地带有家庭伦理色彩，一般不会轻易做出违背家庭的事。如果一个人对自己所属的群体缺乏认同感或忠诚心，他的态度则会因外界的影响而改变。

6.3.4 说服理论的经典模式

在公关活动中，传播双方往往构成说服与被说服的关系。说服者试图通过一系列组织过的信息来影响被说服者的态度与行为，以此来协调双方的关系。对于这一课题有许多传播学家和心理学家进行了大量的研究，并提出许多有关说服问题的理论模式。在此介绍最具代表性的亚里士多德、卡特赖特以及霍夫兰三位学者的说服模式，以期能够给公关实践工作带来启发和指导。

1. 亚里士多德说服模式

亚里士多德的说服模式是根据古希腊著名学者亚里士多德的著作《修辞学》中的内容提出的。早在2300多年前，他已经看到说服力的演讲并无神奇之处，只不过是仔细的计划和高超的技巧。他研究过当时最有效的传播方式——论辩与演说，他将修辞学定义为：它是研究在特定场合中最有效地说服别人的方法。任何别的艺术并不具备这种功能。其他的学问可以根据各自独特的内容给人以启发和教育，但是我们把修辞学视为具有说服别人的力量，研究呈现在我们面前的任何题目。由此可见，亚里士多德所说的修辞学其实就是后人所说的说服理论。其侧重点是传播者用什么方法来说服受传者。

他认为，说服别人最有效的途径莫过于辩论或演说。"辩论就是能在一定的题目范围内找出说服方法的本领。"按照他的看法，说服必须具有两个手段：一是演讲内容本身；二是为演讲内容提供的证据。缺乏根据的言论当然无法打动对方或听众。更重要的是，他还指出说服的三个基本要素是演讲者、听众及论点。说服的效果如何，取决于说服者的个人品格、对听众造成某种态度的环境和论点本身的依据。他说，"这些就是说服的工具，要掌握所有这一切，要求一个人看起来是可信任的，他能具有逻辑地说理，能根据品德分析人的性格，并且能分析各种情绪的本性和特质，利用以使之激动的手段和方法。"

首先，演讲者要给听众以可信赖的印象。他认为，作为一般原则，人们总是比较容易对诚实的人产生信赖感。遇到有争议的问题，凭已有的知识范围无法解决，人们会习惯性地信赖有权威的人。他还认为，演讲者的个人品格是一切说服手段中最有说服力的因素。

其次，必须考虑听众的情绪特点。因为人们在不同的情绪状态下会形成不同的态度。这就需要演讲者通过言词创造某种气氛，使对方形成某种情绪。"说服是通过演讲使听众动感情而产生效果的，因为我们是在痛苦和欢乐、爱和恨的波动中作出不同决定的。"

最后，成功的说服只靠情绪的煽动是不行的，还依赖于论据的可靠性。在这里，提供确凿的证据或严密的逻辑证明是不可缺少的。"若是用论据或其他合适的方法来证明说服者的观点无论从实质看还是从表面看都确有道理，说服就会更有效。"

即使在今天，演讲和辩论也仍是公关人员要承担的工作之一，虽然经过了许多世纪，亚里士多德的说服模式仍然具有现实意义，他的模式基于人际传播，然而其意义却不限于人际传播领域。这一模式为以后的各种说服模式奠定了基础。

2. 卡特赖特说服模式

美国心理学家多温·卡特赖特于20世纪40年代在对第二次世界大战中推销战

争公债运动的研究中提出，当时数以千计的人和大多数大众传媒参加了这个运动。卡特赖特对向他推销过公债的大量对象进行了访问，在此基础上列举出哪些是成功的条件。他的理论模式包括以下几个方面的内容：

（1）要影响受传者，传播者的信息必须进入受传者的感官。受传者将根据信息的特点来决定是否接受传来的信息，因为，受传者往往趋向于不让自己的认知结构发生不愿有的改变。卡特赖特把信息到达对方感官作为说服传播的第一步。但是，在现代社会，人们的注意力面对各种扑面而来的信息显得尤其分散，在这个令人眼花缭乱的世界，某一信息要"脱颖而出"，紧紧地把人们吸引住，并不是一件容易的事。"注意力对任何有说服力的传播仍是一个不可逾越的障碍。"这就要求信息具有一定的刺激度，能够引起公众的注意。现代社会的公关活动，无论是通过大众传播进行，还是在人际传播中进行，都要首先考虑如何引起公众注意。如果公众对信息视而不见，充耳不闻，那么公关人员进行的就是无效劳动。因此，公关人员在制作信息时要形式多样、内容生动，增强吸引力。

（2）信息到达对方感官之后，必须使受传者接受，成为其认知结构中的一部分。认知结构是指公众已有的知识、经验、观点的体系。对于一条信息的到来，公众往往会问自己是否和已有的观念相适合？如果不适合，是应该拒绝还是应该修正已有的观念来适应它？公关人员在说服中要想获得预期的效果，使信息成为公众认知结构的一部分，就必须使信息与公众固有的知识、经验、观点等比较接近，这样固有的认知结构只要做微小的变动就可以达到彼此适应，新的信息就会融入公众固有的认知结构。根据认知不协调理论，如果信息与公众固有的认知结构格格不入，就可能迫使他的固有认知结构发生剧烈变动，而让公众修正原来的信仰和价值观是很不容易做到的。在这种情况下，公众就会拒绝你的信息，以维护他固有的认知结构。

（3）要想使一个人在说服运动中采取某一行动，就必须让他看到这个行动能达到他期望的目标。他若看到这一途径能达到的目标越多，便越有可能采取这一途径。要是这个行动看起来不能达到他所期望的目标，他就不会采取这一行动。如果看起来有较容易的其他行动也能达到同一目标，他就不会采取这一比较复杂的途径。要使一个人采取行动，必须使他认识到采取行动对自己只有好处没有坏处，可以给自己带来利益。这与符合公关利益的公关原则是一致的。符合公众对象的利益，他就可能采取行动；不符合公众的利益，他就可能不采取行动。卡特赖特还提示：要使公众看到"如果他采取行动，就可以一箭数雕，心满意足"。当然，这样说这样做一定要符合实际，不能欺骗公众。

（4）要想使一个人采取某一行动，那么他的行为在某一特定时间内必须控制在适当的认识结构和动机结构内。也就是说，达到目标的行动途径规范的越具体，行动途径的时间规定的越具体，行为受控制的可能性也越大。如果说服对象已经注意到所传播的信息，并且认识到采取行动所带来的好处很多，这个时候就要注意为他创造行动起来感到轻松、方便的条件，这样往往能够使人心甘情愿地接受改变并付诸行动。比如购买电器，商家往往会承诺送货上门、免费安装，使你的购物过程轻松而无后顾之忧。

与亚里士多德将注意力集中于传播者用什么办法来说服一个人相反，卡特赖特模式集中在被说服者采取说服者所希望看到的行动之前在其思想上有什么活动，着眼于说明怎样产生实际效果，并不拘泥于一定要采用哪一种传播方式。应用在公关领域那就是公众采取实际行动前的心理历程，为各种公关传播的策划指明一个正确的方向。因此，卡特赖特模式可以被视为公关传播策略的基本模式。

3. 霍夫兰说服模式

霍夫兰是耶鲁大学的实验心理学教授，耶鲁学派的代表人物，在第二次世界大战期间曾担任美国陆军部心理实验室主任。第二次世界大战期间，他在军队进行的一系列心理实验是关于"说服与态度改变"的最早的实证研究。他的说服模式形成于二十世纪四五十年代，霍夫兰通过大量的实验从最广泛的范围来观察传播的全过程，揭示了说服效果形成的诸条件。其基本观点是：说服效果往往要受到传播者、传播信息、说服对象及周围情境等诸因素的影响。为了获得良好的说服效果，传播者必须遵循一系列的传播原则、技巧。

第二次世界大战开始后，美国军队广泛利用电影来教育士兵和激励士气，并为此制作了题为《我们为何而战》的6集系列纪录片。霍夫兰以士兵为对象用其中的4集进行了心理实验，结果表明，大众传播并不能直接导致人们态度的改变。自此以后，霍夫兰等人转而考察说服效果的形成条件，从战争期间到霍夫兰去世，他们进行了数十项研究。这些研究揭示效果的形成并不简单地取决于传播者的主观愿望，而是受到传播主体、信息内容、说服方法、受众属性等各种条件的制约。

（1）传播者方面

他认为最好的或能够取得最大传播效果的传播者，在他传播信息的领域中应当是有威望的，并且其品质对于受传者来说是值得信赖的，或是被受传者认为同自己相似，并在所谈论的问题上高于自己的人。1953年，霍夫兰带领其他人以"如何对待失足少年"为题进行了一次实验。他们将实验对象分成三组，分别向他们播放可信度高信源（一位有声望的法官）、可信度中信源（在场者中的一位）、可信度低信源（少年时代有犯罪经历，近因贩毒入狱刚获保释的一位男性）的谈话录音。根据实证研究的结果，霍夫兰等人提出了"可信性效果"的概念。一般来说，信源的可信度越高，其说服效果越大；可信度越低，说服效果越小。

另一方面，由可信性带来的说服效果并不是一成不变的。霍夫兰等人在上述实验中发现，随着时间的推移，高可信度信源的说服效果会出现衰减，而低可信度信源的说服效果则有上升的趋势。这种现象，霍夫兰等人称为"休眠效果"。由高可信度信源发出的信息，由于人们对信源的信任，其说服效果最初可能会大于信息内容本身的说服力。同样，低可信度信源发出的信息，由于人们对信源怀有不信任感，其说服效果最初可能会小于内容本身的说服力。但随着时间的推移，人们对信源与内容联系的记忆逐渐淡漠下去，由信源居主导地位的可信性效果趋于减弱或消失，内容本身的说服力才能较完全地发挥出来。低可信度信源发出的信息，由于信源可信性的负影响，其内容本身的说服力不能得以马上发挥，处于一种"睡眠"状态，经过一段时间，可信性的负影响减弱或消失以后，其效果才能充分表现出来。

（2）说服技巧方面

他通过实验证明了"一面理"与"两面理"的说服效果；感性诉求与理性诉求的说服效果；明示结论还是由对方自己找结论以及信息的表达程序对说服效果的影响等。在第二次世界大战后期，霍夫兰等人曾以"美国对日本的战争还要持续多久"为题，对"一面理"与"两面理"的有效性进行实验比较。他们针对当时德国投降后美军士兵中广泛存在的"速胜"心理制作了宣传广播稿，试图通过说服活动来教育士兵确立持久战的信念。霍夫兰等将600名士兵平均分成三组：第一组为"一面理"群，即在广播稿中只提示对日作战的困难性，如强调日军的规模和顽强的战斗力、日本民族的凝聚力等；第二组是"两面理"群，在提示不利条件的同时也提示有利条件，如德国投降后日本已陷入孤立等，但结论同样是要完全打败日本尚需"持久作战"；第三组是一个控制群，不给予任何内容提示，目的是观察他们在自然条件下的态度变化，并与前两组进行比较。实验结果如下：① 从测验结果的单纯比较而言，无论是"一面理"还是"两面理"都取得了良好的说服效果，在总体上并无明显差异。② 两种方法的有效性会由于传播对象的属性不同而有明显的区别，具体表现在：从与人们原有态度的关系来看，对原来就持赞成态度的人来说，"一面理"的说服效果明显大于"两面理"；对原来就持反对态度的人来说，"两面理"的效果则明显大于"一面理"。从与文化水平的关系来说，"一面理"对文化水平低者说服效果较佳，而"两面理"对文化水平高者效果较佳。这一结果表明，无论是"一面理"还是"两面理"，效果的大小强弱在很大程度上取决于对象的性质，离开具体对象泛论两者的优劣是没有意义的。

霍夫兰的说服模式致力于理论探讨和基础研究，强调通过控制性实验来测试所提出的命题，这使得他的说服理论更具权威性，也被公认为是比较完整、成熟的模式。

6.4 公共事务关系的说服方法和技巧

6.4.1 说服的基本含义

说服是一个非常重要的概念，不少学科都使用它或使用过与它相似的概念。在社会心理学方面，当谈到要改变人们的社会态度时，美国学者克特·W·巴克教授认为要用劝导方法。在大众传播学方面，日本学者竹内郁郎教授认为，传播者为实现一定意图的传播即为劝服传播。这里讲的"劝导""劝服"都是与"说服"相似的概念。在人际关系传播学方面，我国学者熊源伟教授认为，"说服"是作为角色性非对等人际传播的一种方式。也就是说，一方是主动的、积极的、直接施予影响的，另一方则是被动的、消极的、接受影响的。

那么"说服"这一概念的基本含义是什么呢？作者认为，说服是指用充分的理由或论据开导人，以影响其信仰、价值观、态度和行为的一种语言活动形态。说服是一种由多变量所组成的结构，主要包括三大要素，即说服者、被说服者及其环境。

1. 说服者是说服的主体

众多实验和实践表明，说服者有无威信，这对被说服者的价值观、态度或行为的改变与否有很大关系。美国社会心理学家、耶鲁大学教授哈夫兰德（C. L. Hovland）认为，说服者威信高则说服效果好，说服者威信不高则说服效果差。一般说来，说服者威信的高低与其效果成正比，他进一步研究了在说服过程中为什么会产生这种情况。研究认为，说服者的威信是由两个因素决定的。这两个因素分别是专业性和可信度。专业性一般是指专家身份，如说服者所接受的教育训练、社会地位、职业与年龄等。所有这些因素就使扮演说服者这个角色的人形成某一方面专家的形象，使之在一般人面前具有专业权威的特点。可信度主要与扮演说服者角色人物的人格特征、外表形态以及讲话时的信心、态度密切关系。

2. 被说服者是说服的客体

说服的效果不仅同说服者有关，而且也同被说服者的个性特点密切联系。在同一情景内接受同一说服者的谈话，不同的人会做出不同的反应。个性特点主要指：

（1）自尊心的强度。自尊心强的人，一般对自己的评价会高一些，自我防卫机制强烈些；自尊心弱的人，一般对自己的评价会低一些，自我防卫机制弱一些。前者不易被说服，后者比较容易被他人说服。

（2）权威主义倾向的强度。权威主义倾向是指人们对权威过分尊敬与服从，权威主义倾向强的人容易被他人说服。

（3）想象力的丰富程度。想象力丰富的人比较喜欢猜测说服者的意图，当他们发觉说服者的自私企图时，说服效果会降低。

（4）性别。许多研究资料表明，女性比男性更容易被说服。

（5）智力水平。就一般常识而言，智力水平高的人似乎比智力水平低的人不容易接受说服而改变观念、态度，因为前一种人具有更多的批判力，知识经验也相应会丰富些，比较善于辨别说服者所讲的是否真有道理、是否合乎逻辑。一般来说，大学生比中小学生难以说服些。但也有研究发现，智力在不同情景下对人改变态度有不同的作用。对于较复杂的问题，智力高者比较容易接受说服。如十月革命一声炮响，给中国送来了马克思列宁主义。马克思列宁主义真理首先被具有较高智力的李大钊、陈独秀等一批知识分子所接受、所信服。

3. 环境是说服者与被说服者的周围境况

环境状况如何是影响说服效果的重要条件。这里讲的环境主要是指空间、时间环境与社会环境。从空间环境来看，在享有极大威望的环境和人们十分敬仰的地方进行说服，能取得较好的效果。这就是为什么有些高校把延安、井冈山、韶山等地作为爱国主义教育基地的重要原因所在。从时间环境来看，说服者虽然不能制造事件、创造环境，但可以捕捉每一个机会，及时利用每一次事件进行说服工作。如适时掌握1989年以后东欧剧变、苏联解体的时机，对大学生进行党的"一个中心、两个基本点"的基本路线的说服教育，就会收到事半功倍的效果。又如，抓住某一学生因考试舞弊受到开除学籍处分的事件，对广大学生进行端正学风、考风的说服教育也能收到良好的效果。

社会环境可以分为内部环境和外部环境。

（1）说服的内部环境主要是指被说服者所属的团体（或群体）环境。如果一个人对其所属的团体有认同感或忠诚时，要说服他采取与团体规范不一致的态度便不容易。如对生活在班风好、学风浓且有集体荣誉感的团体中的大学生进行正确的人生观、道德观、学习态度说服教育，就比较容易为该生接受；反之，如果对生活在纪律松弛、学习风气差且又有哥们义气的团体中的大学生进行以上同样内容的说服教育，其效果必然甚微。

（2）说服的外部环境主要是指被说服者所在的团体（或群体）的外部环境，即团体不能加以控制的外部条件和因素的总和。如果把高校作为一个团体，那么国内政治、经济形势甚至国际形势都是外部环境。实践证明，说服效果不仅受被说服者团体内部环境的影响，而且也受团体外部环境的制约。比如，在我国现代化建设顺利进行并取得伟大成就的前提下，对大学生进行要坚定社会主义信念的说服教育就比较容易；在我国经济建设遭受挫折、人民生活遇到困难的情况下，要学生接受以上说服教育就显得困难。

6.4.2 公共事务关系说服的基本原则

1. 说服的基本原则

（1）坚持实事求是的原则

坚持实事求是，一方面要求在说服过程中，把说服者与被说服者放在现实的社会环境中进行具体的、历史的分析，使说服者更好地了解自己和自己的说服对象，从而使自己的说服工作能够遵循客观规律和适应新的情况。另一方面，要求说服者提供的信息必须实事求是，既不过分夸大，也不过分缩小。过分夸大会使人产生怀疑与不信任感，过分缩小则不易引起人们的充分重视。

（2）坚持全面性的原则

在说服过程中，应坚持唯物辩证法的全面性原则要求。首先，从说服的原因来看，一方面应向对方说服改变自己原有价值观、态度的意义和作用。另一方面也要指出对方如坚持原来的观念、做法会产生的严重后果，使之感到有压力与威胁。其次，从说服的内容来看，要改变人们的观念、行为，应该用正反两方面的内容来说服对方。如在《论持久战》一文中，毛泽东同志既讲了日本是个帝国主义强国，又讲了它是个小国，人力、军力、财力、物力均缺乏。既讲了中国是个半殖民地半封建弱国，又讲了中国是个大国，地大物博、人多、兵多。还分析了日本的侵略战争是退步的、非正义的，中国的反侵略战争是进步的、正义的。日本在国际上是失道寡助，中国是得道多助等。最后的结论是抗日战争是持久战，最后的胜利属于中国人民。有力地驳斥了当时流行的速胜论、亡国论的错误观点，清晰而又有说服力地回答了当时人们思想中存在的种种问题。《论持久战》一文在抗日战争中具有如此强大的说服力和震撼人心的力量，原因之一就在于毛泽东同志娴熟地运用了全面性的观点分析问题。

（3）坚持理论正确的原则

要使人们接受一种思想观点或信仰，首要的前提条件就是要有正确的理论依据，使人听后因理论依据正确而改变原有的错误认识，说服者理直气壮，被说服者心悦诚服。恩格斯在《致康·施米特》的信中指出："只有清晰的理论分析才能在错综复杂的事实中指明正确的道路。"马克思说理论只要彻底，就能说服人，讲的就是这个道理。

（4）坚持满足正当需要的原则

行为科学认为，需要引起动机，动机引起行为。有些人不懂这个道理，说服时只把自己的需要告诉对方，忽视对方需要，结果无法促成对方的行为动机。如有些大学生学习态度很差，整天忙于打台球、看录像，老师劝说他们要为祖国四化而努力学习，固然是好心规劝，但没有从对方切身需要考虑，因而收效不会太大。如果劝说中还告诉他们要努力学习，掌握过硬的生存本领，将来在激烈的竞争中就会立于不败之地，把学习态度转变与客观需要、自身利益密切联系起来，劝说效果就会比前者好一些。由于社会复杂，各种各样的人的需求又是不尽相同的，所以在重视被说服者的客观需要时，一定要善于分析他们此时此地正当的、切合实际的需求。对于那些不切实际的需要，要循循善诱地进行说服教育，对于无理的、自私的要求，应当进行恰如其分的批评。

（5）坚持正确了解他人的原则

首先，必须透彻了解被说服者的意见。人总是在自己的思维体系中去发展思想的，每个人看问题的观点是长期形成的，与性格、经历、社会地位等关系密切。所以当自己对其说服对象提出的意见不加以分析，只顾发表自己的意见时，往往是无的放矢，容易陷入一种不自觉的盲目之中。其次，必须透彻了解对方对不同意见的接受能力。如有的人谦虚、冷静，能认真听取别人的意见；有的人情绪易激动，或怒或怨、听错听偏；有的人不管你怎么说，自我封闭，固执己见；有的人听你说话，常发挥自己的想象。凡此种种，都要悉心研究才能对症下药、收到成效。第三，必须透彻了解对方的全面情况，包括优点和缺点、优势和劣势、成绩和问题等，以便在说服时增进同感和共识，防止因片面性而引起反感情绪。

2. 在危机公关中展开说服活动所要坚持的原则

首先，根据危机传播的特点，注意进行说服的语言要坚持真实性和及时性原则。当重大突发事件发生时往往会引发公众的恐慌和社会秩序的混乱，还常常伴有谣言和流言。这时对于危机公关处理的说服者来说，第一时间就要澄清事实和安抚群众。因此在说服过程中要使用真实、准确的语言使说服对象感受到真诚，营造一种和谐的沟通氛围，产生信任的心理，最后达到态度的转变。

其次，说服者的信誉问题。传播学者霍夫兰在进行说服效果实验的过程中证明了信源的可信性效果影响传播者和受传者之间的沟通，即说服者越可信越权威，说服对象越容易接受。2009年下半年，美国次贷危机引发的全球金融危机对我国造成了一定影响。为了让人们正确看待和应对此次金融危机，政府迅速请来经济专家分析和解读金融危机的始末，给群众解疑释惑，安抚群众的情绪，有效地稳定了人心和经济的发展，同时还避免了一些谣言及流言的扩散。因此，说服者的信誉是危机公关说服的有力保障。

6.4.3 在危机公关活动中运用说服的方法和技巧

1. 态度诚恳，感情真挚

面对重大突发事件，群众的心理异常脆弱和恐慌，意识可能错乱，很可能导致负面的行为产生。因此在说服过程中一定要体现说服者的诚意和真情实感，让对方从内心深处感受到温暖，从而恢复理性。2008年，加拿大某食品厂所生产的熟肉制品在全国范围内引发大规模病患和恐慌。为了解决危机，该厂行政总裁公开向全国受害者道歉，陆续招回若干批次未受污染但在消费者中引发恐慌的肉类产品，起到安抚人心的作用。由此可知，相关人士放低身价，真诚道歉充分显示了态度的诚恳，面对危机，说服者以情动人，用真情实感抚慰民众脆弱的心灵，及时解决困难，起到了有效的说服效果。

2. 软硬兼施，现身说法

以2005年发生在吉林的"松花江水污染事件"为例。事件发生后，国务院事故及事件调查组经过深入调查、取证和分析，当即对吉林省有关方面责任人给予相应的党纪政纪处分，并对受难民众给予相应的安抚和补偿。在这一危机处理过程中，说服者一方面惩罚了责任人使得被说服者有了泄愤的途径，情绪上得到缓和；另一方面对受害人给予物质补偿使被说服者得到心理上的平衡和安慰。此外，为了说服群众安心饮用水，当地领导人在媒体及众人面前将一杯水一饮而尽来证明水质已无问题，让群众放心饮用。这种现身说法的真实性和感染力比其他论据证明更有说服力和效果。

3. 基于关系分析，换位思考

中国社会是重视人际关系的社会，所以在处理危机时，为了说服对方就要将说服内容与对方产生关系的利益主体和客体联系起来，使两者的利益相关性和相关度引起被说服者的重视，这样说服效果会很显著。同时，换位思考也很重要，因为处于危机之中的人们胆怯、软弱和恐惧，所以说服者决不能以高姿态自居，这不能有效说服对方反而会激起抗拒不满的情绪，因此站在对方的立场上替对方说话，设身处地为对方着想，产生"自己人"效应，这样才能增强对方的信任感，才能使被说服者容易接受说服内容，达到说服的效果。

4. 树立意见领袖，间接说服受众

突发事件发生之后，许多谣言和流言的产生会混淆人们的视听，导致被说服者对说服者存在强烈的抵触情绪和刻板印象。所以在危机公关的说服过程中适当树立意见领袖，借助意见领袖的影响力影响被说服者，进行劝服活动。这是传播学者拉扎斯菲尔德提出的"两级传播"理论所涉及的内容。因为意见领袖有着一般人没有的社会地位、个人魅力和与媒体接触频度高的特点，因此通过意见领袖将说服内容传达给被说服者是一个可行的措施，要充分发挥意见领袖的作用来广泛影响被说服者。

5. 利用多种媒体形式，全方位展开说服活动

现今，人类进入高度信息化的时代，新媒体形式层出不穷。为了使危机公关的处理起到立竿见影的效果还要充分利用多媒体技术进行宣传，这已经成为当今公关活动的策略之一。尤其在媒介融合的潮流和趋势下，有效整合利用传统媒体的品牌优势和新媒体传播技术对被说服者展开全方位、立体式的"攻击"，久而久之自然而然会产生潜移默化的效果。另一方面也在危机处理的过程中，起到正确引导社会舆论的作用。可见，危机公关的说服活动也要与时俱进、转变观念，适应时代的需求、借力而行。

自 测 题

一、单选题

1. 传播的信息交流过程是（　　　）。

    A. 主动的   B. 被动的

    C. 互动的   D. 能动的

2. 中央电视台《焦点访谈》节目属于（　　　）。

    A. 人际传播   B. 群体传播

    C. 组织传播   D. 大众传播

3. 1954年，施拉姆在《传播是怎样运行的》一文中，在C·E·奥斯古德的观点启发的基础上，提出了一个新的过程模式，称为（　　　）。

    A. 循环模式   B. 香农—韦弗模式

    C. 大众传播模式   D. 互动过程模式

4. 我们把一切干扰信息及时、准确、完整地发布、传递、接收的东西称为传播中的（　　　）。

A. 沟通屏障　　　　　　　　B. 沟通障碍

C. 沟通困难　　　　　　　　D. 沟通阻碍

5. 下面哪一选项不属于信息传递的障碍（　　　）。

A. 时机不适　　　　　　　　B. 对信息的过滤

C. 漏传或错传　　　　　　　D. 环境的干扰

6. 下面哪一选项不是影响态度形成的因素（　　　）。

A. 人际关系　　　　　　　　B. 欲望

C. 知识　　　　　　　　　　D. 个体的经验

7. 平衡理论是由谁提出的（　　　）。

A. 奥斯古德　　　　　　　　B. 坦纳包姆

C. 弗里茨·海德　　　　　　D. 利昂·费斯廷格

8. 下列选项中不属于影响态度改变的因素中个体特征的特点的是（　　　）。

A. 能力差异　　　　　　　　B. 性格差异

C. 自我意识　　　　　　　　D. 情感差异

9. 下列选项中不属于个性特点的是（　　　）。

A. 自尊心的强度　　　　　　B. 权威主义倾向的强度

C. 性别　　　　　　　　　　D. 能力的差异

10. 致力于理论探讨和基础研究，强调通过控制性实验来测试所提出的命题，具有更多权威性，也被公认为是比较完整、成熟的模式的说服模式是（　　　）。

A. 亚里士多德说服模式　　　B. 霍夫兰说服模式

C. 卡特赖特说服模式　　　　D. 海德说服模式

二、多选题

1. 一个基本的传播过程应包括要素有（　　　）。

A. 传播者　　　　　　　　　B. 受传者

C. 信息　　　　　　　　　　D. 媒介

E. 反馈

2. 在信息表达过程中，传播者容易遇到的主要障碍有（　　　）。

A. 编码能力不佳　　　　　　B. 沟通交流不足

C. 语义的差异　　　　　　　D. 传送形式的不协调

E. 知识经验的局限

3. 下面属于组织沟通网络的结构形式的是（　　　）。

A. 链式　　　　　　　　　　B. Y式

C. 环式　　　　　　　　　　D. 圆式

E. 全渠道式

4. 下面属于态度的特性有（　　　）。

A. 波动性　　　　　　　　　B. 社会性

C. 针对性　　　　　　　　　D. 协调性

E. 潜在性

5. 在态度的形成过程中，影响态度形成的因素主要有（　　　）。

A. 欲望　　　　　　　　　　B. 知识

C. 个体的经验　　　　　　　D. 技能

E. 认知

三、名词解释

1. 传播

2. 人际传播

3. 沟通

4. 媒介

5. 态度

四、简答题

1. 如何改善沟通的方法？

2. 影响态度改变的因素有哪些？它们有什么特点？

公关形象管理
与公共舆论

学习目标

知识目标：

1. 了解组织形象识别系统的内涵与设计，对组织形象显征系统的各主要因素进行调差、分析。

2. 理解舆论的性质特征、形成条件与形成过程。

3. 了解舆论的运动规律以及新闻媒介与当代舆论。

能力目标：

1. 明确公共事务关系的舆论观念以及流言对组织的影响。

2. 熟知公共事务关系如何引导舆论以及引导时的注意事项。

思政目标：

1. 掌握研究分析组织形象地位和形象代言人的方法。

2. 掌握舆论对公共事务关系的意义。

建立和维持良好的组织形象，明白如何分析并进一步完善组织形象，学会正确应对和影响舆论对组织而言至关重要。本章系统地阐述了企业形象识别系统的内涵及视觉识别系统的设计与开发，介绍了组织形象的基本内容及其分析诊断过程、组织形象地位和代言人分析；讨论了舆论的含义、形成过程与条件、运动规律及功能等内容，并强调了公共关系与舆论之间密不可分的关系，舆论、留言对组织的影响，以及组织应当如何恰当地影响、引导舆论等。

7.1 组织形象识别系统的内涵和设计

7.1.1 组织形象的内涵

1. 概念

在日益发展开放的现代化社会中，组织形象作为组织核心竞争力的重要组成部分，在组织生存发展的过程中发挥着重要作用，是组织公关活动的最直接目标之一，良好的组织形象对于组织的发展有举足轻重的作用，因此，良好组织形象的塑造也逐渐成为公共关系中的一项重要课题。心理学上对形象的定义是人们通过视觉、听觉、触觉等各种感觉器官在大脑中形成的关于某种事物的整体印象，即对各种感觉的再现。

在公关管理中，对组织形象的概念可以表述为：组织形象是组织在生存发展过程中所表现的行为特征与精神理念的各种感性显现的有机整合体。可以简单理解为社会公众和组织内部员工对组织整体的印象和评价，即个人或群体对一个组织机构的认识所形成的整体观念，是社会公众对一个组织的完整信念。值得强调的是，在组织形象问题上，占主导地位的始终是社会组织，而不是社会公众的"印象"和"评价"。组织形象的内容包括很多，主要有企业精神、价值观念、道德准则、管理行为、员工行为、组织文化、组织标志、产品商标、人才实力、经营状况等各个方面的内容。

2. 组织形象的特征

（1）整体性

组织形象是一个由不同个体组成的有机的整体，形象也是由组织内部诸多因素共同作用的结果，包括社会地位、经济效益等综合性因素；员工的思想、文化、服务质量等人员素质因素；以及产品质量、经营方针、专业管理、综合管理等经营管理因素以及技术等其他因素。不同因素会形成不同的具体形象，完整的企业形象是各个形象要素所构成的具体要素的总和，在马克思主义基本原理中提到局部也会影响整体，要重视和充分发挥局部的积极作用，注意各个局部的特点和要求。良好的组织需要具备良好的凝聚力和向心力，使整体朝着同一方向发展，展示出的形象也应充分体现出组织的团结性，即组织形象的整体性。此外，对有些组织而言，可能会因某一方面的形象比较突出，进而掩盖其他方面的形象，导致组织形象的片面性或不完整性。其实这也是正常的，因为组织宣传有侧重点，公众也不能全面了解组织的所有情况，他们的印象大部分都是源于他们所能接触到的组织的一个或少数几个方面的情况，这就要求组织要认真对待每一个方面、每一个环节，从而在公众心目中形成良好的总体印象。

（2）客观性

组织形象是社会公众对组织整体印象的评价，但观念的反映对象却是客观的，也就是说，组织形象所赖以形成的物质载体都是客观的，产品是实实在在的，组织的员工是具体的，组织的各种活动也是实实在在的。所以，组织形象作为客观事物的反映，是不以人的意志为转移的，不能在虚幻的基础上构筑组织形象。组织形象是公众的意见或看法，这个公众不是单个人或少数群体组织，而是一个公众的集合。意识具有主观能动性，个人的意见是主观的、可变的，但大多数公众的意见则是客观的，所谓"群众的眼睛是雪亮的"，社会公众对于组织形象的评价更加公正，形成了组织形象的客观性。

（3）主观性

组织形象是公众对组织的意见或看法，是人的主观意识，因而具有主观性。但是公众在形成对组织的总体评价时，并不是简单机械地反映对象的显像，或者是对它的复制，而是加入了自己主观的因素，因为社会公众本身具有差异性，他们的社会地位、价值观念、思维方式、认识能力、审美标准、生活经历等各不相同，他们观察组织的角度、审视组织的时空维度也不相同，这样社会公众对同一企业及其行为的认识和评价就必定有所不同，"公说公有理，婆说婆有理"就是这个道理，因此，在公众头脑中最终形成的形象是渗透着个人主观观念和审美观念的，带有明显的个人主观世界的好恶评价。此外，组织形象不仅来自于社会公众的评价，也包括组织内部员工的评价，在形象塑造和传播过程中，必然要发挥组织员工的主观能动性，渗透企业员工的思想、观念和心理色彩，因此，组织形象是主观的。

（4）稳定性

一个组织的形象并不是凭空产生或在几天之内就可以形成的，需要人们通过一段时间进行多方面观察考量与综合评价，但当社会公众对组织产生一定的认识和看法以后，也会保持一段时间，而不会轻易改变或消失，这就是组织形象的相对稳定性。在商品市场如此繁荣、产品众多的今天，要在公众心中留下印象并不容易，要改变一个组织在公众心中的形象就更难了。组织形象的这种相对稳定性可能会产生两种结果：其一是组织因良好形象被维持而受益；其二是组织因不良形象难以改变而受损。当然形象不是一成不变的，但要改变一种形象总是不容易的，这也是组织进行形象塑造的价值所在。

3. 良好组织形象的作用

《美国周刊》中有一篇文章写道："在一个富足的社会里，人们都已不太斤斤计较价格。产品的相似之处又多于不同之处。因此，商标和公司形象变得比产品和价格更为重要。"在全球化发展的今天,这种企业形象、产品形象的竞争也演变得更加激烈、更为重要。

随着经济的发展、人们购买力的提高以及商品市场的繁荣和多样化的产品,多数人在购买商品时选择的是信得过的公司或品牌产品,比如年轻女性对化妆品的购买强调品牌,人们购买衣物也日益强调对品牌的选择,并且逐渐成为购物的常识。品牌公司及其产品相较于其他品牌更具价值,也更受尊重,因为一个品牌反映了其自身的精神理念,并与公众、社会相联系,从而使人们信任品牌,品牌创造价值。

一个好的组织形象对于组织来说是一笔巨大的财富,良好的组织形象具有以下作用。

（1）帮助组织巩固老顾客,吸引新客户,更好地拓展市场

对于老顾客而言,良好的组织形象更加肯定了顾客选择的正确性,使顾客获得预想中的甚至更好的体验,从而形成稳定的客户群体;对于新客户,消费者在购买产品时就是倾向认同的态度,这种预存的印象、经验以及直觉,往往在消费者的购买行为中起到主导作用,从而拓展新客户,进而拓展市场。

（2）增强组织凝聚力,吸引更多优秀人才

华生提出环境对人的影响意义重大,一个良好的组织形象往往伴随着和谐氛围、良好工作环境的印象,和谐的环境有利于提高组织成员的积极性,提升员工的归属感,以及对自身、公司的认可感,从而自觉维护组织形象。同时,市场上的人才对于这样好口碑的组织、工作环境也会有所青睐,故有助于企业招揽到更多的人才,促进组织更好更优的生存发展。

（3）有助于组织发展,获得社会认同感

良好的组织形象作为一种无形资产而存在,能帮组织获得更多非直接的经济效益,良好的组织形象有利于组织在社会获得更多正面的舆论,从而获得较高的社会声望和社会声誉,在日常经营中减少不必要的摩擦,同时能帮助组织在遭遇危机时逢凶化吉,并能及时地得到各方的帮助,尽量减少损失,帮助企业渡过难关,就如前文提到的可口可乐的假设一般。

（4）帮助企业获得更多的融资和投资

在金融机构、企业或个人对某一组织进行投资或借款时,都期望获得更多的利润或能安全地收回本金,良好的企业形象能够吸引更多的股东和更丰厚的资金,使人们乐于投资或购买股票,银行也能更安心地借款、放贷以满足企业发展所需。

（5）有利于企业更稳定的经营

良好的组织形象可吸引原材料供应部门和销售部门之间建立稳定的供应关系与销售关系,有机整合上下游供应链,占据原料和销售渠道等方面的优势,同时发展巩固能够合作的企业,建立相互信任、相互合作的关系。具有良好形象的企业也更容易得到政治资源以及媒体等提供的有力支持。

4. 组织形象塑造原则

（1）消除组织形象塑造中的误区，树立正确的组织形象观

尽管组织形象的重要性已为越来越多的组织领导层所认识，但实际上，还是存在对组织形象的若干误区。

1）组织形象无用论

组织形象是摆花架子、图形式，中看不中用，以前从没听说或没塑造过组织形象，不也照样获得成功吗？市场竞争是短兵相接，时间就是金钱，市场是不会让你从容地塑造好形象再参与竞争的。

2）组织形象万能论

组织形象是点金术，是灵丹妙药，企业形象一导（导入）就灵；只要导入组织形象战略，组织就会名扬四海。

3）组织形象趋同化

照搬照抄的组织理念设计和行为设计大同小异，毫无本组织的特色和个性。如在为企业设计企业精神时，大部分的企业都是选择诸如"团结、创新、求实、奉献、文明"等词，形成一种高度趋同化的企业精神。

4）组织形象盲目化

组织形象应该是组织长期的经营理念、经营宗旨及其他方面的集中、综合反映，应该具有典型性、代表性、综合性。但很多组织在塑造形象的过程中，既不了解组织的历史及发展过程，又不针对公众开展调研，因此这样的组织形象往往带有很大的盲目性，很难被公众认同。

针对上述组织形象塑造过程中的误区，组织在进行形象塑造时需要树立正确的组织形象观，努力避免或消除对组织形象的不正确看法。既不要因看不到组织形象的作用而轻视，也不要因组织形象有作用而人为拔高，同时在组织形象设计和实施过程中要注意特色，注意针对性和代表性，只有这样才能真正做好组织形象的塑造工作。

（2）捕捉组织形象塑造的有利时机，以达到事半功倍的效果

不同时期组织形象塑造的途径和方法会有所不同，能巧妙地把握时机，因势利导，就能收到事半功倍的效果。

1）新组织创立时期

新组织创建开业时，还未能与社会各界建立广泛联系，知名度不高。这时组织如能确立正确的经营理念、完善的组织和员工行为规范，设立独特的视觉识别系统，以及最佳的传播方式和媒介，就能给公众留下美好的第一印象。

2）组织顺利发展时期

这时应致力于保持和维护组织的形象和声誉，巩固已有成果，再接再厉，进一步提高知名度和美誉度，以强化组织在公众心目中的良好形象。当组织处于顺利发展时期，其各方面运转往往较好，因此，可供利用的宣传机会和"扬名"机会当然也会多些。经济效益上台阶、文化生活辟新路、组织荣誉接踵至、主要公

众赞扬多等，都是可以利用的极好契机。

3）组织处于逆境时期

组织的发展不可能一帆风顺，当组织处于逆境时，公关人员最主要的是沉着、冷静，善于捕捉组织中的亮点，然后抓住有利时机，采取灵活机动的宣传策略，以赢得组织内外公众的支持、理解和合作，帮助组织顺利渡过难关。就算组织处在最困难时期，只要公关人员勤于思考、敏于发现，总能找到一些组织的亮点。如某企业可能因经营不善导致亏损，经济效益下滑，员工福利受到影响，外部的公众如供应商、代理商、顾客组织的支持力度也有减弱的趋势，组织看起来很困难。这时公关人员便要努力寻找组织亮点，如企业虽暂时处于困境，但企业有雄厚的基础，或者有良好的企业形象或者有超强的技术开发实力，或者有诱人的发展前景，或者有乐观自信的员工等，这些都可作为对内对外宣传的突破，作为使组织重新赢得公众信心的催化剂。

4）组织推出新产品、新服务项目、新的方针政策或经营方式时

这时组织面临的最大挑战就是如何消除公众的观望与等待的态度。由于受人们消费惯性的影响，社会公众在组织推出新产品、新服务或新举措时，往往会持观望和等待态度。这表明消费者对这些新产品、新服务、新举措还不了解，还有疑虑，还存有戒备心理。因此，这时公关部门应主动出击，采取有针对性的措施，如现场产品（服务）展示、操作示范、广告宣传、顾客承诺等，消除公众的疑虑和摇摆态度，把公众的注意力尽快吸引到组织上来。

（3）注重整体，统筹兼顾，保持组织形象的统一性和连续性

在塑造组织形象过程中，组织要统筹兼顾、全面安排，以保证组织形象的统一性和连续性。整体性策略是指在塑造组织形象时，应注意组织形象构建诸要素的同步进行、全面发展，尽可能杜绝出现由于某一构件要素的严重缺陷而使组织形象受到损害。总体的形象设计塑造可以分为企业机构形象设计、产品服务形象设计和员工形象设计三个方面，这三个方面中某一个方面出现问题都将影响企业的总体形象。许多经营不佳、形象不好的企业，并不是因为没有去塑造组织形象，而是因为缺乏连贯一致的组织形象。它们今年强调成本低、价廉物美，明年强调服务好、体贴入微，后年又强调革新、创新制胜，不仅内部职工无所适从，而且也会导致外部公众无法对其形成一个稳定的印象。

（4）内外结合，突出个性

构成组织形象要素大体上可分为内在实质性的企业状况及行为和外在的显征性的组织标志识别系统。组织的状况及行为是构成组织形象的基础。它包括企业的经营方针、内部凝聚力、实力等。组织的外在标志识别系统是一种由专家设计的企业符号系统，它是为了让公众更容易了解、认同企业而设计的媒介体，包括企业的商标、名称象征色等。在组织形象设计上，由于企业的标志系统外显度大，容易造成公众的第一印象，其产生的效果和影响也容易被感觉到，所以也容易被企业管理者重视，而常常忽视对组织内在精神、素质和行为的设计。实际

上，通过调整企业的政策、行为来改变企业形象，比起单纯靠外部显征识别系统的设计来的重要，其是一种更为实质性的工作。只有得到企业政策和行为的支持，外显形象设计才有坚实的基础，否则就会显得苍白无力。因此，在形象设计上应处理好这两者间的关系，做到内外合一，表里如一。

（5）主动推广，立足长远

组织的产品（服务）质量是组织制胜的根本，也是组织形象的基础。但在商品经济发展的今天，在大数据时代下，过去"酒香不怕巷子深"的观念已经行不通了，所以，组织不仅要有拿得出手的好产品，还要懂得宣传自己，善于传播自己，这样才能使公众更多的了解自己，在公众心中树立良好的形象，使组织如虎添翼、出奇制胜。在树立良好的形象以后，还需要时时加以维护、调整和发展，与时俱进，不断改进和更新组织形象。

7.1.2　企业形象识别系统

视觉符号（Visual sign）是种具体可见的表意形式，通常如文字、标记、颜色等。通过其将事物现象的意思内容传达给人们，具有约定俗成的意味。如看到"火"字就容易引发对熊熊燃烧的火焰的想象，若看到十字架就联想到教堂与耶稣，在过马路的时候，红灯表示"禁行"，绿灯表示"通行"。种种这些无论是文字、标记和颜色都是某种信息的载体，通过对人的视觉进行长期刺激，在头脑中形成此物（符号）与彼物（指代对象）的联动关系，简化了传播过程，提高了传播效率，因此可以说视觉符号是一种很重要的传播工具。由于视觉符号能表达某种特定意义，能传达特定的信息及蕴涵着巨大的心理影响力，所以能够起到识别作用。

所谓"识别"不仅是指认知和记忆事物的特点及其间的联系从而积累知识经验的过程，而且也包括通过一定的信号系统来认识、判明事物，唤起与其相应知识与经验的心理反应。这里的识别信号很多就是视觉符号，如在远古的时候人们就利用了某些特定的视觉符号图腾去进行原始管理与征服。各民族部落都会形成属于自己的图腾并对其顶礼膜拜，以这种对符号的原始崇拜对部落内部实行有效控制与教化。对外部的征服也是以战胜者的图腾取代战败者的图腾，从而在心理上彻底打垮被征服者的防御。可见，图腾是不仅具有识别性，而且更具有心理震撼力的符号。

1. CIS的产生和发展

基于视觉符号所具有的识别和传播功能，在现代的商业活动中，发展出一种新型的企业传播管理方法，即企业形象识别系统（Corporate Identity System，CIS）Corporate有企业（法人、社团、组织、责任个体等）含义，Identity有识别（身份、同一性）等含义。CIS设计是企业和品牌在市场开拓中，通过梳理资源和创意手法，创建企业品牌自身形象的重要手段，是企业参与商业市场竞争最基础、最关键的工作模块。

1914年，德国著名设计师彼得·贝伦斯为AEG公司设计了电器商标，并成功应用于各种经营活动中，规范的运用在各类产品上，形成统一的家庭化产品烙印，将CIS作为系统列入了企业营运活动之中，成为CIS最早的雏形。紧接着，1932～1940年之间，英国实施伦敦地下铁路工程，该工程由英国工业设计协会会长佛兰克·毕克负责，被称为"设计政策"的经典之作。1956年，美国国际商用计算机公司以公司文化和企业形象为出发点，突出表现制造尖端科技产品的精神，将公司的全称"International Business Machines"设计为蓝色的富有品质感和时代感的造型"IBM"。这八条纹的标准字在其后四十几年中成为"蓝色巨人"的形象代表，即"前卫、科技、智慧"的代名词，也是CIS正式诞生的重要标志。IBM公司率先将CIS系统纳入了企业管理中，并开展了一系列有别于其他公司的各种商业性活动。IBM以其超前的技术、出色的管理、独树一帜的产品以及个性的企业形象，领导着全球信息工业的发展。继IBM公司之后，欧美各大企业相继导入CIS，进行二次创业，并获得令人瞩目的成就，20世纪70年代，日本马自达公司导入CIS，此后日本形成潮流，塑造出一批优秀企业。我国在完整的导入CIS系统和研究方面相对来说起步较晚，但是CIS在中国早已出现，几千年来龙的造型以及以"黄色"为尊，就是历代王朝为显示自己的权威，创造掌权机构在百姓心目中的地位，而实行的不完整的CIS识别系统。完整的CIS跟随着我国改革开放的脚步走进中国，并且深入到我国经济生活的各个领域，国内一些具有远见卓识的企业领导率先引入CIS系统，如最早的"太阳神"，通过CIS建立了良好形象，成为最早的受益者。

2. 企业形象识别系统的内涵

企业形象识别系统是指运用视觉化的设计，将企业的理念与特质予以视觉化、规范化以及系统化，以塑造具有个性的企业形象及发挥企业组织整体效能的一种识别系统。

CIS由理念识别系统（Mind Identity System，MIS）、行为识别系统（Behavior Identity System，BIS）和视觉识别系统（Visual Identity System，VIS）三个子系统构成。CIS就是把这三个子系统统一起来的一种系统的策划活动，将企业精神和企业文化形成一种具体的形象，通过运用统一的视觉设计手段，向公众传播，创造企业的个性，使公众产生一致的认同感和价值感。其中MIS是整个企业的核心，属于组织内在的精神实质，指导BIS、VIS两部分工作的开展；BIS是企业行为的手，是企业实践经营理念和创建企业文化的具体活动；VIS是企业的脸面，是企业形象识别系统中最具传播力与视觉冲击力最强的外在形式。

（1）理念识别系统（MIS）

MIS是CIS战略的核心，起着骨架、脊柱的作用，是企业发展的根源，也是做好VIS、BIS策划的前提和根本指导思想，是CIS系统运作的原动力和实施的基石。企业"理念"可理解为企业的经营思想，即企业从事经营活动、解决各种经营问题的指导思想。其比较概括、抽象，属于思想文化的意识层面，是企业的灵魂，具体包括宗旨、方针、价值观等。理念识别系统既然强调"识别"，就要突出企业自身的特点，避免采用那些大而空的口号作为企业理念，具有了强有力的、独特的企业理念，才能对自己企业的形象有一个清晰而明确的定位。

（2）行为识别系统（BIS）

行为识别（BIS）是一种动态的企业识别形式。BIS是指企业理念确定后，付诸实施过程中所有的具体执行行为的规范化、协调化、统一化，CIS要与BIS保持严密的一致性，几乎涵盖了一个企业所有的活动层面。其是通过动态的活动或者训练，建立个性化的企业形象，规划企业内部的组织、管理、教育，以及对社会的一切性质的活动；并通过企业内部组织和员工的行为规范传达企业理念，让受众更多更深的了解企业。BIS是企业自身信息传递的渠道之一，有了行为识别，理念识别才能落到实处。BIS主要表现在组织制度、管理规范、行为规范、教育培训、工作环境、企业文化、福利制度、公共关系等方面。

（3）视觉识别系统（VIS）

虽然MIS和BIS在CIS中有着举足轻重的作用，却并不能起到传播的作用。VIS是指将企业识别系统非可视化的事物转化为一种静态的视觉识别符号，通过各种媒体将企业形象广告、标志、品牌、商品包装、内外环境布置等诸多方面有组织、有计划地传递给内外公众，树立整体的统一的识别形象。林磐耸认为，CIS以VIS计划的传播力量与感染力量最为具体而直接，能让企业识别的基本精神、差异性充分集中地表达出来，并且可让消费者一目了然地掌握其中传达的情报信息，轻易达成识别、认知的目的。在整个CIS系统中，VIS能够起到广泛迅速地传递信息的作用，并有利于加强企业的凝聚力，VIS的队伍最庞大、面积最广、最外在、最直接、最具传播力和感染力。VIS由基础要素设计系统和应用要素设计系统这两大系统组成。基础要素系统以标志、标准字、标准色为核心，是企业地位、规模、力量、尊严、理念等的外在表现。企业标志包括企业的商标和徽标，他们都是企业的象征、品质的保证；颜色是人视觉最先感知的元素，不同颜色代表不同的寓意，其象征作用对人的情绪、感情有很大的影响力，企业选择的代表色可以起到传递公司形象以影响公众、形成统一形象的作用。企业应用系统的设计项目需根据企业的性质进行不同的设计，是基本要素系统的完美体现和最直接、最外在的传播。

7.1.3 组织形象VIS的设计与开发

在品牌营销的今天，没有VIS对于一个企业来说，就意味着它的形象将被淹没于商海之中，让人辨别不清；就意味着它的产品与服务毫无个性，消费者对它毫无眷念；就意味着团队的涣散。良好的视觉形象是企业给受众留下良好印象的必要条件，使大众迅速记住鲜明特点的企业形象。企业VIS设计可增强内部员工的归属感，加强企业凝聚力，对外部树立企业的整体形象、统一形象，将企业的形象传达给受众，通过视觉形象不断强化受众的意识，从而获得市场的认同。

在市场经济体制下，企业想要长远发展，一个成功的VIS的确立无疑是企业无形资产中的一个重要组成部分，是企业发展的助跑器。VIS在字面上只是视觉识别系统，但在实际操作中，它也包括其他形式的符号识别，如听觉符号、文本符号等。

VIS的设计与开法包括两个步骤：一是对VIS基本视觉识别要素的设计与开发；二是对VIS应用的延展设计与开发。VIS的基本视觉识别要素，也称基本设计系列，包括组织名称、标志、标准字、标准色等，这是整个VIS设计系统中的核心，是实现视觉传达的基本要素。VIS的延展应用设计，也称应用设计系列，即根据基本要素及其组合系统的有关规则，针对企业的经营特点和实际应用需要，专门设计的可供使用的视觉要素。它是基本设计要素的拓展和延伸，也是视觉符号传播的载体和媒介。

1. 组织名称设计

企业名称是企业精神的象征，人们对一个企业的记忆和印象直接来自于企业名称，企业名称要简、新、亮、巧。企业名称可以与品牌名称一致，也可以不一致。当企业采用多元化经营模式时，品牌名称跟企业名称不一致的情况普遍存在。在确定组织名称时要注意名字是否具有识别性，一方面是行业的识别性，即是否和企业的行业相互联系；另一方面是企业的识别性，即是否体现出企业的独特性。具有识别性的名字有助于企业在纷繁的商品中脱颖而出。其次是做到实事求是，名称所包含的寓意、反映的企业多方面的特征要立足于实际，不可浮夸，构建空空的花架子。此外，在设置企业名称时要注意与其他企业的区分，以及尽量容易被记住，朗朗上口，这有助于企业名称得到广泛的传播。

2. 组织标志设计

标志是通过意义明确的统一标准视觉符号，将经营理念、企业文化、经营内容、企业规模、产品特征等要素，传递给社会公众的文字和图案，是企业的一种记号，是VIS的核心，是企业重要的形象资产。VIS所设计的辅助图形、色彩、字体以及标准组合模式等，都渗透着标志自身所蕴含的理念。标志设计应充分认识到视觉的原理，合理利用点线面的关系，减少和规避视错觉等现象造成的误读，最大限度呈现标志所反映出的企业理念，表现出企业的核心视觉形象与企业的行业归属。通过对企业文化底蕴的提炼来构成视觉识别系统的基本形象，从而在此基础上运用表现手法和装饰，增加标志的个性特征。如红十字会卫生组织的红十字标志在任何情况下都能识别，这为实施战地救护、人道主义援助创造了条件。

3. 标准字与印刷专用字体设计

组织单靠标志图形，其传达的信息是十分有限的，所以还常采用文字来弥补，标准字是VIS中最基本的设计要素之一，其种类繁多、使用广泛，几乎覆盖各种应用要素，其出现频率比企业标志有过之而无不及。在同一企业的形象中，使用统一规范的标准字能够保持企业的统一性，在视觉上吸引人们的注意力，良好的企业形象可以产生名牌效应，对于企业稳定与开拓市场起至关重要的作用。标准字体在标志的设计中不仅有对其进行解释说明的作用，同时也是企业形象宣传的重要路径。在设计中要与标志的设计理念和意图一致，其字体的变化应当保证其最基本的合理性，可以使之有个性，但不能超越标志或独立于标志之外。同时，也要考虑设计手法和样式，中英文标准字的设计制定是以标准字的字体结构、角度、比例空间关系经过精细化设计，强化与图形标志的一致性，塑造与标志共同组成支撑企业视觉形象的核心与基础。一方面，可以具体表现企业产品特性，反映企业文化特征，在受众心中形成统一的概念；另一方面，标准字体的造型可以表现商品特性，在字体基础上加上具有暗示、呼应等的造型因素后，更能表现出企业特质。品牌专用字体的制定可强化VIS视觉信息的完成性，此部分规则包括各种印刷排版专用字体。

4. 标准色设计

标准色是企业的特定颜色系统，以增强人们对企业的识别。色彩是最吸引人也是最能使人产生心理感应的视觉颜色符号。根据心理测试，不同色彩能给人以不同的感觉，如红体现活泼、青春、热情与积极；橙黄表示温暖、美味和健康；绿意味着成长、健康、安全与可靠；蓝显示出清洁、尖端、科技及速度。因此，基于色彩给人以不同的感觉，不同行业所选择的色彩不一样，不同企业所选择的标准色亦有差别，标准色是呈现在标志与标准字体上的颜色，对于企业的理念以及想传达出的意图具有一定的表现倾向，可以通过视知觉激发心理与视觉兴趣，呈现企业性格。企业标准色的确定应该建立在企业的经营理念、组织结构、经营策略等多方位的综合因素之上，而标准色也应该是最能突出企业个性、符合消费心理的色彩。选用色彩的数量需要根据VIS的整体设计理念、行业习惯来确定。同时，色彩也无法脱离标志而独立呈现，对色彩的调和也要根据设计的常识与技巧来建立与标志的平衡。标准色一经确定就成为组织的标准色彩，世界上许多著名企业都有自己独树一帜的色彩，并郑重其事地用自己的名字去命名这种色彩。

5. 应用系统设计

在核心要素确定以后，将上述这些基本识别要素在企业内外各物件上加以应用，做延展设计，应用系统设计需根据具体项目数量而定。应用系统开发依照基础要素设计的原理性、缜密性、科学性、艺术性，并在其基础上延展视觉风格，提升VIS视觉识别的表现力，是基础系统规范化的进一步升华，两者之间相互依托，确保视觉通过艺术化延展到各个媒体中，保持高度协调一致。如果没有进行广泛地应用设计，充分发挥企业每一个物件的信息载体作用，再好的标志、标准字也无法形成传播效力，实现不了价值。应用设计所涉及的项目一般包括产品及产品包装、广告、建筑景观、招牌、员工制服等方面的内容，这些内容从方方面面传递着企业的形象以及所蕴含的价值观念，进而使组织形象深入人心。

7.2 组织形象的分析诊断

7.2.1 组织形象分析

组织形象的分析研究是设计或进一步完善组织形象的基础。组织形象的分析诊断是指对构成组织形象显性系统的各主要因素进行科学的调查，并对调查所获得的全部资料进行质和量的比较分析的研究过程。

组织形象管理的第一步是甄别公众对象，测量舆情民意，在掌握大量信息的基础上寻找差距。对组织形象的分析诊断包括自我形象分析、实际形象分析以及形象差距分析这三个环节。

自我形象是一个组织自己所希望建立的社会形象，往往是理想化的，但这种理想会驱动组织在各种环境下的公共关系行为，是组织发展不可缺少的内在动力。对自我形象的分析包括组织状态和条件的调查分析、员工阶层的调查研究、管理阶层的调查分析和决策阶层的研究分析。

实际形象是组织的实际状态和行为在公众舆论中的投影、反映，即社会公众和社会舆论对组织实际状态的认知和评价。实际形象的分析包括公众辨认与分析、组织形象地位测量和组织形象要素分析。

组织形象差距分析即将组织实际形象与组织自我形象进行比较，分析两者之间的现实差距，指明组织形象管理工作的目标和任务。对组织形象各环节、各因素的调查一般可分为三类进行，最后形成三种相互联系、可供比较分析的资料。

1. 调查组织实体形象显征系统的各主要因素，掌握客观的第一手资料

这一类对象的调查主要是从现成的组织档案资料及组织运行绩效中搜集，如一个组织现有的经营管理方针政策和管理水平，经营计划执行状况，财务政策和财务状况，产品种类、品质、开发等的表现，市场占有状况和销售趋势，社会服务项目水平和企业规模、效益和员工素质，新闻报道、广告宣传和商标管理水平等。

在搜集这方面资料时，应注意的是应以具体的表现和客观的数据为依据，对于某些管理水平的评价要尽可能以社会权威机构的评价、审计、鉴定为根据，尽可能排除自我的主观评价成分。通过对这些资料的整理，我们就可以得出一份能基本概括反映本组织客观实体形象的详实资料。这些第一手的客观资料是我们对组织形象进行分析研究的依据，也是进一步规划设计组织形象的基础。

2. 调查了解组织决策层对组织显征系统各主要因素的期望水平

组织形象的规划设计是与组织的整个目标相联系的，它需要反映整个决策层的意图。有眼光的决策者总是把建立健全良好的组织形象作为决策目标系统中不可缺少的因素。他们的这种基于企业总体战略目标基础的对组织形象的期望水平，对组织形象的规划设计或进一步完善的计划等都具有明显的指导作用。因此，公关部门不但要了解研究决策层制定的组织总体目标、颁布的各项政策及他们的言行和管理手段，而且还要详尽地了解测定他们对维持形象的关心重视程度，对组织形象显征系统各主要因素的认识、期望水平。这方面资料的搜集，一是通过研究分析决策层所发布的各种文件、各项政策以及他们的言行等间接地了解掌握；二是通过对决策层成员所进行的深度访问（一般需配合简单问卷），直接系统地搜集。

3. 调查研究公众对组织形象显征系统各主要因素的认识

我们所说的组织的公关形象，就是在公众心目中所形成的对组织形象的看法或观念。组织要对自我形象做到有自知之明，最好的方法就是借鉴公众这面镜子。由于公众是一个群体，这类资料的搜集一般要靠正规的民意测验或其他公关调查方法来完成。公众调查除了要具有以上两类调查所共有的有关组织显征系统要素的基本内容外，还要增加公众对这些要素的期望等方面的内容。在调查研究时除了要得到公众的总体资料外，还要注意将最主要的对象公众、内部外部公众等分开统计，进行专门的研究，并形成各自完整的资料。

对组织形象要素的分析，一般最简单易行的方法是对数据资料进行百分比分析，算出每个调查内容的每一种评价档次的分布情况。

首先需要制作形象要素调查表，如表7-1所示。

形象要素调查表　　　　　　　　　　　　　　　　表7-1

评价 调查项目	非常	相当	一般	中等	一般	相当	非常	评价 调查项目
经营方针正直	20	60	20					经营方针不正直
办事效率高		20	70	10				办事效率低
服务水平高		50	25	25				服务水平低
创新能力强			25	60	15			创新能力弱
企业规模大			10	60	20			企业规模小

通过表格，我们可以比较清楚地看到公众或决策层对各主要显征因素的看法。针对以上三类调查对象，至少可得出三个在调查内容上相互联系的独立表格（其中对决策层和公众都可通过对调查样本的统计得出，对组织实体形象的调查，则可根据组织的实际资料换算百分比列出表格）。在此基础上转化语义为数值，分析的基本方法如下：

（1）先把上面表格中的各语义差别评价项给予一个分数，如从最好到最差依次给予7、6、5、4、3、2、1等分数。

（2）把表格中的每个百分比数换算成得分，并计算平均值（平均得分计算方法：总得分除以总人数）。如上表中的第一项（经营方针）各语义的总分数为：
$7 \times 20 = 140$，$6 \times 60 = 360$，$5 \times 20 = 100$

即（20×7＋60×6＋20×5）÷100＝6

（20×6＋70×5＋10×4）÷100＝5.1

（50×6＋25×5＋25×4）÷100＝5.25

（25×5＋60×4＋15×3）÷100＝4.1

（10×5＋60×4＋20×3）÷90≈3.9

（3）绘制形象内容间隔图。在分析的过程中会出现以下问题，即组织形象差距：

1）实体形象＝决策层的期望形象。这说明了组织的公关工作基本上符合决策层的意图和要求。

2）实体形象＞决策层的期望形象。这说明了决策层可能对组织形象的某些因素关心不够，或对组织某些实力的估计过于保守。

3）实体形象＜决策层的期望形象。这说明了公关形象与实现组织目标的需要还有一定的距离，需要加紧研究如何改进公关工作。

4）实体形象＝公众的感知形象。这说明公关工作基本上是健康、协调的，把握的尺度也较好。

5）实体形象＞公众的感知形象。这说明了公关工作的潜力还没有充分地发挥出来，需要提高公关工作的姿态和传播的调子。

6）实体形象＜公众的感知形象。这说明可能已出现公关传播过头的失调，需要迅速采取补救措施。如降低公关活动姿态、降低公关传播的调子、完善组织的各项工作，避免造成形象陷落的公关问题。

7.2.2　组织形象地位分析

组织形象由组织行为而产生，由公众舆论所判定。从量化标准看，组织形象可以用知名度和美誉度来表示。知名度与美誉度是组织形象的基本标志。知名度是指一个组织被公众知晓、了解的程度。其是评价组织"名气"大小的客观尺度。美誉度是指一个组织获得公众信任、赞许的程度。它是评价组织社会影响好坏程度的指标。然而，一个组织的知名度高美誉度不一定高；反之，也同样。美誉度是组织形象的基础，没有美誉度，知名度是毫无意义的，美誉度很差的组织，知名度越高越有损于组织形象。因此，应该在提高组织美誉度的基础上提高组织知名度。当然，知名度是组织形象的条件，那种"酒香不怕巷子深"的观点在当今市场经济竞争中已行不通了。组织产品质量再好、服务水平再高，如果缺乏"自我推销"的意识，缺乏更多消费者的了解，也必然在竞争中败北。因此，一个组织若想树立良好的组织形象，就需要同时把提高知名度和美誉度作为追求目标。在此基础上可以通过四象限坐标图对组织形象地位来进行分析，如图7-1所示。

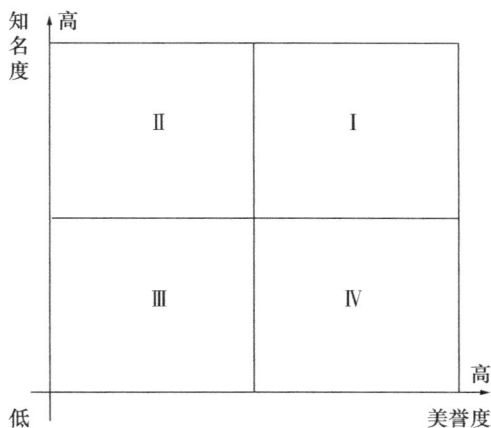

图 7-1 四象限
坐标图

第一象限表示高美誉度，高知名度。处于这一象限说明组织的公共关系属于良好的状态，将来的问题是如何保持荣誉，更上一层楼。但是也要注意，过高的知名度也会给美誉度造成压力，要注意时刻保持高度的警惕。处于这一阶段应着重塑造有利于品牌传播的"公众形象"。公关传播更侧重的是社会责任、公益活动等，这是品牌传播的最高境界。组织形象手法应从"小我""大我"到"无我"。媒体公关是这一阶段的重点，所要做的是对明天的规划，尽可能抢占市场先机。

第二象限表示高知名度，低美誉度。这说明组织公共关系处于"臭名远扬"的恶劣状态，不仅信誉差而且知之者甚众。曾经有人提出一个公式，"高知名度＋低美誉度＝臭名昭著"，此话虽然偏激，但说明了一个道理，美誉度与知名度密不可分、相互联系、相互促进。这时公共关系工作的重点首先在于降低已经负面的知名度，隐姓埋名，减少舆论界的关注，默默改善自身，设法逐步挽回声誉，再谋求发展。

第三象限代表低知名度，低美誉度。这说明组织的公共关系很不理想，基础也不好。在这种状态下，组织首先应该完善自身，争取较高的美誉度，而在传播方面暂时保持低姿态，待享有较好的美誉度以后，再大力做好提高知名度的工作。这一阶段传播工作的重点是品牌告知、产品告知。通过传播产品、传播企业文化，让消费者先认识产品后认识品牌。

第四象限代表高美誉度，低知名度。此时组织的公共关系处于较为稳、安全的一种状态。公关工作的重点应该是在维持美誉度的基础上提高知名度。

品牌是名与实的辩证统一体，知名度在短时间内可以通过宣传手段快速提升，但这并不代表品牌就同时拥有了美誉度，美誉度是真正反映品牌在消费者心目中价值水平的标志，二者的辩证统一才能构成名牌的本质内核。

7.2.3 形象代言人的分析

所谓形象代言人，是指企业在一定的时期内，以契约的形式指定一个或几个能够代表企业品牌或产品形象的名人。形象代言人不仅具有示范、宣传、导向和感染的作用，还具有较高的品牌效应。它常常通过自我传播信息的形式来构建和宣传一种行为方式、思维模式，为受众群体提供一种通向成功的模板，并通过自身的偶像效应向受众宣扬自己的消费方式和价值体现。形象代言人既可以传播品牌的具体功能，还可以通过名人本身的知名度和鲜明的个性使观众联想品牌的独特个性，形成品牌共识。但是，由于名人一般是社会公众和新闻媒介注视的焦点，他们生活的透明度极高，甚至连个人的私生活也可能会完全无遗地暴露在公众面前。因此，借助名人以塑造、影响企业形象就不得不谨慎，用得不好同样也会给企业形象带来严重的不良影响。在如今的形象代言人中存在着形象代言人与品牌代言人定位不一致、代言人的原则与受众群体不匹配、形象代言人的费用高昂、广告缺乏创意等问题。所以借助名人来塑造企业形象关键是要用之有法，要注意处理好以下几个方面的问题。

1. 代言形象人与组织形象相关联，匹配为上

第一，他（她）的形象要与企业品牌切合，当然深层次的共通点越多越好。品牌个性与品牌形象代言人的选择是否匹配是品牌传播的关键。只有两者相匹配，才能使受众感觉明星和品牌是浑然天成的，才能使受众乐意接纳产品，才能证明广告效果的成功。代言人是企业构建品牌形象、影响消费者购买意愿的重要因素。Breen认为代言人形象会影响品牌形象，代言人可以将自身的吸引力、可靠性、专业性等个人价值与特质附加到品牌形象。名人拥有更容易被人信任和对人更有吸引力的特性，名人自身所具备的可信性、胜任力和吸引力能够自然而然的对品牌进行宣传。Biswas等在联想网络记忆模型的基础上进行研究，发现代言人可以通过自身具有的个人特性让消费者联想到其所代言的相关品牌，进一步加深品牌形象。

第二，他（她）的形象能带动企业发展目标群体，目标消费群体的特点，尤其是该群体的喜好、习惯、消费特点等，应成为企业选择产品代言人的重要因素，分析寻找能唤醒潜在消费者群体的形象代言人。只有充分了解目标消费群体的特点与喜好，才能选择相应的形象代言人，从而实现代言人与目标群体之间的有效匹配。

2. 形象代言人的可信度分析

一般而言，由于情感迁移作用，消费者会因喜欢代言人而增加对其所代言产品的关注。代言人的吸引力会拉近消费者和所代言产品的亲近感，利用代言人高吸引力的特性让消费者对产品产生认同，使消费者产生具有可靠性的评价，从而影响消费者对产品的选购。从正面效果来说，两者间关联度越高，代言效果越好；从负面效果来说，两者间关联度越高，负面效果也越显著。产品类型是影响两者间关联度的一个重要因素，名人适宜代言高心理或社会风险型产品；专家适宜代言高经济或功能风险型产品；而普通消费者更适宜代言低风险型产品。

此外，代言人的专业性也是影响消费者购买意愿的重要因素。Ohanian研究认为，代言人对消费者吸引力的强弱程度，和消费者认为产品可靠性和专业性的高低程度，均会对消费者是否愿意购买产品产生重大影响。当代言人的专业性或其身份与所代言产品特性匹配度高时，可以加强消费者对产品的信任，从而加强消费者的购买意愿。品牌代言人可信度各维度对消费者品牌态度各维度具有正向显著影响，其中可信赖性对品牌态度各维度形象的显著性均最高。代言人代言要做到名副其实，如果某位从来不用本企业产品的名人来现身说法、推销产品、塑造产品形象，一旦事实真相曝光，虚假的宣传被揭穿，企业只有自食其果。不但会引起公众的反感，而且会在公众心目中留下不诚实的企业形象。

3．围绕产品生命周期选择形象代言人分析

品牌形象代言人的选择也应考虑产品的生命周期阶段，在产品的引入期和成长期主要考虑形象代言人知名度，以把新产品引入市场，迅速扩大品牌知名度。产品进入成熟期以后，主要选择形象、气质、个性与产品相吻合的形象代言人，以巩固产品的市场地位。只有在不同阶段选择合适的代言人，使代言人本身所散发的光芒与产品的阶段一致，广告费才不会白白地浪费。形象代言人虽与企业的合作越久越好，但也是有一定的前提条件的。对那些已经不能满足企业发展目标的代言人，企业应及时终止合作，尽快寻求更合适的目标。

4．形象代言人专一度分析

在品牌代言人的选择中，有一个因素很容易忽略，那就是品牌形象代言人的专一度。在当今名人代言大行其道的年代，一个名人可能同时代言多个同类产品，这种现象会产生诸如令受众的记忆混乱以及受众无法将代言人与品牌准确地联系在一起等问题，花费巨额的广告也达不到应有的效果。形象代言人就是一个企业的形象，企业一方面希望通过形象代言人把自己的企业形象宣传出去，另一方面想通过形象代言人将其粉丝引进自己企业的目标消费群体里。如果形象代言人同时代言两家以上的类似产品，一方面自己企业的形象不易跟同类相区分，另一方面也基本不可能吸引到代言人的粉丝，这是典型的竹篮打水一场空的事情，这不符合企业的最根本利益。

7.3 舆论与舆论形成

7.3.1 舆论的内涵

1.舆论的含义及特征

舆论在英文中对应的词为"Public Opinion"，即公众意见，舆论解释为公众的言论。意思是人在某时间与地点，对某行为公开表达的内容，是不同信念、意见和态度的总和。它是社会评价的一种，是人们意见的反映，是社会心理的反映。舆论的定义是：社会中相当数量的人对于一个特定话题所表达的个人观点、态度和信念的集合体。其是个人或团体通过自我语言对某一事件发表意见，影响人们的思想、行动，在表现形式上是公开的意见。舆论具有以下几个特征。

（1）公众性和权威性

公众舆论的主体是公众，公众是指出于某种共同的兴趣或利益而被松散地结合在一起，对组织产生影响的社会群体。舆论作为一种公众的意见，是为多数人赞成和支持的，单个的个体会不断地修正自己的意见来与群体中的共同意见相适应。马克思主义说社会舆论是"广泛无名的"，反映了舆论的公众性特征。当大多数人持有相同的意见时，持不同意见的人会在社会中陷入孤立，面临巨大的精神压力。刘建明在他的《基础舆论学》中提到，"舆论的权威性的最大作用，是把舆论由一种单纯的意见转化为人的社会行动，甚至转化为巨大的社会运动。人们受舆论的支配，集中全部注意力去实现舆论的目标，有时能使几万，甚至几十万人形成有组织的行动。"

（2）公开性与评价性

作为舆论，一定是公开表达出来的，所以公开性也是舆论的基本属性之一，没有公开表达的仅仅是想法和情绪，并不能被称为舆论。舆论的形成过程说明舆论如果不是公开的就没办法融合更多的个人意见。舆论之所以会成为一种人们不敢轻视的社会力量并具有权威性，很大程度上正是由于舆论的公开性。大众传播媒介连续地把社会各阶层人们的共同倾向报道出来，反映公众对社会生活各方面问题所做出的赞扬或谴责、拥护或反对的评价，从而达到加强社会规范的目的。在现实生活中，个体或团体一旦成为舆论谴责的对象，他们就会尽量调整自己的行为，以免和舆论为敌。

（3）自主性与自觉性

自主性是指人们参与舆论活动，接受某种舆论完全是出于自愿，不受任何胁迫，舆论总是人们发自内心的态度表现，被迫的表态并不是真正的态度，也不是真正反映公众心声的舆论。舆论中的自觉性因素是指有影响力的各种社会组织通过有目的的宣传来促成舆论的形成，舆论可以有意识地制造和引导，但是自觉性因素需要通过自发的因素起作用，而不是强加于公众。舆论不是单纯的个人意见，也不是许多个人意见的简单相加，而是多数人共同意见的交流整合。舆论一般不是政府的意见，是广大民众的呼声，正是这种交流和整合使它能够显示出社会的整体动向，也正是基于多数人的共同意见和社会整体动向的特征使舆论具有权威性。没有权威的言论，不可能成为舆论。

在当今这个科技发达的时代，舆论的传播与互联网是分不开的，如果只是在街头巷尾中存在的话，那舆论的影响力是极其有限的，正是发达的科技使得媒体的传播相当迅速，人们可以在第一时间就了解事件的起因、经过以及结果，这使舆论的形成具有迅速的特点，同时舆论还具有匿名性、交互性、广泛性的特点。随着大众媒体的发展，舆论也呈现出舆论表达"多极化"，舆论话语空间转向"圈群化"，意见领袖影响力日益凸显的特征。

2. 舆论的发展

（1）古代

虽然到18世纪才使用"舆论"一词，但和舆论十分相似的现象已经在许多历史时期出现。在古代埃及，最古老的文字记载之一是一首题为《一个厌倦生活的人同他的心灵的争论》的诗歌，它指出关于一种舆论完全改变方向的激变。关于民众态度的类似说法亦可在巴比伦尼亚和亚述的历史中找到。古代以色列的先知者有时向民众辩护政府的政策，有时则呼吁民众反对政府。在这两种场合，他们都要左右舆论。在古希腊，许多人观察到每一件事情都仰仗民众，而民众则依靠言语。通过说服人民大众，财富、名声和尊严既可以取得，也可以被剥夺。

广泛地传布消息是形成舆论的必要手段，这已见之于古罗马。消息的传播多是通过人对人的渠道。公元前51年，当罗马政治家西塞罗在西利西亚时，他要求他的朋友凯基利乌斯随时告诉他首都正在发生的一切事。罗马已有墙报，它由罗马官员编写并在公共场所张贴，告知公众关于政府的活动和当地的大事。

（2）中世纪

在中世纪的欧洲，人民群众生活在传统的农村社会中，多数的活动和态度决定于个人的生活地位，但是类似舆论的现象可以在宗教人士、知识分子和政界人物中观察到。教皇月神圣罗马帝国间的斗争以及王子继位的野心都牵涉努力进行说服工作去争取追随者和同意支持者的意见。皇帝们和教皇间的宣传战主要是通过布道进行的，但手写作品也起到了一部分作用。从13世纪末开始，可以被卷入时事争论的人群迅速扩大。在世俗人口中，教育不断发展。意大利文艺复兴导致一批作家和评论员的出现，一些需要巩固自己民族国家的王公急切地要求他们效劳，一些作家被邀请担任顾问和外交使节，其他人则被聘为评论员，因为他们有能力左右观点。15世纪活字印刷术的发明和16世纪的新教改革进一步增加了能够对当代问题形成意见的人数。马丁·路德通过放弃使用只有受教育者看得懂的古拉丁文，同人文主义者决裂，直接转向人民大众。在三十年战争（1618～1648年）期间曾经有人试图广泛地制造和影响舆论。两方都散发大批宣传品，许多有木刻插图。通过演讲、布道和面对面的讨论，左右了观点。政府和宗教当局都通过愈来愈严的检查制度来控制不受欢迎的思想的传播，教皇保罗四世于1559年拟定了第一批禁书名单。法国查理九世于1563年颁布法令，非经国王特许，任何作品均不得印刷。不显眼但更为重要的是，报纸和新闻业已在发展中。1500年，已经可以在欧洲许多主要城市买到专门的新闻报纸。大约1600年出现了第一批定期出版的报纸，此后报纸出版业迅速发展，虽然经常会受到检查制度规定的骚扰。常设的邮政服务于1464年始于法国，奥地利帝国则于1490年推行，它大大促进了信息的传播。

3. 舆论形成的条件

（1）舆论的形成离不开人类广泛的交往

社会联系的加强是舆论产生的土壤。社会联系把整个人类社会紧密地结合在一起，其中人们通过不断地交往来交流看法，影响观点，形成共同意见。可以说如果没有社会联系，舆论就不会成为现实。在"老死不相往来"的时代，人与人之间社会联系不够紧密，交往很少，也就很难产生大规模的舆论。在现代人的生活中，由于先进的生产力和广泛的信息传播渠道为人们之间进行联系创造了更为方便的条件，在这种环境之中，舆论形成的时间和传播的时间差都大大缩短了。

（2）舆论的形成离不开社会的变动

舆论对于重大事件非常敏感。在社会的变动中经常不断发生突然性事件，突发事件打破了公众的日常生活状态，引发人们的思考，各种意见产生的可能性也大大增加。如果这些事件与公众的切身利益息息相关，能引起公众的共同兴趣，公众就会把注意力集中到这些公共事务上，就有发表自己见解的愿望并愿意与他人交换看法。公众中相同的见解经过集中、汇合形成舆论，蔓延到哪里就在哪里形成一股舆论热潮。例如，五四运动的爆发正是由于当时腐败的中国政府在巴黎和会上外交失败的突然事件引发了中国人民的思考，使公众形成了一股"外争国权，内惩国贼"的社会舆论。

（3）舆论的产生离不开一个开放、自由、民主的社会环境

在缺乏自由的条件下，人们的意见不能得到很好的交流，舆论的发展必然会缓慢而曲折。拥有开放自由、民主的社会环境与舆论繁荣健康与否存在正比关系。在自由的环境中人们才有可能最大限度地获取信息，只有所知才能有所改、有所议，才有可能形成舆论。

4. 舆论形成的过程

舆论的形成有两个相辅相成的过程：一是来源于群众自发；二是来源于有目的引导。当社会出现某一新问题时，社会群体中的个人，基于自己的物质利益和文化素养，自发地、分散地表示出对这一问题的态度。持有类似态度的人逐渐增多，并相互传播、相互影响，凝聚成引人注目的社会舆论，舆论的形成是多种力量交互作用的结果，舆论的形成主要经历以下几个阶段。

（1）突发事件引起多样化个人意见的出现

舆论的产生一开始表现为由突发事件引起的分散的、多样的个人意见。个人意见是单独一个人或几个人根据自己的印象在内心中形成的个体意识。个人意见是形成舆论的原材料，这阶段是舆论的酝酿阶段，但还不是舆论。随后，总有几种个人意见逐渐上升为大多数人的意见，反映大多数人的愿望，维护社会大多数人的利益，以水波般的形态向四周蔓延，为舆论的产生奠定基础。即使在外力的压制下，这种个人意见也不会熄灭，只是变得缓慢而已。公关人员在观察舆情动态时，要善于从仍处于舆论潜伏状态的个人意见中洞察舆论未来的走向。

（2）经过社会讨论，逐渐实现个人意见的交融

分散的、多样的个人意见之间的交流使得个人意见出现融合的趋势，最终由个人意见转化为社会公共意见。实现这一转化的主要方式就是广泛地社会讨论。

在这一阶段，不同数量的具有个人意见的人聚合在一起交换意见，求同排异，取得初步一致的被多数人承认的意见并迅速再进行传播，舆论的各种要素在此过程中开始形成。这种舆论主体的初级组织形态在舆论学中被称作"舆论圈"，它的出现标志着进入讨论的个人意见已经转变为社会公共意见。这种舆论圈具有强大的生命力，试图扼杀其出现是不可能的。舆论圈以辐射的方式向四周扩展，使个人意见讨论的范围不断扩大。由于任何一个公众在社会生活中往往担当多种社会角色，所以他可能身处于若干个不同的舆论圈中，通过他在各个舆论圈之间实现意见的传达，接受他的意见的公众又依据同样的道理传达意见，新的舆论圈不断形成，从而使更多人加入社会讨论之中。

（3）领袖人物的评价指导，各个舆论圈形成统一意志

在每一个舆论圈中都活跃着积极从事传播活动、主动发表见解的人，由于个人的地位和身份差异，使各个舆论圈之间很难实现高度一致的意见，这就需要借助领袖人物的影响力，把不同层次、不同社会环境中的舆论圈连成一个整体，把各个舆论圈之间的差别逐步消除掉，提出一个统一的共同意见。

领袖人物既有演说家，又有舆论领袖，还有权力领袖。因此，舆论的最后形成要接受领袖人物的指导。正如马克思写道："每一个社会时代都需要有自己的伟大人物，如果没有这样的人物，它就要把他们创造出来。"公众之所以愿意追随领袖人物主要不是由于他们口才出众、地位高级，而是由于领袖人物最深刻地反映了人们的要求和愿望。各时代杰出的社会活动家同时也是舆论的领袖，马克思、孙中山、毛泽东等都是这样的领袖人物。他们深入群众，把分散在群众中的各个舆论圈中的意见进行整合与升华，从而形成征服人心的革命舆论。哥伦比亚大学著名的社会学家拉扎斯菲尔德认为，在群体中每五人中就有一名舆论领袖，他们通常可以广泛识别和接触某方面的信息，并且可以正确地评价这些信息的效用和重要性。辨别并求助于舆论领袖的帮助是公共关系引导舆论的主要手段之一。

（4）公共意志获得一种权威性，舆论形成

舆论领袖把完善的理想化的共同意见传播到公众中去，使广大公众产生了强烈追随的念头，这时这种公共意志就获得一种权威性，不光是表达某种共同意见让人们接受，而且影响甚至支配人们的行为诉诸某种社会行动，使人们自觉地实践某个舆论目标，这时舆论就完全形成了。

人们承认舆论是一种支配人的社会行为的力量，这种力量正是来源于舆论的权威性。受舆论强烈的感染力，遇到舆论的人首先产生共鸣的思想，慢慢形成和舆论倾向一致的言行。其中，物理学中的惯性运动在舆论形成过程中仍然适用。持有共同舆论的公众形成一个群体，并形成群体心理，群体心理是一种动力，也是一种压力，少数人为了避免被孤立，只有服从多数、遵从他人、模仿他人。因为，人们深信多数人的见解要比少数人高明，已经形成的舆论能够在人们的心目中产生威信，形成"思维定势"，这样才能保障群体意见的一致和群体活动的统

一。形成固定的反应模式后，即使群体压力解除，人们对同类事物仍然会表现出同样的反应惯性。

5. 舆论的运动规律

舆论曾被斯大林称作是"不可捉摸的但是不断发生作用的力量"。这是因为舆论始终处于一种动态的运动过程中，呈现出复杂多样的特性所以常有人以为舆论飘浮不定难以捉摸，但正如一位公共关系专家所说，"大多数舆论的不确定性因素来自这样一个基本原因：公众舆论的核心是人，人类行为的绝对不确定因素增加了舆论的变幻性与复杂性。"实际上，舆论的发展是服从一定规律的，具体表现为舆论的自持性规律、两极性规律和惯性运动规律。作为公共关系的从业人员，不仅应懂得舆论形成的过程，还应掌握其运动的规律，才能顺应舆论并引导舆论朝着有利于组织的方向发展。

（1）舆论运动的自持性规律

在任何社会，舆论在形成和发展过程中不受任何强制力量的制约，是自主发的，这就是舆论的自持性。正如卢梭所指出的，"公共意见是决不会屈服于强制力的"，这说的就是舆论的自持性。如果运用武力制止舆论，其结果往往是更加激化舆论，或者使舆论由明转暗，成为潜伏的舆论。所以，作为社会组织应当注意将不利于组织的舆论尽量消灭在其还未形成之时，一旦舆论形成，再试图扭转是十分困难的事。正如英格兰人塞缪尔·鲍尔斯所说，公众舆论是一种奇怪的、令人接触不到的东西。它很难形成，但一旦形成，则极难左右它。

（2）舆论运动的两极性规律

舆论的两极性是不同舆论主体从各自的立场出发，对同一事物所形成的正反两种言论。正面的舆论往往能够反映客观事物的真实情况，体现了人们对客观事物内在本质的认识。参与正面舆论的人不是单纯地从别人那里接受某种意见，而是经过自己的思考使意见得到验证后再接受，着重于理性分析和丰富具体的事实，在此基础上形成的立场往往十分坚定，不易更改。

与正面舆论相反，舆论内容落后，又受到一些愚昧无知的人的支持，就容易由少数人的个别意见演化为反面舆论。反而舆论也被称作是舆论的一种畸变，其传播形式是流言。所谓流言，是指为满足一些人的特殊需要或解决集团性问题而通过各种渠道发布虚假信息、提供伪证。

人云亦云是流言的主要特征。流言传播的速度和范围与人们的关心程度成正比。如果人们怀有某种不满、疑惑，就容易用流言的形式传播各自的猜测，流言也就像长了翅膀一样。流言无需人组织就能迅速地形成、蔓延开来，而且流言的内容越传越离奇，当其离奇到令人凭逻辑无法相信时，人们也就失去了对它的传播兴趣。

（3）舆论运动的惯性规律

舆论的惯性犹如物体运动所产生的惯性，推进的力虽然停止了，但物体仍然保持一段距离的前进状态。心理定势是指一个人在一定期间内所产生的某种心理倾向的趋势。定势心理是产生舆论惯性的心理因素。人们在重大舆论行为中形成了固定的规则，同时伴随着牢固的思维习惯和方式，每当人们遇到新的社会问题时，都会以原先的规范去思考、体验、议论。定势心理使旧的意见再现，显露出舆论的惯性运动，在新的舆论的萌芽时期，舆论惯性的冲击力表现得十分有力，随着新舆论的成长壮大，又会形成新的心理定势，表现为新的舆论惯性。例如某个人犯罪被捕入狱，周围的人会对他形成不好的舆论，几年后，虽然这个人出狱并改邪归正，但人们对他的印象不可能马上转过来，在很长一段时间内还是会根据心理定势用固有的成见来看待他。

6. 舆论的功能

（1）社会舆论反映人心的向背，影响着人们的行动和局势的发展

人是有意识、有思想的，他们又会对特定事务的现象形成相对接近的看法，人们的看法、反应、认识、意见的集合就构成了舆论。舆论不仅能及时反映人民个体与集体不断变化的意志，还能影响人们的认识和行为。因此，政治家越来越清楚地认识到了舆论的影响力，力图有效利用口头舆论场，从而获得更大程度的支持。舆论的力量已经成为着力培养、经营和夯实的重要执政资源，自觉而又有目的地引导、运用舆论影响以实现执政目的，已经成为现代社会执政党执政能力的重要体现方式。

（2）舆论在形成或转移社会风气方面具有不可估量的影响

公众的好恶可以使一种良好的社会风气得以发扬，也可以使一种坏的风气受到抑制。因此，有人称舆论为"道德法庭"。虽然舆论在任何意义上都不具有强制性，但公众的意向可以作出道义上的判决。因此，舆论在形成或转移社会风气方面具有不可估量的影响。

7.3.2　公共关系与舆论

公共关系是指某一组织为改善与社会公众的关系，促进公众对组织的认识、理解及支持，达到树立良好组织形象、促进商品销售目的的一系列公共活动。它本意是社会组织、集体或个人需要与其周围的各种内部、外部公众建立良好的关系。它是一种状态，任何一个企业或个人都处于某种公共关系状态之中。公共关系的特点主要是指它将通过特别的方式为企业带来诸多价值和好处。因为公共关系是形象取向的，所以它能够增强外部公众对企业的良好感情。此外，如果企业心中有社会和民众的支持，员工的士气（自豪感）也会因此而高昂饱满。

对于组织而言，舆论是公众意见的集中表现，反映了公众对他们所关心的问题的态度、信念、立场和评价。公众舆论通过优化或恶化一个组织的社会关系生存环境，进而对一个组织的生存与发展产生明显的影响力和约束力。有学者认为：舆论是我们这个社会的"皮肤"，它既是个人、组织感知社会"意见气候"的变化，调整自己的环境适应行为的"皮肤"，又在防止由于意见过度分裂而引起社会解体，维持社会整合方面起着重要的作用。

1. 公共关系与舆论密不可分

（1）舆论学是公共关系学的基础理论之一

公共关系学是一门应用性很强的学科，从表面上看来，似乎并无多少理论可言。实际上，传播学、管理学、社会学、舆论学、广告学、新闻学等社会科学知识都是公共关系学应当研究的领域。研究舆论学的意义在于有助于深入分析并解决公共关系中遇到的各种舆论问题，也可以为社会团体、企业组织开展引导舆论的公共关系活动提供理论指导。

从公共关系史的角度分析，公共关系学的发展与壮大离不开舆论学的参与。沃尔特·李普曼1922年的著作《舆论学》对公共关系领域产生了重要影响。1923年爱得华·伯奈斯出版的世界上第一本公共关系学专著就取名为《舆论明鉴》，足见舆论学对公共关系学科的形成影响之深。后来，普林斯顿大学政治学教授H·L·蔡尔兹在其主编的舆论学权威刊物《舆论季刊》中，也曾开列专章讨论舆论与公共关系的课题。"从一定意义上讲，公共关系学研究的是社会组织引导公众舆论的学问，因此，对舆论学的理论是不可忽视的，舆论的产生、强化和弱化，舆论对社会行为的影响，舆论的控制，舆论调查的科学程序等问题，常常在公共关系学研究的预算单上占有重要的地位。"

（2）了解舆论、影响舆论是公共关系的重要职能之一

19世纪的作家和《大西洋月刊》的第一任主编詹姆斯·拉塞尔·洛厄尔说过，"舆论的压力就像大气层一样，虽然你看不到它，但是它仍然是每平方英寸16英镑。"的确，舆论是一支无处不在的动态力量，帮助组织认识、理解和应对组织环境中的舆论所起的作用，正是公共关系的重要使命。正如中国公关协会主席安岗所说："每一位从事公共关系工作的同志，都要把舆论研究、舆论工作当作自己工作的一个基础……公共关系就是要做好舆论工作。新闻工作者今后改行搞公关，同样要代表舆论。"

从著名的公共关系学者雷克斯·F·哈洛博士对公共关系所作的解释中我们也可以看出舆论是公共关系的主要职能："它能帮助建立和维护一个组织与其各类公众之间传播、理解、接受和合作的相互联系；参与问题或事件的管理；帮助管理层及时了解舆论并且做出反应；界定和强调管理层服务于公共利益的责任；帮助管理层及时了解和有效地利用变化，以便作为一个早期警报系统帮助预料发展趋势；并且利用研究和健全的、符合职业道德的传播作为其主要手段。"

（3）研究舆论对公共关系的现实意义

1）可以为组织守望环境，实现公共关系的基本功能

公共关系首要的职责就是搜集信息、监察环境，以此来评估社会舆论，了解和把握环境的变化情况，并在此基础上实现公共关系的其他功能。公关部门作为企业的"雷达"，善于发现"天边淡淡的乌云"，发现潜在的舆论危机或者机遇的前提是深入研究舆论，关注舆论导向，只有这样才可以协助企业领导者把握社会的宏观舆论环境，为组织的整体战略决策提供信息支持。舆论是社会矛盾生活的

"晴雨表"，只要社会系统在某些方面出现失调，在舆论中就一定会得到反映。在对舆论形成过程及其运动规律有所了解的情况下，可以利用信息反馈制度来处理公众意见，利用信息交流制度与新闻媒介等公众形成稳固的关系，利用调研制度定期调查舆论走向，利用预测制度对公众态度进行预测，最终建立有关舆论信息的完整科学的资料库。

2）可以成为友善而丰富的新闻资源，更有效地影响舆论

公关的一大功能即创造有利于组织的良性舆论环境，塑造组织的积极舆论形象。组织的见报率可以视为衡量公关活动效果的一个参考指标，与媒介的关系也历来是公关的重头戏。但是很多公关活动自诞生开始，就由于不符合新闻媒介的新闻价值而注定默默无闻、惨淡收场。研究舆论可以知道新闻媒介是舆论机关，可以代表公众舆论，也可以通过"每日意见"的渗透引导公众舆论。如果新闻记者总能从你这里挖掘到符合他所需要的有价值的事实、问题和观点，组织的意见就可以顺利地通过新闻媒介反映给广大公众，舆论就有可能在潜移默化中得到引导。从公关策划的起点，到实际运作过程中的种种细节，怎样才能显示出令媒介关注的新闻价值？顺应舆论的要求进行公共关系策划就是对新闻价值尺度产生重大影响做法之一。

3）可以提供组织行为的社会规范

组织作为社会的细胞，理当承担社会责任，组织作为舆论的客体，也理应接受舆论的监督。舆论的规范作用表现在：当组织行为偏离了现有的社会规范，而现有的规范仍能代表公众利益时，舆论维护现有规范，对组织行为持否定态度；而当组织行为虽然违背了现有规范，却代表了公众利益时，舆论会对其行为持肯定态度，并形成新的规范来取代旧的规范。正是由于舆论会对组织的行为作出或褒或贬的评价，所以可以这样说，舆论导向提供了组织应遵循的社会规范和社会目标。

2．公共关系的舆论观念

作为现代社会组织最重要的无形资产，良好的组织形象不但在一定条件下可以转化为组织的有形资产，而且可以在很大程度上提高组织的核心竞争能力和开拓创新能力。良好的组织形象是组织的立足之本和兴业之本。在公共关系过程中，组织形象的塑造是一个贯穿始终的核心理念。它既是公共关系活动的中心环节和最主要的组织目标，也是公共关系最基本的范畴。唯有一个良好的组织形象，才能成为组织内求团结外求发展的旗帜，才能优化组织环境，增加公众对于组织的信赖和欢迎，更好地开展各种公共关系活动。在组织形象塑造的理念下，有一个久已忽视的重要概念，这就是公共关系过程中组织舆论形象的塑造。组织舆论形象以舆论为载体的一种特殊的组织形象，是组织整体形象的一个重要组成部分。由于舆论形象具有传播面积广阔、传播速度快捷、传播内容全面等特征，因此在很大程度上决定了组织整体形象的兴衰。长期以来，在公共关系的研究中，并没有把公共关系过程中组织的舆论形象从组织的一般形象中凸显出来单独

进行讨论，这在很多方面都影响了对组织形象核心内容的全面理解。

（1）树立正确的舆论观

在现代社会中，每个社会组织作为权利和义务的统一体，它既是舆论的主体又是舆论的客体。公共关系影响公众舆论，公众舆论决定公共关系。作为舆论主体的一员，组织对各种社会问题发表各种看法，起着舆论监督者的作用。作为舆论客体，它要受社会舆论的监督，当它有利于大众时，就会受到舆论的赞扬；反之，如果损害了公众利益，就会受到舆论的谴责。正是这种权利和义务的统一，构成组织与社会公众之间双向信息交流的一个重要方面。公共关系作为组织与公众交流的中介，在这种双向互相监督交流中起着重要的作用。它对外要为推广组织形象，争取良好的组织环境而努力，对内则要反映公众舆论。只有这样才能保证组织与公众的双向传播关系的平衡，全面发挥公关的功能，建立有利于组织的公众关系。在实际的公共关系工作中，要求我们树立正确的舆论观。

1）积极的媒介关系观念

舆论一般是自下而上自发形成的，但自发性的舆论发展很慢，很难在短时间内产生大规模的影响。社会组织为了使舆论迅速蔓延，形成支配人们社会行为的意识力量，往往采用各种手段加速舆论形成的过程。社会学家孙本文在他所著的《社会心理学》一书中指出："舆论之需要领导是极明显的事。第一，舆论即是对特殊事故而发，而对于特殊事故的内容真相，一般人民急于明了。领导者于此实负说明事实真相的责任。第二，一般人民对于特殊事故往往不甚关切，或不发表意见，或发表意见而游移无定。于此，需要社会上领导者出面剖析是非利害或指示应采取的态度，或归纳一般人意见而使舆论具体化。"

公关工作引导舆论、组织舆论，实质上就是利用新闻媒介这一"舆论机关"可以塑造"舆论环境"的功能，对社会话题进行设置。"媒介很少能劝说人怎么想，却能成功地劝说人想什么。"要使组织的名声在公众中广为宣传，那么创设有利于组织的公众舆论，使舆论以公议的形式，不断地在越来越大的公众范围内传播是非常有效的。引导舆论是新闻传播的重要社会职能，新闻传播是怎样作用于社会舆论形成过程的呢？新闻传播首先向"社会集团或大多数公众"反映出"社会事态"，产生"共同关心"的信息基础，然后才出现"意见"，新闻传播又推动"意见"向"相近"的流向趋近，逐渐以一种权威意见统领众人的观点，最终形成舆论。可见，公关工作若能借助新闻媒介的强劲能量，效能投入比值必将大大提高。吃透舆论引导技巧和新闻操作规律，已经成为优秀公关人员的必备素质。

2）重视舆论监督

舆论监督是社会主义民主政治的有机组成部分。近年来，虽然党内监督、人大监督、行政监督、群众监督等诸多监督形式日益完善，但由于舆论监督的时效性、广泛性、公开性等特点，仍然是其他监督形式所无法替代的。舆论监督既是各领域的"改革尖兵""反腐利器"，又是推进党和政府各项工作落实的"助推剂"。随着信息化的发展，当前社会中新闻媒体的舆论监督作用也越来越重要，人们对于社会热点问题的关注度都非常高，所以组织需要明白舆论监督是媒体的法定权利，在面对舆论危机时，需要尽快做出反应，切不可采取置之不理的态度。近年来，一些地方干预、抵制舆论监督的现象仍然时有发生，有的是对舆论监督拒不配合，有的是野蛮阻止，更有甚者则是百般阻挠批评报道刊播，在舆论之下，地方或组织会丧失人心，组织形象毁于一旦。

（2）警惕流言

对于流言，有一个基础的定义：它是一个与信息模糊的重大社会事件有关，其确定性未经证实而又被广泛传播的特殊消息。虽然有的流言后来被证明属实或存伪，但在被称为流言的阶段，真实性是不确定的。流言的形成绝非空穴来风，体现了一定群体的利益诉求，甚至还可能是某种公共危机的前兆。在组织尚未面对流言时，要注意对流言的预防，流言的产生需要特定的环境和条件，所谓无风不起浪，风卷浪更高。预防、减少流言的产生关键在于，培育公开、公正、透明的舆论环境，通畅利益诉求机制，关注公众心声，尽可能向其提供更多的信息，并规范组织行为，所以领导者要高度重视信息的收集、整理、传输、利用等工作。在组织面对流言时，应当首先，及时地通过多种媒介发布准确信息。

一般来说，流言的落潮有两种方式：一种是在长期得不到事实的有力证明后自行落潮；另一种则是以强有力的事实证明来改变流言的传播。只有及时地公开准确信息，消除模糊的真空状态，才能稳定人心恢复秩序。其次，以组织信息的权威性为基础，建立组织与大众之间的相互信任关系，采取补救措施。

7.3.3 公共关系如何引导舆论

在公众面前树立一个良好的组织形象是公共关系的核心工作，而这种形象的树立既需要组织提供良好的产品和服务，更离不开组织通过公共关系活动对舆论创造、强化和引导。为了使公众了解组织的产品或服务以及组织的整体形象，组织需要向公众说明和解释组织的有关政策、行为和相关信息，争取公众对组织的了解、理解、支持和合作，以组织创造良好的社会舆论，树立良好的社会形象。公共关系作为组织的代言人，其职责表现在：

（1）它对有关影响组织的舆论并不只是消极地被动地反映，它还需要从组织的立场出发，对舆论进行分析。

（2）它一方面要受舆论的影响，另一方面又要积极影响舆论。因此，在舆论的发展过程中，它还需顺应舆论的发展，主动地传播一些新闻事实，主动地提供影响某种舆论形成的各种事实根据、背景材料，以引导舆论向有利于组织的健康方向发展。公共关系引导舆论的工作主要是通过新闻媒介来进行的。"公共关系人员在试图改变或组织公众舆论时，应该根据形势需要尽可能开展规模较小但影响力较强的沟通活动。"

1. 反映、影响舆论

（1）总述

1）通过公关活动，引导公众理解并接受组织

① 当公众对组织缺乏认识和了解时，组织应主动地宣传自己、介绍自己，促进公众的认知和了解。

② 当一个组织及产品有了基本的公众印象及良好的评价之后，组织应继续努力、强化这种良好的舆论态势，使组织形象深入公众心中。

③ 当公众对组织的评价游离不定、好坏莫辨时，组织应谨慎地发挥引导作用，使舆论尽可能向有利于组织的方向发展。

④ 当组织形象受损时，组织应该根据不同情形采取相应措施。如果是因组织自身失误危害了公众利益，就应该本着实事求是、有错即改的态度，坦率认错，尽快采取补救措施，将损失减少到最低限度，并把组织处理小事故的过程以及整改措施及时告知公众，求得公众谅解，以期重获支持和信赖。如果是因为公众误解，应及时向公众澄清事实真相，消除误会；对于他人陷害则应尽快揭露其阴谋，并将本组织采取的预防措施向公众宣布，以防事态扩大，然后再逐步恢复公众对组织的信心。

2）通过社会交往，塑造组织的良好形象

公共关系的对象——公众，是特定的人群而不是单个的人，但是任何公关工作总是要落实到个人身上。因此，除了通过大众传播引导舆论从而影响大量公众外，借助各种社交活动即人际交往，为组织建立广泛的社公联系，结良缘也是公共关系的重要功能。

（2）通过新闻媒介影响舆论

从属于一定阶级的新闻媒介所关注的总是有利于或至少无损于本阶级利益的舆论，并通过新闻报道对其进行扩大强化，新闻机构认为错误的或不利的舆论则对其截流抑制。传播学的"把关人理论"告诉我们，记者、编辑等新闻报道的把关人可以通过对信息的选择、截流、加强与抑制来实现对自己的立场、观点的表达。组织公关人员要懂得媒介人员的职业训练与思维方式。记者用事实"说话"的过程中也会有主观意识融入新闻事实报道，而编辑有限"创造"的权利是在客观真实与原作风格基础上进行信息加工的权利。

目前新闻媒介影响舆论的主要手段如下三种：第一，典型性新闻报道（正面报道）就是通过在一定时期内产生的同类事务中最具典型性的人物与事件的报道，以影响社会舆论的新闻报道。第二，警示性新闻报道（负面报道），是指媒介对于那些不利于实现社会目标，不利于社会规范建设的思想、行为进行曝光，予以批评，从反面或侧面影响社会舆论。第三，新闻评论。新闻评论是新闻宣传的纲要，是新闻媒体的旗帜，是编辑部整体的声音，他的地位决定了它是新闻舆论的核心，具体形式包括社论、评论员文章、短评、编后、按语等。

针对新闻媒介的手段可以采取的公关策略有以下几种：

1）提炼精彩主题

典型性报道是向社会公众提供了一种正面的道德典范与舆论榜样，用树立"模型"的方式，帮助公众从纷繁复杂的社会现实中，提炼出社会主流意识对公民的道德要求。如果组织试图被媒介选择为"模型"，就要找到精彩的主题，这个主题既包括组织的具体公关活动主题，也包括组织有价值的自身形象主题（组织领导人、员工、环境、制度形象等）。根据一项对《羊城晚报》头版、综合新闻版、早报新闻版上企业新闻的调查和量化分析。我们可以得出结论，媒介愿意报道的有关企业的新闻内容集中于：① 企业改革，尤其是处于当前经济体制改革关键时期的国有大中型企业的改革；② 含有知识性、创新性、启迪性等价值，与老百姓的消费、生活息息相关的产品或服务的报道；③ 对企业参与公益活动的报道。

2）积极成为正面报道的主角，规避成为负面报道的议题

如果说典型性新闻报道告诉人们"什么是对的"，那么警示性新闻报道就是告诉人们"什么是不对的"，新闻评论不仅告诉人们"什么是对的""什么是不对的"，还告诉人们"为什么""应当怎么做"，给社会公众提供了正面奖赏和负面惩罚的"榜样"，使媒介影响舆论的力度大大加强。积极成为正面报道的主角，规避成为负面报道的议题，自然对于组织公关是相当重要的目标。

3）供给有价值的素材，研究媒介特点，规范新闻资料

我们也发现，在央视义演晚会上各大企业留给观众印象的积极程度与各自的捐款数额并非正比关系，倒是捐款代表的临场表现和出场时机决定了电视镜头拍摄时间长短以及观众的注意程度。这一课的启示是：公关人员应当研究怎样令对组织有利的信息最终成为有效信息。有效信息，也就是能通过"把关人"到达信宿，并产生正面影响的信息。因此，要针对"把关人"对信息的选择、截流、抑制和加强的规律和原则提供新闻素材。一是所提供的素材本身具有新闻价值；二是使资料适应媒介特点，避免因不符合编辑方针而被淘汰；三是公关人员要学习基本的新闻采写实务，规范新闻资料，滤除新闻稿中的广告习气，成为专业化的新闻来源；四是专业地展示新闻素材。

（3）在新媒体环境背景下引导舆论

当前，整个社会对于新媒体都已经不再陌生，它是相对于传统媒体而言的全新媒体形式，其以信息化技术为基础构架。依托于网络的开放性，在新媒体环境下，所有公众都成为媒体信息传播的主体，简而言之就是人人都可以在新媒体当中发表自己的看法和意见，引导或附会舆论。新媒体有信息资源量大、信息传播速度快、信息传播范围广等一系列的特点和优势，但同时新媒体也有信息监管不易的缺点，这就可能在短时间内对企业形成负面的舆论，不论舆论内容的真假，都会严重损害企业的市场形象，使全球社会产生对企业的负面情绪，影响企业的发展。所以，相较于传统媒体而言，现代企业更应当注重新媒体这一危机公关阵地，只有切实做好新媒体环境下的危机公关工作，才能促进和保证企业的长远、

稳定发展。

1）建立危机预警机制

媒体的信息爆发、增长量非常大，在短时间内便可实现信息的大范围传播，形成舆论，所以需要提前做好预防工作，以避免和减少危机对企业带来的负面影响。具体来说，企业应当建立起自身的新媒体危机预警机制，加强对各大网络平台的信息监控，及时获悉网络上对企业自身的有关评价，对于负面消息要及时查明真实性，尤其是对于一些关注度较高的负面消息，应快速的介入，采取相关调节措施，防止影响扩大，形成舆论，对企业造成危机。

2）提高危机公关反应速度

通常来说，在危机爆发的初期，关注舆论的公众人数还相对较少，并且其思想、意识还处在一个判别和了解信息的阶段，所以在这个时候，企业要快速做出反应，对于已经明了的事件真相，予以详细的说明，公布各类证据，承担自己的错误，体现自身的诚意。如果对于事件情况不明，企业同样需要诚恳以待，表明事件正在调查中，不要轻信网络中的言论，在限定时间内，一定会给予社会一个满意的答复。并且要求对舆论中的恶意猜测等追究责任。相反，如果企业迟迟不做出表达，对此置之不问的话，便会导致危机和舆论进一步恶化。

3）强化与公众、消费者的沟通

在网络和新媒体当中，作为大众来说，其接触到的信息往往是碎片化的，而且真假掺杂，更为重要的是网民的舆论，大多都是受群体情绪趋势的，缺少理性，为了更好地迎合大众，作为企业应当改善对大众的态度，要在大众面前，放低自己的姿态，并主动建立起与大众之间的沟通、交流渠道，倾听他们的意见、建议，这样便可以在很大程度上避免负面舆论的产生。在实际的公关过程当中，作为企业来说还应当协同消费者与普通大众，追求第三方联盟，将消费者作为纽带，来对整个社会带来积极的感染和影响，这样一来就可以帮助企业形成更大的联盟。同时企业可以通过官方微博、官方微信等社会化媒体，增加与公众、消费者的沟通，通过互动、讨论、及时解决危机隐患，与公众、消费者形成良好的对话关系。

综上，应抓好新媒体与传统媒体的协同攻关，新媒体和传统媒体的受众群体有所区别，但也有所重叠，而且现目前新媒体与传统媒体已然实现了整合，新媒体当中的信息，同样会在传统媒体当中传播，在这样的情况下，作为现代企业来讲，就需要在公关当中，同时抓好新媒体与传统媒体的协同攻关。在新媒体当中做出反应和表态的同时，要及时联系权威传统媒体，借助其影响力、公信力，更快速的控制负面舆论，克服危机。

2. 组织舆论：社会话题的议程设置

组织舆论实质上主要就是对社会话题的设置。新闻媒介使某些事实从无数客观事实中凸显出来，显得格外重要，从而影响公众把哪些问题视为重要。事实或论题在新闻媒介中出现的频次，是受众赖以判断事实或论题重要与否的主要依据。关于新闻"设置"的方式，可以从两个方面来理解：一是社会上本来就存在各种各样的热点使人们关注与聚焦，利用新闻来组织舆论就是要对热点话题进行总结归纳提炼升华及积极引导；二是媒介注意到目前社会上潜在思潮或预测到事态未来趋势，在不违背新闻规律的情况下，主动策划新闻事件以实现对舆论的组织。

具体到公共关系行业中遇到的社会话题基本有两大类型：

第一，自然发生的，媒介会主动报道的新闻。如意外事件、事故、劳工纠纷、组织发展等其他在组织正常业务活动下发生的事件。这种事件有的对公司有利有的对公司不利。对此类事件，新闻媒介会主动进行采访报道，有时他们也可通过其他渠道得到新闻来源。公共关系部门要给予密切的注意，趋利避害。第二，运用具有新闻价值的各种事件来吸引新闻媒介报道。如动工典礼、剪彩仪式、周年纪念、捐献仪式、募捐活动、马拉松长跑、合同和法规签字仪式新闻招待会，以及其他作为"新闻"预先设计的特殊事件。策划新闻，制造轰动效应，以实现对舆论的组织。在目标社会公众中扩大企业影响，提高企业知名度、塑造和维护良好企业形象。

具体舆论工具：热点引导节目或栏目主要指包括各种针对社会当时的热点问题进行深度报道、热点讨论、焦点追踪的新闻节目或栏目。从新闻媒介角度来说，新闻策划即是新闻从业人员挖掘具有新闻潜质事物的新闻价值，主动参与、组织设计一套系统化的社会活动和采访报道方案，利用媒体自身影响而产生一定效应的创造性思维活动。从报道形式看，可分为追踪新闻策则、非事件性主体报道策划和多媒体报道策则；从报道内容看，可包括单个新闻节目（栏目、版面）策划和重大题材或问题的策划。

根据新闻媒介组织舆论的特点可以采取的公关策略有以下几种。

（1）顺应风向、找准热点

热点问题是在一定时间、大范围内人们普遍关注的问题。新闻媒介的热点引导型新闻节目（或栏目），是通过开展对热点问题的引导实现舆论的组织，帮助政府达到解疑释惑、平衡心理、化解矛盾、维护工作、提高效率的目的。新闻媒介在做热点引导节目时，要求对不同的热点问题区别对待，有的要有意识地聚焦，形成强大的正面社会舆论；有的只保持适当的宣传报道力度；而对那些不利于稳定的所谓"热点问题"则不能提供任何宣传阵地。了解了媒介组织舆论的这种原理与规律，组织的公关活动要成为"热点"进入媒介的视线，就得具有顺应风向的敏感和经验，正因如此，优秀的公关人员往往具备了良好的政治修养，能理解政治，懂得以全局和长远视角看待组织在整个社会中的政治、经济及文化角色。

（2）前瞻棋局、创造热点

当前，我国社会正处于较大的转型调整时期，社会利益面临再分配，各种新矛盾、情况和问题层出不穷，有的热点可能是潜在的或将来可能形成的。公关可以站在全局的角度主动创造热点。前瞻那些党和政府重视、人民群众关心的问题；那些在群众中有一定影响，不加引导就有可能激发矛盾，影响社会稳定的问题；前瞻那些有利于调动人民群众积极性，促进改革发展的问题，公共关系所创造的热点才会因具有超前启发性和深远意义而具备影响社会舆论的能量。

媒介作为主体而策划的活动在新闻界称为"新闻策划"，它具有创新性、目的性、系统性、运动性、强化性的特点，迎合了今天要求舆论引导更加"软化"和隐性，与受众界面更加友好的需求，在当代的舆论引导中将扮演越来越重要角色。对于组织公关来说，新闻策划更是提供了更为广阔的实践与创意空间。将组织"制造新闻"和媒介的"新闻策划"结合起来往往容易产生巨大的社会影响。

（3）把握"制造新闻"中的姿态

近年来，"新闻策划"一词引发了诸多理论认识上的分歧。新闻界争论的结果是使"新闻策划"成为媒介实务中的敏感区域。传媒对"新闻策划"的态度使组织公关部门不得不注意公关"制造新闻"的姿态把握。公关部门认真研究宏观舆论环境成为必要。姿态把握从技术层面考虑还体现在：在主题设置、方案执行、传播管理上应冲淡公关活动的"营销"色彩，回归公关本义——"做好、并和公众真诚沟通"。不否认公关提升企业形象后的促销能力，但公关更多是以管理意义存在的。推销味太浓的公关活动或者公关焦点人物，很容易遭到新闻媒介和公众的反感与排斥。

自 测 题

一、单选题

1. 以下哪项不属于组织形象的特征（ ）。

  A. 客观性   B. 主观性

  C. 不稳定性   D. 整体性

2. 以下哪项是组织形象塑造误区（ ）。

  A. 组织形象万向论   B. 准确捕捉时机

  C. 统筹兼顾   D. 内外结合

3. 以下哪项不属于企业理念识别体系（ ）。

  A. 企业愿景（宗旨）   B. 企业使命

  C. 企业核心价值观   D. 企业管理规范

4. 以下哪项不属于应用系统设计（ ）。

  A. 广告   B. 产品包装

  C. 员工制服   D. 印刷专用字体

5. 以下哪项是对组织自我形象的分析（ ）。

  A. 公众辨认与分析   B. 决策阶层的研究分析

  C. 组织形象要素分析   D. 组织形象地位测量

6. 对组织形象分析应采用何种方法（ ）。

  A. 鱼骨图分析法   B. 四象限法

  C. 多因素分析法   D. SWOT分析法

7. 以下哪项不是舆论的特征（　　　）。

　　A. 公众性与权威性　　　　　　　B. 公开性与评价性

　　C. 个体性和强迫性　　　　　　　D. 自觉性与自主性

8. 舆论的形成不包括（　　　）。

　　A. 多样化个人意见出现　　　　　B. 个人意见在社会讨论中交融

　　C. 各舆论圈形成统一意志　　　　D. 人际传播

9. 以下哪项不属于舆论的功能（　　　）。

　　A. 反映人心的向背，影响着人们的行动和局势的发展

　　B. 协调社会的中性功能

　　C. 把握舆论规律有利于社会动员

　　D. 形成或转移社会风气方面

10. 新媒体环境背景下引导舆论不包括（　　　）。

　　A. 提炼精彩主题　　　　　　　　B. 建立危机预警机制

　　C. 提高危机公关反应速度　　　　D. 强化与公众、消费者的沟通

二、多选题

1. 组织形象分析的三个环节包括（　　　）。

　　A. 形象差距分析　　　　　　　　B. 自我形象分析

　　C. 实际形象分析　　　　　　　　D. 公众评议分析

　　E. 历史形象分析

2. 企业形象识别系统CIS由哪些部分组成（　　　）。

　　A. MIS　　　　　　　　　　　　B. BIS

　　C. VIS　　　　　　　　　　　　D. CS

　　E. VPS

3. 组织形象地位分析包含那两个基本要素（　　　）。

　　A. 规模大小　　　　　　　　　　B. 美誉度

　　C. 创新能力　　　　　　　　　　D. 企业宗旨

　　E. 知名度

4. 以下哪些属于舆论的运动规律（　　　）。

　　A. 自持性规律　　　　　　　　　B. 上升性规律

　　C. 两极性规律　　　　　　　　　D. 惯性规律

　　E. 发展性规律

5. 在处理公共关系与舆论的关系中要做到（　　　）。

　　A. 重视舆论监督　　　　　　　　B. 建立良好企业形象

　　C. 树立积极的媒介关系观念　　　D. 权利与义务的统一

　　E. 警惕流言

三、名词解释

1. 组织形象

2. 企业形象识别系统

3. 视觉符号识别系统

4. 四象限坐标图

5. 形象代言人

6. 舆论

7. 公共关系

四、简答题

1. 简述组织形象的特征。

2. 简述舆论形成的过程。

公关危机和
媒介管理

有效的公关危机处理，是指组织调动各种可利用的资源，采取各种可能或可行的方法和方式，预防、限制和消除危机以及因危机而产生的消极影响，从而使潜在的或现存的危机得以解决，使危机造成的损失最小化的方法和行为。危机公关是公共关系学和管理学结合的产物，是运用公共关系学的基本原理和方法，科学地处理组织潜在的或现存的危机。企业公关危机的处理对企业的重要性不言而喻。本章讲述了公关危机如何进行预防、处理和善后，以及如何通过大众传播来处理公关危机，从而把"大事化小，小事化了"，甚至变坏事为好事。

8.1 公关危机和危机管理

8.1.1 何为公关危机

1. 公关危机的含义

公关危机即公共关系危机，是公共关系学中一个较新的术语。它是指影响组织生产经营活动的正常进行，对组织的生存、发展构成威胁，从而使组织形象遭受损失的某些突发事件。

公关危机现象很多，如管理不善、防范不力、交通事故等引发的重大伤亡事故；厂区火灾、食品中毒、机器伤人等引发的重大伤亡事故；地震、水灾、风灾、雷电及其他自然灾害造成的重大损失；由于产品质量或社会组织的政策和行为引起的信誉危机等。如果对这些危机事件处理不当，将会给社会组织造成灾难性的后果。公共关系危机从静态的角度来看，是指灾害或危机中的公共关系；从动态的角度来看，是指公共关系在危机事件中的开发和应用，是处理危机过程中的公共关系。

2. 公关危机的分类

从不同角度划分，公关危机可以分为不同类型。

（1）从存在的状态来看，公关危机可划分为一般性危机和重大危机。

1）一般性危机：主要是指常见的公共关系纠纷。对一个企业来说，常见的公共关系纠纷主要有内部关系纠纷、消费者关系纠纷、同行关系纠纷、政府关系纠纷、社区关系纠纷等。从某种意义上说，公共关系纠纷还算不上真正的危机，它只是公关危机的一种信号、暗示和征兆。只要及时处理、做好工作，公共关系纠纷就不会转变为公共关系危机，以至于造成危机局面。

2）重大危机：主要是指企业的重大工伤事故、重大生产失误、火灾造成的严重损失、突发性的商业危机、大的劳资纠纷等。它是公共关系从业人员面临的必须及时处理的真正危机。如产品或企业的信誉危机、股票交易中的突发性大规模收购等，公关人员必须马上应付处理，最好在平时就有所准备。

并非所有的公共关系纠纷都会转变为重大危机，但它所带来的危害是不可忽视的。公共关系纠纷对企业的危害轻则降低企业声誉、影响产品销售、造成形象损失，重则可能危及企业的生存和发展。对于企业员工来说，企业内部纠纷不利于团结，会挫伤企业员工的积极性，降低管理人员的威信，很有可能导致企业的效益下降，使内部员工既蒙受物质方面的损失又蒙受精神方面的损失。对于公众来说，企业与外部的纠纷可能会损害相关公众的物质利益和身心健康。对于社会来说，一起公共关系纠纷往往会牵涉社会各界，有时会引起地方乃至全国或全世界的关注，造成广泛影响，不利于一个国家或地区良好形象的塑造。

（2）从危机同企业的关系程度以及归咎的对象看，公关危机可分为内部公关危机和外部公关危机。

1）内部公关危机：发生在企业内部的公共关系危机，这种危机的发生主要由该企业的成员直接造成，危机的主要责任主要由该企业内部员工承担。其特点为：第一，波及的范围小，主要影响本企业的利益；第二，责任的归咎对象是本企业的部分人，因而相对来说容易处理；第三，内部公关危机的主体主要以本企业的领导和职工为重点。

2）外部公关危机：相对于内部公关危机而言，外部公关危机是指发生在企业外部，影响多数公众利益的一种公共关系危机，本企业只是受害者之一。其特点是：第一，危机波及的范围相对较广，受害者大多数是具体的社会公众；第二，责任不在发生危机的某一具体的企业等社会组织及其成员身上；第三，不可控因素较多，较难处理，需要有关危机的各方面密切配合，共同行动。

（3）根据危机给企业带来损失的表现形态看，公关危机可分为有形公关危机和无形公关危机。

1）有形公关危机：这种危机给企业带来直接而明显的损失，凭借肉眼可观测到这些损失。如房屋倒塌、爆炸、商品流转中的交通事故等造成的人员伤亡或财产损失。其特点为：第一，危机的产生与造成的损失大多数是同步的；第二，危机造成的损失明显，易于评估；第三，危机造成的损失难以挽回，只能采用其他措施补救；第四，有形危机的发生常常伴随无形危机的出现。

2）无形公关危机：给企业带来的损失表现不明显的危机，称为无形公关危机。给任何一个企业的形象带来损害的危机，皆属于无形公关危机。如果不采取紧急有效的措施阻止，已受损害的企业形象将使企业蒙受更大的损失。其特点是：第一，危机始发阶段，损失不明显，很容易被忽视；第二，危机发生后，若任其发展，损失将越来越大；第三，这种危机造成的损失是慢性的，可采取相应的措施补救；第四，处理好这类危机要与新闻媒介多打交道，因而必须注意方式方法。

（4）根据是否由人的行为引起，公关危机可分为人为公关危机和非人为公关危机。

1）人为公关危机：由人的某种行为引起的公关危机，称为人为公关危机。人为公关危机有两大特点，即可预见性和可控性。也就是说，如果平时采取相应有效的措施，有些危机是可以避免和减轻的，在一定程度上也是可以控制的。

2）非人为公关危机：主要是指不是由人的行为直接造成的某种危机。对一个企业来说，引发非人为公关危机的事件常有地震、洪涝灾害、风灾、雹灾等自然灾难。其主要特点有：第一，大部分无法预见；第二，具有不可控性；第三，造成的损失通常是有形的；第四，这种危机容易得到社会各界和内部公众的同情、理解和支持。

（5）根据危机的外显形态，公关危机可分为显在公关危机和内隐公关危机。

显在公关危机：是指已发生的危机或危机趋势非常明朗，爆发只是时间问题的危机。

内隐公关危机：是指潜伏性危机，与显在危机相比，内隐危机具有更大的危险性。

除上述公关危机的类型外，还可以根据公关危机的性质，分为灾变性危机、商誉危机、经营危机、信贷危机、素质危机、形象危机、环境危机和政策危机等。

3．公关危机的主要特征

（1）突发性

危机往往都是不期而至，令人措手不及，危机一般都是在企业毫无准备的情况下突然发生，给企业带来混乱。

（2）破坏性

危机发生后可能带来比较严重的物质损失和负面影响。对社会来说，可能危及社会安定；对企业来说，可能影响利益；对个人来说，个人的生活可能因此受到影响。

（3）不确定性

危机爆发前的征兆一般不是很明显，企业难以作出预测。危机出现与否与出现的时机是无法完全确定的。

（4）紧迫性

危机一旦爆发，任何延迟都会带来更大的损失，企业对危机作出反应和处理的时间十分紧迫。危机的发生会迅速引起各大媒体以及社会大众对这些意外事件的关注，使得企业必须迅速进行事件调查与对外说明。

（5）信息资源紧缺性

危机往往突然发生，决策者必须快速作出决策，在时间有限的情况下，混乱的心理往往使得获取相关信息的渠道出现瓶颈，决策者很难在众多信息中发现准确的信息。

8.1.2　何为危机管理

1．危机管理的含义和目的

危机管理是指企业为应对各种危机情况所进行的规划决策、动态调整、化解处理及员工训练等活动，其目的在于消除或降低危机所带来的威胁和损失。由此而言，危机管理是个系统概念，包含的内容广泛，涵盖危机发生前的预防与预警、危机发生后的处理与善后、危机过后的总结与分析。

对于危机管理的科学界定，国内外并没有一致的意见，可谓是仁者见仁，智者见智。在西方国家的教科书中，危机管理被称为危机沟通管理，加强信息的披露和与公众的沟通，争取公众的谅解与支持是危机管理的基本对策。

危机管理包括两个方面的内容：危机的预防和危机的处理。危机管理的建立可以使组织防微杜渐，将不利因素消灭在萌芽状态，也将危机爆发的可能性降到最低。危机管理具有预警、防范、化解的功能。最好的危机管理应当做到让危机无容身之地。危机管理在今天已经不再是一个处理突发事件的临时性管理项目，而是涉及日常的危机预防，它已经上升到战略管理的高度。

危机管理是一种应急性的公共关系管理，立足于应付企业突发的危机。当意外事件发生时，企业陷于困境，便可以通过有计划的专业危机处理系统将损失降到最低，同时还能利用危机带来的反弹机会，使企业在危机过后树立更优秀的形象。越是在紧急时刻，才越能昭示出一个优秀企业的整体素质和综合实力，危机管理做得好，往往可以使危机变为商机，从而使公众对企业有更深的了解、更大的认同，优秀的企业也因此脱颖而出。危机管理是全方位的，是系统的，是为企业更长远发展而进行的战略思考，而不是就事论事，仅仅针对某一次单一危机，这一点是企业管理者应该认识到的。

2. 危机管理的阶段和组织机构

（1）危机管理的三个阶段

根据危机发展的一般规律以及危机管理不同阶段的特点，一般将危机管理分为三个相对独立的阶段：预防阶段、处理阶段和善后阶段。

1）预防阶段

公关危机预防管理是企业危机管理的基本内容之一，是企业为预防和平息危机，对自身危机隐患及其发展趋势进行监测、诊断与预控的一项特殊的管理活动。

其主要内容包括：① 确立危机意识，要居安思危；② 检视潜在危机，防微杜渐，避免危机；③ 研拟防范措施，未雨绸缪，预先做好应对危机、分散风险的准备。

2）处理阶段

由非常性因素引发的企业公关危机，是企业一种严重不良的公共关系状态。面对这种公共关系状态，企业绝不能置之不理、放任自流，而应采取一切有效措施做出妥善处理。这一阶段最重要的是：① 在思想上要临危不惧；② 掌握正确信息，及时预警，确认危机；③ 要积极应变，迅速反应，立即行动，实时沟通；④ 亡羊补牢，转危为安，控制危机，解决危机。

3）善后阶段

善后即促使危机向有利、好的方向发展，是危机重建期公关管理的主要目标。善后管理的主要措施有：① 评估总结，吸取教训，寻找新的机会；② 彻底整顿，重整旗鼓；③ 主动沟通，推出新的计划、举措，重建市场，重建形象。

（2）危机管理的组织机构

1）危机管理机构组成：公共关系维护是企业、组织最高管理层的职责。企业、组织的危机管理机构自然应由企业、组织最高管理者、相关部门经理以及企业组织的公关顾问和法律顾问组成。最终决策者和新闻发言人由组织最高领导担任，相关部门经理参与制定战略。

2）危机管理执行机构：危机管理小组是组织危机管理的最高权力机构和协调中枢，在组织授权下，有权合理、合法地调动和配置各种资源以应对危机，并在危机中代表组织作出决策，采取行动。危机管理小组的职责在于危机处理的目标设定、危机的侦察和分析、危机的辨别、危机的评估、危机的预防、危机的解决及危机过后的恢复等。

危机管理小组应由以下人员组成：

① 企业领导：重要问题的最终决策人物，有利于尽早作出权威决断。

② 公关专业人员：是危机公关的理论参谋和具体执行者，负责危机公关程序的优化和实施。

③ 生产、品质保证人员：他们熟悉生产流程，容易把握生产过程中出现大问题的环节，便于应付来自消费者及媒体的质疑。

④ 销售人员：对于流通程序熟悉，容易把握流通过程中出问题的环节。

⑤ 法律工作者：作为企业的法律顾问，熟悉企业日常运作过程中可能出现的法律问题，便于在法律程序上保证企业行为的正确性。

⑥ 消费者热线接待人员或消费者投诉处理人员：是接受消费者投诉、沟通信息和对外树立形象的重要组成人员，是危机公关的第一道门户，如果处理得当，往往会把由投诉引起的危机消灭在萌芽状态。

（3）危机管理小组成员类型

英国公关专家迈克尔·里杰斯在《危机公关》中说明了危机管理小组成员的常见特征：

1）点子型。积聚富有创造性的专门人才，不断提出新建议与新点子，使危机公关方案不断丰富完善。

2）沟通型。起承上启下的沟通协调作用以及与新闻媒体融洽合作，使各方面交流顺畅。

3）"厄运经销商"型。不断运用逆向思维提出修正意见，尽量考虑完善。

4）记录型。善于完善总结，形成文字方案。

5）人道主义型。充分以人为导向，倾向于顾客利益至上，真正为社会大众着想，这是危机公关获得成功最应该具备的基本条件。"顾客导向"管理思潮盛行，企业公关活动应重视迎合消费者的心理需求；危机公关也只有切实为消费者考虑，才会真正赢得顾客的信任与支持。

3. 加强危机管理的意义

（1）对于优秀的组织来讲，加强危机管理是组织的一门必修课很多时候，优秀的组织不是跌倒在自己的缺陷上，而是跌倒在自己的优势上，因为缺陷能给组织以提醒，而优势常常让人忘乎所以。可见，加强危机管理对高知名度、高成长性、高品牌排行、高管制企业的重要性。

（2）加强危机管理可以降低组织的隐性成本

组织成本分为显性成本和隐性成本。显性成本又称会计成本，即常说的料、工、费等。隐性成本包括人格成本、信息成本、决策成本、团体影响力等。组织发生的危机，无论是外部危机还是内部危机，都会直接导致企业的隐性成本上升，从而使企业的形象受损，严重的甚至使组织处于极端困境，直至破产解散。加强危机管理，培养全员危机意识，对组织持续发展有举足轻重的作用。

8.1.3 公关危机预防

危机管理的最高境界是管理危机，让危机不发生。只有及时发现并消除危机隐患才能避免危机损失，也只有充分预防危机才能在危机处理过程中从容应对。因此，危机管理的重点应从以处理为主转向以预防为主，防患于未然。树立公关危机意识，建立危机预警体系，做好扎实的基础工作，预防危机的发生，才是正确的做法。

1. 公关危机预防概述

公关危机在企业或社会组织中是不可避免的。对于危机，最重要的是预防它的发生，并预见可能发生的其他危机。企业或社会组织越早认识到存在的威胁，越早采取适当的行动，越有可能控制住问题的发展。从国内外企业或社会组织应对危机的成功经验和失败教训中可以得出以下结论，对危机进行预防是企业或社会组织抵御危机侵害的有力武器。

在危机预防中有两个基本假设：一是假设企业或社会组织存在的各种问题会引发什么事件，不要等到出事以后才去应对和处置；二是假设在这些问题上有人犯错会导致什么后果，不要等到犯错导致严重后果发生以后才去问责他、惩罚他。这两个基本假设基于危机发生的两个基本定律：

定律一：只要问题存在，风险永远存在。我们不能保证一个组织没有任何问题，但我们要努力做到所有问题都是可控的。管理者的价值就在于不断地发现问题和解决问题。只要对所有危机的易发部位、频发部位保持高度的敏感性和良好的危机意识，具有良好的危机反应能力，那么各种问题就不一定会演变成危机。危机管理的最高境界就是通过事前的危机预防预控，使危机不再发生。

定律二：只要人犯错，危机就难以避免。在很多紧急情况下，人的第一反应往往会出错。要使人的第一反应不出错，就必须事先设想人可能犯什么错，根据这种可能性去制定相应的应急规范，通过事前的危机培训和演练，降低人的犯错率，提高人的纠错率。管理者是应急规范的制定者、倡导者、培训者，有责任事先针对人可能犯的各种错误去制定应急规范，加强对全员的危机教育、危机培训和危机演练，提高全员的危机反应能力和处置能力。

2. 公关危机的识别和预测

建立高度灵敏、准确的信息检测系统，及时收集相关信息并加以分析、研究和处理，全面清晰地预测各种危机情况，捕捉危机征兆，这便是公关危机的识别与预测。

（1）公关危机预警系统的因素

其是指宏观、长期的因素，包括：技术因素、组织因素、人的因素、心理因素、政治因素、经济因素、法律因素、文化因素、社会因素等。

（2）企业或社会组织危机征兆

其是指中观、中期的因素，包括：销售额连续下降；坏账增加、商品滞销、库存过高；投资过大、负债过高、自有资金过少；成本过高、消耗过大；人才严重流失；行业萎缩、竞争过度、客户流失；不良客户等。

（3）危机爆发的信号

其是指微观、近期的因素，包括：震惊；事件在逐步升级；失去控制；来自外部的质询增多；不知所措、恐慌；对企业或企业领导人形象不利的舆论越来越多；受到政府、新闻界或同行业人士异乎寻常的关注；企业的各项财务指标不断下降；组织遇到的麻烦越来越多；企业的运转效率不断降低等。

（4）危机预测

事先要对可能发生的危机作出预测、分析。预测包括：可能发生哪些危机；危机可能具备的性质及规模；它对各方面可能带来的影响。以下事件尤其值得注意：对公众安全和广泛利益具有重要影响的事件；影响组织最高目标和利益的重大事件；最常发生的意外事件、突发事件、敏感事件；组织的脆弱环节、薄弱环节和易受攻击的环节等。公关人员需要根据组织的具体情况，按轻重缓急对危机进行分类，如A类是很可能发生的危机；B类是有一定可能但又不是很可能发生的危机；C类是很少发生但又不是不可能发生的危机等。

（5）建立警报线

建立警报线，使每一个企业或社会组织的公关人员或经理在发现问题后，立即通知其他部门的有关人员，采取适当步骤，避免发生同样的问题，并且询问他们是否遇到过类似问题，以及处理的过程。有关经验表明，建立可靠的警报线是及时发现潜伏问题、防范危机发生的有效方法。

3. 建立公关危机预警系统

建立公关危机预警系统是预防阶段的一项重要工作，即通过对有关公众对象和组织环境的监察，及时发现危机隐患，帮助决策层迅速采取针对性措施，减少危机可能对组织造成的损害。建立公关危机预警系统的工作可由公关人员协同各个管理部门进行。

（1）建立危机预防管理小组

建立危机预防管理小组，制定或审核危机处理方案，清理危机险情。一旦危机发生，及时遏制，减少危机的危害。

1）作用。全面、清晰地对各种危机情况进行预测；为处理危机制定有关的策略和步骤；监督有关方针和步骤的正确实施；在危机实际发生时，对全面工作做指导和咨询。公关危机预防管理小组的关键作用在于尽可能确保危机不发生。

2）人员组成。危机预防管理小组强调企业或社会组织内每个关键环节都有人参与，就是要在危机爆发初期比较容易地找出问题所在，避免拖拉、扯皮现象，以便及时采取措施对症下药而掌握主动权。

3）应配置的设备与材料。应该有足够的通信设备、各类图纸（平面图、建筑施工图、水电线路图、社区方位图等）、员工名册、重要人员的地址、联系电话及应急车辆、人员、各类专用设备等，以保证危机处理能有条不紊地进行。

（2）危机调查和预测，形成书面报告

危机调查包括过去和现在组织生产经营和社会环境方面的信息，可以从消费者窗口、市场营销部门、财务部门、生产部门、人事部门等尽可能全面地搜集显性和隐性的危机信息。在调查中，列出组织的危机隐患。即是找出组织在历史上曾发生过的危机和国内外同行或类似企业组织已发生过的危机，然后检查组织自身是否存在相同或相似的问题，进而通过监测确保随时能做出反应。在危机调查的基础上，把组织存在的所有危机隐患按轻重缓急排序，具体分析组织可能发生的危机事件，包括预测危机事件的数量、性质、发生原因、时间、地点、规模和影响等，最后将以上内容形成书面的危机调查和预测报告。

（3）制定防范措施，并进行审核

在科学预测的基础上，针对可能出现的危机事件制定出预防措施，其着眼点在于消除危机可能发生的原因，引导事物向正常和有利方向转化。有一些常规的防范措施是值得组织借鉴的，如认识危机的原因、种类、特点、发生形式和危害性，加强管理人员的危机意识；通过培训等手段使相关人员掌握危机管理和处理的相关知识；培训公关人员，以确保危机发生时有一群专业人员；事前联系好危机发生时可能需要的媒体资源及需要求援的组织；制订各种应急计划并不断演习；不断更新危机预警管理方案，并按一定标准检查和监督执行。

（4）形成危机管理预警方案，并书面化

一份完整规范的危机管理预警方案应包括以下内容：在引言中明确组织高层领导对危机管理的重视程度；在危机调查和预测书面报告中详列组织的特点、存在的危机隐患和可能发生的危机；针对特定危机情况的重点防范措施；常规的防范措施；建立危机预防管理小组并明确其任务；确定危机发生时共同遵守的准则；明确工作步骤和责任要求；预演计划；监督执行情况等。

8.1.4 公关危机处理

1. 公关危机处理原则

英国公关学家布莱克教授提出，危机处理必须遵循以下原则：立即做出反应；向新闻界提供全部和准确的情况；尽最大可能安抚受害者和他们的家属。由此我们可以归纳出公关危机处理的主要原则。

（1）反应迅速原则

通常危机都是突发性的，会很快传播到社会上，引起各界关注，所以必须迅速研究对策，做出反应，减少损失。

（2）坦诚相待原则

通常情况下，危机的发生会引发公众的猜测和怀疑，有时新闻媒介也会进行扩大事实的报道。因此，要想取得公众的信任，必须尽可能将真相公布，越是隐瞒真相越会引起更大的怀疑。

（3）人道主义原则

危机在不少情况下会带来生命财产的损失。因此，在危机处理中首先要考虑人道主义原则，给予受损失的公众一定的援助，帮助其渡过难关。

（4）信誉第一原则

里杰斯特说，公共关系在危机管理中的作用是保护组织的声誉，这是危机管理的出发点和归宿。危机的发生必然会不同程度地影响企业的信誉，而信誉是企业的生命。在危机管理的全过程中，公关人员要努力减少给企业信誉带来的损失，争取公众的谅解和信任。

2. 公关危机处理中的传播沟通

传播沟通在管理的任何时候都十分重要，缺乏良好的沟通，任何管理行为都无法有效实施。企业公关危机发生后更离不开传播沟通，它是迅速处理企业公关危机的关键。

（1）危机处理中的传播沟通策略

企业在危机事件发生后，为了让公众准确了解、深入理解、全面谅解，很有必要向广大公众传播有关信息。在公关危机处理中，为了增强信息传播的有效性，策划者必须提出一定的传播对策，以确保企业公关危机处理的顺利进行，并取得良好的危机处理效果。

1）迅速开放信息传播通道。企业公关危机事件的发生往往会引起新闻媒介和广大公众的关注和瞩目，这时企业必须做到迅速开放信息渠道，把必要的信息公布于众，让公众及时了解危机事态和企业正在尽职尽责地加以处理的情况。面对新闻界的竞相报道和社会公众的有意打探，如果企业在这时隐瞒事实，封锁消息，不仅不会给企业带来好处，反而会引起新闻界公众的猜疑和反感，促使他们千方百计地从各种渠道收集材料，挖掘信息，这就很容易出现失实和不利的报道，从而更有可能给该企业的危机处理带来麻烦，产生新的形象危机。这时的社会公众也是最容易产生猜疑、误传或者轻信不良信息的，从而给企业造成不利的社会影响。因此，明智的做法是开放信息传播渠道，公布事实真相，填补公众的信息空白，让新闻界传播客观真实的信息，同时让广大社会公众接受客观真实的信息。当然，开放信息传播渠道并不是让公关危机事件及其处理情况的有关信息放任自流，而是要让其有秩序的传播。这就要求企业要做好信息传播的基础工作。

第一，准备好要传播的信息。这主要包括信息的搜集、整理、分析、加工等。① 信息的搜集，信息的搜集一定要全面，要通过有关途径取得完整的企业公关危机事件及其处理情况的一切信息。② 信息的整理，其关键是对已搜集的信息进行分类存档，以备查用，或为新闻界提供原始材料。③ 信息的分析，即分析各种信息的真实性、可靠性，以及由这些信息反映的企业公关危机事件及其处理过程的进展情况。④ 信息的加工，对需要的信息进行内容和形式的加工，确保信息传播的真实性和准确性，帮助新闻界做出正确的报道。

第二，确定信息的发布者。即确定企业公关危机事件及其处理情况的正式发言人。发言人最好由危机处理专门机构正式确定，也可以临时委任。发言人人选应视危机事件的性质和严重程度而定。在发生重大危机事件的情况下，一般由总经理担任。在发生一般危机事件的情况下，一般由公关部经理担任。确定发言人的目的是确保对外传播信息的准确性和权威性。在企业公关危机处理的过程中，危机处理专门机构的信息要全部汇向指定的发言人，发言人要完全了解和明白企业将要发布的信息。

第三，设立一个信息中心（PIC）。在企业公关危机事件，尤其是重大的危机事件发生后，前来采访的记者会很多，前来咨询的公众也会络绎不绝，这时必须考虑设立一个信息中心。信息中心的任务是负责接待前来采访的记者和前来咨询的公众；负责为新闻记者指引采访的路径，并为其提供通信、休息乃至食宿的方便；负责向公众解答有关的咨询问题，并将公众的意见做好记录；在危机处理专门机构的统一部署、统一指挥下负责公布危机处理的进程。信息中心的负责人一般由危机处理专门机构委派的发言人担任，也可以由企业公关部经理担任。

在企业公关危机处理的过程中，整个传播过程都要贯彻两个基本原则：一是统一口径原则（A one-voice principle），二是充分显露原则（A full-disclosure principle）。危机处理的传播工作很重要，因为一言既出、事关全局、影响甚大，所以必须注意统一口径，避免企业人员的言辞差异。坚持统一口径原则还能给公众留下企业是团结战斗的整体，企业领导人有能力、有决心、有诚意处理好这一公关危机事件的美好印象；同时还要坚持充分显露原则，对有关危机事件及其处理的信息要知道多少传播多少，不要有所取舍，更不要隐瞒或歪曲。

2）控制信息传播的走向。在开放了信息传播通道后，还必须有效控制信息传播的走向。

第一，尽力进行事前控制。其是指在新闻媒介发布有关信息之前所进行的新闻传播走向控制，它是新闻传播走向控制中最为主动的办法和最为有效的措施。具体办法有：请权威人士发布信息；以书面形式发布信息；制作完整的新闻稿件；聘请权威新闻机构的新闻记者担任新闻代理人；邀请政府官员出面发表见解等。企业若能做好事前控制，对尽快摆脱危机、恢复正常的公共关系状态是十分有利的。

第二，适当进行即时控制。这是指新闻媒介即将发布有关信息之时进行的新闻传播走向控制。这种控制一般难度较大，因为记者如何写报道一般不容易知道。一般地，主要掌握前来采访记者的情况，如有哪些记者曾前来采访过，他们是哪些新闻机构的记者。在此基础上，向新闻机构及时传达信息，并通过原来与新闻机构建立的各种联系及时纠偏。

第三，设法进行事后控制。这是指新闻界在发布了有关偏向信息之后所进行的新闻传播走向控制。这方面的办法主要有：当新闻记者发表了不符合事实真相的报道时，可尽快与新闻机构接洽，向其指明失实之处，并提出更正要求；当新闻记者或新闻机构对更正要求有异议时，可派遣重要发言人，如当事人或受害者本人接受采访，反映真实情况，争取更正机会；当新闻记者或新闻机构固执己见，拒不更正时，可用积极的方式在有关权威媒介上发表正面申明，表明立场，要求公正处理，必要时可借助法律手段，但要慎重采用。

（2）危机处理中的内部沟通

真正做好危机管理工作，需要企业高度重视内部人力资源的利用与潜力挖掘，在内部团结的基础上才能使员工为企业的转危为安贡献才智。企业内部沟通对于危机中的企业来说至关重要。

通过沟通，员工可以详细地了解危机状况，容易激发出员工对企业处境的同情并增强责任感。让员工充分了解危机情况与企业进展状况，这样员工很少会被危机分散注意力和压垮，更可能对于危机解决持积极乐观的态度，并自觉充当企业危机管理的宣传者，这样有助于说服顾客、供应商和其他公众产生认同感。

危机中如何与员工进行沟通。首先，应尽快和员工沟通。对于危机中的内部沟通，很多危机管理专家都强调一个"快"字。在危机发生之后，员工们应该得到在通过其途径了解危机情况之前获知危机真相的权利，让他们成为企业喜怒哀乐的分享者。企业首先应该就危机形势与所有员工开诚布公地进行沟通，让员工清楚地知道企业可以公开的信息，如果有可能，可以采纳员工对危机的建议。如果危机比较严重，发生员工伤亡损失事故，要尽快通知员工家属，做好慰问及善后处理工作，并争取把这些坏消息毫不隐瞒地告诉其他员工。其次，尽可能多地向员工传达有关信息。在危机中，员工希望知道尽可能多的危机情况，尤其是一些核心信息，谁也不希望被隐瞒。如果员工觉得自己能够以一种真实的不被操纵的方式了解整个情况，他们可能会更支持企业，但如果企业认为员工想要知道的是机密的事，要注意向员工解释为什么现在不能告诉他们。此时，企业可以根据需要细分员工，根据不同级别采取不同的沟通方式。再次，设身处地地为员工着想，确保所有的员工基本上能同时得知所有重要的信息。站在员工的立场上，企业有义务说明希望通过什么途径让员工知道这些信息，时间间隔是多长？此时，同时将消息传达给所有员工可以使被传达的信息保持一致性，可以减少员工通过其他途径得知这些信息而出现信息偏差的机会，有利于企业沟通工作的开展。再次，要为员工提供更多的机会来表达个人意见。在危机中，员工需要机会来提问题、探究问题的根源及发泄不满。企业要通过诸如领导个别接见、部门或员工大会等途径给员工提供充分的提问机会，收集和了解员工的建议和意见，做好说明解释工作，让员工知道在出现新的信息和事情有所改变时，企业会及时与他们进行沟通，确保员工对于危机变化的情况都能及时了解，让员工随着企业的行动而行动。最后，选择合适的发言人。企业要确定需要传达的信息及企业中最适合的、能够最有效传达此类信息的人员，保持内部沟通的良好效果。

（3）企业内部沟通的途径

1）员工大会与部门会议。召开员工大会与部门会议是企业说明重要问题的常用做法，也是最权威、最正式的内部沟通方法之一。当企业员工人数比较少或者员工分散在许多地方但可以实现视频、电话会议时，所宣布的事会对企业产生很大冲击，需要一个人同时向所有人传达同一则信息时，员工大会这种形式是很实用的，通常效果也最好。要注意的是，应该留有大量的时间用于回答员工的问题，倾听他们的评论和建议。

2）企业简报、公告牌或企业报纸。在危机中，企业简报、公告牌或企业报纸是强化关键信息和告知员工有关企业信息并规范其行为的便利工具，可以承担起内部沟通的媒介作用。企业简报、公告牌或企业报纸应尽可能真实地反映危机的情况及危机管理的措施。只是由于企业报纸的出版周期会长一些，不利于对危机做出快速反应。一般来说，企业多采用企业简报、公告牌等在企业内部随时发布信息，及时向员工通报企业的行动趋向。

3）单独会见。单独会见是企业领导经常采用的内部沟通措施，可以很直接、随意地交流看法。当所传达的信息只影响少数员工，并且需要他们理解企业决策及对他们产生的影响非常重要时，或者传达的信息特别敏感和重要时，单独会见是最有效的。

4）电话与电话会议。电话作为便捷的沟通工具，在企业中应用最为广泛，危机管理中很多信息的传递都会涉及电话。当企业需要快速传达所要沟通的消息，并且不会因为这样做过于私人化而让员工反感时，可以考虑打电话。当只向很少的人传达信息，并且在传达的时候不需要同时联系多个员工时，电话是最有效的。当处在不同位置的几组员工需要迅速知道信息而且能有机会提出问题并给予反馈时，电话会议也是一种有效的沟通方式。

5）互联网络。互联网络是现代社会沟通的便捷手段，很多企业通过内部局域网的建设，构筑了企业的网上世界。企业可能采用电子邮件、网络寻呼与电子公告牌等方式随时向员工发布最新的重要信息，提供最新的管理策略，以及寻求员工们的建议与支持。

6）非正式传播渠道。员工在工作中形成的一些人际关系构成了企业内部非正式传播的交流网络，传播形式多表现为小道消息。这种小道消息往往传播速度快，不受时间、地点限制，容易使双方产生亲切感，能够立即得到信息反馈并可根据信息反馈及时调整谈话内容，能够获得正式传播达不到的效果。小道消息具有两面性，公关人员如能善加利用，通过员工在生活中形成的一定人际关系所构成的非正式传播交流网络进行传播，传递正式传播所无法传送或不愿传送的信息，可以达到理想的传播效果。

（4）危机处理中的新闻发布

在危机中，企业可以通过什么途径进行沟通，如何保证效果，是危机传播管理工作应该考虑的核心问题。一般说来，企业与新闻媒体接洽、沟通，争取其公正客观的报道，可以利用的形式如下。

1）新闻稿：新闻稿是由企业自己拟定的，用来宣布有关企业信息和官方立场的新闻报道，是关于危机情况的"明确"的新闻信息。新闻稿可以是企业声明，可以是企业新闻，也可以根据情况和需要决定其具体形式。通常新闻稿篇幅较短，当危机具有新闻价值时，企业可及时分发给有关新闻媒体。大多数公关专家认为，在危机中新闻稿很难成为企业的唯一声明，但有助于说清事实真相，提供详细的背景信息，在企业希望把同样的信息同时传递给多家媒体的时候，采用新闻稿是最有效的。

2）新闻发布会：如果危机引起了较大的关注，企业应该考虑召开新闻发布会。接受新闻媒体采访是危机中企业领导和新闻发言人的必修课，因为记者总是渴望知道得更多，而企业领导和新闻发言人无疑是最佳的采访对象。一般来说，当企业要给媒体提供特定的线索或消息时，最好是采用一对一的媒体专访，这也是与个别媒体联系的最好方法。

3. 公关危机处理程序

企业危机的突发性、破坏性、急迫性决定了企业公关危机处理必须以及时的反应、最大的努力严格控制局势，迅速查明原因，积极采取措施，尽力减小影响。因此，首先必须制定出一个反应迅速、正确有效的企业公关危机处理程序，避免急迫过程中的盲目性和随意性，使企业公关危机处理有序进行。企业公关危机处理的通用程序包括以下三个方面。

（1）采取紧急行动

企业公关危机一旦出现，企业就应对其做出反应。具体工作内容如下：

1）成立临时专门机构，进行内外联络，为媒介准备材料，加强对外界公众的传播沟通。公关危机爆发后，企业应立即成立临时的危机处理机构。临时的危机处理机构是危机处理的领导部门和办事机构。一般由企业的主要领导负责，公关人员和有关部门负责人参加。成立这样一个机构，对于保证事态能够顺利和有效进行危机处理是十分必要的。

2）迅速隔离危机险境。当出现严重的恶性事件和重大事故时，为了确保企业及其公众的生命财产不受损失或少受损失，要采取各种果断措施，迅速隔离险境，力求使各种恶性事件和重大事故所造成的损失降到最低，为恢复企业的良好公共关系状态提供保证。在公共关系工作中，危机险境的隔离应重点做好公众的隔离和财产的隔离，对于伤员更要进行无条件的隔离救治，这也是危机过后有可能迅速恢复组织形象的基础。

3）控制危机蔓延态势。危机不会自行消失，相反它还可能进一步恶化，迅速蔓延开来，甚至还可能引起其他危机的出现。因此必须采取措施，控制危机范围的扩大，使其不致影响别的事物。

（2）积极处理危机

经过第一阶段采取的紧急行动，控制危机损失，尽力做到危机损失最小化，之后企业要从危机反应状态进入积极处理状态。在这一阶段关键是要遵循正确的工作程序，集积极性与规范性于一体，确保有效地处理危机。

1）调查情况，收集信息。企业出现危机事件后，应及时组织人员，深入公众，了解危机事件的各个方面，收集关于危机事件的综合信息，并形成基本的调查报告，为处理危机提供基本依据。公关危机调查在方法上强调灵活性和快速性，一般主要运用公众座谈法、观察法、访谈法等方法进行调查。在内容上，公关危机调查强调针对性和相关性，一般侧重调查下列内容：迅速收集现场信息，以便准确分析发生事故的原因；详细收集危机事件的信息，包括危机发生的时间、地点、原因、人员伤亡情况、财产损失情况、事态发展情况、控制措施及公众在事件中的反应情况等；根据危机事件提供的线索，了解危机事件出现的企业背景情况、公众背景情况，找出企业、公众与危机事件的关联；调查受害公众、政府公众、新闻媒介及其他相关公众在危机事件中的诉求。

要注意从事件本身、亲历者、目击者和有关方面人士那里广泛全面地收集本次企业公关危机的信息，无论是现场观察还是事后调查，都应详细地做好记录，除一般文字记录外，最好利用录音、录像、拍照等进行更为客观的记录，为进行危机处理提供充分的信息基础。危机事件的专案人员在全面收集危机各方面资料的基础上，应认真分析、形成危机事件调查报告，并提交企业的有关部门。

2）分析研究，确定对策。企业危机处理人员提交危机事件的专题调查报告之后，应及时会同有关职能部门进行分析、决策，针对不同公众确定相应的对策，制定消除危机事件影响的公关方案。在这个环节，最重要的工作就是对危机影响到的各方面公众采取相应的对策。对策如何，直接影响公关方案的运作和效果。

3）分工协作，实施方案。企业制定出危机处理对策后，就要积极组织力量实施初步既定的消除危机的方案，这是工作的中心环节。在实施过程中应注意：调整心态，以友善的精神风貌赢得公众的好感；工作中力求果断、精练，以高效率的工作风格赢得公众的信任；认真领会公关活动方案的精神，做到既忠于方案，又能及时调整，使原则性与灵活性均得到充分的体现；在接触公众的过程中，注意观察、了解公众的反应和新的要求，并做好劝服工作。

4）评估总结，改进工作。企业在平息危机事件后，一方面，要注意从社会效应、经济效应、心理效应和形象效应等诸方面，评估消除危机的有关措施的合理性和有效性，并实事求是地撰写出详尽的公关危机处理报告，为以后处理类似的危机提供参照性文献依据。另一方面，要认真分析危机事件发生的深刻原因，切实改进工作，从根本上杜绝公关危机事件的发生。

（3）重塑组织形象

即使企业采取积极有效的措施处理危机，企业的形象和销售额都不可能完全恢复到危机发生前的水平。公关危机对组织形象造成的损害，其不利影响会在今后企业的生产经营中日益显露出来。因此，企业公关危机得到处置并不等于企业公关危机处理结束，企业公关危机处理还要进入重建企业良好形象的阶段，只有当组织形象重建了，才谈得上转"危"为"安"。

1）树立重建企业良好形象的强烈意识。在危机处理过程中，企业除了平时要有强烈的公关意识外，还必须树立强烈的重建良好公关形象的意识，要有重整旗鼓的勇气，要有再造辉煌的决心，而不能破罐破摔，须知，只有当企业的形象得到重建，才谈得上良好的公共关系状态，企业公关危机处理才谈得上真正结束。

2）确立重建企业良好形象的明确目标。在重建良好组织形象的过程中，确立重建良好形象的目标是必不可少的一个步骤。总的来说，重建良好形象的目标是消除危机带来的不良后果，恢复或重新建立企业的良好声誉，再度赢得社会公众的理解、支持与合作。具体来讲，大致可以分为四个方面：第一，使企业公关危机事件的受害者或其家属得到最大的安慰；第二，使利益受损者重新获得信心；第三，使观望怀疑者重新成为真诚的合作者；第四，更多地获得新的支持者。只有达到上述目标，公关危机的处理才算是全面和完善的。

3）采取建立良好组织形象的有效措施。企业在确立了重建良好组织形象的明确目标后，关键是实施有效措施，达到这些目标。这些措施包括对内和对外两个方面。对内，一是要以诚实和坦率的态度安排各种交流活动，以形成企业与其员工之间的上情下达、下情上传、横向连通的双向交流，保证信息畅通无阻，增强组织管理的透明度和员工对企业组织的信任感；二是要以积极和主动的态度，动员企业全体员工参与决策，制订组织在新环境中的生存与发展计划，让全体员工形成"乌云已经散去，曙光就在前头"的新感受；三是要进一步完善企业管理的各项制度和措施，有效地规范组织行为。对外，一是要同平时与企业息息相关的公众保持联络，及时告诉他们危机后的新局面和新进展；二是要针对企业公关形象受损的内容与程度，重点开展某些有益于弥补形象缺损、恢复公关状态的公共关系活动；三是要设法提高企业的美誉度，争取拿出过硬的服务项目和产品在社会中公开亮相，从本质上改变公众对企业的不良印象。

8.2 媒介事件管理

8.2.1 媒介事件的概念

媒介事件是指经过某"组织"（政府、政党团体、企业、社团等）有计划、有目的地策划并执行，以大众媒体为媒介和渠道，向受众有目的地传播事件的过程。媒介事件的概念包含两种解释：

一是美国历史学家丹尼尔·布尔斯廷提出"假事件"一词，他将假事件界定为经过设计而刻意造出来的新闻，并指出假事件是由人为策划、适合传媒报道的事件，并重点讨论了为各种竞选服务的媒介事件。所谓媒介事件，就是其提出的假事件，是由政治利益团体制造的假事件。

二是丹尼尔·戴扬和伊莱休·卡茨在《媒介事件》一书中将其定义为"关于那些令全国人乃至世人屏息驻足的电视直播的历史事件"。

经过仔细分析和比较不难发现，所有的媒介事件都具有以下几个共性。

（1）目的性

媒介事件从策划主体开始计划、开始酝酿就带有明确的目的性，这种极强的目的性贯穿于整个媒介事件的调查、策划、执行、反馈和评估过程的始终，是整个事件的核心内容，是策划主体开展活动和大众传播媒介进行报道的基本依据，同时在推动事件进行的过程中扮演着重要角色。

（2）计划性

媒介事件的进行过程，一般都是由事件的策划主体事先安排妥当后对事件策划的执行结果，这就要求在事件开始前有周密的计划，保证事件达到预期的效果，实现策划的目的。

（3）广泛性

媒介事件的进程是面对广泛的受众进行的。媒介事件以大众媒体为媒介和渠道，向受众进行有目的的传播。这就决定了它不可能以某一个个体为对象开展策划、执行等活动，经由大众传播媒介的宣传和报道，必定要面对大量的受众。

（4）针对性

某些媒介事件是针对部分受众策划、开展的。这就是说，这类媒介事件的策划对象是部分人群而非全部受众。

8.2.2　媒介事件的类型

媒介事件发展到今天，已经形成了比较成熟的体系，就现有的媒介事件，以其目的来划分，主要可以分为以下几种类型。

1. 公益性的媒介事件

所谓公益，是指有关社会公众的福祉和利益，公益性的媒介事件通过某种观念的传达，呼吁社会公众关注某一社会问题，以合乎公众利益的准则去规范自己的行为，支持或倡导某种社会事业或社会风尚。它是非商业性的，是社会公益事业的一个重要部分，与其他媒介事件相比具有社会性。

2. 商业性的媒介事件

商业性的媒介事件，是经营者或服务提供者承担费用，经过精心的策划和周密的安排，并通过一定的媒介形式直接或间接获取利益的媒介事件。它主要是以赢利为目的，它有自己特定的目标受众，其宣传和策划也是针对特定的人群，着眼于事件的进行、活动的开展给特定受众带来的某种心理满足和精神享受。商业性媒介事件的营销主要是通过赞助营销、埋伏营销的手段来完成。商业性媒介事件既是一种经济现象，具有功利性；也是一种文化现象，具有思想性。因此，这类事件一方面具有获取利益的商业功能，另一方面也应服务于社会，传播适合社会需求、符合人民群众利益的思想、道德、文化观念，即具有社会功能。

3. 政治性的媒介事件

政治性的媒介事件是指，政府或政党团体出于政治目的，经过周密计划和安排，并经由大众传播媒介对受众进行有目的的传播的事件，例如美国总统大选。

8.2.3　媒介事件策划的原则

媒介事件策划活动有其自身鲜明的特点和内在规律，开展媒介事件策划应遵循以下四个原则。

1. 真实性原则

真实是媒介策划的生命，离开了真实性，就谈不上媒介策划。根据真实性原则，策划活动要"源于生活，高于生活"，别具匠心，使媒介策划在满足大众需求的同时体现自身价值。

2. 整体性原则

整体性原则又称系统性原则，对于规模较大、持续时间较长的媒介策划活动一定要注重宣传策划的整体性，把握不同阶段的特点和内容，进行系统的宣传，进一步扩大其社会影响。

3. 独特性原则

在媒介事件策划中，要以广阔的文化视野，善于同中求异，挖掘内在特质，把握有新意的细节，使媒介事件策划富有时代特点，彰显新意，这样才能引起大众注意。

4. 精准性原则

根据不同的媒介事件，有的放矢，精准策划，量身打造符合各类媒介传播特点的方案，实现精准宣传。

8.2.4　媒介事件的策划与实施

策划媒介事件不是指无根据地编造新闻，而是指有意识、有目的、有计划地根据新闻事件的特点，有效开展的一些宣传组织形象的活动，以便引起新闻媒介的广泛报道，产生重大的社会影响。策划媒介事件与自然发生的新闻事件对应，它不是自然地等待新闻记者来采访，而是主动演出新闻给记者看，引起他们的好奇心，调动他们报道的积极性。策划媒介事件在公关活动中具有特殊的重要意义，往往比投新闻稿、举行新闻发布会更能产生轰动效应，引起公众的注意。策划和实施媒介事件要注意以下问题。

1. 要选择公众的兴趣点

公众的兴趣点，也就是我们常说的社会热门话题。每个时期的热门话题并不相同，与热门话题贴近，才容易引起公众普遍的关注，达到良好的宣传效果。国外一个公关专家说："每天都可以找到新闻资源，只要我们开动脑筋，从历史、从现实、从未来都可以找到新闻炒作的信息。"例如在历史景点开文创店，就属于炒历史；厂家利用5月15日推销戒烟茶就是炒现实；借助2022年北京举办冬奥会进行各种冬奥会图片展、体育赛事，就是炒未来。

2. 形式必须新颖

新奇性是新闻事件最突出的特点，构思新颖、独特的媒介事件才能引起记者的注意，在公众中产生强烈反响。

3. 事先进行充分的舆论准备

媒介事件的持续时间一般都不是很长，但为了使它有较为久远的影响，关键在于事先进行充分的舆论准备。一般可以在事件发生之前，通过各种新闻媒介，对事件的宗旨、形式、目的、意义做好说明。对活动的主办单位进行必要的介绍，使公众有心理准备，产生期待感。比如智能产品的发布活动，在发行前就开始做宣传，为预售提供广大的市场。

4. 充分利用名人效应

要有意识地将某些权威人士或社会名流与新闻事件联系起来，尽量扩大事件的影响力。如邀请名人参加，请名人代言、题词、签字、合影等。例如，名人代言广告能够刺激消费，名人出席慈善活动能够带动社会关怀弱者等。

5. 选择恰当的时机

媒介事件的策划可与传统的盛大节日或纪念日结合起来，从而产生较大的影响。在选择时机时，要善于捕捉随机事件，也就是要善于"借势"，借助某种社会性的热点活动来扩大本组织的影响。

6. 制造新闻要自然得体

尽管策划媒介事件的本质是公关人员将事件演给记者和公众看，但要演得真实、自然、生动，不能留下勉强、生硬的痕迹。如20世纪80年代初，日本某公司推出了立体声放音机。为了宣传这种新产品，他们没有按常规举行记者招待会，而是请记者到东京代代木公园去采访。公司事先雇了一批模特儿，让他们在公园里一边溜旱冰、散步，一边听音乐，突出了新产品欣赏音乐和体育锻炼两不误的效果，自然生动，产生了极好的促销效果。

7. 充分调动新闻记者参与的积极性

策划媒介事件，关键在于引起新闻界的报道，假如不能引起新闻界的兴趣，事件就彻底失败了。所以公关人员在策划媒介事件时，要千方百计地吸引记者的参与，或与新闻单位共同主办，或请记者参与策划、导演媒介事件，这样记者们就会把事件作为自己的事去报道。

8.3 大众传播管理

8.3.1 大众传播概论

大众传播是几百年以来对人类社会影响力最大的传播形式，又是最具时代特征的传播形式。自从发明了印刷机以及更近代的一大批交流工具（包括电报、电话、电传、照相机和电影、留声机、收音机以及电视）以来，世界发生了真正的变化，各种信息连续不断地播向广大接收者。大众交流工具的出现及其在我们日常生活中的存在，已成为当代世界的一个主要特征。尽管在世界上还有一些人游离于大众传播信息圈外，但受惠于大众传播的人越来越多却是不争的事实。大众传播的发展使其在人类社会传播体系中占有十分重要的位置，大众传播成为近几十年来传播学研究的主要对象，传播学研究的许多新发现和新成果都建立在大众传播的基础上。

1. 什么是大众传播

关于大众传播，学界和实务界有许多不同的说法，也有许多成文的定义。我们引用美国著名传播学者斯蒂芬·李特约翰给出的大众传播的定义："大众传播是指媒介组织生产信息并且将其传输给广大受众的过程；也是指受众寻求、利用、理解和影响这些信息的过程。"与以往学者给出的大众传播的定义不同的是，该定义强调大众传播的双向互动性，强调受众在大众传播活动中的积极作用。实际上，没有大众的参与，也就无所谓大众传播。那些在历史上曾经盛极一时的大规模信息传播活动，实际上只是各种类型不同的宣传活动，它们与现代传播学意义上的大众传播并不是一回事。

大众传播具有同其他类型传播活动明显不同的地方：一是大众传播是人类历史上规模最大的传播活动。以往的各种传播活动，无论在技术上做出多大的努力，参与到每一个具体的传播过程中的人数都是有一定限制的，当超过一定的规模以后，传播手段和技术就无法保证每一个受传者都能够适时地得到所需要的信息，大众传播则将自己的传播规模扩大到全社会甚至全世界。二是大众传播活动从信息采集、信息选择与加工到信息发布，是众多人配合、众多工序配合的流水线式的工作方式，每一道工序所要求的技术和经验都有自己的特点，同现代大工业的生产模式一致。在现代大众传播中，只靠个人的力量是无法实施有效的传播行为的。三是大众传播需要先进的现代化设备、技术和充足的资金支持，媒体机构之间的竞争既是传播内容的竞争，在很大程度上又是设备、技术与资金的竞争。由此斯蒂芬·李特约翰认为："媒介是大众传播研究的中心。"

通过对众多传播活动的分析可以看出，大众传播所包含的基本要素有：

（1）职业的或专门的传播机构。拥有一定的资金实力、专业化的媒介手段、熟练的技术人才、相对固定的传播市场。

（2）信息的大量复制。在大众传播活动中无论使用什么样的媒介，信息的复制量都应达到一定的规模。

（3）专门化的职业传播者。以信息传播作为终生职业的人，有娴熟的传播技能并遵守公认的传播伦理和道德。

（4）现代化的传播媒介。运用不同时代最现代化的技术制造的、能满足当代大规模信息传播需要的设备和技术。

（5）大众。分散在世界各地的、匿名的、互不相识的、数量极大的人群。

2. 大众传播的特点

由大众传播的定义和实际运行入手，大众传播的特点可以从以下六个方面来阐述：

（1）大众传播的传播者是从事信息生产和传播的专业化的媒介组织。这些媒介组织包括报社、杂志社、电视台、电台以及以大量生产为目的的音乐、影像制作公司等。在西方社会，传播媒介是以公共法人或企业法人的形态存在的，在我国，其是以企业组织形式存在的公有制事业机构。可见大众传播是有组织的传播活动，是在组织的目标和方针指导下的传播活动。

（2）大众传播是运用先进的传播技术和产业化的手段进行的信息生产和传播活动。大众传播的发展离不开印刷术和电子传播技术的发展。高速轮转机的发明使大规模的印刷得以实现，远距离传播技术使广播、电视成为主要的传播媒介。如今，激光印刷、通信卫星、网络技术等科技的发展，使大众传播在规模、效率、范围上都有突飞猛进的发展，成为现代信息产业的主要组成部分。

（3）大众传播的对象即受众是社会上的普通大众，信息传播不具有保密性和专用性，在信息能够到达的范围内，任何人都可以接受大众传播的服务。在一定意义上可以说，大众传播面对的受众超越了阶级、民族、国家的界限，它所进行的信息传播是一种全民性的活动。尽管传播机构的所有者和管理者可以为自己掌握的媒介制定严格的服务宗旨和规则，但一旦进入社会传播的市场，信息产品的最终流向是不以人的主观意志为转移的。

（4）大众传播的信息具有商品属性和文化属性。传播组织作为以信息为产品的产业，其产品的价值是通过市场实现的。从十九世纪中叶以后，大众传播的商业性质就越来越明显，并逐步形成世界性的传播市场。大众传播将人类的社会公关传播活动由原来的公益服务性活动转变为利益交换性活动。在大众传播中，信息成为一种供人们买卖交换的商品，传播成为人们赚钱的手段。在许多国家，大众传播成为本国众多产业中收入名列前茅的支柱产业。

但是信息又不同于其他普通的满足人们生理需要的产品，人们对信息的消费是精神上的消费，即意义的消费。意义是社会文化的产品，这里所指的文化是广义的文化，包括法律、宗教、社会意识形态、价值观念、道德等方面，因此我们说信息具有文化属性。

（5）大众传播是单向性的信息传递过程，反馈是在传播活动结束后进行的。不是说大众传播没有互动性，只是互动性很弱，受众可以通过热线电话和写信进行信息反馈，但是这种信息反馈缺乏即时性和直接性。大众传播的单向性具有两个方面的局限性，一是传播渠道，作为单方面的传播组织，其传播的内容，受众只能在限定的范围内接收到，具有一定的被动性。二是没有灵活的反馈机制，受众对于媒介组织的传播活动缺乏直接的反作用力。尽管现在许多大众传播机构也采取了一些技术性的措施，设法建立适时的反馈机制，但同其他类型的传播活动相比，这种反馈还是极为有限的。

（6）大众传播是一种没有任何强制性的传播活动。传播机构和专业传播者只能凭借自己的传播内容和形式来吸引受众，却无法强迫受众接受其所传播的信息。无论传播媒介的实力和背景多么特殊，其传播活动和信息制品也必须在传播市场上同众多传播机构进行公平竞争。在受众眼中，看重的并不完全是媒介的背景，而是媒介所提供的与众不同的信息和服务。那些原本没有多少实力却能在短期内崛起的媒介的成功做法就证明了这一点。

3. 大众传播的社会功能

对于"大众传播的社会功能是什么"这个问题的敏感度，感知角色和内容，进而做出反应和回答，其在不同社会、国家的情况是不同的，可谓仁者见仁，智者见智。如果沿着诞生于美国和欧洲西方的现代大众传播学之脉络，已有不少经典的理论从社会的各个方面和层面予以回答，这里介绍三个关于大众传播功能的经典理论。

（1）拉斯韦尔的"三功能说"

哈罗德·拉斯韦尔（Haeold Lasswell，1902—1977年）在1948年发表论文《传播在社会中的结构与功能》，把大众传播的功能概括为三个方面：

1）环境监视功能：环境监视功能被视为大众传播最主要的功能。它假定，面对不断变化的自然与社会环境，人类必须及时了解和把握，并不断适应内部、外部环境的变化，社会才能保证自己作为一个种群的生存与发展。大众媒介不断地向最大多数社会成员及时提供自然和社会生活中的各类信息，对于那些即将来临的自然灾害、战争威胁和社会变动，大众媒介能够及时地向人们发出警告，促使他们及早防御。当这被认同为人们获取生存的安全感和稳定感的必备条件时，大众传播在社会中所扮演的角色便被类同于大海航行中站在船头向船上全体人员汇报情况的"观察者"，不断向大家及时报告环境的变动。"报告"的信息必须是及时、客观、准确的；否则，就会引起人们的不安、恐慌甚至动乱。

当然环境监视功能也被认为有其消极的一面。比如全球新闻的流通会构成一种对某些社会体制、文化或个人的潜伏威胁。对于社会中的统治阶层而言，有些事件的新闻信息一旦进入信息流通，便犹如进入乱流，以各种形式影响统治者的威信，甚至危及他们的统治。对某种文化而言，信息的广泛流通能促进文化交流，也可能因此而出现文化渗透甚至文化侵略的危机。对某些个人而言，受到过多的新闻冲击会产生无所适从的感觉，这就是所谓的"信息超载"。

2）社会协调功能：社会协调是一种组合功能，大众传播对新闻的选择和评价，甚至加以解释或提出相应的解决方案与策略，能更好地发挥这些新闻的作用。

对社会或个人来说，有助于他们对信息的摄取，以防止受传者因信息过量或混乱而无所适从，有助于人们将注意力集中到当前环境中最为重要的事情或事件上。

拉斯韦尔那个时代的传播学者深受当时流行的社会学和人类学学派结构－功能主义（Structural Functionalism）的影响，把社会看作一个建立在分工合作基础上的有机体，各组成部分以有序的方式相互关联，并对社会整体发挥着必要的作用。整体是以平衡的状态存在的，任何部分的变化都会趋于新的平衡。

大众传播协调社会行动也会产生负功能。比如新闻选择带来的"议程设置"对公众视线和舆论的引导和限制，也包含负面影响。再者，由于新闻信息及评论的公开性，也以这样那样的形式限制甚至"造就"传媒的评论和解释。另外，媒体对新闻的选择和解释可能削弱社会或个人的判断力。

3）社会遗产传承功能：人类社会的发展是建立在继承和创新的基础之上的，只有将前人的经验、智慧、知识加以记录、积累、保存并传给后代，后人才能在前人的基础上进一步完善、发展和创造。通过大众传播把文化传递给后代，并继续教育离开学校的成年人，使社会成员共享统一的价值观、社会规范和社会文化遗产。在这个方面，大众传媒具备任何学校、博物馆、图书馆所不具备的优势。

（2）赖特的"四功能学说"

美国社会学家、文化批判主义的主要代表人物之一查尔斯·赖特（Charles Wright Mills，1916—1962年）于1959年在《大众传播：功能的探讨》一书中从社会学的角度，继承了拉斯韦尔的"三功能说"，并在此基础上围绕大众传播的社会功能问题提出了"四功能说"，如图8-1所示。

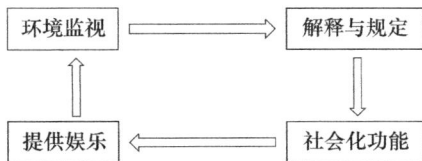

图 8-1 赖特的 "四功能说"关系图

相比拉斯韦尔的"三功能说"，赖特又提出了一个在今天看来大众传播非常重要的功能——娱乐功能。他认为，大众传播中的内容并不都是与政治和社会有关的，它还有一项重要功能，即为大众提供娱乐，尤其在电视媒体中。

但是需要注意的是，赖特所说的娱乐功能并非指活动层面的娱乐。为避免人们滥用自己的"四功能说"，赖特指出这四种功能与传播活动的区别。

监视、联系、文化传承和娱乐，这一传播活动的四重奏本来是用来指普通的活动类型，这些活动可能或不一定作为大众传播或者私下的人际传播而展开。这些活动与功能并不同义，功能是指在大众传播的制度化程序下日常进行的传播活动的后果。要理解功能主义与大众传播的联系，有必要对功能（日常进行的传播活动的后果）和传播活动的效果加以区别。

这里面有三层含义需要注意：

第一，监视、联系、文化传承和娱乐这四种活动的范畴大于传播，也就是说即便没有大众传播或人际传播活动存在，这四种活动也会存在。

第二，这四种活动不等于其功能。活动是存在，而功能是这些存在（活动）对社会（共同体）的作用及人们对这种作用的认知和评价。

第三，大众传播的功能不同于传播活动的效果。功能比效果更为宏观，传播活动的效果在于传播者对其传播活动效用的检测和表述，而功能则是大众传播这一制度性的社会行为在作为一个有机体整体运行的社会里所具有的作用，正如人体正常运作中血液的作用一样。

在结构功能主义者看来，社会是一个有机体，其正常运行必须依靠内部各个组件以及不同组件之间的正常工作。大众传播就是现代社会这个有机体正常运行必不可少的组件，这个组件在整体中所承担的功能包括拉斯韦尔、赖特等人归纳的四种功能。

（3）施拉姆对大众传播社会功能的概括

美国学者威尔伯·施拉姆（Wilbur Lang Schramm，1907—1987年）是现代大众传播学的集大成者和学科的创始人。1973年他与威廉·波特（W. E. Porter）出版了大众传播学经典著作《传播学概论》，当时的书名为《人、信息和媒介：人类传播一瞥》，1982年出版了修订版，并改为现在的书名。1984年9月，新华出版社出版中译本，该书比较系统地阐述了大众传播学的理论，分析并展望了未来的大众传播学，在中国掀起了一股大众传播学热。

在这本书里，施拉姆从政治功能、经济功能和一般社会功能三个方面对大众传播的功能进行了总结，如表8-1所示。

大众传播的功能　　　　　　　　　　　　　表8-1

传播的社会功能		
政治功能	经济功能	一般社会功能
监视（收集情报）	关于资源以及买卖机会的信息	关于社会规范作用等信息；接受或拒绝它们
协调（阐述情报；制定、传播和执行政策）	解释信息；制定经济政策；管理市场	协调公众意愿；行使社会控制
社会遗产、法律和习俗的传递	开创经济行为	传递社会规范；娱乐

施拉姆还介绍了传播功能内外（传/受）两个方面的具体情况，如表8-2所示。

传播功能的两个方面　　　　　　　　　　　表8-2

传播功能	外向方面	内向方面
社会雷达	传播信息	接收信息
操作，决定，管理	劝说，指挥	解释，决定
指导	寻求知识，传授学习	指导
娱乐	娱乐	享受

更难能可贵的是，施拉姆等还探讨了根据媒介来划分的社会类型，以及传播功能在这些社会中的不同表现形式，如表8-3所示。

在口语和媒介社会中传播功能的不同表现　　　　表8-3

传播功能	口语社会	媒介社会
管理	个人影响、领袖、居委会	个人影响、领袖、政府和法律机构、娱乐媒介
指导	家庭教育、专家示范、学徒制	家庭早期的社会化、教育制度、指导性和参考媒介
娱乐	民谣歌手、舞蹈者、说书人、群体参与	表演艺术、娱乐媒介
社会雷达（监视）	个人接触、看守人、宣讲人、旅行者、会议、集会等	个人接触、新闻媒介

随着大众传媒成为现代生活中的重要组成部分，传播社会功能的本体意义进一步得到人们的认同、内化和强化。传播不仅成为现代社会文化的制造者，更成为其现实的建构者。

4.影响大众传播效果的主要因素

传播活动是在特定的传播环境中进行的，任何传播媒介和任何传播者都不可能脱离具体的传播环境而进行传播活动；同样，任何受传者也不可能脱离具体的传播环境而参与传播过程。无论是信息的发布还是信息的接受，都离不开具体社会环境的支持，自然也无法摆脱具体社会环境的影响。国外学者将可能影响传播效果的因素罗列为许多方面，经过归纳，主要有以下方面：传播来源、传播内容、传播手法与技巧、传播媒介、传播环境、传播对象。

现代大众传播事业的发展对人类社会产生了巨大影响，大众传播事业的发达程度已经成为衡量一个国家和民族现代化水平的重要指标。现在随着新媒介加入大众传播的行列，大众传播事业对社会发展的影响更加不可估量。

8.3.2　大众传播媒介

媒介技术是由人创造和使用的，创造和使用媒介的人是社会传播中最为活跃的一部分。技术的发展促进了社会的进步，也促成了一批媒介组织，如报社、出版社、电台、电视台和网络媒体等。它们以组织化生产的方式进行传播活动，大众传播的产品一般来说主要是由这些专业媒介组织制作的。媒介的技术特性决定了信息传递的数量和质量以及时空范围，媒介组织的特性则决定了媒介信息产品和媒介文化的特征。

大众传播媒介按照传播载体可分为印刷媒介和电子媒介。

1.印刷媒介

印刷媒介是指以印刷作为物质基础，以平面视觉符号（文字和图像符号）作为信息载体的信息传播工具，如书籍、刊物、报纸、图片等。在所有大众传播媒介中，印刷媒介是最古老的一种。它的产生、发展和变化与印刷技术的发展紧密相关。最早的印刷术是通过木刻、石刻等手工方式进行的。印刷媒介作为当今公共关系活动中运用最频繁和最广泛的媒介，具有以下特点。

（1）读者拥有主动权

读者在接触印刷媒介时，可以自由选择阅读的时间和地点，在这一点上它优于电子媒介。电子媒介的受众处于一种被动的地位，受众必须在一定时间或地点才能接触到其内容。由于电子媒介的传播方式是线性的，所以受众如果想回看，必须付出额外的代价，比如将节目录下来进行回放。可以说，印刷媒介较为全面地照顾到受众的选择性。

（2）印刷媒介具有便携性和易存性

电子媒介和广播电视的传播内容是稍纵即逝的，若不经过专门录制，很快就会消失，而印刷媒介如报纸、书籍等却能将信息有效保存下来。正因为这样，印刷媒介更能达到反复接触的积累效果。

（3）印刷媒介更能适应分众化的趋势

除了一些综合性的报纸以外，印刷媒介不像其他媒介那样强调以标准化的内容来适应大部分受众的共同兴趣。专业化、专门化的报纸、杂志、书籍等印刷媒介往往以具有针对性的内容而拥有特定的读者群，并对他们在某一方面施加特定的影响，这就适应了专业化、专门化受众的特殊需要。在知识界与教育界，印刷媒介拥有更广泛的受众类型。

时效性不强是印刷媒介的一个重要缺点，它不能像广播电视那样进行实时报道，而要经过一个制作周期。另外一个缺点是印刷媒介的使用需要识字能力，因而会受到文化程度的制约，文化程度低的人无法或不能充分使用这种媒介。

在印刷媒介中，报纸无疑是最多、普及性最广和影响力最大的媒体。报纸广告几乎是伴随着报纸的创刊而诞生的。随着时代的发展，报纸的品种越来越多、内容越来越丰富、版式更灵活、印刷更精美，报纸广告的内容与形式也越来越多样化，所以报纸与读者的距离也更接近。报纸成为人们了解时事、接受信息的主要媒体。报纸主要有以下五个特点：

1）报纸是以整张的形式刊出的，在编辑方法上，是通过版面的空间组合将各类不同的信息集中结合在一起。因此，报纸的大小题目相对集中，从编辑处理上反映出来的对各内容的评价信息都一目了然，阅读效率高。

2）报纸的内容一般是大众化的、综合性的，一般的新闻多数也属于告知性的，即使是专题文章也较短小、较通俗。因此，报纸读者范围比较广泛，宣传的适应面也较广。

3）报纸的发行周期较短，印刷工艺较简单，信息复制速度快。因此，报纸在传播的及时性上为传统媒介之首。报纸的宣传频率较高，制作成本也较低，但是报纸读者的重复阅读率较低，外观及内容上都较粗糙。

4）读报是很多公众日常生活的一个部分，报纸的读者多数为较稳定的长期读者，多数报纸又具有区域性、地方性的特点。因此，报纸对读者有较强的影响力，对市场有较大的渗透性。

5）报纸在公关活动中起独特作用。它可及时组织新闻专辑、连续报道、广告专辑、独特的协作广告宣传等以配合公关活动的需要。

2.电子媒介

电子媒介是指以电波的形式来传播声音、文字、图像等符号，并需运用专门的设备来发送和接收信息的传播工具，是现代传播活动中存储与传递信息时使用的电子信息技术载体。电子媒介主要包括广播、电视、电影、幻灯片等。其中，电视、广播是最主要的电子媒介。最早出现的是电报、电话，后来出现广播、电影、电传真、手机通信、网络等，每一种类型又拥有各种类型的信息存储、发送和接收设备。20世纪90年代后，随着网络技术和数字压缩技术日新月异的发展和使用，各种类型的电子媒介开始数字化，信息容量、传输速度、传输质量都有巨大的进步。电子媒介是发展最快的新兴媒介，特别是电视媒介在大众传播上的影响力已居首位。电子媒介为大众传播带来的变革不仅仅是空间距离和速度上的突破，从人类社会信息系统发展的角度来看，电子媒介在别的方面也具有里程碑的意义。

（1）电子媒介的优点

1）电子媒介传播的信息是形象的、直接的，是人类通过技术把信息向其基本原面貌简单还原从而提高人获取信息的能力。与印刷媒介相比，电子媒介信息的获取无需特殊的训练，基本上靠人的自然本能就可获取。比如电视的信息是以图像、声音等相结合的形式进行传播的，对这些信息的获取都是人天然的能力，无须进行任何训练。

2）电子媒介把信息获取能力普及到了最广泛的大众，普及率更高。就印刷媒介而言，不管教育多么普及，都不可能普及到每一个人，因而总有人不能借助它获取信息。任何需要经过训练的技能都不可能让每个人学会，阅读也不例外，而电子媒介通过技术手段解决了该问题，每个自然人都能借助电子媒介获取信息。

3）电子媒介的传播能力比其他媒介更强。电子媒介承载的信息是纸质媒介的数倍，甚至数十倍，它可以通过电波这种无孔不入的介质，将大量信息瞬间传播到世界的各个角落。"地球村"就是基于电子媒介这种巨大的传播能力而言的。

（2）电子媒介的缺陷

1）信息传播的强制性。所有电子媒介的信息都只能按播放人的意愿顺序播放，信息接收人无法选择，造成信息接收的被动。即使是网络媒介也不能按照阅读人的意愿更改信息内容，造成信息传送事实上的专制性。

2）电子媒介的图像型播放及无间歇的连续播放，剥夺了信息接收者思考的空间与时间，压缩了人的想象力。人们在长时间接受这种大量的信息后，很难对信息进行梳理和再创造，长期疏于思考和想象，势必使这两种能力退化。

3）电子媒介为大众带来更多不良信息。虽然印刷媒体也可以传递这些东西，但文字的想象使这些东西的震撼力减弱，而电子媒介却是赤裸裸的以视觉的方式呈现。视觉感受是人体器官中震撼力最大的，它带给我们的冲击力超过任何器官。当浅薄、庸俗为个人所有时，是受鄙视和批判的，但电视、网络传播的大众性使得这些东西反复出现。在信息爆炸的时代，只有反复出现的东西才有价值，才能为人所认知，它会成为一种标准，成为人们模仿的对象，从而使这些不利信息影响的人数更多。

8.3.3 大众传播的方法和技巧

像从事其他任何一种社会活动一样，在人们所进行的各种传播活动中必须先解决手段、方法、工具等问题。自从人类社会的发展进入文明时期以来，运用各种工具和方法从事基本的生产活动就是自然和必然的了。毛泽东说："我们的任务是过河，但是没有桥和船就不能过。"这说的正是从事社会活动时的工具和方法问题。在传播活动中，实现预定的传播目标就是要"过河"，而传播方法和技巧就是"桥"和"船"。正如过河可以有许多的桥和船一样，实现传播目的也可以有许多方法和技巧。

认识大众传播的方法和技巧，首先要从它们对传播活动所产生的实际作用入手。

1. 大众传播方法的作用

（1）成功的传播方法和技巧的运用，有利于提高传播活动的科学性和有效性。在传播媒介和技术高度发达的今天，传播市场的竞争已经不单是内容的竞争，信息制品的外在形式、包装、进入（传播过程的）手法等都成为信息权威性的一种外在表现。那些陈旧的传播手法将使受众对信息的真实性和媒介的传播能力产生怀疑。

（2）有吸引力的传播方法和技巧，有利于提高受传者对传播过程和所传播信息的兴趣。在生活和生产节奏不断加快的现在，忙碌而紧张的人们希望通过大众传播媒介获得放松神经和调节情绪的机会，现代化的传播媒介已经为此创造了基本条件。通过信息传播过程，在提供实质性的信息服务的同时，为广大受众增添生活乐趣，有利于将受众稳定地吸引在媒介周围。

（3）传播方法和技巧的合理运用，将使传播活动更加经济。虽然目前已经进入了信息时代，人们所使用的传播媒介的种类和数量也大大增加，但人们在任何时候都不可能将全部的时间和精力投入信息传播活动中。人们的时间和精力在不同时代有多种不同的分配办法和侧重点，相同的是都希望在各种社会活动中少投入、多产出。在各种社会活动中，通过方法和手段的更新，能够明显地提高效率、节约成本。传播手段和技巧的运用同样达到了这一目的。在有限的传播通道里，通过信息精炼等方式可以使冗余信息减少、社会信息传播的总量增加。

（4）信息传播市场的激烈竞争，对各个传播媒体及其传播者都提出了方法和技巧方面的要求。在目前世界众多传播机构同时使用标准化传播工具的情况下，谁能在竞争中胜出，除了观念和意识方面的要求外，使用方法和技巧的能力也是重要方面。对于人类传播史上所创造出的各种有效方法和技巧的掌握，是现代传播者基本素质的重要表现。

虽然传播方法和技巧是在长期的传播实践中反复使用并固定下来的，但传播活动毕竟是由人掌握并面向人的生活展开的，人类生活的复杂性决定了传播方法和技巧是不断变化和调整的。古人说"文无定法"，俗语讲"到什么山上唱什么歌"，信息传播活动的具体方式和方法也在不断地变化和调整之中。传播学是科学，而传播学所研究的对象——人类的信息传播活动却是艺术性很强的活动，有些传播活动本身就是艺术——一种别人无法模仿和重复的艺术。所以可以说，传播活动是一种充满挑战性和创造性的社会活动，它没有一成不变的固定模式和教条。西方学者在讲到"新闻"的定义时曾说，世界上有多少个新闻记者就有多少种新闻的定义，同样表明了信息传播活动的复杂多变。我们在任何情况下都不要企图用几种程式化的手段和方法来对待复杂的传播过程。

当然，同世界上的万事万物一样，传播活动有自己的特殊规律和基本准则。传播方法和技巧也有自己相对固定的程式和套路。虽然强调传播者在传播活动中的创造性和自主性，但任何传播媒介的传播者对各种艺术性、独创性的传播方法和技巧的运用都不会是完全随心所欲的。

2. 大众传播方法的运用原则

（1）传播活动要以"诚"取胜

诚实、诚信既是传播活动中应有的基本态度，也是传播活动取得良好效果的主要方法。传播活动的基本社会作用决定了广大受众对传播最基本的要求是获得真实可靠的信息。如果受众发现某一媒介或传播者在传播活动中缺乏诚信，提供虚假信息，他们马上就会转向其他媒介和传播者。近代以来新闻传播事业的发展已经充分证明，诚实、诚信是媒介取胜的关键。诚实和诚信已经成为现代大众传播媒介的业务规范，成为合格的专业传播者的行为准则。

1）媒介和传播者要树立"诚信、诚实"的社会形象。在中国历史上，许多思想家和史学家都强调交往和传播过程中的"信、义"问题，并且身体力行，为后人做出榜样。现代大众传播媒介和传播者中，也有许多以诚信获得社会肯定的例证。只有使受传者感到自己面对的是一个诚实的人、一个诚实的传播媒介，才可能对他们发布的信息感到可信。古人强调的"身教重于言教"，在现代传播活动中仍然是规范传播媒介和传播者行为的基本原则。每当媒介发现自己的传播活动中有不真实、不准确的信息出现时，就会迅速地以各种方式进行更正并向受众致歉，这是取信于民的基本手段之一。

2）在传播活动中，传播者的前后行为要一致，所传播的信息要前后一致。在一个特定的时间段内和就某一个事件所进行的传播活动中，基本的传播思想和信息内容应该是一以贯之的，不要随意更换传播内容或改变对事件的态度。当然，客观事物的发展是不以人们的主观意志为转移的，绝对真理是不存在的，信息传播过程中态度的转变和信息的更改也是经常性的。但从传播媒介和传播者的角度说，如果因为事实的变化需要改变信息和态度，或因为传播者行为失当和信息失准而需要改变信息和态度时，应实事求是地向受传者说明情况，在求得受传者理解的前提下以适当的方式调整传播行为。在传播活动中不应向受众随意隐瞒真实情况，也不要轻易在受众没有任何思想准备的情况下突然改变信息和传播态度，这样会造成受众的心理恐惧或疑虑，进而可能对整个传播过程产生怀疑。

3）在传播活动中不要简单回避负面信息。大众传播活动是面向全社会进行的，在传播过程中，媒介和传播者随时会得到一些对其不利的信息，或传播媒介和传播者认为不利的信息，如何处理这些信息，是对传播媒介和传播者诚信度的一种检验。在历史上经常出现媒介封杀负面信息的事情，企图以不提供信息的方式向社会隐瞒事实的真相。这种做法在传播事业不发达、国家实行封闭保守政策的时候可能会暂时奏效，但从长远来看，事实终归是要水落石出的。况且，目前我们所处的时代和社会已经是全面开放的。各国传播媒介之间的信息交流和渗透，已经使每一个国家和传播机构都无法禁止自己的百姓通过其他国家的传播媒介获得自己感兴趣的信息。封锁负面信息的做法只是一种"掩耳盗铃"式的自欺欺人的伎俩。对于负面信息，只要不是违背国家有关保密规定的，都应该尽快地向受众公布，以求得传播速度和时机上的主动，赢得同其他媒介竞争的机会，以先入为主的优势将自己对信息的判断性意见同时巧妙地提供给受众。如果自己没有争得传播的主动权，待其他媒介已经将相关信息发布以后，再去向受众进行事后的报道、解释和说明，那将很难达到应有的效果。况且，现代社会中受众的基本素质也处在不断提高的过程中，他们判断是非的能力和心理承受能力也都相应提高，所以受众在了解相关的信息以后并不会出现媒介或有关部门担心的负面行为。

4）以积极的态度对待来自受众的各种反馈意见。当传播媒介和传播者所提供的信息到达受众以后，必然会得到相应的反馈——或正面的，或反面的。得到反馈是传播活动成功（至少是受众得到信息）的重要标志。传播者和传播媒介不能要求受众对所接受的信息作品给予众口一词的肯定和赞扬，但却希望有反应——哪怕是指责和批评。因为反馈至少说明受众注意到了有关信息，而注意力的争取是目前媒介竞争的重要目标。所以，对来自受众的各种反馈信息要高度重视并迅速进行处理。凡是有价值的，在条件允许的时候应该及时采纳，使受众在下一步传播活动中感到自己被重视，调动他们继续参与相关传播活动的积极性。

（2）传播目的的表达要"明暗结合"

传播环境和信息状况的复杂决定了传播者对每一个具体的传播意图的体现不

可能一样。有的要直截了当，有的却要迂回曲折，即所谓的"该藏的藏，该露的露"。

"露"是将传播意图明白无误地反映在传播内容和传播过程中，并以坦诚直言的方式告诉自己的受众。古人在文章写作时强调的"立片言以居要""开门见山"等都是要求在传播活动中首先将传播的目的和核心内容告知读者。这样做一方面是引起读者对传播过程和内容的兴趣，另一方面是通过事先通告的方式使读者对所接受的信息有所准备，并能调动自己所掌握的相关信息，参与到传播过程中来，提高传播活动的效率。有些时候，明白无误地将传播的目的表达出来也是传播媒介和传播者对传播内容和传播活动本身充满信心的一种表现。

当然传播目的的"露"并不是绝对的，不是所有的传播目的都适合直截了当地进行传播，该不该"露"，"露"到什么程度，要根据具体的传播内容、传播时机、传播对象、传播环境等方面的因素加以综合考虑。内容与受众原有态度和利益相吻合的，应以"露"为主；信息在受众最需要的时候发布时，应以"露"为主；传播环境恶劣、受众的注意力很难集中时，应以"露"为主；受众的文化水平较低、信息辨别力较差时，应以"露"为主。

所谓"藏"是传播者和传播媒介将自己的传播意图和目的隐藏在传播内容和形式之中，让受众在接受信息以后根据自己的理解和分析，在有意无意之中形成相关的概念。在信息传播事业已经高度发达，信息渠道已经极为丰富，受众的文化素质已经明显提高，高素质受众的数量已经占很大比例的今天，如果继续将所有的传播目的都赤裸裸地向受众推出，将引起他们的反感。特别是说教性、宣传性很强的传播目的和内容，很可能被受众拒之门外，无法传播。

在当前传播活动的通道上已经"红灯闪闪"，如何突破各种社会因素形成的传播障碍，顺利地实现自己的传播目的，需要在策略上和技术上下一些功夫。中国古代的兵法中有"明修栈道，暗度陈仓"的计策，传播中的"藏"体现的正是这种谋略。当然这里所说的"藏"并不是对受众有意隐藏真相，也不是故意同受众绕弯子、兜圈子，而是要采用科学、艺术的方法引导受众在心悦诚服的宽松环境和气氛中接受传播者和传播媒介的立场、观点。

无论是"露"还是"藏"，都要特别注意尊重受众，通过对传播内容和传播形式的精心设计，巧妙地引导受众做出既符合他们自己的愿望，又符合传播者和传播媒介传播目的的判断。

（3）传播活动中要"对症下药"

目前传播事业和传播活动的发展有一个越来越明显的趋势，随着受众的分层不断细化，他们对传播活动的形式和所传播内容的要求也越来越具体、复杂了。前些年就有研究者和媒体工作者提出关于广播的"窄播化"和大众传播的"小众化"问题，这是受众分层的需要。要做到传播内容和传播形式尽可能地适应不同层次受众的需要，传播者应该善于把握传播内容、传播媒介、受众三者之间的关系，掌握他们各自在传播活动中的基本特点。

首先，不同的传播内容要传播到相应的受众中，即找到信息可以最大限度地发挥作用的地方。人们的社会分工不同，个人的兴趣爱好不同，决定了他们在传播媒介中寻找信息的侧重点不同。媒介和传播者要尽快从传统的大众传播方式——在相同的时间，使用相同的媒介，将相同的信息提供给相同的受传者中摆脱出来，像商业、零售业的变化一样，实行面对面、点对点式的特色服务，为不同类型的受众提供他们最需要的信息，引起受众从不同角度对媒介传播活动的最大关注。

其次，不同的传播内容要通过不同的媒介进行传播。或者说，媒介在传播信息之前首先要将其改造为适合自己传播的形式。现在人类所使用的媒介已经构成了一个完整的网络，从最古老的媒介（言语）到最现代化的媒介（互联网和移动终端），都以十分活跃的姿态存在于这个媒介网络中。人们对媒介的使用也已经进入随心所欲的时期，在现代化程度较高的国家和地区中生活的受众在每天的传播活动中几乎会用到目前的所有媒介。那些事关大局的重要信息，会在极短的时间中成为各种不同类型媒介的中心话题。但是，并不是所有内容都适合通过任何一种媒介进行传播，其中要考虑传播的效果和传播的最低成本等问题。最后，不同的受众对特定的传播媒介是情有独钟的，传播者应熟悉他们之间的特殊关系。不同的人从性别、年龄、民族、国家到兴趣、爱好和生活习惯，都有各自的特点，对传播媒介和传播方式也有自己所熟悉的或喜爱的，很少有人在使用媒介和适应不同传播方式上是可以"通吃"的。无论是多么古老的媒介和传播方式，也无论是多么现代的传播媒介和传播方式，都有自己的核心受众群，自然也有自己的传播力量所达不到的信息"死角"。在传播活动中，对内容的安排要考虑到各个方面受众的特殊性，通过最适宜的媒介和传播方式为各种不同类型的受众提供信息。

（4）传播内容要不断出新

无论传播媒介和传播方式发生了什么样的变化和进步，人类使用传播媒介的基本目的并没有根本性的变化——监视环境、协调社会、传授文化、提供娱乐仍然是各国大众传播事业的主要任务，也是受众的基本要求。区别在于不同的时代有各自特定的传播内容，信息处在随时更新之中。对人们好奇心的满足始终是各国媒介和传播者工作的一个基本入手点。在对传播活动过程的大量考察中可以看出，受众首先关注的是信息的新鲜程度，那些及时反映社会变动和受众所关心的事件的信息，即使形式上粗糙一些，同样会引起受众的关注。在许多国内外的突发性事件报道之初，众多媒介都以最简练的语言或其他形式提供最迅捷的信息，这时人们对信息内容的关注远远超过对形式的关注。

对信息新鲜感的要求是相对的、有限度的，并不是要求媒介的所有信息或信息的全部内容都是新的，这在事实上也无法做到。一般情况下，一次具体的传播活动或一条具体的信息只要在某一点上有所突破，就基本达到了"新"的要求：

——关注社会热点和影响全局的事件。

——关注与老百姓切身利益有关的事件和话题。

——关注集中体现人性和人类感情的话题和事件。

——关注与众不同的、有新鲜感的事件和话题。

——关注一般人从来没有注意但有意义的事件和话题。

3. 大众传播方法和技巧

传播活动中的方法和技巧是随着传播媒介和传播活动水平的不断提高而随时改进的。在古今中外漫长的传播发展史上，人类积累了丰富的传播技巧和方法，我们只能择其要者介绍。

（1）客观公正法

人们在近代以来赋予大众传播媒介和专职传播者以崇高的社会地位，而获得这一特殊地位的传播媒介和传播者则应该在传播活动的所有环节坚持"客观公正"的立场和态度，这样才能保持自己在社会和公众心中的形象和分量。

客观公正的核心是媒介和传播者要站在公正中立的立场上收集、处理和传播信息，尽最大可能将自己的态度、倾向隐藏于所报道的事实中，杜绝信息传播中"诱导感"的产生。在信息的处理上也要注意客观的手法，以对事实的真实描述为主，尽量不要使用过于夸张的语气。

（2）感情沟通法

感情沟通是指在传播活动中结合特定的传播内容和传播环境等因素，向受传者传递一些能使之感到亲切、关怀、温情的信息，借此拉近传、受双方的感情距离，打消对方对传播者和传播内容的陌生、偏见、敌视、疑虑、误解等感觉或情绪，为传播活动的正常进行创造条件。像军队打仗要"扫清外围"一样，联络感情就是为顺利进行传播活动而开展的"外围战"。联络感情的方法和途径很多，基本的原则是要根据不同的受传者，找到同他们沟通感情的最佳接触点，运用不同的手法赢得对方的信任与好感。

传播媒介和传播者一定要将受传者放在重要位置，给他们以足够的尊重。在传播活动中，受众如果能感到自己的重要性和不可缺少性，对传播过程的兴趣会大大增加。专业的传播者要真正将受众视为传播媒介生存发展的基本社会基础和条件，在传播内容和传播方式的选择、安排上，尽量突出对受众有利的东西，引导受众从感情上接近传播媒介和传播者，建立良好的双向交流和互动关系。

（3）明示、暗示法

暗示是在受传者没有察觉的情况下对传播内容和传播目的进行的总结，即以间接的手段将结论性的信息提供给受传者，使受传者在受到下意识的心理暗示以后接受传播者的观点或传播意图。暗示有多种形式，可以是语言的，也可以是非语言的；可以由传播者本人进行，也可以由他人进行。

明示是以直截了当的方式对传播意图和观点进行介绍，是传播媒介和传播者就所传播的内容公开表示自己态度的一种方式。明示是为了让受众尽快同传播者达成一致。明示一般在传播者同受众的态度比较接近、所传播信息的社会认可程度较高的情况下进行。尤其是那些明显有利于受众的事情，在传播过程中完全可以采用明示的方法告诉公众。

（4）多方诱导法

在信息传播活动中以特殊方式对受众施加适当的心理压力或利益引诱，可以使受众将注意力指向传播者所希望的方向。为了保证传播活动的客观、中立，对受众的诱导要十分巧妙，尽量不让对方感觉到被诱导。

1）利益诱导。将传播内容或传播活动本身同受众某一方面的利益联系在一起，使受众感觉到接受信息将会给自己带来利益的满足。在不同的历史发展时期，人们对利益的追求方式是不同的，利益追求的内容也是不同的。运用利益诱导法要随时根据受众利益的变化情况调整媒介的关注焦点，不要使媒介脱离受众。当然运用利益诱导法时不要庸俗化，应善于将受众的利益、社会的利益和媒介的利益结合起来。

2）情感诱导。在传播活动中通过调动受众的情绪进而使之对传播内容感兴趣，提高传播的效率。作为个人，受传者都有自己特定的情感领域，那些能触动人们情感的信息或传播方式往往会给人留下十分深刻的印象。我国"希望工程"的信息传播、1991年海湾战争前科威特进行的宣传，都采用了调动人们情感的方法，并取得了成功。

3）兴趣诱导。即选择一些受众感兴趣的、新奇的、与众不同的信息作为"由头"，吸引受众积极参与传播活动。即使是在各种正规的传播活动中，如果没有一些受众感兴趣的内容和形式，也容易使受众产生疲倦、厌烦的情绪。但要注意不要让低级趣味的东西进入传播过程。

4）奖励诱导。即对参与传播活动并愿意接受传播内容的受传者给予一定的物质或精神奖励，使之在接受信息时有一种成就感和满足感。在现代传播活动商业化、产业化以后，受众对参与传播活动所付出的时间和精力代价越来越在意，如果在参与传播活动之后没有实质性的收获，就会挫伤他们继续参与传播活动的积极性。因此在现代传播活动中，特别是那些特定的利益组织通过大众传播媒介所进行的传播活动中，必要的奖励是必不可少的。

5）压力诱导。即以特定方式告诫受众不参与某个传播活动或不接受某个信息就可能使自己遭受某种损失，强迫受众将注意力指向特定的传播活动和信息。大众传播的压力没有任何行政或法规的力量，只是以信息对比等方式给受众造成一定的精神、思想压力。近些年来关于人类生存环境恶化的报道有很多就采用了压力诱导的技巧。

6）权威诱导。将那些希望受众关注或人们原本不大在意的信息通过某些权威人士和知名人士进行发布，采用"借势"的原理使受众在关注名人的同时关注所传播的信息。运用权威诱导时，对权威人士的选择要慎重，切忌"拉大旗作虎皮"。

（5）美化、丑化法

美化与丑化是指在传播过程中有意识地突出被传播对象的某一点，使之有与众不同的表现，进而引起受众的注意。被突出的内容有时是被传播对象本身所具有的，有时则是由传播者在信息编制中有意识地添加的，只要所突出的东西同受众的基本情绪相吻合就能提高传播的社会效果。

美化是突出被传播对象优美、善良的一面，尽量忽略其缺点和毛病，通过这种方法授予被传播对象以正面的和崇高的社会地位，使受众通过媒介的社会权威性和社会的总体评价等因素增加对被传播对象的好感。美化要建立在被传播对象所具有的客观事实的基础上，不应该脱离客观事实而凭空捏造溢美之词。常用的方法是将被传播对象平时被忽略的优良作风和突出事迹集中起来进行传播，在众多事情的集中展示中获得美化的效果。

丑化是突出强调被传播对象丑陋、落后的一面，尽量淡化其优点和长处，必要时还可以采用一些贬损之词对被传播对象进行描绘。丑化是为了给对方造成反面的社会定位，使受众对其产生一种反感乃至厌恶的情绪，进而在行动中采取不利于被传播对象的动作。丑化同样要建立在客观事实的基础上，不应该因为对方的讨厌而将不属于他们的东西强加于人。在新闻报道中，将被丑化对象和他们不光彩的事情集中起来进行传播本身就是最好的丑化方法。丑化要把握好尺度，如果丑化的程度超出事物发展的客观规律的范围，可能适得其反。

（6）多方取证法

无论是在古代的传播中还是在现代的传播中，"王婆卖瓜，自卖自夸"都被认为是一种被动的方法，在一般情况下不宜采用。但是，在传播活动中传播媒介和传播者常会遇到难以解决的矛盾：由于传播内容与自己所代表的社会力量有关，因此无论采用什么办法表现自己的客观、公正和中立的立场与态度，都无法取得受众的信任，有时还可能"越抹越黑"。在这种情况下，传播者就不宜继续采用传统的办法，而应借助于与自己代表的社会力量没有直接关系的人和事作为传播内容的佐证，利用受众相信第三者的心理来化解传播者同受众之间可能存在的矛盾和误解。所以，多方取证实际上是借助于同所传播内容相关的外围材料，对主要信息进行支持和加强的一种办法。

取证一般包括自证和他证两种形式。自证是采用传播者自身经历的人和事作为材料为传播内容作证。如鲁迅在作品中常用自己家乡和家庭中的人和事来说明中国人的国民性，这就是一种成功的自证方法。他正是借用他人之口或借助于他人所经历的人或事，对传播内容和观点进行说明。由于他证的材料来自于他人的活动和经历，具有天然的客观性，容易为受众所接受。

传播活动中采用的方法和技巧还有很多。随着传播媒介和传播方式的不断进步，对传播方法和技巧的探索也在不断地进步中。对传播方法的运用没有固定不变的程式，应根据实际传播活动和传播内容的要求随时调整。

自 测 题

一、单选题

1. 危机爆发前的征兆一般不是很明显，企业难以做出预测，危机出现与否与出现的时机是无法完全确定的。这是指危机的（　　　）。

  A. 突发性 　　　　　　　　　B. 不确定性

  C. 紧迫性 　　　　　　　　　D. 信息资源紧缺性

2. 危机重建期公共关系管理的主要目标是（　　　）。

  A. 危机预防 　　　　　　　　　B. 危机处理

  C. 危机善后 　　　　　　　　　D. 危机管理

3. 通常情况下，危机的发生会引发公众猜测和怀疑，有时新闻媒介也会扩大事实的报道。因此，要想取得公众的信任，必须尽可能将真相公布，越是隐瞒真相越会引起更大的怀疑。这是危机公关处理的（　　　）。

  A. 反应迅速原则 　　　　　　　B. 坦诚相待原则

  C. 人道主义原则 　　　　　　　D. 信誉第一原则

4. 下列（　　　）不是印刷媒介的优点。

  A. 读者拥有主动权

  B. 印刷媒介更能适应分众化的趋势

  C. 把信息获取能力普及到了最广泛大众，普及率更高

  D. 印刷媒介具有便携性和易存性

5. 赖特的"四功能说"在拉斯韦尔"三功能说"的基础上发展了（　　　）。

  A. 环境监视功能 　　　　　　　B. 社会协调功能

  C. 娱乐功能 　　　　　　　　　D. 社会遗产传承功能

6. 下列（　　　）不是电子媒介的缺点。

  A. 信息传播的强制性

  B. 电子媒介的图像型播放及无间歇的连续播放，剥夺了信息接受者思考的空间与时间，压缩了人的想象能力

  C. 电子媒介为大众带来更多色情、暴力、浅薄、庸俗等不利的信息

  D. 时效性不强

7. 根据不同的受传者，找到同他们沟通感情的最佳接触点，运用不同的材料和手法赢得对方的信任与好感，这是传播方法中的（　　　）。

  A. 感情沟通法 　　　　　　　　B. 客观公正法

  C. 多方诱导法 　　　　　　　　D. 明示、暗示法

8. 在大众传播的方法中，多方诱导法包括（　　　）、利益诱导、兴趣诱导、奖励诱导、情感诱导、权威诱导。

  A. 压力诱导 　　　　　　　　　B. 道德诱导

  C. 法律诱导 　　　　　　　　　D. 社会习俗诱导

9. 英国公关专家迈克尔·里杰斯在《危机公关》中提出了危机管理小组成员的常见特征，其中"从反面不断运用逆向思维提出修正意见，尽量考虑完善"属于（　　　）。

    A. 点子型   B. "厄运经销商"型

    C. 沟通型   D. 记录型

10. 以下不属于印刷媒介优点的是（　　　）。

    A. 印刷媒介把信息获取能力普及到了最广泛大众，普及率更高

    B. 印刷媒介更能适应分众化的趋势

    C. 印刷媒介具有便携性和易存性

    D. 读者拥有主动权

二、多选题

1. 公关危机的主要特征有（　　　）。

    A. 突发性   B. 破坏性

    C. 不确定性   D. 紧迫性

    E. 信息资源紧缺性

2. 英国公关专家迈克尔·里杰斯在《危机公关》中提出了危机管理小组成员的常见特征，分别是（　　　）。

    A. 点子型   B. 沟通型

    C. 记录型   D. 人道主义型

    E. 外向型

3. 企业内部沟通的途径有（　　　）。

    A. 员工大会与部门会议   B. 企业简报、公告牌或企业报纸

    C. 单独会见   D. 电话与电话会议

    E. 互联网络

4. 媒介事件策划活动有其自身鲜明的特点和内在规律，开展媒介事件策划，应遵循的原则有（　　　）。

    A. 真实性原则   B. 整体性原则

    C. 独特性原则   D. 广泛性原则

    E. 精准性原则

5. 大众传播的特点有（　　　）。

    A. 大众传播的传播者是从事信息生产和传播的专业化的媒介组织

    B. 大众传播是运用先进的传播技术和产业化的手段进行的信息生产和传播活动

    C. 大众传播的信息具有商品属性和文化属性

    D. 大众传播是双向性的信息传递过程

    E. 大众传播是一种没有任何强制性的传播活动

三、名词解释

1. 公益性的媒介事件
2. 拉斯韦尔的"三功能说"
3. 电子媒介
4. 无形公关危机
5. 危机爆发的信号

四、简答题

1. 公关危机的分类有哪些？
2. 加强危机管理有何意义？
3. 公关危机处理原则有哪些？
4. 媒介事件策划的原则有哪些？
5. 简述电子媒介的优点和缺点。
6. 大众传播的特点有哪些？

五、论述题

1. 建立危机预警系统是预防阶段的一项重要工作，请根据所学论述如何建立有效的公关危机预警系统。

2. 企业危机的突发性、破坏性、急迫性表明，企业公关危机处理必须以及时的反应、最大的努力严格控制局势，迅速查明原因，积极采取措施，尽力减小影响。请根据所学，论述如何制定出一个反应迅速、正确有效的企业公关危机处理程序。

参 考 文 献

［1］曹重菲. 四川电信10000号客户服务中心建设与管理［D］. 成都：电子科技大学，2004.

［2］陈志皓，刘玉明，张友情. 建设客户服务中心实施服务营销策略［J］. 农电管理，2003（12）：12–13.

［3］岳玉霞，高存宝. 用呼叫中心建立新型客户服务模式［J］. 北京电信科技，2000（4）：18–21.

［4］徐泽帅. 中国移动10086呼叫中心营运管理指标的综合评价［D］. 沈阳：东北大学，2014.

［5］杨晶. D&E公司上海客服中心客户服务满意度提升研究［D］. 上海：上海外国语大学，2019.

［6］丁香. A公司呼叫中心的全面质量改进方案［D］. 上海：华东理工大学，2018.

［7］张郁顾. 呼叫中心服务质量提升管理［J］. 管理观察，2018（25）：35–36，39.

［8］付丽茹. 中国第三方物流企业客户服务研究［D］. 北京：首都经济贸易大学，2004.

［9］和亚民. 学习"说服"理论，提高"说服"效果［J］. 高等工程教育研究，1996（3）：46–50.

［10］刘青，王一越. 有关危机公关中进行说服活动的几点思考［J］. 安徽文学（下半月），2011（2）：287.

［11］李青. 组织沟通管理的障碍与有效沟通的探究［J］. 中国科技投资，2013（17）：241.

［12］曾立，张弦. 组织信息交流障碍及其信息结构的构建［J］. 科技情报开发与经济，2011，21（22）：77–79.

［13］盛康丽. 移动互联网时代中小物流企业信息传播策略探析［J］. 物流工程与管理，2016，38（11）：30–31.

［14］高国舫. 新时代加强和完善舆论监督论析［J］. 长白学刊，2020（4）：1–8.

［15］胡范铸，徐锦江，刘宏森，陆新和. 流言？谣言？谎言？——从莎草纸到互联网，语言如何改变我们［J］. 青年学报，2020（2）：80–88.

［16］余佳联. 对新媒体环境下企业危机公关的策略探讨［J］. 国际公关，2020（1）：25.

［17］来贺. 浅谈舆论与司法［J］. 法制与社会，2019（31）：87–88.

［18］张振，张文静，彭岩. 企业视觉识别系统的作用和设计方法研究［J］. 工业设计，2019（8）：86–87.

［19］刘雨欣. 论组织形象的塑造［J］. 智库时代，2019（31）：189–190.

［20］姜越宇. 代言人可信度、品牌形象与消费者购买意愿［J］. 福建商学院学报，2018（6）：21–31.

［21］王梦楠. 代言人负面事件对品牌形象的影响研究［D］. 蚌埠：安徽财经大学，2018.

［22］谢俊. 品牌代言人与品牌形象匹配度对消费者购买意向影响的实证研究［D］. 杭州：浙江工业大学，2016.

［23］许亚斌. 品牌代言人可信度与消费者品牌态度、品牌忠诚关系的实证研究［D］. 太原：太原理工大学，2016.

［24］董书含，景庆虹. 让形象代言人助飞企业梦——以美特斯邦威为例［J］. 商，2016（5）：113

［25］郑迦予. 南岳广济禅寺组织形象调查以及对外传播策略研究［D］. 重庆：西南大学，2015.

［26］陈娴. 警察公共关系传播与舆论［J］. 统计与管理，2015（4）：138–139.

［27］喻艳莉. 企业品牌形象代言人的选择策略分析［J］. 价值工程，2014，33（36）：315–316.

［28］刘丹. 解读CIS系统和校园文化的内涵及构成［J］. 美术教育研究，2014（22）：74–75.

［29］王小青，杜营. 论CIS在企业竞争中的重要性［J］. 佳木斯教育学院学报，2013（10）：489–490.

［30］凌彬. 品牌形象代言人的要素分析［J］. 新闻世界，2013（9）：164–165.

［31］容毅. 浅谈企业管理战略之组织文化建设——组织形象可识别系统（CIS）［J］. 价值工程，2011，30（22）：127–129.

［32］谭筱玲. 危机事件中的流言传播与应对［J］. 新闻知识，2011（4）：8–10.

［33］闵文婷. 企业品牌与CIS战略研究［J］. 中国商贸，2010（8）：48–49.

［34］黄志刚，周新池. 试论企业形象识别系统的内涵与功能及组织实施［J］. 中小企业管理与科技（下旬刊），2009（10）：40.

［35］吴琳，武兰兰. 浅谈公共关系与组织形象［J］. 重庆科技学院学报（社会科学版），2009（3）：87–88.

［36］盘世贵. 领导者如何应对流言危机［J］. 决策，2009（Z1）：64–65.

［37］叶茂康. 公共关系：组织形象概念辨析［J］. 国际关系学院学报，2005（6）：76–80.

［38］傅广宛. 公共关系过程中舆论形象的若干影响因素研究［J］. 河南师范大学学报（哲学社会科学版），2003（1）：131–133.

［39］彭圣文. 论全员公关与企业组织形象［J］. 长沙航空职业技术学院学报，2001（2）：58–61.

［40］朱友红，陈凤芝. 物流企业CIS形象战略与发展的再思考［J］. 中国商贸，2010（17）：120–121.

［41］郑爱翔. 物流企业CIS战略的思考［J］. 中国储运，2007（5）：82–83.